Ouvrage dirigé par Thierry Carlier

LA PAIE, ÇA S'APPREND

Gilles MASSON

Sommaire

Préface 17

Avant-propos 21

Exemple d'un bulletin de paie 25

INTRODUCTION 27

PARTIE I 31

L'environnement juridique 33

1. **Les sources internationales** 35
   - Les traités internationaux 35
   - Le traité européen de Maastricht 35
   - Les recommandations internationales de l'OIT 35
2. **Les sources étatiques** 36
   - La Déclaration des droits de l'homme 37
   - Les textes de loi 38
     Le Code civil et la Constitution de la Ve République 38
     Le Code du travail 39
3. **Les sources locales** 44
   - Les conventions collectives 44
   - Les accords collectifs 45
   - Les règlements intérieurs 45
   - Les usages 48
   - Le contrat de travail 49
     Les types de contrat de travail 49
     Définition du contrat de travail 50
     Contenu du contrat 53
     Les différentes formes du contrat de travail 57
     La période d'essai 62
     Déclaration unique d'embauche 64
4. **L'organisation juridictionnelle** 67
   - La juridiction administrative 67
   - La juridiction judiciaire 68
   - Le phénomène jurisprudentiel 69

■ 5. **Historique du bulletin de paie** 72
▶ Au commencement était le maître 72
▶ La première loi 72
▶ Évolution dans les cinquante dernières années 73
▶ Les dernières lois 74

■ 6. **Mentions obligatoires du bulletin de paie** 76

■ 7. **Présentation schématique du bulletin de paie** 79

■ 8. **Remise du bulletin de paie** 81

PARTIE II

Le salaire et les primes 85

■ 1. **Le salaire** 90
▶ Définition 90
▶ Le salaire de base 91
Le principe de la liberté contractuelle 92
Le salaire minimum de croissance 93
Le minimum conventionnel 98
Les usages ou les engagements unilatéraux de l'employeur 99
Les principes d'ordre public 99

■ 2. **Les différents salaires** 101
▶ Le salaire au temps 101
▶ Le salaire au rendement 101
Le salaire aux pièces 101
Le salaire à la tâche 102
La prime de rendement 102
▶ Le pourboire 103
Définition 103
Obligations de l'employeur 103
▶ Le salaire en fonction du chiffre d'affaires 104
Les commissions 104
Les gueltes des vendeurs 105
▶ Le salaire forfaitaire 105
Particularités du salaire des cadres 106
Réglementation spécifique du décompte de la durée du travail des cadres 107
Les conventions de forfait en heures 113
Les conventions de forfait annuel en jours 115
▶ Rémunérations particulières 117
Intéressement et participation 117
Redevances versées aux artistes et aux mannequins 117

■ 3. **Le paiement du salaire** 118
▶ Périodicité du paiement 118
▶ Lieu du paiement 119
▶ Modes de paiement 120

■ 4. **Les primes et les compléments du salaire** 122
▶ Les primes 122
Prime résultant d'un texte 122
Prime résultant d'un usage 124
Libéralité 124
Régime juridique de la prime 125
Incidence de la suspension et de la rupture du contrat de travail 125
Modification et suppression de la prime 127
▶ La prime d'ancienneté 127
Détermination de l'ancienneté 129
Calcul de la prime d'ancienneté 130
Paiement de la prime d'ancienneté 131
▶ Les primes liées au travail 131
▶ Les primes liées au départ du salarié 131
▶ La prime de transport 132
En région parisienne 132
En province 134

■ 5. **Les avantages en nature** 136
▶ L'avantage en nature nourriture 137
Cas particulier des titres-restaurant 137
Autres cas particuliers 143
▶ L'avantage en nature logement 144
▶ L'avantage en nature véhicule 145
▶ Les avantages issus des nouvelles technologies de l'information et de la communication 146
▶ Autres avantages en nature 148
▶ Les avantages en nature sur le bulletin de paie 148

■ 6. **Les frais professionnels** 150
▶ Remboursement de repas 150
▶ Grand déplacement 151

PARTIE III

Le temps de travail 153

■ 1. **La durée légale du travail** 158
▶ Le champ d'application 158
Les entreprises concernées 158
Les salariés concernés 159

▶ Le temps de travail effectif 160
Pauses et repas 160
Habillage et déshabillage 161
Régime des astreintes 161
Déplacements 162
Horaires d'équivalence 163
Temps de douche 163
▶ Les temps non travaillés assimilés à du temps de travail effectif 163
Visite médicale d'embauche et examens médicaux obligatoires 164
Heures de délégation des représentants du personnel 164
Contrepartie en repos obligatoire 164
Jours fériés 165
▶ Le temps de repos 166
Le temps de repos quotidien 166
Le temps de pause quotidien 166
Le temps de repos hebdomadaire 166
▶ Les amplitudes maximales d'horaire 167
▶ Les heures supplémentaires 168
Définition 168
Rémunération des heures supplémentaires 170
▶ La contrepartie en repos (ex-repos compensateur) 172
▶ Les heures de récupération 175
▶ Le repos compensatoire 175

2. **La mensualisation des horaires** 178
▶ Définition 178
▶ Exemples 180

3. **Organisation du temps de travail** 183
▶ Horaire collectif de travail 183
▶ Les horaires individualisés 184

4. **Le travail à temps partiel** 185
▶ Qui est concerné ? 185
▶ Histoire du calcul du travail à temps partiel 185
▶ Introduction du temps partiel dans l'entreprise 187
Une décision de l'employeur 187
Le contrat de travail à temps partiel 188
L'Accord national interprofessionnel de janvier 2013 189

5. **Réglementation légale du travail de nuit** 192
▶ Définitions 192
Le travail de nuit 192
Le travailleur de nuit 193

▶ Introduction du travail de nuit dans l'entreprise 193
Mise en place du travail de nuit 193
Contreparties du travail de nuit 194
Durée du travail de nuit 194
▶ Droits et protection des travailleurs de nuit 195
Droits des travailleurs de nuit 195
Surveillance médicale des travailleurs de nuit 196
Protection des femmes enceintes 196

6. Le travail du dimanche 198

▶ Dérogations sans autorisation administrative 198
Dérogations dans les commerces de détail alimentaire 198
Dérogations liées aux contraintes de production ou aux besoins du public 198
▶ Dérogations préfectorales 199
▶ Dérogations dans les zones dites « Périmètres d'usage de consommation exceptionnel » (PUCE) 201
▶ Dérogations de droit dans les communes d'intérêt touristique ou thermale et dans certaines zones touristiques du territoire 203
▶ Dérogations accordées par le maire dans les commerces de détail (règle des « cinq dimanches par an ») 204

PARTIE IV

Les absences 209

1. Méthodes de décompte des absences 214

2. Inventaire des principales absences 219

▶ Les jours fériés 219
Inventaire 219
Rémunération 221
▶ Congés liés à la famille 222
Congé de naissance et d'adoption 222
Congé de paternité 222
Congé pour enfant malade 223
Congé de présence parentale 223
Congé pour événements familiaux 224
Congé parental d'éducation 226
▶ Congés liés au parcours professionnel 227
Congé pour création d'entreprise 227
Congé sabbatique 227

Congé pour bilan de compétences 228
Congé individuel de formation 229
Droit individuel à la formation 229
Compte personnel de formation 231
Validation des acquis de l'expérience 233
Congé pour examen 234
Congé pour préparation d'un examen (apprentis) 235
Congé d'enseignement ou de recherche 235
Congé de formation des membres du comité d'entreprise 236
Congé de formation des membres du CHSCT 236
Congé de formation économique, sociale et syndicale 236
▶ Congés liés à l'État 237
Congé pour acquisition de la nationalité 237
Exercice de fonction judiciaire 237
Congé de formation pour les conseillers prud'homaux 237
Participation aux élections 238
Exercice d'un mandat public ou de fonctions électives 238
Jurés d'assises 238
▶ Congés liés à la solidarité 241
Congé pour catastrophes naturelles 241
Congé de solidarité internationale 242
▶ Autres congés 242

3. **Les congés payés** 247

▶ Droit aux congés payés 247
▶ Bénéficiaires 248
Les salariés de retour d'un congé de maternité 248
Catégories particulières de salariés 248
Professions affiliées aux caisses de congés payés 249
Agents de service public 249
▶ Ouverture du droit à congés payés 249
Année de référence 250
Activité chez le même employeur 251
Mois de travail 252
Périodes équivalentes à un mois de travail 252
Travail effectif 253
▶ Durée des congés payés 255
▶ Congés supplémentaires 256
Les congés « jeunes mères de famille » 256
Les congés supplémentaires non payés 257
Les congés conventionnels 257
▶ La période des congés payés 258
▶ Décompte des congés payés pris 262
En jours ouvrables 262
En jours ouvrés 263
En jours ouvrables ou en jours ouvrés 264

▶ Le fractionnement des congés payés 265
Fractionnement du congé principal (de 24 jours ouvrables) 266
Jours supplémentaires pour fractionnement 266
▶ Les événements survenant pendant les congés payés 267
La maladie et les congés payés 268
La cure pendant les congés payés 270
Les événements familiaux pendant les congés payés 270
Le préavis pendant les congés payés 270
L'interdiction de cumuler un salaire et des congés 271
▶ L'indemnité de congés payés 271
Le principe 272
La règle du dixième 273
La règle du maintien de salaire 276
L'indemnité compensatrice de congés payés 277
▶ Les caisses de congés payés 278
Particularités liées aux caisses du bâtiment et travaux publics 279
Particularités liées aux caisses des entreprises de manutention et de transport 280
Particularités liées aux caisses des dockers 280
Particularités liées à la caisse des spectacles 281
▶ Particularités liées aux congés payés 281
La SNCF et les billets populaires de congé 281
Les chèques-vacances 282

■ 4. **Deux cas particuliers d'absence** 286
▶ L'activité partielle (ex-chômage partiel, ex-APLD) 286
Procédure de recours à l'activité partielle 286
Montant de l'indemnité 287
Versement des indemnités 288
Quelques précisions 288
▶ La journée de solidarité 289
Définition 289
Modalités d'accomplissement 290

PARTIE V

Assiettes, tranches et plafonds 293

■ 1. **Origines de la Sécurité sociale** 299
▶ De l'Antiquité à 1945 299
▶ Le plan français de Sécurité sociale de 1945 303
▶ L'évolution de la Sécurité sociale depuis 1945-1946 304

▶ Les régimes complémentaires 308
Le principe général 309
Le régime ARRCO 311
Le régime AGIRC 313

2. **Éléments de rémunération soumis à cotisations** 315

▶ Cas des jetons de présence 315
▶ Cas de la prise en charge par l'employeur des cotisations salariales 316
▶ Cas des gratifications versées à l'occasion de la remise de la médaille d'honneur du travail 316
▶ Cas des avantages financiers accordés au personnel des établissements bancaires 318
▶ Cas des prestations familiales extra-légales complémentaires 319
▶ Cas du capital décès ou invalidité 320
▶ Cas des allocations complémentaires aux indemnités journalières de la Sécurité sociale 321
▶ Cas des prestations complémentaires versées par les comités d'entreprise 323
▶ Cas des indemnités versées à l'occasion de la rupture du contrat de travail 326
Principe général 326
Indemnités légales ou conventionnelles de licenciement 327
Indemnités de licenciement dont le montant est supérieur aux indemnités légales ou conventionnelles 328
Indemnités de départ négocié et/ou de départ volontaire 329
Indemnités versées dans le cadre d'un plan social 330
Indemnités accordées pour licenciement abusif ou irrégulier 331
Indemnités transactionnelles 331
Indemnités de départ ou de mise à la retraite 332
Indemnités versées dans le cadre d'une convention de reclassement personnalisé 333
Indemnités de rupture anticipée d'un CDD par l'employeur 333
Indemnité compensatrice de préavis 333
Indemnité de non-concurrence 334
Aide au retour des travailleurs immigrés 334
Aide à l'outplacement 334
Indemnités de cessation des fonctions de mandataire social ou de dirigeant 335
Intéressement et participation 335

3. Les abattements 336

- Les abattements pour frais professionnels 336
  - *Bénéficiaires de l'abattement pour frais professionnels* 337
  - *Remboursements de frais à réintégrer en cas d'application de l'abattement supplémentaire* 338
  - *Limite maximum de la déduction* 338
  - *Taux* 339
- Les abattements pour frais d'atelier 340
  - *Salariés bénéficiant d'une déduction forfaitaire* 340
  - *Salariés ne bénéficiant pas d'une déduction forfaitaire* 341
  - *Taux* 341

4. L'assiette de cotisations 342

- Les tranches 342
- Fixation du plafond de la Sécurité sociale 344
  - *Évolution du plafond de la Sécurité sociale depuis 1930* 344
  - *Plafonds applicables selon la périodicité de la paie* 345
- Les différentes assiettes de cotisation 347
- La régularisation annuelle de cotisations 348
- La régularisation mensuelle progressive de cotisations (A et B) 351
- Les réductions de plafond 354
  - *Cas des absences non rémunérées* 354
  - *Cas des entrées et sorties en cours de mois* 355
  - *Cas des salariés à temps partiel* 356
  - *Cas des salariés à employeurs multiples* 357
- Cas d'un salarié avec une tranche C 358

PARTIE VI

Les taux de cotisation 363

1. Les cotisations de Sécurité sociale 367

- Règles d'arrondi 368
- Règle du taux applicable 369
- La cotisation d'assurance maladie-maternité-invalidité-décès 370
- La cotisation d'assurance veuvage 370
- La cotisation d'assurance vieillesse 371
  - *Les conditions générales* 372
  - *La durée de l'activité salariée* 373

▶ La cotisation d'allocations familiales 374
▶ La cotisation d'accidents du travail 375
▶ La cotisation FNAL 375
▶ La contribution solidarité autonomie 376

2. Les cotisations chômage 377
▶ Obligations des employeurs 379
▶ Taux et répartition de la cotisation 380
▶ Assiette de la cotisation 381
▶ Versement des cotisations 384

3. Les cotisations de retraite complémentaire 386
▶ Entreprises concernées 386
▶ Salariés bénéficiaires 386
▶ Assiette des cotisations 387
▶ Taux de cotisation 388
ARRCO 388
AGIRC 390
La Garantie minimale de points (GMP) 392
La Contribution exceptionnelle temporaire (CET) 393
L'Association pour la gestion du fonds de financement (AGFF) 393
L'Association pour l'emploi des cadres (APEC) 394

4. La prévoyance 395

5. Les charges fiscales sur les salaires 397
▶ Participation à l'effort de construction 397
▶ Taxe d'apprentissage 397
▶ Participation à la formation professionnelle continue 398
▶ Taxe transport 399
▶ Taxe sur les salaires 399
▶ Taxe sur les cotisations des employeurs au financement des prestations de prévoyance 400
▶ Contribution sociale généralisée (CSG) 400
Champ d'application 401
Contribuables assujettis 401
Revenus assujettis 402
Les salaires 402
▶ Contribution au remboursement de la dette sociale (CRDS) 404

6. Les cotisations spéciales 408
▶ Cotisations des apprentis 408
▶ Cotisations des stagiaires 410
▶ Cotisations des salariés âgés de plus de 65 ans 413
▶ Cotisations excédentaires (cadres) 413
Cotisations de retraite supplémentaire 413
Cotisations de prévoyance complémentaire 414

PARTIE VII

La réduction des charges patronales 417

1. La réduction Fillon 421

- Champ d'application de la réduction 421
  - *Employeurs concernés* 421
  - *Salariés visés* 422
  - *Cotisations concernées* 422
- Calcul de la réduction : principes généraux 423
  - *Éléments de la formule de calcul* 423
  - *Règles de cumul avec d'autres allégements de cotisations patronales* 427
  - *Formalités administratives* 427

2. Le Crédit d'impôt compétitivité emploi (CICE) 429

3. Reconstitution du salaire brut à partir du net 430

- Démonstration de la formule 430

4. Organismes collectant les charges sociales et fiscales 432

  - *Dates de ces versements* 433
  - *Formalités concrètes* 434

5. La Déclaration annuelle des salaires 436

PARTIE VIII

Maladie, maternité, paternité, accidents 439

1. L'indemnisation par la Sécurité sociale 444

- Les prestations en nature 444
  - *Le libre choix du praticien* 444
  - *Le carnet de santé* 445
  - *La carte de santé « électronique »* 445
  - *L'avance des frais par l'assuré* 446
  - *La justification des frais* 446
  - *Les bases du remboursement* 448
  - *Le forfait journalier hospitalier* 449
- Les prestations en espèces 450
  - *L'indemnisation de la maladie* 450
  - *L'indemnisation de la maternité* 457
  - *L'indemnisation de la paternité* 462
  - *L'indemnisation des accidents du travail et de trajet* 462

■ 2. **L'indemnisation par l'employeur** 467
▶ La loi de mensualisation 467
Application 468
▶ La subrogation 470
▶ La contre-visite médicale 472

■ 3. **Les allocations complémentaires aux IJSS** 474
▶ Définition 474
▶ Application 474

■ 4. **La garantie conventionnelle** 476
▶ La situation actuelle 476
▶ La technique 478
▶ Les formules 479

■ 5. **Le temps partiel thérapeutique** 481
▶ Conditions de recours au temps partiel thérapeutique 481
Qui peut prononcer le temps partiel thérapeutique ? 482
Le salarié en temps partiel thérapeutique est-il malade ou actif ? 482
Différence entre un salarié en inaptitude, en invalidité ou en incapacité 483
▶ Incidences du temps partiel thérapeutique pour le salarié 484
Les horaires 486
Le travail effectif 486
La rémunération du salarié 487
L'intéressement 487
La représentation du personnel 487
L'interdiction d'exercer un autre emploi 488
▶ L'indemnisation du salarié par la Sécurité sociale 489
Calcul de l'indemnité journalière 490
▶ Incidences du temps partiel thérapeutique pour l'employeur 491
▶ À l'issue de la période de temps partiel thérapeutique 492
▶ Les modalités du remplacement du salarié en temps partiel thérapeutique 493

PARTIE IX

Les créances 495

■ 1. **Les créances de l'employeur** 498
▶ L'acompte 498
▶ L'avance 499
▶ Le prêt 499

2. **Les créances des tiers** 500
- La saisie-arrêt 500
- L'avis à tiers détenteur 502
- La pension alimentaire 505
- La cession des rémunérations 505

PARTIE X

La rupture du contrat de travail 509

1. **La fin du contrat de travail à durée déterminée** 514
- Le commun accord des parties (CDD et CDI) 514
  - *Les accords individuels (CDD)* 514
  - *Les accords individuels (CDI)* 515
  - *Les accords collectifs (CDI)* 516
  - *Les effets du commun accord (CDD)* 518
  - *Les effets du commun accord (CDI)* 518
  - *Définition de la transaction* 519
- La faute grave du salarié (CDD et CDI) 520
- La force majeure (CDD et CDI) 522
- La résiliation judiciaire (CDD et CDI) 524
- La démission pour exécuter un CDI (CDD exclusivement) 525

2. **La fin du contrat à durée indéterminée** 526
- La démission 526
  - *Le régime juridique de la démission* 527
- Le licenciement 530
  - *Le licenciement pour motif personnel* 530
  - *Le licenciement économique* 532
- La rupture conventionnelle 533
- La retraite 535
  - *La mise à la retraite* 535
  - *Le départ à la retraite* 536
- Le décès 537
  - *Le décès de l'employeur* 537
  - *Le décès du salarié* 537
- La prise d'acte 537

3. **Les indemnités au moment de la rupture** 539
- Le préavis (ou délai-congé) 539
- L'indemnité de précarité d'emploi (CDD seulement) 543
- L'indemnité compensatrice de congés payés 545
- Les indemnités de licenciement 546
  - *L'indemnité légale de licenciement* 546
  - *L'indemnité conventionnelle de licenciement* 547
  - *L'indemnité contractuelle de licenciement* 548

Il est vrai que la gestion de la paie est une affaire d'entraînement et de pratique, avec l'objectif de zéro erreur. Cependant, cela implique également une veille constante sur l'information législative, le goût pour les chiffres et une rigueur sans faille. S'occuper de la paie suppose aussi de s'intéresser aux grands équilibres d'une entreprise. Dans un contexte français de plus en plus réglementaire et mondialisé, l'auteur aborde également les problématiques liées à la maîtrise de la masse salariale, aux divers dispositifs légaux de rémunération, aux différentes possibilités de compléments salariaux directs et indirects, et bien entendu il ne sous-estime pas, loin s'en faut, le but recherché dans toute communauté humaine de travail : la paix sociale collective et la satisfaction individuelle.

La fonction paie, tout en conservant son caractère technique, évolue de plus en plus vers des missions de conseil juridique et participe pleinement à la stratégie de rémunération d'une entreprise, une des composantes principales de la stratégie de ressources humaines. Un collaborateur est satisfait s'il trouve son travail enrichissant, si les relations avec ses supérieurs et ses collègues sont constructives, s'il estime être « bien payé », au moins au prix du marché à compétences égales, et aussi si son salaire est versé avec régularité et sans mauvaise surprise due à une quelconque erreur.
C'est pourquoi, Gilles Masson est si intransigeant quand il procède aux tests de connaissance auprès de ses étudiants. Il n'admet pas l'erreur car, dit-il, si elle est répétée, elle peut détériorer assez vite le climat social d'une entreprise, et surtout créer un malaise chez les collaborateurs.

La fonction paie est une fonction noble, car le versement d'un salaire est loin d'être anodin dans les relations de travail. Le mot « salaire » vient du latin *salarium* qui désignait la ration de sel fournie aux soldats romains. Par la suite, le mot *salarium* a désigné l'indemnité en argent versée pour acheter le sel et les vivres, le *salarium argentum*. Avoir pour mission le versement des salaires et des charges sociales afférentes, en toute conformité avec les lois du pays, est une fonction dont peuvent être fiers les gestionnaires et les responsables paie.
Je remercie Gilles Masson de contribuer depuis de nombreuses années à la formation de ces futurs professionnels, de les encourager et de les conseiller. De nombreux débouchés existent aussi bien dans les entreprises qu'au sein des cabinets d'expertise comptable et des sociétés spécialisées dans l'externalisation de la paie.

L'ouvrage réalisé constitue un vrai apport pour tous ceux qui sont prêts à entrer dans le monde complexe mais ô combien captivant des pratiques de la paie. Dans un marché de l'emploi tendu, les métiers de la paie sont et resteront des valeurs sûres.

Thierry Carlier
Directeur de l'Enoes

Avant-propos

Quand je suis devenu « formateur » en 1991, le métier existait depuis peu de temps. Les rares organismes spécialisés qui étaient sur ce marché n'avaient pas de support de formation. Les formateurs se débrouillaient par eux-mêmes, photocopiant de temps en temps des textes au mépris de tout droit de reproduction. Alors qu'aujourd'hui tout le monde (ou presque) a un ordinateur, à l'époque, personne (ou presque) n'en possédait. Mon passé d'informaticien m'incita très rapidement à investir dans cet objet très coûteux il y a plus de vingt ans, assorti d'une encombrante imprimante laser (50 000 francs, soit un peu plus de 7 600 euros), et je me mis à écrire des supports de cours. Peu de temps après, ayant rédigé tout un été, très fier de moi, je remis les premiers exemplaires à mes stagiaires. Leur réaction fut : « Quel travail ! Mais c'est trop touffu, trop pénible à lire ! » Alors, depuis, je peaufine mes supports, les aérant, expliquant les règles avec des mots plus simples, les replaçant dans leur contexte historique, etc.

Ces dernières années, de nombreux stagiaires m'ont demandé si je pouvais leur recommander un livre sur la paie, car les rares qu'ils trouvaient en librairie ne les satisfaisaient pas. Je leur répondais qu'effectivement le marché n'était pas très fourni, et que les livres existants étaient soit trop vieux (les règles avaient changé depuis leur écriture), soit trop techniques, soit trop simples et surtout sans exercices actualisés (car ce n'est qu'en faisant des exercices qu'on apprend concrètement).
« Pourquoi n'en écrivez-vous pas un, alors ? » était leur question récurrente, et petit à petit l'idée a germé dans mon esprit, mais je ne souhaitais pas faire le tour des éditeurs pour démarcher une éventuelle publication. Quand les éditions Studyrama m'ont proposé une réécriture de mes supports de formation en deux livres, j'ai su que c'était le bon moment. En effet, deux livres, c'est la solution idéale : un qui comprend le texte et un autre pour les exercices, avec leurs corrections. Celui que vous tenez entre vos mains sera réédité quand des lois importantes seront modifiées, mais le complément des exercices sera réécrit tous les ans pour une parution en début d'année civile. Ceci pour tenir compte des nouveaux plafonds, taux, et montants qui changent tous les ans, et pour avoir ainsi une mise à jour annuelle de vos connaissances.
Car, oui, tel un palimpseste, le bulletin de paie est réécrit constamment, une règle se substituant à une autre, comme les heures

supplémentaires qui ne sont pas déductibles des impôts puis le deviennent puis ne le sont plus, des exonérations de charges qui suivent la logique de l'alternance politique (Bérégovoy, Balladur, Juppé, de Robien, Aubry, Fillon), des jurisprudences françaises en contradiction avec les européennes pour mieux les épouser ensuite. Ces changements incessants peuvent effectivement donner le mal de mer tant le bateau tangue au gré des vagues politico-jurisprudentielles.
De plus, des bulletins de paie d'entreprises différentes peuvent ne pas se ressembler, les éditeurs de logiciels ayant chacun leur manière de représenter les obligations des employeurs ! Les taux de cotisation changent relativement souvent et certaines entreprises en associent parfois plusieurs pour « gagner » des lignes (et éviter d'avoir un bulletin de plusieurs pages). Pour ceux qui s'inquiéteraient, je vous rassure tout de suite, c'est légal ; c'est une des possibilités ouvertes par la loi. En revanche, quel casse-tête pour celui qui essaye de comprendre ses cotisations !
Vous le savez déjà, la France est championne du monde dans la catégorie « complexité des bulletins » (voire de la galaxie, car je n'imagine pas un extraterrestre concevoir intelligemment quelque chose d'aussi abscons). Aucun autre pays n'a autant de lignes ni autant de cotisations. Et pourtant, nous n'avons pas encore le prélèvement à la source des impôts (à la différence de tous les autres pays du monde, excepté l'Indonésie qui, pour une raison qui m'est inconnue, ne l'a pas non plus). Dans un pays comme l'Australie, il n'y a que quatre lignes sur un bulletin (remis en plus chaque semaine) : salaire, moins 10 % de cotisations versés à la mairie, moins 10 % de prélèvement à la source égalent le net à payer. On aurait pu également penser qu'un pays aussi complexe que la Suisse, avec ses vingt-six cantons (et donc vingt-six règles cantonales), produise un bulletin difficile d'accès. Eh bien, malgré des lignes bizarres pour un Français comme « le denier du culte » (cotisations prélevées sur la paie pour l'Église), il n'en est rien.

Ce petit préambule pour vous dire que si vous ne comprenez pas votre bulletin de paie, c'est normal ! Le but de ce livre est de vous le rendre plus compréhensible, plus lisible. Comment ? En considérant le bulletin de paie comme un puzzle, en étudiant la forme de chaque pièce et ensuite comment les différentes lignes s'imbriquent entre elles. C'est pourquoi je commencerai ce livre par la première ligne du bulletin, et je le terminerai non pas par la dernière ligne du bulletin, mais par le dernier bulletin remis à un salarié lorsqu'il quitte l'entreprise, appelé le « solde de tout compte » (agrémenté des différents documents obligatoires qui l'accompagnent).

J'ai également souhaité pouvoir prolonger ce livre par un autre, *Exercices et corrigés sur la paie*, qui ne comporte que des entraînements sur tous les sujets abordés dans celui-ci. Je pense que la théorie n'est jamais aussi bien mise en valeur qu'en perspective de cas concrets. Chaque exercice commence par une synthèse (extraite du livre que vous avez entre les mains) qui permet d'en assurer la bonne compréhension.

Je vous souhaite une bonne lecture.

Exemple d'un bulletin de paie

BULLETIN DE PAIE

Période du au

Employeur		Salarié	
Raison sociale :		Nom :	Prénom :
Adresse :		Adresse :	
N° SIRET :	Code NAF :	N° SS :	
URSSAF :	N° de cotisant :	Emploi :	Classif. :
Convention collective :		Date d'ancienneté :	

Libellé des rubriques	Base	Taux	Montant	Commentaires	
Salaire	151,67		3 000,00	**Juin 2015**	
Prime d'ancienneté			150,00	Date d'entrée : 1 Mai 2005	
Avantages en nature			400,00	Plafond du mois : 3.170 €	
Remboursement frais prof.			82,00		
Total brut			**3 632,00**		
Cotisations	**Base**	**Salariales**		**Patronales**	
		Taux	**Montant**	**Taux**	**Montant**
Ass. mal. mat. inv. décès	3 632,00	0,75	-27,24	12,80	464,90
Contribution Solidarité Autonomie	3 632,00			0,30	10,90
Accident du travail	3 632,00			2,44	88,62
Allocations familiales	3 632,00			5,25	190,68
Ass. vieillesse plafonnée	3 170,00	6,85	-217,15	8,50	269,45
Ass. vieillesse déplafonnée	3 632,00	0,30	-10,90	1,80	65,38
FNAL sur brut	3 632,00			0,50	18,16
Chômage sur Tr. A + Tr. B	3 632,00	2,40	-87,17	4,00	145,28
AGS sur Tr. A + Tr. B	3 632,00			0,30	10,90
ARRCO sur Tr. 1	3 170,00	3,10	-98,27	4,65	147,41
AGFF sur Tr. 1	3 170,00	0,80	-25,36	1,20	[illegible]
ARRCO sur Tr. 2	462,00	8,10	-37,42	12,15	56,13
AGFF sur Tr. 2	462,00	0,90	-4,16	1,30	6,01
Prévoyance sur Tr. A	3 170,00	1,00	-31,70	2,00	63,40
Taxe sur prévoyance	63,40			8,00	5,07
CSG déductible	3 631,84	5,10	-185,22		
Autres charges patronales	3 632,00			4,846	176,01
Total cotisations			**-724,59**		**1 756,34**
Net fiscal			**2 970,81**		
Indemnités de transport			55,00	Règlement par virement sur le compte	
Remboursement frais prof.	10,00	18,10	181,00		
Reprise avantages en nature			-400,00	Code Banque :	
CSG non déductible	3 631,84	2,40	-87,16	Code Guichet :	
CRDS non déductible	3 631,84	0,50	-18,16	N° compte :	
Net à payer			**2 638,09**		

Cumuls depuis le 1er janvier 2015			
Heures : 151,67	Brut SS : 3 632,00	Net fiscal :	2 970,81

Pour faire valoir vos droits, ce bulletin de paie doit être conservé sans limitation de durée

Introduction

La paie est un métier intéressant à plus d'un titre !

D'abord, c'est la motivation de chaque salarié (s'il n'y avait pas la paie chaque mois, croyez-vous que les êtres humains iraient travailler ?). Ensuite, c'est le cœur même de l'entreprise. En effet, la paie se trouve aux carrefours de plusieurs métiers. Elle se nourrit de leurs données et est une source d'informations indispensable quant au bon fonctionnement de chaque société.

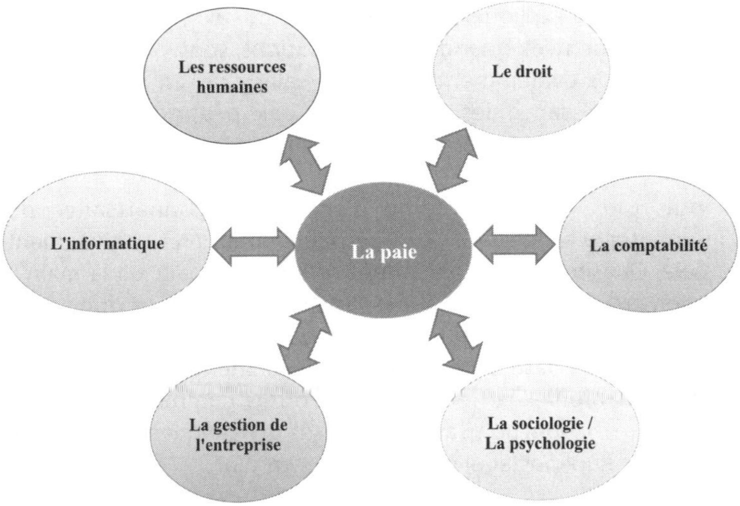

S'il n'y avait pas le droit, qui impose de donner un bulletin de paie chaque mois (sauf exceptions que nous verrons plus tard), ce livre n'aurait aucun intérêt. Ce droit nous impose des règles qu'il faut suivre scrupuleusement. À défaut, plusieurs organismes nous rappellent à l'ordre :

- l'URSSAF ;
- le fisc ;
- l'inspection du travail ;
- et enfin tout le système judiciaire.

La comptabilité fournit diverses informations au service paie. Citons par exemple : la liste des acomptes ou avances, des notes de frais, des IJSS reçues (en cas de subrogation)… Le service paie, quant à

lui, lui fournit chaque mois les comptes qui concernent les salaires et les éventuelles provisions.
Ce service peut aussi être amené à être au cœur de problèmes plus humains que comptables. Bien souvent, des salariés ont besoin de renseignements, d'explications sur leur bulletin. Les personnes du service paie sont parfois amenées à jouer le rôle généralement dévolu aux « assistantes sociales » ! Les salariés préfèrent parler de leurs problèmes financiers avec elles plutôt qu'avec leur responsable hiérarchique. La manière dont est retenue une absence sur le bulletin relève éminemment de la sociologie ! Enfin, réaliser des paies fausses est le meilleur moyen d'être l'objet de tous les mécontentements.
Dans ce livre, j'expliquerai la manière de mieux gérer l'entreprise selon comment et quand les informations sont passées sur le bulletin, sans évidemment léser ni le salarié ni l'employeur. Une bonne connaissance des arcanes de la paie peut générer chaque année de très sérieuses économies pour l'entreprise.

Depuis plus d'une vingtaine d'années, la connaissance de l'informatique est devenue indispensable pour gérer correctement la paie. Quasiment plus personne n'effectue la paie « à la main » (papier, crayon, calculette). Une parfaite connaissance du logiciel utilisé pour établir les bulletins est donc indispensable. Savoir « attaquer » la base de données est également nécessaire, tout comme manipuler correctement les outils comme Excel (avec, entre autres, la fonction Tableaux croisés dynamiques), Word (avec la fonction Publipostage) ou encore PowerPoint.

Enfin, une communication étroite entre le service paie et celui des ressources humaines est fortement conseillée. Si le département recrutement des RH ne passe pas dans les temps et de manière formelle les informations sur les nouveaux arrivants, une catastrophe est prévisible sur les premiers bulletins (et les premiers signes d'agacement des salariés concernés). Si les informations (d'effectifs, de masse salariale, etc.) que fait remonter la paie aux RH sont fausses, comment ces derniers peuvent-ils prendre les bonnes décisions ? Enfin, si un directeur des ressources humaines n'appréhende pas correctement les règles basiques de la paie, comment peut-il signer le moindre accord avec les représentants du personnel ?

Bref, la paie n'est pas seulement un métier intéressant, c'est un métier passionnant !

N'oubliez jamais que ce métier nécessite néanmoins une remise à jour de ses connaissances presque quotidienne tant les changements en la matière se succèdent ces dernières années de plus en plus rapidement. Pour ce faire, consultez les sites :

- www.service-public.fr
- www.travail.gouv.fr

Et/ou abonnez-vous aux revues :

- *Liaisons sociales* ;
- *Dictionnaire permanent paie* ;
- *Dictionnaire permanent social* ;
- *RF paie*.

Commençons tout de suite la découverte de la paie par les sources juridiques, afin de savoir quelles règles exactement appliquer.

L'ENVIRONNEMENT JURIDIQUE

PARTIE I

Avant de commencer la partie consacrée aux sources juridiques de la paie, nous vous demandons de remplir ce petit questionnaire. Cela vous permettra d'évaluer vos connaissances préalables et vos acquis.
Sur chaque ligne, veuillez mettre une croix soit dans la colonne « Vrai », soit dans la colonne « Faux », soit dans les deux.

N°	Affirmations	Vrai	Faux
1	Un traité international est supérieur en droit à notre droit national.		
2	La Déclaration des droits de l'homme date du 21 janvier 1793.		
3	Le Code civil date de 1826.		
4	Le premier conseil des prud'hommes est né en 1806.		
5	L'égalité homme/femme est dans la Constitution de la IVe République.		
6	La Ve République date du 4 octobre 1958.		
7	Aujourd'hui, nous sommes sous la VIe République.		
8	Le Code du travail comporte neuf livres.		
9	Une convention collective peut être moins avantageuse que le Code du travail.		
10	Le règlement intérieur est obligatoirement affiché dans les entreprises ayant plus de vingt salariés.		
11	Une clause de non-concurrence doit légalement avoir une contrepartie financière.		
12	La durée maximum pour un CDD est de deux ans.		
13	Il y a neuf cas de recours légaux aux CDD.		
14	Un salarié en CDD qui a travaillé une heure a droit au paiement des congés payés.		
15	Le contrat de travail peut être oral.		
16	Si le salarié est étranger, l'employeur doit traduire le contrat de travail.		
17	On peut légalement conclure une période d'essai de six mois.		
18	Le conseil des prud'hommes est une juridiction civile de droit commun.		
19	La jurisprudence est l'ensemble des décisions rendues par les juridictions.		
20	Mentionner les dates des congés payés sur le bulletin de paie est obligatoire.		

BULLETIN DE PAIE

Période du au

Employeur		Salarié	
Raison sociale :		Nom :	Prénom :
Adresse :		Adresse :	
N° SIRET :	Code NAF :	N° SS :	
URSSAF :	N° de cotisant :	Emploi :	Classif. :
Convention collective :		Date d'ancienneté :	

Libellé des Rubriques	Base	Taux	Montant	Commentaires
Salaire	151,67		3 000,00	juin 2015
Prime d'ancienneté			150,00	Date d'entrée : 1 Mai 2005
Avantages en Nature			400,00	Plafond du mois : 3.170 €
Remboursement Frais Prof.			82,00	
Total Brut			3 632,00	

Cotisations	Base	Salariales		Patronales	
		Taux	Montant	Taux	Montant
Ass. Mal.Mat.Inv.décès	3 632,00	0,75	-27,24	12,80	464,90
Contribution Solidarité Autonomie	3 632,00			0,30	10,90
Accident du Travail	3 632,00			2,44	88,62
Allocations Familiales	3 632,00			5,25	190,68
Ass. Vieillesse Plafonnée	3 170,00	6,85	-217,15	8,50	269,45
Ass. Vieillesse Déplafonnée	3 632,00	0,30	-10,90	1,80	65,38
F.N.A.L. sur Brut	3 632,00			0,50	18,16
Chômage sur Tr. A + Tr. B	3 632,00	2,40	-87,17	4,00	145,28
A.G.S. sur Tr. A + Tr. B	3 632,00			0,30	10,90
A.R.R.CO sur Tr. 1	3 170,00	3,10	-98,27	4,65	147,41
A.G.F.F. sur Tr. 1	3 170,00	0,80	-25,36	1,20	38,04
A.R.R.CO sur Tr. 2	462,00	8,10	-37,42	12,15	56,13
A.G.F.F. sur Tr. 2	462,00	0,90	-4,16	1,30	6,01
Prévoyance sur Tr. A	3 170,00	1,00	-31,70	2,00	63,40
Taxe sur Prévoyance	63,40			8,00	5,07
C.S.G. déductible	3 631,84	5,10	-185,22		
Autres charges patronales	3 632,00			4,846	176,01
Total cotisations			-724,59		1 756,34

Libellé des Rubriques	Base	Taux	Montant	
Net fiscal			2 970,81	
Indemnités de Transport			55,00	Règlement par virement sur le compte
Remboursement Frais Prof.	10,00	18,10	181,00	
Reprise Avantages en Nature			-400,00	Code Banque :
C.S.G. non déductible	3 631,84	2,40	-87,16	Code Guichet :
C.R.D.S. non déductible	3 631,84	0,50	-18,16	N° Compte :
Net à payer			2 638,09	

Cumuls depuis le 1er janvier 2015

Heures : 151,67 — Brut SS : 3 632,00 — Net fiscal : 2 970,81

Pour faire valoir vos droits, ce bulletin de paie doit être conservé sans limitation de durée

Quand on débute dans ce métier, le plus difficile est de trouver la bonne règle à appliquer. Pourquoi ? Parce qu'elles sont nombreuses et parfois contradictoires !

1. Les sources internationales

Aussi bizarre que cela puisse paraître, les sources les plus importantes ne viennent pas de notre pays, mais sont internationales.

Les traités internationaux

En premier lieu, se trouvent les traités internationaux (bilatéraux s'ils lient notre pays à un autre, ou multilatéraux s'ils lient notre pays à plusieurs autres). En effet, l'article 55 de notre cinquième Constitution leur confère une autorité supérieure à celle de notre loi nationale. Dans les faits, on ne s'en sert dans le domaine de la paie que dans de très rares cas (salarié étranger malade dans son pays natal lors de ses vacances, entreprises ayant des établissements dans plusieurs pays, etc.).

Le traité européen de Maastricht

Vient ensuite le traité européen de Maastricht (entré en vigueur le 1er janvier 1993). Il a remplacé le traité de Rome. Même s'il doit être prolongé par des textes pris par chacun des pays membres, ce texte est à l'origine de plusieurs changements de taille dans la paie. Citons, entre autres :

• l'égalité homme/femme en ce qui concerne au moins le travail de nuit (9 mai 2001) ;

• le changement de notre monnaie nationale (le franc devenu l'euro au 1er janvier 2002).

Les recommandations internationales de l'OIT

Parmi les sources internationales, il y a encore les recommandations de l'Organisation internationale du travail (OIT) qui, par le biais de son Bureau international du travail (BIT), publie tous les ans un rapport sur le travail dans le monde. Longtemps critiquée par ce rapport au sujet de l'interdiction du travail de nuit pour les femmes, la France n'y apparaît plus que pour la division des salariés en cadres ou non-cadres, ou pour la façon de comptabiliser les chômeurs. Bien que ces recommandations n'aient aucune valeur d'obligation, il n'est pas souhaitable de figurer dans ce rapport.

2. Les sources étatiques

La Déclaration des droits de l'homme

Historiquement, notre premier texte est la Déclaration des droits de l'homme et du citoyen (26 août 1789). Même si beaucoup de choses ont changé depuis cette époque, c'est le point de départ de toute notre législation. Lisons le premier article : « *Les hommes naissent et demeurent libres et égaux en droits.* » La traduction actuelle en paie s'écrit : « *À travail égal, salaire égal.* » Ou encore l'article 10 : « *Nul ne doit être inquiété pour ses opinions, mêmes religieuses, pourvu que leur manifestation ne trouble pas l'ordre public établi par la loi.* » Les recruteurs savent bien qu'il est interdit de demander l'appartenance politique ou religieuse à un candidat.

Pour ceux qui auraient oublié ce texte fondateur, en voici les dix-sept premiers articles.

DÉCLARATION DES DROITS DE L'HOMME (EXTRAIT)

« Les représentants du peuple français, constitués en Assemblée nationale, considérant que l'ignorance, l'oubli ou le mépris des droits de l'homme sont les seules causes des malheurs publics et de la corruption des gouvernements, ont résolu d'exposer, dans une déclaration solennelle les droits naturels, inaliénables et sacrés de l'homme, afin que cette déclaration constamment présente à tous les membres du corps social, leur rappelle sans cesse leurs droits et leurs devoirs ; afin que les actes du pouvoir législatif et ceux du pouvoir exécutif, pouvant être à chaque instant comparés avec le but de toute institution politique, en soient plus respectés ; afin que les réclamations des citoyens, fondées désormais sur des principes simples et incontestables, tournent toujours au maintien de la Constitution et au bonheur de tous. En conséquence, l'Assemblée nationale reconnaît et déclare, en présence et sous les auspices de l'Être suprême, les droits suivants de l'homme et du citoyen.

Article 1. *Les hommes naissent et demeurent libres et égaux en droits. Les distinctions sociales ne peuvent être fondées que sur l'utilité commune.*

Article 2. *Le but de toute association politique est la conservation des droits naturels et imprescriptibles de l'homme. Ces droits sont la liberté, la propriété, la sûreté et la résistance à l'oppression.*

Article 3. *Le principe de toute souveraineté réside essentiellement dans la nation. Nul corps, nul individu ne peut exercer d'autorité qui n'en émane expressément.*

Article 4. *La liberté consiste à pouvoir faire tout ce qui ne nuit pas à autrui ; ainsi, l'exercice des droits naturels de chaque homme n'a de bornes que celles qui assurent aux autres membres de la société la jouissance de ces mêmes droits. Ces bornes ne peuvent être déterminées que par la loi.*
Article 5. *La loi n'a le droit de défendre que les actions nuisibles à la société. Tout ce qui n'est pas défendu par la loi ne peut être empêché et nul ne peut être contraint à faire ce qu'elle n'ordonne pas.*
Article 6. *La loi est l'expression de la volonté générale. Tous les citoyens ont le droit de concourir personnellement ou par leurs représentants à sa formation. Elle doit être la même pour tous, soit qu'elle protège, soit qu'elle punisse. Tous les citoyens étant égaux à ses yeux sont également admissibles à toutes dignités, places et emplois publics, selon leur capacité et sans autre distinction que celle de leurs vertus et de leurs talents.*
Article 7. *Nul homme ne peut être accusé, arrêté ni détenu que dans les cas déterminés par la loi et selon les formes qu'elle a prescrites ; ceux qui sollicitent, expédient, exécutent ou font exécuter des ordres arbitraires doivent être punis, mais tout citoyen appelé ou saisi en vertu de la loi doit obéir à l'instant : il se rend coupable par la résistance.*
Article 8. *La loi ne doit établir que des peines strictement et évidemment nécessaires et nul ne peut être puni qu'en vertu d'une loi établie et promulguée antérieurement au délit.*
Article 9. *Tout homme étant présumé innocent jusqu'à ce qu'il ait été déclaré coupable, s'il est jugé indispensable de l'arrêter, toute rigueur qui ne serait pas nécessaire pour s'assurer de sa personne doit être sévèrement réprimée par la loi.*
Article 10. *Nul ne doit être inquiété pour ses opinions, mêmes religieuses, pourvu que leur manifestation ne trouble pas l'ordre public établi par la loi.*
Article 11. *La libre communication des pensées et des opinions est un des droits les plus précieux de l'homme ; tout citoyen peut donc parler, écrire, imprimer librement, sauf à répondre de l'abus de cette liberté, dans les cas déterminés par la loi.*
Article 12. *La garantie des droits de l'homme et du citoyen nécessite une force publique ; cette force est donc instituée pour l'avantage de tous et non pour l'utilité particulière de ceux auxquels elle est confiée.*
Article 13. *Pour l'entretien de la force publique et pour les dépenses d'administration, une contribution commune est indispensable : elle doit être également répartie entre tous les citoyens.*
Article 14. *Tous les citoyens ont le droit de constater, par eux-mêmes ou par leurs représentants, la nécessité de la contribution publique, de la consentir librement, d'en suivre l'emploi et d'en déterminer la qualité, l'assiette, le recouvrement et la durée.*
Article 15. *La société a le droit de demander compte à tout agent public de son administration.*
Article 16. *Toute société dans laquelle la garantie des droits n'est pas assurée, ni la séparation des pouvoirs déterminée n'a point de Constitution.*
Article 17. *La propriété étant un droit inviolable et sacré, nul ne peut en être privé, si ce n'est lorsque la nécessité publique l'exige. »*

Les textes de loi

Le Code civil et la Constitution de la Ve République

Historiquement, le premier code publié est le **Code civil** (21 mars 1804). Il est connu sous le nom de « code Napoléon », non pas parce qu'il l'aurait écrit (il fut rédigé principalement par Jean-Jacques Régis de Cambacérès, aidé de quatre juristes : Tronchet, Bigot de Préameneau, Maleville et Portalis), mais parce que dans un souci d'unification et de pacification de la France, il a initié, soutenu et fait promulguer le texte. Ce code, réécrit pour environ un tiers par Robert Badinter, est très peu utilisé en paie.
Parmi les dates importantes qui suivirent le Code civil, on peut relever que le premier conseil des prud'hommes est né à Lyon en 1806 et que le premier Code du commerce date de 1807.

L'article 16 de la Déclaration des droits de l'homme et du citoyen le disait : la garantie des droits ne peut être assurée que par une Constitution. La **Constitution de la Ve République** a été adoptée par le peuple français par le référendum du 28 septembre 1958, et promulguée par le président de la République le 4 octobre suivant (le texte fut publié au *Journal officiel* le 5 octobre 1958). Dans son préambule, la Constitution de la Ve République confirme son rattachement à la DDHC puisqu'elle commence ainsi : « *Le peuple français proclame solennellement son attachement aux droits de l'homme et aux principes de la souveraineté nationale tels qu'ils ont été définis par la Déclaration de 1789, confirmée et complétée par le préambule de la Constitution de 1946.* »
L'article 55 confirme que les traités internationaux sont supérieurs à notre loi nationale : « *Les traités ou accords régulièrement ratifiés ou approuvés ont, dès leur publication, une autorité supérieure à celle des lois, sous réserve, pour chaque accord ou traité, de son application par l'autre partie.* »
Pour faire court, l'article 2 annonce tout simplement la suite du livre : « *La France est une République indivisible, laïque, démocratique et sociale. Elle assure l'égalité devant la loi de tous les citoyens sans distinction d'origine, de race ou de religion. Elle respecte toutes les croyances. L'emblème national est le drapeau tricolore, bleu, blanc, rouge. L'hymne national est* La Marseillaise. *La devise de la République est* "Liberté, Égalité, Fraternité". *Son principe est : gouvernement du peuple, par le peuple et pour le peuple.* »

« Elle assure l'égalité devant la loi de tous les citoyens », donc, **la loi** est la troisième source nationale des droits. La loi (du latin *lex, legis*) désigne une règle juridique suprême, générale et impersonnelle, ou bien l'ensemble formé de telles règles. La loi est aujourd'hui prescrite par le Parlement, représentant du peuple et donc titulaire du pouvoir législatif (le pouvoir d'édicter les lois). On parle parfois de « législation » comme synonyme de « loi », même si la législation englobe le règlement dont l'auteur est le pouvoir exécutif.
Le Gouvernement propose un texte à l'Assemblée nationale, qui en débat. Puis, si le texte est adopté par l'Assemblée nationale, il passe au Sénat qui à nouveau en discute. Si le Sénat n'est pas d'accord sur le texte, il revient devant l'Assemblée nationale jusqu'à ce que les deux chambres soient d'accord (l'ensemble constitué de l'Assemblée nationale et du Sénat s'appelle le Parlement). En cas d'accord, le texte est promulgué au *Journal officiel* et devient applicable. S'il n'y a pas d'accord, le Gouvernement peut imposer sa loi par voie **d'ordonnance** (art. 49.3 de la Constitution). L'ordonnance a donc force de loi. Parfois, alors que les deux chambres auraient été d'accord, le Gouvernement, juste parce qu'il est pressé de mettre en œuvre son programme, légifère par voie d'ordonnance. L'une des plus célèbres est celle du 16 janvier 1982, qui prévoyait le passage aux 39 heures (contre 40 précédemment) et la cinquième semaine de congés payés (contre quatre antérieurement).
Enfin, pour être complet, il y a encore **le règlement**, qui englobe plusieurs sortes de décrets :

- les règlements d'administration ;
- les décrets en Conseil d'État ;
- les décrets interministériels ;
- le décret simple ;
- l'arrêté ;
- la circulaire.

Le Code du travail

Au niveau des sources étatiques, celle qui intéresse surtout la paie est le **Code du travail.**
Il est difficile d'attribuer une date de naissance à ce Code car il est paru de manière parcellaire. En 1896, devant le Parlement, on souleva la question de la codification des lois ouvrières. Puis le 13 juin 1898, Arthur Groussier, syndicaliste et député socialiste, déposa une proposition de Code du travail, mais sans suite. En 1904, le même homme représenta un projet de codification qui

fut cette fois adopté. Toutefois, le Sénat retarda le projet et limita son examen au premier livre sur les six présentés. Il fallut ainsi attendre jusqu'au 7 juin 1910 pour qu'il adopte le texte qui fut voté ensuite le 28 décembre 1910 par la Chambre. C'est en principe cette dernière date que l'histoire retient pour la naissance du Code du travail. Mais le dernier des six livres n'est adopté que le 25 février 1927 ! Il serait donc plus sage de retenir cette date. Depuis 1927, le Code du travail a été refondu deux fois : en 1973 et en 2008.

Le Code en vigueur du 2 janvier 1973 au 30 avril 2008 comprenait neuf livres :

- Livre I. Conventions relatives au travail
- Livre II. Réglementation du travail
- Livre III. Placement - Emploi
- Livre IV. Groupements professionnels, représentation, participation et intéressement des salariés
- Livre V. Conflits du travail
- Livre VI. Contrôle de l'application de la législation et de la réglementation du travail
- Livre VII. Dispositions particulières à certaines professions
- Livre VIII. Dispositions spéciales aux départements d'outre-mer
- Livre IX. De la formation professionnelle continue dans le cadre de l'éducation permanente

De plus, il était décomposé en trois parties :

- la première partie législative comprend toutes les lois (**L**) ;
- la deuxième partie réglementaire comprend les décrets pris en Conseil d'État (**R**) ;
- la troisième partie réglementaire comprend les décrets simples (**D**).

Chaque article était donc codifié de la façon suivante :

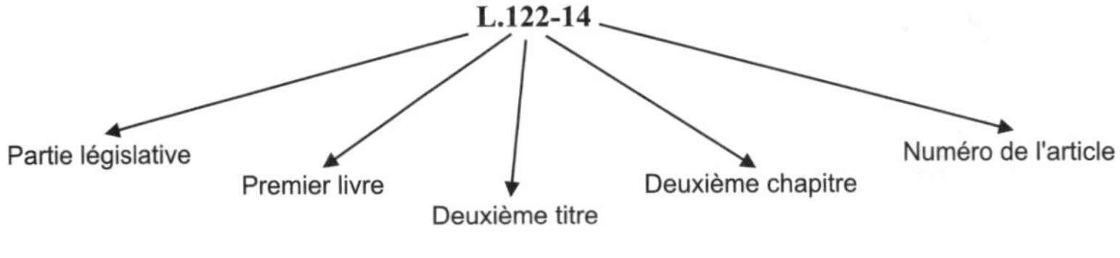

Le Code du travail de 2008

Annoncé le 24 février 2005 par Gérard Larcher, alors ministre du Travail, le nouveau Code du travail est entré en vigueur le 1er mai 2008. Résultat d'une concertation entre partenaires sociaux, juristes spécialisés et Administration, il répond à un objectif constitutionnel de simplification du droit. Totalement réécrit, il propose un nouveau plan, une nouvelle numérotation (de trois à quatre chiffres) ; il actualise les terminologies ; il adapte les dispositions législatives ; il abroge celles devenues sans objet ; il intègre des lois non codifiées et exclut certaines dispositions dérogatoires destinées à d'autres codes ; il corrige ; il clarifie...

Plus concis et plus structuré – mais plus volumineux –, ce nouveau code est classé en huit parties, subdivisées en titres, chapitres, sections, paragraphes et même sous-paragraphes. Les articles sont toujours composés de chiffres correspondant à leur place dans la classification. Comme avant, une lettre permet de distinguer le législatif (L) du réglementaire (R : décrets pris en Conseil d'État ; D : décrets simples), mais les articles R et D sont avantageusement regroupés et ne constituent plus deux parties, mais une seule.

LA NOUVELLE CLASSIFICATION DU CODE DU TRAVAIL

Première partie : Les relations individuelles de travail
Livre I. Dispositions préliminaires
Livre II. Le contrat de travail
Livre III. Le règlement intérieur et le droit disciplinaire
Livre IV. La résolution des litiges
Livre V. Dispositions relatives à l'outre-mer

Deuxième partie : Les relations collectives de travail
Livre I. Les syndicats professionnels
Livre II. La négociation collective – Les conventions et accords collectifs de travail
Livre III. Les institutions représentatives du personnel
Livre IV. Les salariés protégés
Livre V. Les conflits collectifs
Livre VI. Dispositions relatives à l'outre-mer

Troisième partie : Durée du travail, salaire, intéressement, participation et épargne salariale
Livre I. Durée du travail, repos et congés
Livre II. Salaire et avantages divers
Livre III. Intéressement, participation et épargne salariale
Livre IV. Dispositions relatives à l'outre-mer

Quatrième partie : Santé et sécurité au travail
Livre I. Dispositions générales
Livre II. Dispositions applicables aux lieux de travail
Livre III. Équipements de travail et moyens de protection
Livre IV. Prévention de certains risques d'exposition
Livre V. Prévention des risques liés à certaines activités ou opérations
Livre VI. Institutions et organismes de prévention
Livre VII. Contrôle

Cinquième partie : L'emploi
Livre I. Dispositifs en faveur de l'emploi
Livre II. Dispositions applicables à certaines catégories de travailleurs
Livre III. Service public de l'emploi et placement
Livre IV. Le demandeur d'emploi
Livre V. Dispositions relatives à l'outre-mer

Sixième partie : La formation professionnelle tout au long de la vie
Livre I. Principes généraux et organisation institutionnelle de la formation professionnelle
Livre II. L'apprentissage
Livre III. La formation professionnelle continue
Livre IV. Validation des acquis de l'expérience
Livre V. Dispositions relatives à l'outre-mer

Septième partie : Dispositions particulières à certaines professions et activités
Livre I. Journalistes professionnels, professions du spectacle, de la publicité et de la mode
Livre II. Concierges et employés d'immeubles à usage d'habitation, employés de maison et services à la personne
Livre III. Voyageurs, représentants ou placiers, gérants de succursales et conjoints salariés du chef d'entreprise
Livre IV. Travailleurs à domicile
Livre V. Dispositions relatives à l'outre-mer

Huitième partie : Contrôle de l'application de la législation du travail
Livre I. Inspection du travail
Livre II. Lutte contre le travail illégal
Livre III. Dispositions relatives à l'outre-mer

Depuis le 1er mai 2008, chaque article est codifié de la façon suivante :

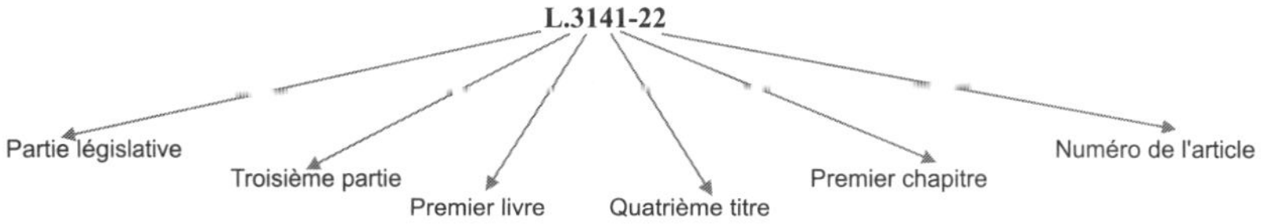

Et bien évidemment, comme personne ne peut connaître le Code du travail par cœur, il convient de se référer le plus souvent possible à la publication la plus récente.

3. Les sources locales

Les conventions collectives

La première de ces sources locales est la convention collective, acte issu d'une négociation entre les partenaires sociaux. Elle règle l'ensemble des conditions d'emploi, de travail et les garanties sociales. Il existe différentes catégories de conventions collectives. Un accord collectif ne traite qu'un ou plusieurs sujets de l'ensemble des conditions ci-dessus.

La **convention collective ordinaire**, ou convention collective simple, résulte d'une négociation volontaire entre les syndicats représentatifs des salariés et un ou plusieurs employeurs ou les organisations syndicales. Elle ne lie que les signataires. Il peut exister des conventions d'établissement, ou d'entreprise, professionnelle, ou de branche. Leur champ d'application peut être local, départemental, régional ou national.

La **convention collective étendue** est rendue obligatoire par un arrêté du ministre du Travail pour toutes les entreprises de la profession ou de la branche qui entrent dans le champ d'application territorial de la convention.

Une convention collective ne peut pas être moins avantageuse que les dispositions contenues dans le Code du travail (même s'il y a, sinon ce ne serait pas drôle, quelques exceptions notables : la convention collective des hôtels, cafés, restaurants ou celle des transports, pour n'en citer que deux). Comme il s'agit d'un texte qui régit les rapports entre salariés et employeurs, il sert de base ou de « bible » aux services du personnel.

Une convention collective doit comporter des **clauses obligatoires** :
• le champ d'application ;
• la durée ;
• les clauses de renouvellement, de révision et de dénonciation ;
• les commissions paritaires d'interprétation ;
• les salariés participant aux négociations ou instances paritaires (absences et indemnisation) ;
• les libertés et égalités de droit : exercice du droit syndical et liberté d'opinion, égalité professionnelle entre les hommes et les femmes,

égalité de traitement entre salariés français et étrangers, droit au travail des handicapés ;
• le contrat de travail : conditions d'embauchage, congés payés, absences autorisées, maladie, accidents du travail, conditions de licenciement, modalités de l'apprentissage et de la formation ;
• les salaires : classifications, salaires minima, différentes majorations, etc. ;
• la représentation du personnel : délégués, CE, CCE, CHSCT ;
• les catégories particulières de salariés : jeunes, femmes enceintes ou allaitant, personnel à temps partiel, travailleurs à domicile, temporaires et salariés d'entreprises extérieures ;
• les conflits collectifs : procédures de conciliation.

Les accords collectifs

La deuxième source locale est constituée par les accords collectifs. Ce sont des accords conclus entre des organisations syndicales représentatives des salariés et l'employeur. **Ces accords ne s'appliquent que dans l'entreprise où ils ont été signés**. Par ailleurs, il existe parfois, au sein d'une même entreprise, des **accords d'établissement**. Ces accords sont négociés entre le chef d'entreprise et l'organisation ou les organisations syndicales représentatives dans l'entreprise ou l'établissement.

Les règlements intérieurs

La troisième source est le règlement intérieur (art. L.1321-1 à L.1322-4, R.1321-1 à R.1321-5). Il est **obligatoire dans les entreprises où sont habituellement employés au moins vingt salariés.** C'est l'employeur et lui seul qui établit le règlement intérieur. Préalablement à son entrée en vigueur, l'employeur doit **recueillir l'avis du CE** (ou à défaut des DP) **et du CHSCT**. La même procédure est applicable aux notes de service qui portent prescriptions générales et permanentes dans les matières du règlement intérieur, mais pas aux notes qui constituent une simple modalité d'application du règlement intérieur.

L'employeur doit simultanément :
• communiquer le règlement intérieur, en deux exemplaires, avec l'avis du CE (ou des DP) et du CHSCT à l'inspecteur du travail ;

• déposer le règlement intérieur au secrétariat-greffe du conseil des prud'hommes dans le ressort duquel l'entreprise ou l'établissement est situé ;
• afficher le règlement intérieur à une place convenable et aisément accessible dans les locaux de travail ainsi qu'à la porte des locaux où a lieu l'embauche (art. R.1321-1).

Dans le règlement intérieur l'employeur fixe exclusivement :
• les mesures d'application de la réglementation en matière d'hygiène et de sécurité ;
• les règles générales et permanentes relatives à la discipline et notamment la nature et l'échelle des sanctions que peut prendre l'employeur ;
• les droits de la défense du salarié tels qu'ils résultent des articles L.1332-1 à L.1332-3.

Le règlement intérieur doit rappeler les dispositions relatives à l'abus d'autorité en matière de harcèlement sexuel, telles qu'elles résultent de la loi (art. L.1153-1 à L.1153-6).

Dans un arrêt du 7 janvier 2015 (n° 13-15.630 F-D), la Cour de cassation précise que la durée maximale de la mise à pied doit figurer en priorité dans le règlement intérieur. À défaut, la mise à pied prononcée peut être annulée si le salarié en fait la demande, et ce même si la convention collective applicable comporte des dispositions fixant une durée maximale.

Sont illicites certaines clauses, notamment :
• interdisant le mariage entre salariés ou interdisant à un salarié d'épouser une personne divorcée ;
• interdisant d'une manière absolue de chanter, siffler ou parler à ses collègues ;
• interdisant de porter des badges ou des insignes ;
• interdisant d'introduire un journal dans l'entreprise ;
• interdisant les discussions politiques ou religieuses ;
• obligeant les salariés à adopter un type de coiffure, etc.

En revanche, autoriser le contrôle d'alcoolémie de salariés qui exercent des fonctions susceptibles d'exposer des personnes ou des biens à un danger est admis, dès lors que les modalités de ce contrôle en permettent la contestation.

Si une mise à pied est prévue dans le règlement intérieur, elle n'est licite que si ce règlement en précise la durée maximale. En effet, selon l'arrêt de la Cour de cassation du 7 janvier 2015 (n°13-15.630), l'absence de mention de la durée maximale dans le règlement intérieur ne peut être suppléée par les dispositions de la convention collective applicable.

Voici à titre d'exemple, un véridique règlement intérieur datant de 1845. Il a pour but de vous montrer l'évolution du monde du travail. Il peut prêter aujourd'hui à sourire bien que ceux qui l'ont écrit n'avaient visiblement pas beaucoup d'humour.

RÈGLEMENT INTÉRIEUR D'UNE MANUFACTURE DE TEXTILE

Ce règlement fixe les conditions de travail des employés de bureau.

Article 1. *Piété, propreté et ponctualité font la force d'une bonne affaire.*
Article 2. *Notre firme, ayant considérablement réduit les horaires de travail, les employés de bureau n'auront plus à être présents que de 7 heures du matin à 6 heures le soir et ce, les jours de semaine seulement.*
Article 3. *Des prières seront dites chaque matin dans le grand bureau. Les employés de bureau y seront obligatoirement présents.*
Article 4. *L'habillement doit être du type le plus sobre. Les employés de bureau ne se laisseront pas aller aux fantaisies des vêtements de couleurs vives. Ils ne porteront pas de bas non plus, à moins que ceux-ci ne soient convenablement raccommodés.*
Article 5. *Dans les bureaux, on ne portera ni manteau, ni pardessus. Toutefois lorsque le temps sera particulièrement rigoureux, les écharpes, cache-nez et calottes seront autorisés.*
Article 6. *Notre firme met un poêle à la disposition des employés de bureau. Le charbon et le bois devront être enfermés dans le coffre destiné à cet effet. Afin qu'ils puissent se chauffer, il est recommandé à chacun des membres du personnel d'apporter chaque jour quatre livres de charbon pendant la saison froide.*
Article 7. *Aucun employé ne sera autorisé à quitter le bureau sans la permission de Monsieur le Directeur. Les appels de la nature sont cependant permis. Aussi, pour y céder les membres du personnel pourront utiliser le jardin au-dessous de la seconde grille. Bien entendu, cet espace devra être tenu dans un ordre parfait.*
Article 8. *Il est strictement interdit de parler durant les heures de bureau.*
Article 9. *La soif de tabac, de vin ou d'alcool est une faiblesse humaine, et, comme telle, interdite à tous les membres du personnel.*
Article 10. *Maintenant que les heures de bureau ont été énergiquement réduites, la prise de nourriture est encore autorisée entre 11 h 30 et midi, mais en aucun cas, le travail ne devra cesser pendant ce temps.*

Article 11. *Les employés de bureau fourniront leurs propres plumes. Un taille-plume est disponible, sur demande, chez Monsieur le Directeur.*
Article 12. *Un senior, désigné par Monsieur le Directeur, sera responsable du nettoyage et de la propreté de la grande salle ainsi que du bureau directorial. Les juniors et les jeunes se présenteront chez Monsieur le Directeur quarante minutes avant les prières et resteront après l'heure de fermeture pour procéder au nettoyage. Brosses, balais, serpillières et savon seront fournis par la Direction.*
Article 13. *Augmentés dernièrement les nouveaux salaires sont les suivants : cadets (jusqu'à 11 ans), 0,50 franc ; juniors (jusqu'à 14 ans), 1,45 franc ; employés, 7,50 francs ; seniors (après 15 ans de maison), 14,50 francs.*
Les propriétaires reconnaissent et acceptent la générosité des nouvelles lois du travail mais attendent du personnel un accroissement considérable du rendement en compensation de ces conditions presque utopiques.

Les usages

La quatrième source est représentée par les usages. Ils consistent en une règle non écrite qui s'impose à l'employeur. Cette règle tire sa force obligatoire du fait qu'elle résulte d'une pratique d'application :
- **générale** : elle s'applique à l'ensemble du personnel ou à toute une catégorie bien identifiée ;
- **constante :** elle s'applique de manière systématique et répétée selon une antériorité significative ;
- **fixe :** elle correspond à l'application d'une même règle identique et quasi identique d'une période à l'autre.

Par exemple, le retard d'une heure ou deux le jour de la rentrée scolaire ou la possibilité de partir plus tôt la veille de Noël, sont souvent de simples usages d'entreprise, n'étant pas prévus par la convention collective ni par le contrat de travail.
Le transfert d'entreprise qui emporte transfert des contrats de travail n'a aucune incidence sur l'existence des usages : ceux-ci restent en vigueur.
Cependant, si l'usage s'impose à l'employeur, celui-ci peut néanmoins s'en libérer selon certaines modalités. Pour être opposable aux salariés, la dénonciation doit faire l'objet :
- d'une information des institutions représentatives du personnel (comité d'entreprise, délégués du personnel) ;
- d'une information individuelle de chaque salarié concerné ;

• d'un délai de préavis suffisant pour permettre une éventuelle négociation collective. La durée de ce préavis dépend de l'importance et de la périodicité de l'usage mis en cause, la durée de trois mois étant un minimum préconisé.

La dénonciation d'un usage s'impose aux salariés. Il ne s'agit pas de la modification d'un élément du contrat de travail que le salarié peut refuser (sauf évidemment si l'usage figure dans le contrat de travail en tant qu'avantage contractuel). Les engagements unilatéraux pris par l'employeur par note de service ou ceux qui sont pris dans le cadre « d'accords » passés avec les délégués du personnel ou avec le comité d'entreprise ont la même valeur et le même régime juridique que les usages (il faut les distinguer des accords d'entreprise passés avec les organisations syndicales).

Le contrat de travail

Enfin, la dernière source est le contrat de travail. En effet, lors de son embauche, un salarié peut négocier des avantages supplémentaires et personnels. Il faudra bien sûr en tenir compte lors de l'établissement du bulletin de paie.

Les types de contrat de travail

Avant de définir le contrat de travail, il faut savoir qu'il en existe plusieurs types.

Contrat consensuel
C'est un contrat né valablement de l'échange des consentements. La forme écrite n'est exigée que pour la preuve du contrat (un contrat de travail verbal est parfaitement valable mais en principe ne peut être prouvé que par des présomptions ou des témoignages).

Contrat « intuitu personae »
Pour qu'il y ait contrat, il faut d'un côté une offre, de l'autre, une acceptation, et que les deux se rencontrent. Dans les contrats conclus « intuitu personae », le caractère obligatoire de l'offre est limité dans la mesure où le pollicitant (personne dont émane l'offre) doit agréer la personne qui répondrait favorablement à l'offre (c'est le cas du contrat de travail).

Contrat mixte
Les contrats sont soit commerciaux, soit civils. Mais un contrat mixte est civil pour l'une des parties et commercial pour l'autre. Par exemple : un achat chez un commerçant (c'est le cas du contrat de travail si l'employeur est un commerçant).

Contrat synallagmatique
Un contrat est dit « synallagmatique » lorsqu'un accord de volonté fait naître des obligations réciproques à la charge de chacune des parties. Il y a donc deux créanciers et deux débiteurs, même s'il n'y a que deux parties au contrat. Si l'une des parties ne tient pas ses obligations, l'autre est dispensée des siennes : c'est l'exception d'inexécution (c'est le cas du contrat de travail).

Contrat successif
Un contrat est dit « successif » quand son exécution se déroule dans le temps (c'est le cas du contrat de travail).

Définition du contrat de travail

Ceci nous amène à la définition du contrat de travail, qui n'est donnée ni par le Code du travail, ni par le Code civil, mais par la **doctrine et la jurisprudence**. Celles-ci énoncent donc que : le contrat de travail est une convention par laquelle une personne (le salarié) s'engage à mettre son activité au service d'une autre personne (l'employeur) sous la subordination de laquelle elle se place, moyennant une rémunération.

Trois éléments caractéristiques se dégagent de cette définition :
• **l'activité :** la prestation de travail peut être manuelle, intellectuelle ou artistique. Le contrat de travail présente un caractère successif, l'exécution de la prestation se prolongeant nécessairement dans le temps ;

À NOTER

Vous aurez remarqué que le salarié ne s'engage pas à mettre son « travail » au service de l'employeur, mais son « activité ». Pourquoi ? Parce que le mot « travail » a une connotation péjorative ; le mot latin qui a donné « travail » en français est tripalium, *mot composé de* tri *(« trois »)* *et de* palus *(« pieu »). Le* tripalium *était une structure formée de trois pieux auquel on attachait les bœufs ou les chevaux pour leur mettre des fers. Puis, au VI*[e] *siècle, ce seront les criminels qui y seront attachés pour y être torturés. À partir de ce mot, on a inventé le mot* tripaliare *(torturer sur un* tripalium*) qui a donné au XI*[e] *siècle : travailler, dans le sens de faire souffrir quelqu'un, ou souffrir. Dans la foulée est apparu le mot : travail, synonyme de douleur, effort. On parlait alors du « travail des femmes en couches » pour traduire l'accouchement. Petit à petit, l'idée de souffrance s'est atténuée et travailler a pris le sens de tracasser, inquiéter et de fournir un effort. Ce n'est qu'au XVI*[e] *siècle qu'il désigna l'action d'exercer une activité pour gagner sa vie. Enfin, si l'effort fourni est pénible on lui donne le nom de labeur (du latin* labor*, traduit par effort fatigant). Ce* labor *donnera en français deux mots distincts : labour (travail fatigant de la terre) et labeur (travail pénible).*

• **la rémunération ou salaire :** indispensable pour qu'il y ait contrat de travail, elle peut être versée en espèces ou revêtir la forme d'avantage en nature, en partie ou en totalité.
• **le lien de subordination :** cet élément spécifique du contrat de travail permet de le distinguer d'autres contrats (mandat, contrat d'entreprise, etc.). À la différence du travailleur indépendant, le salarié accepte de se placer sous l'autorité de son employeur.

Il faudra avoir en mémoire ces trois éléments tout au long de cet ouvrage sur la paie, car toute la logique du bulletin en dépend.

De plus, l'article 1108 du Code civil exige **quatre conditions essentielles** pour la validité d'un contrat :
• le **consentement** de la personne qui s'oblige ;
• sa **capacité** de contracter ;
• un **objet certain** qui forme la matière de l'engagement ;
• une **cause licite** dans l'obligation.

L'exigence d'un consentement libre et conscient fait que celui-ci ne doit pas être entaché d'**un certain nombre de vices qui entraîneraient l'annulation** du contrat. Ce sont :
• **l'erreur** (appréciation inexacte portant sur une question de fait ou de droit) ;
• **la violence** (physique ou morale) ;
• **le dol** (manœuvres frauduleuses ayant pour but de tromper) ;
• **la lésion** (déséquilibre entre la valeur des prestations réciproques d'un contrat synallagmatique).

La **nullité** (relative ou absolue) entraîne l'anéantissement du contrat avec effet rétroactif, c'est-à-dire que le contrat sera réputé n'avoir jamais existé. Si le contrat a été exécuté, il faudra remettre les parties en l'état antérieur à l'exécution, sauf dans le cas des contrats successifs.
• La nullité est **absolue** lorsque la condition qui n'a pas été respectée tend à protéger :
- l'intérêt général ;
- l'ordre public (dispositions relatives à l'organisation politique de l'État et de la famille) ;
- les bonnes mœurs (morale courante existant à un moment donné).
• La nullité est **relative** lorsque la condition qui n'a pas été respectée avait pour but de protéger l'une des parties au contrat.

Les parties engagées dans un réseau d'obligations contractuelles se trouvent enfermées dans ce réseau et ne peuvent en sortir que par deux moyens :
• exécuter leurs obligations ;
• décider d'un commun accord de mettre fin au contrat. On parle alors de « résiliation conventionnelle ». À la différence de la nullité, la **résiliation** n'a pas d'effet rétroactif. Si l'engagement n'a pas été encore commencé, on parlera alors de « révocation ». Mais l'exception générale la plus remarquable au principe de la force obligatoire des contrats réside dans le droit de « résiliation unilatérale », ce qui signifie que l'une des parties pourra, sans l'accord de l'autre, mettre fin au contrat. C'est le cas du contrat de travail à durée indéterminée.

Dernier cas d'extinction d'un contrat : l'inexécution de l'obligation d'une des parties par la **résolution judiciaire**. L'article 1184 (al.1) du Code civil dispose que *« la condition résolutoire est toujours sous-entendue dans les contrats synallagmatiques pour le cas où l'une des parties ne satisferait point à son engagement »*. Le contrat n'est point résolu de plein droit, la résolution doit être demandée en justice. La résolution judiciaire a pour effet de faire disparaître rétroactivement les obligations nées du contrat, comme la nullité. Pourtant, elle ne doit pas être confondue avec cette dernière. En effet, dans la nullité, le contrat est vicié dès le départ et ne s'est jamais formé valablement. Au contraire, dans la résolution judiciaire, on sanctionne la violation d'une obligation, ce qui suppose que cette obligation existe bel et bien, donc que le contrat est valable.

En outre, les deux parties du contrat (le salarié et l'employeur) s'engagent à respecter un certain nombre d'**obligations**.

Obligations du salarié

Le salarié doit **exécuter personnellement le travail** qui lui est confié en respectant les ordres qui lui sont donnés. De plus, il a trois obligations :

- de **diligence**, c'est-à-dire qu'il doit prendre soin du matériel qui lui est confié, exécuter consciencieusement et avec promptitude son travail ;
- de **discipline** en respectant le règlement intérieur ;
- de **discrétion** et de **loyauté** vis-à-vis de son employeur, autrement dit il est tenu au secret professionnel et doit s'abstenir de tout acte de concurrence. Cette dernière obligation se poursuit après la rupture du contrat de travail.

Obligations de l'employeur

L'employeur doit :

- **procurer** au salarié **le travail convenu** et lui fournir tous les outils et moyens nécessaires à cette exécution ;
- **respecter la réglementation en vigueur** sur la durée du travail, le repos hebdomadaire, l'hygiène et la sécurité, la représentation du personnel, la liberté syndicale, ainsi que toutes les obligations mises à sa charge par une éventuelle convention collective ;
- **verser le salaire convenu** aux dates prévues ;
- **payer toutes les cotisations** sociales légales et conventionnelles.

Il doit également tenir un livre de paie (double des bulletins remis aux salariés) afin de permettre les contrôles éventuels de l'inspection du travail.

Contenu du contrat

En pratique, et en se référant notamment aux mentions obligatoires résultant de la directive communautaire du 14 octobre 1991, il est toujours utile de préciser par écrit dans le contrat l'identité

des parties contractantes, la date d'engagement, la fonction, la classification et le coefficient hiérarchique, l'horaire de travail, le lieu d'exercice de l'activité, le montant (salaire et accessoires) et la périodicité de la rémunération, la durée de la période d'essai, la durée des congés payés, le rattachement à la convention collective applicable, le rappel de l'obligation de respecter les stipulations du règlement intérieur, la durée du préavis.
Les parties sont libres de faire figurer dans le contrat de travail toutes clauses dont elles sont convenues, à l'exception toutefois des clauses qui contreviendraient, dans un sens défavorable au salarié, à des dispositions d'ordre légal, réglementaire ou conventionnel, ou qui dérogeraient à des dispositions d'ordre public (par exemple, clause restreignant la liberté syndicale, clause de célibat, clause d'indexation, clause couperet, clause prévoyant une rémunération inférieure au SMIC ou un congé payé inférieur à la durée légale).
Enfin, l'employeur ne peut apporter, dans le cadre notamment d'un contrat de travail et par rapport aux droits des personnes et aux libertés individuelles et collectives, des restrictions qui ne seraient pas justifiées par la nature de la tâche à accomplir ni proportionnées au but recherché (C. trav., art. L.1121-1).

Citons, pêle-mêle, quelques clauses parmi les plus usitées :
- **clause relative à un avantage en nature**. Si, par exemple, un employeur fournit à un salarié un logement, la valeur de ce logement devra être intégré à la base de cotisations, peu importe que ce logement soit indispensable à l'exécution du travail (concierge) ou simplement utile à cette exécution (cadre). Peu importe également que le salarié paie un loyer à l'employeur. Si le logement est fourni à titre gratuit par l'employeur, il doit quand même en être tenu compte ;
- **clause de mobilité**. Elle est une stipulation contractuelle par laquelle un salarié accepte à l'avance que son lieu de travail (mobilité géographique) ou que ses fonctions (mobilité professionnelle) soient modifiés. Il a été jugé qu'une clause de mobilité ne peut imposer à un salarié de transférer son domicile personnel et familial si elle n'est pas indispensable à la protection des intérêts légitimes de l'entreprise ni proportionnée, compte tenu de l'emploi occupé et du travail demandé, au but recherché. Une mutation opérée en application d'une clause de mobilité n'est pas une modification du contrat de travail. Tout refus du salarié constitue un motif réel et sérieux de licenciement, voire même une faute grave ;

• **clause de dédit-formation**. En contrepartie de la formation donnée par l'employeur, le salarié prend l'engagement de rester un certain temps au service de son employeur, sous peine de devoir rembourser tout ou partie des frais engagés. De telles clauses sont admises, sauf interdiction légale expresse. Cependant, pour être valable, la clause doit remplir certaines conditions : le salarié doit avoir bénéficié d'une formation dont la société a avancé le coût supérieur aux obligations légales ou conventionnelles, il doit avoir conservé la faculté de rompre à tout moment le contrat de travail et, enfin, une proportionnalité entre les dépenses engagées par l'employeur et l'obligation du salarié doit exister ;

• **clause de non-concurrence**. Il faut bien faire la différence entre l'interdiction d'exercer pour un salarié, pendant toute la durée de son contrat, pour son propre compte ou pour le compte d'une autre entreprise, une activité concurrente de celle de son employeur et la clause spécifique de non-concurrence. On appelle « clause de non-concurrence » (ou « obligation de non-concurrence ») une disposition écrite figurant dans un contrat de travail (ou dans une convention collective) dont l'objet est d'interdire à un ancien salarié, après son départ de l'entreprise, l'exercice d'une activité professionnelle concurrente qui porterait atteinte aux intérêts de son ancien employeur. Il n'existe aucun texte légal ou réglementaire définissant les conditions de validité et d'application des clauses de non-concurrence : celles-ci sont prévues soit par les contrats individuels de travail, soit par les conventions collectives, et la jurisprudence en assure le contrôle. La clause de non-concurrence doit contenir quatre précisions dans son énoncé :

- *limitation dans le temps*. Elle doit être limitée dans le temps même si, parfois, la durée de l'interdiction de concurrence peut être fort longue mais seulement si le champ d'application territorial de cette interdiction est très réduit ou si les connaissances professionnelles du salarié lui permettent de retrouver sans difficulté un emploi dans une autre branche professionnelle,
- *limitation dans l'espace*. Le secteur où s'applique l'interdiction de concurrence doit être précisément défini. À défaut, la clause de non-concurrence peut être déclarée nulle. Ainsi, cette clause d'une directrice de magasin lui interdisant d'exercer pendant trois ans une activité concurrente dans les départements où était implantée la société est nulle en raison notamment de sa délimitation imprécise qui ne permettait pas, au moment de la conclusion du contrat de travail, de connaître réellement le secteur protégé,

- *limitation quant à la nature de l'activité*. En troisième lieu, il est nécessaire que la clause de non-concurrence soit limitée à un secteur d'activité bien défini, et qu'elle n'empêche pas le salarié de retrouver un emploi conforme à ses compétences. Elle doit « *laisser au salarié la possibilité d'exercer normalement l'activité professionnelle qui lui est propre* »,
- *contrepartie financière*. Depuis le 10 juillet 2002 (Cass. soc., n° 00-45.135), il est exigé une contrepartie financière pour le salarié. Une clause de non-concurrence ne comportant pas de contrepartie financière n'est donc plus licite : elle est nulle (alors qu'avant, elle était jugée nulle « *lorsqu'elle mettait le salarié dans l'impossibilité d'exercer de façon normale la seule activité conforme à sa formation, sa qualification ou sa spécialité* ») ! Attention à l'effet rétroactif : les clauses signées sans contrepartie sont dépourvues d'effet et le salarié libéré de ses obligations. Il est donc conseillé de renégocier les clauses de non-concurrence en fixant le montant de la contrepartie financière.

Les litiges portant sur la validité ou l'exécution d'une clause de non-concurrence doivent être portés devant le conseil des prud'hommes. En effet, bien que ces litiges aient lieu après la cessation du contrat de travail, ils portent justement sur un élément de ce contrat. C'est donc le conseil des prud'hommes qui doit être saisi par le salarié qui veut faire annuler la clause de non-concurrence ou par l'employeur qui entend faire sanctionner la violation de la clause par le salarié (celui-ci pouvant alors, par demande reconventionnelle, tenter d'en obtenir l'annulation). La violation d'une clause de non-concurrence peut en outre constituer un trouble manifestement illicite justifiant la compétence du juge des référés du conseil des prud'hommes ;

• **clause de discrétion**. Bien qu'elle soit toujours sous-entendue, certains employeurs préfèrent la rappeler « noir sur blanc » sur le contrat de travail écrit, de façon à ce qu'il n'y ait aucun malentendu. À ne pas confondre avec la clause de confidentialité qui s'adresse encore plus précisément aux salariés ayant accès à des informations à ne pas divulguer, ni aux autres salariés, ni à l'extérieur de l'entreprise ;

• **clause d'exclusivité**. Le salarié s'engage en la signant à ne pas travailler pour un autre employeur tant qu'il est sous contrat. Attention : cette clause est interdite pour les salariés à temps partiel !

Les différentes formes du contrat de travail

Il existe divers types de contrat. Bien sûr, selon leurs formes, certaines lignes du bulletin varient. Le but de ce livre n'étant pas d'en faire une liste exhaustive, nous éliminerons les contrats dits « aidés », destinés à résorber le chômage ou à créer plus de flexibilité (ce qui, selon les situations et les interlocuteurs, est aussi interprété comme la création de situations de précarité). Les principaux types de contrat sont au nombre de trois.

Le contrat de travail temporaire (appelé aussi « contrat d'intérim »)
Le CTT est un contrat conclu entre un salarié et une agence de travail temporaire. Le salaire est fixé par l'entreprise au sein de laquelle est placé le salarié, en fonction du poste occupé et du profil. Cependant, c'est l'agence de travail temporaire qui reste l'employeur. S'ajoute au salaire une indemnité de fin de mission équivalente à 10 % du salaire brut hors congés payés. Cette indemnité a pour but de compenser le caractère précaire d'un CTT.
L'entreprise qui emploie des « intérimaires » n'établit pas de bulletins de paie pour eux ; elle paie des factures à l'agence d'intérim. Chaque mois (ou chaque semaine), elle envoie également des relevés d'heures (ou fiches de présence) qui serviront à l'agence de travail temporaire pour établir les bulletins de paie.
Attention, le salarié temporaire bénéficie des mêmes droits que les autres salariés, en ce qui concerne la durée du travail, le travail de nuit, le repos hebdomadaire et les jours fériés, la santé et la sécurité au travail, le travail des femmes, des enfants et des jeunes, l'accès aux moyens de transports collectifs et aux installations collectives (restauration, vestiaires…).

Le contrat à durée déterminée (CDD)

• *Définition*
Comme son nom l'indique, ce contrat est conclu pour une durée limitée. L'ordonnance du 5 février 1982 fait des CDD des contrats d'exception (alors que fin 2013, 90 % des contrats de travail signés par les entreprises sont des CDD). Le Code du travail prévoit que *« le contrat de travail à durée déterminée ne peut être conclu que pour l'exécution d'une tâche précise (art. L.1242-2) et ne peut avoir pour objet ni pour effet de pourvoir durablement un emploi lié à l'activité normale et permanente de l'entreprise (art. L.1242-1) ».*

Deux conditions donc :
- l'exigence d'une tâche précise (d'où la détermination sans ambiguïté de cette tâche) ;
- ne pas pourvoir durablement... (c'est pourquoi un CDD ne peut pas être de longue durée, et aussi pourquoi une succession de contrats sur un même emploi est prohibée).
Si le contrat est conclu de **date à date, il est renouvelable une seule fois et sa durée totale**, compte tenu de l'éventuel renouvellement, **ne peut excéder dix-huit mois**. Cependant, il y a des exceptions : ce sera vingt-quatre mois maximum si le contrat est exécuté à l'étranger ou de commande exceptionnelle à l'exportation, mais seulement neuf mois si le CDD est conclu en cas d'attente d'entrée effective d'un CDI, en cas de remplacement d'un CDI quittant définitivement l'entreprise avant la suppression de son poste, en cas de travaux urgents de sécurité.
En revanche, si le contrat a été conclu pour la **durée de son objet, il doit comporter une durée minimale et il a alors pour terme la fin de l'absence du salarié remplacé**, quelle que soit la durée de celle-ci, ou la date à laquelle il sera connu avec certitude que celui-ci ne reprendra jamais ses fonctions.

• *Cas de recours au CDD*
1) Remplacement d'un salarié absent ou dont le contrat de travail est suspendu.
2) Remplacement dans l'attente de l'entrée effective d'un salarié CDI.
3) Remplacement d'un salarié quittant définitivement l'entreprise avant la suppression de son poste.
4) Accroissement temporaire d'activité.
5) Travaux urgents de sécurité.
6) Commande exceptionnelle à l'exportation.
7) Variation cyclique d'activité.
8) Emplois saisonniers.
9) Emplois temporaires du fait d'un usage constant.

• *Interdiction de recours*
Attention : il est interdit de recourir au CDD pour le motif d'accroissement temporaire d'activité dans un établissement où il a été procédé à un licenciement pour motif économique dans les 6 mois qui suivent ce licenciement. L'interdiction ne vise que le poste concerné par ledit licenciement économique. Le point de départ du délai de 6 mois s'apprécie en fonction de la date de notification du

licenciement adressée au salarié ayant occupé auparavant ce même poste.
Il existe deux dérogations : l'interdiction ne s'applique pas lorsque la durée du contrat non susceptible de renouvellement n'excède pas trois mois et ce, quel que soit le cas du recours envisagé. Elle ne s'applique pas non plus dans le cas d'une commande exceptionnelle à l'exportation et le contrat peut être alors d'une durée de 24 mois.

• *Obligation d'un écrit*
Le CDD doit **obligatoirement** être établi par **écrit** et comporter la définition précise de son motif. À défaut, il est réputé conclu pour une durée indéterminée (art. L.1242-12). De plus, il doit comporter des **mentions obligatoires** :
- l**e nom et la qualification du salarié remplacé** lorsqu'il est conclu en cas de remplacement d'un salarié ;
- l**a date d'échéance du terme** et une clause de renouvellement lorsqu'il comporte un terme précis ;
- l**a durée minimale** pour laquelle il est conclu lorsqu'il ne comporte pas de terme précis ;
- l**a désignation du poste de travail** en précisant l'emploi occupé et si ce poste figure sur la liste prévue à l'article L.4154-2 ;
- **l'intitulé de la convention collective applicable** ;
- **la durée de la période d'essai** éventuellement prévue ;
- l**e montant de la rémunération** et de ces différentes composantes, y compris, s'il en existe, les primes et accessoires de salaire ;
- l**e nom et l'adresse de la caisse de retraite complémentaire** ainsi que, le cas échéant, ceux de l'organisme de prévoyance.
Le contrat, signé par les deux parties, doit être **transmis au salarié** au plus tard **dans les deux jours** suivant l'embauche.

• *Rémunération*
La rémunération, au sens de l'article L.3221-2, que perçoit le salarié sous CDD **ne peut être inférieure au montant de la rémunération que percevrait,** dans l'entreprise où il travaille, après période d'essai, **un salarié sous CDI de qualification équivalente et occupant les mêmes fonctions**.

• *Suspension*
Le CDD peut être suspendu dans les mêmes conditions que le CDI. L'article L.1243-6 précise qu'une telle suspension ne fait pas obstacle à l'échéance du terme.

• *Fin du CDD*
Le CDD cesse normalement à l'échéance du terme (art. L.1243-5). Mais le Code du travail permet la résiliation anticipée du CDD dans quatre cas : en cas de **faute grave du salarié**, en cas de **force majeure**, en cas de **commun accord des parties** et, depuis le 1er juillet 2002, en cas **d'obtention d'un CDI**. De plus, le Code civil, dans son article 1184, prévoit la résiliation judiciaire. Donc, selon l'article L.1243-4, en dehors de ces cinq cas, la rupture du contrat au cours de sa durée ouvre droit au bénéfice de la partie qui la subit, à des dommages et intérêts correspondant soit au préjudice subi s'il s'agit de l'employeur, soit au moins au montant des rémunérations qui auraient été perçues jusqu'au terme du contrat s'il s'agit du salarié.

• *Indemnité de fin du CDD*
L'article L.1243-8 du Code du travail prévoit le versement au salarié, lorsque les relations contractuelles ne se poursuivent pas par un CDI, **d'une indemnité** ***« destinée à compenser la précarité de son contrat »*** appelée « indemnité de précarité d'emploi » ou encore « indemnité de fin de contrat ». Toutefois, cette indemnité n'a pas à être versée en cas :
- de rupture anticipée due à l'initiative du salarié, à sa faute grave ou à un cas de force majeure ;
- de refus du salarié d'être embauché sous CDI (à un poste identique, assorti d'une rémunération équivalente et d'une durée de travail égale) ;
- de rupture pendant la période d'essai.

Par ailleurs, ne donnent pas droit à cette indemnité les CDD conclus :
- pour pourvoir des emplois à caractère saisonnier ;
- dans les secteurs où il est d'usage de ne pas recourir au CDI pour les emplois temporaires ;
- dans le cadre des dispositions législatives ou réglementaires destinées à favoriser l'embauche ;
- avec l'obligation pour l'employeur d'apporter au salarié un complément de formation ;
- avec des jeunes pendant leurs vacances scolaires ou universitaires.

Pour tous les contrats conclus (ou renouvelés) depuis le 20 janvier 2002, cette indemnité doit être égale à 10 % (au lieu de 6 % sous le régime antérieur) **de la rémunération totale brute**. Le taux de l'indemnité s'applique à la totalité de la rémunération brute, y compris les majorations, indemnités et primes diverses, telles que

primes de vacances, primes de fin d'année, primes de treizième mois perçues par le salarié titulaire d'un CDD (Circ. DRT n° 92-14, 29 août 1992).
L'indeminité de fin de contrat est donc soumise à toutes les règles concernant les salaires. En particulier, **elle doit être incluse dans l'assiette de calcul de l'indemnité compensatrice de congés payés**. En revanche, elle ne doit pas être prise en compte lorsqu'il s'agit de vérifier que la rémunération des salariés sous contrat à durée déterminée est la même, pour le même emploi, que celle des salariés sous contrat à durée indéterminée. Elle est aussi soumise à l'impôt sur le revenu, aux cotisations de Sécurité sociale, à la CSG et à la CRDS (C. Séc. soc., art. L.242-1).

À NOTER

Certaines entreprises appliquent toujours le taux de 6 % en raison d'un accord collectif étendu, à la condition expresse que l'employeur propose au salarié concerné des contreparties en matière d'accès à la formation professionnelle (ce qui est rarement le cas pour des CDD très courts).

Le contrat à durée indéterminée (CDI)
Ce contrat à l'origine verbal est obligatoirement écrit pour les salariés à temps partiel, pour le travail exécuté à l'étranger, lorsque l'aptitude par la médecine du travail est requise et lorsque la convention collective le prévoit. Néanmoins dans n'importe quel cas, nous vous conseillons de l'écrire.
Il est conclu entre un employeur et le salarié sans limitation de durée. L'employeur peut soumettre la validité du contrat à l'aptitude constatée à l'occasion de la visite médicale obligatoire d'embauche. Si le contrat doit être exécuté sur le territoire français, il doit obligatoirement être rédigé en français. Si le salarié est étranger, à sa demande une traduction du contrat sera rédigée dans sa langue. Le CDI est aujourd'hui la forme normale du contrat de travail. Il peut être rompu sur décision unilatérale soit de l'employeur (licenciement, mise à la retraite), soit du salarié (démission, départ à la retraite) en respectant quelques procédures que nous traiterons dans le chapitre consacré à la rupture du contrat de travail.

La période d'essai

Le contrat de travail n'est conclu qu'à partir du moment où il y a rencontre entre la volonté de l'employeur et celle du candidat à l'emploi, si le consentement des parties n'a pas été vicié. Au lieu de s'engager immédiatement et de façon définitive, les parties peuvent convenir de procéder à un essai. À ceci, il y a un intérêt pour les deux contractants : l'employeur portera un jugement mieux éclairé sur la compétence et l'aptitude professionnelle du salarié, et celui-ci vérifiera si la tâche confiée lui convient. Si l'essai se révèle satisfaisant, le contrat revêtira un caractère définitif. Sinon, chaque partie reprendra sa liberté sans formalité particulière.
Le régime de la période d'essai du contrat à durée indéterminée a été institué par la loi n° 2008-596 du 25 juin 2008 et est défini aux articles L.1221-19 à L.1221-26 du Code du travail. La période d'essai et la possibilité de la renouveler ne sont pas obligatoires et ne se présument pas. Elles n'existent que si elles sont expressément prévues par la lettre d'engagement ou le contrat de travail (C. trav., art. L.1221-23). Il ne suffit donc plus qu'une période d'essai soit prévue dans la convention collective applicable à l'entreprise pour qu'elle puisse lui être valablement imposée. À défaut de mention contractuelle, le salarié n'est pas soumis à une période d'essai.
La durée initiale maximale de la période d'essai du CDI est fixée, selon l'article L.1221-19, à :
• **deux mois** pour les ouvriers et les employés ;
• **trois mois** pour les agents de maîtrise et techniciens ;
• **quatre mois** pour les cadres.
La période d'essai prévue en jours se décompte toujours en jours travaillés.

En cas d'embauche à la suite d'un stage intégré à un cursus pédagogique réalisé lors de la dernière année d'études, la durée de ce stage est déduite de la période d'essai, sans que cela ait pour effet de réduire cette dernière de plus de la moitié, sauf accord collectif prévoyant des dispositions plus favorables (C. trav., art. L.1221-24). Si un contrat d'apprentissage est suivi de la signature d'un CDI, aucune période d'essai ne peut être imposée sauf dispositions conventionnelles contraires (C. trav., art. L.6222-16).

La période d'essai **peut être renouvelée une fois** à condition :
• qu'un accord de branche étendu le permette. Cet accord fixe les conditions et les durées de renouvellement (C. trav., art. L.1221-21) ;

• que la lettre d'engagement ou le contrat de travail le stipule expressément (C. trav., art. L.1221-23).
La jurisprudence subordonne le renouvellement de la période d'essai à un accord exprès des parties intervenu durant la période initiale (Cass. soc., 23 janvier 1997).

Pour les **CDD**, la période d'essai ne peut excéder une durée calculée à raison d'un jour par semaine, dans la limite :
• de deux semaines lorsque la durée initialement prévue au contrat est au plus égale à six mois ;
• d'un mois lorsque la durée initialement prévue au contrat est supérieure à six mois (C. trav., art. L.1242-10).

Pour les **contrats à temps partiel**, la durée de la période d'essai dépend de la nature du contrat (CDI ou CDD). En application du principe d'égalité, la période d'essai du salarié à temps partiel ne peut avoir une durée calendaire supérieure à celle du salarié à temps complet (C. trav., art. L.3123-9).

Pour les **contrats de travail temporaire**, la durée de la période d'essai ne peut excéder :
• deux jours si le contrat est conclu pour une durée inférieure ou égale à un mois ;
• trois jours si le contrat est conclu pour une durée supérieure à un mois et inférieure ou égale à deux mois ;
• cinq jours au-delà de deux mois (C. trav., art. L.1251-14).

Le **contrat de travail d'un VRP** peut comporter une période d'essai dont la durée ne peut être supérieure à trois mois (C. trav., art. L.7313-5).

Le **contrat d'apprentissage** peut être rompu par l'une ou l'autre des parties pendant les deux premiers mois de l'apprentissage (C. trav., art. L.6222-18).

La période d'essai commence **dès le premier jour travaillé**. Les parties ne peuvent en différer le point de départ (Cass. soc., 5 juillet 2005). La durée de la période d'essai se décompte en mois calendaires. Par exemple, une période d'essai de deux mois commencée un 15 février prend fin le 14 avril à minuit. L'engagement du salarié devient automatiquement définitif s'il poursuit son activité au-delà du terme de la période d'essai sans que l'employeur ait exprimé sa volonté d'y mettre fin.

Dans la mesure où la période d'essai a pour but de permettre aux parties de tester leurs relations contractuelles, il en résulte qu'elle consiste nécessairement en une période de travail effectif et d'exécution normale du contrat de travail. Les périodes de suspension du contrat de travail (maladie, fermeture de l'entreprise, etc.) entraînent donc la suspension de la période d'essai. La période d'essai est ainsi prolongée d'une durée égale à la suspension.

L'employeur ou le salarié peuvent **mettre fin au contrat de travail** à tout moment au cours de la période d'essai, sous réserve du respect d'un délai de prévenance (C. trav., art. L.1221-25 et L.1221-26). La durée de ce délai diffère selon que c'est l'employeur ou le salarié qui met fin au contrat.
• Si c'est l'employeur, ce délai ne peut être inférieur à :
- 24 heures en deçà de 8 jours de présence ;
- 48 heures entre 8 jours et 1 mois de présence ;
- 2 semaines entre 1 et 3 mois de présence ;
- 1 mois après 3 mois de présence (C. trav., art. L.1221-25).
Il en est de même pour le CDD stipulant une période d'essai d'au moins une semaine (C. trav., art. L.1221-25).
• Si c'est le salarié, celui-ci doit respecter un délai de prévenance de 48 heures, ramené à 24 heures en deçà de 8 jours de présence dans l'entreprise (C. trav., art. L.1221-26).

Enfin, en cas de **rupture du contrat de travail** au cours de la période d'essai, il n'y a pas licenciement, ni d'effacement rétroactif des obligations. Attention toutefois, ce droit est non absolu et est susceptible d'abus dans certains cas (femme enceinte, rupture discriminatoire par exemple). Il n'y a pas d'entretien préalable et la rupture peut être signifiée verbalement (même si, pour des questions de preuve, il est fortement conseillé de notifier la rupture de la période d'essai par lettre recommandée avec avis de réception) sans qu'il y ait besoin de motivation.

Déclaration unique d'embauche

La loi n° 91-1383 du 31 décembre 1991 a institué une déclaration préalable à l'embauche à effectuer auprès des organismes de protection sociale (art. L.320). Cette obligation est d'application générale depuis le 1er mars 1993. (Il y a eu auparavant un premier champ d'application expérimental de l'obligation.) Tous les employeurs sont visés quels que soient l'effectif de l'entreprise, sa forme juridique et la nature de son activité. Elle doit être adressée par l'employeur à l'organisme de recouvrement des cotisations de Sécurité sociale du régime dont relève le salarié concerné pour la couverture des prestations en nature de l'assurance-maladie. L'organisme destinataire est donc l'URSSAF ou la Caisse de mutualité sociale agricole dans le ressort territorial de laquelle est situé l'établissement qui doit employer le salarié.

Contenu de la déclaration

Elle doit comporter les mentions suivantes :

• dénomination sociale ou nom et prénom de l'employeur, code NAF, adresse de l'employeur, numéro SIRET ou numéro URSSAF ;

• nom patronymique, prénom, nationalité, date et lieu de naissance du salarié ainsi que son numéro national d'identification ;

• date et heure d'embauche ;

• pour les employeurs dont les salariés relèvent du régime agricole, nature et durée du contrat.

Envoi

La déclaration doit être adressée au plus tôt dans les huit jours précédant la date prévisible de l'embauche. L'envoi est possible par télécommunication, télématique, échange de données informatisées, télécopie ou lettre datée et signée de l'employeur et postée en recommandé avec accusé de réception, au plus tard le dernier jour ouvrable précédant l'embauche.

Dans les cinq jours ouvrables suivant celui de la réception de la déclaration, l'organisme destinataire adresse à l'employeur un document accusant réception de la déclaration et mentionnant les informations enregistrées. À défaut de contestation par l'employeur des informations figurant sur ce document, dans le délai de deux jours ouvrables suivant la réception de celui-ci, ledit document vaut preuve de la déclaration préalable d'embauche.

Documents à remettre au salarié

L'accusé de réception comporte un volet détachable, mentionnant les informations contenues dans la déclaration, que l'employeur doit remettre sans délai au salarié. Toutefois, l'employeur peut être dispensé de cette formalité s'il a délivré au salarié un contrat de travail écrit accompagné de la mention de l'organisme destinataire de la déclaration préalable d'embauche. Depuis le 1er janvier 2015, seules les entreprises qui ont effectué leurs déclarations en ligne peuvent obtenir des accusés de réception. (Il n'y a plus d'accusé de réception pour les entreprises qui transmettent leurs DPAE par voie postale ou télécopie.)

Contrôle

L'employeur est tenu de présenter à toute réquisition des agents de contrôle, habilités à relever les infractions en matière de travail clandestin, l'accusé de réception de la déclaration qui doit être conservé jusqu'à la délivrance du premier bulletin de paie. Les peines d'amende prévues pour les contraventions de la quatrième et de la cinquième classe sont encourues par les employeurs qui ont méconnu leurs obligations de déclaration ou de délivrance ou présentation des documents indiqués (art. R.262-1).

Tableau récapitulatif des sources du droit du travail

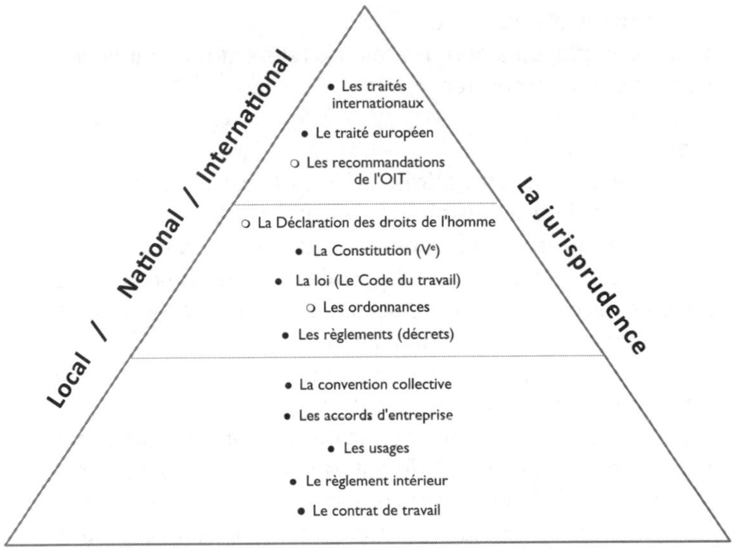

4. L'organisation juridictionnelle

Ces sources du droit du travail étant traitées, il nous faut parler aussi de l'organisation juridictionnelle en France, car il n'est pas impossible qu'il y ait des conflits entre l'employeur et ses salariés.

Elle repose sur le principe de **séparation des autorités** administratives et judiciaires :
- la juridiction administrative applique les règles de droit public ;
- la juridiction judiciaire applique les règles de droit privé.

Le **tribunal des conflits** est composé de juges des deux ordres et présidé par le garde des Sceaux. Sa mission consiste à déterminer, en cas de doute, l'ordre juridictionnel compétent.

La juridiction administrative

Elle est composée :
- des **tribunaux administratifs** et des **cours administratives d'appel**, 31, chaque tribunal comporte un président et un nombre variable de conseillers dont l'un au moins assure la fonction de commissaire du gouvernement dont le rôle est d'exposer *« en toute indépendance »* les règles de droit applicables à chaque affaire. Les tribunaux administratifs statuent en premier ressort, leurs jugements peuvent donc faire l'objet d'un appel ;
- du **Conseil d'État**, qui a un rôle consultatif à l'origine puis un rôle juridictionnel : six sections (cinq administratives et une dédiée aux contentieux), 180 membres présidés par le Premier ministre suppléé, en réalité, par le garde des Sceaux. Il est juge en premier et dernier ressort. En tant que juge de cassation, il détient les moyens d'imposer son interprétation, soit par le biais du recours ordinaire que constitue l'appel, soit par le biais du recours extraordinaire de la cassation. Il joue un rôle essentiel d'unification de l'interprétation de la règle de droit qui permet l'élaboration d'une jurisprudence digne de ce nom.

La juridiction judiciaire

Elle est composée :
- des **magistrats du siège**, assurant leurs fonctions en siégeant à l'audience. Eux seuls ont la charge de juger. Ils sont indépendants du pouvoir exécutif ;
- des **magistrats du parquet**, requérants debout, ils constituent le ministère public. Agents du pouvoir exécutif, ils n'ont pas à juger. Ils représentent la société et requièrent l'application de la loi. Ils ne sont pas indépendants mais subordonnés au garde des Sceaux.

Et elle comprend :

a) les **juridictions civiles** (dites de droit commun)
- les **tribunaux d'instance** (avant 1958 : juges de paix), au nombre de 470, sont compétents pour tous les procès civils n'engageant pas un intérêt supérieur à 10 000 euros depuis le 1er janvier 2002. Ils statuent en premier et dernier ressort lorsque l'intérêt est inférieur à un montant fixé chaque début d'année (4 000 euros au 1er janvier 2012),
- les **tribunaux de grande instance** (avant 1958 : tribunaux de première instance), au nombre de 185, sont compétents pour toutes les affaires civiles et divisés en plusieurs chambres. Ils rendent leurs jugements en formation collégiale (1 président de chambre et 2 juges),
- les **cours d'appel** (35) constituent le second degré de juridiction et statuent à nouveau sur l'ensemble de l'affaire. Les arrêts peuvent faire l'objet d'un pourvoi en cassation ;

b) les **juridictions civiles d'exception**
- les **tribunaux de commerce**, composés de magistrats non professionnels élus par les commerçants (juges consulaires), sont compétents pour tous les litiges commerciaux,
- les **tribunaux paritaires des baux ruraux**, composés de juges non professionnels (moitié de bailleurs, moitié de preneurs) qui statuent sous la présidence du juge d'instance (système dit « de l'échevinage »), sont compétents pour tous les litiges nés à l'occasion du bail rural,
- les **conseils des prud'hommes**, composés de magistrats non professionnels élus pour moitié par les employeurs et pour l'autre moitié par les salariés, sont compétents pour tous les litiges nés entre les employeurs et les salariés à l'occasion du contrat de travail. Cette composition paritaire, lorsqu'elle aboutit à un partage égal des voix, rend nécessaire le recours à un juge départiteur (fonction assurée par un juge du tribunal d'instance) ;

c) la **Cour de cassation**
C'est la plus haute juridiction de l'ordre judiciaire mais elle ne correspond pas à un troisième degré. Elle est seulement juge du droit et contrôle la conformité au droit. Elle est divisée en 6 chambres : 3 civiles, 1 commerciale, 1 sociale, 1 criminelle. 128 magistrats du siège, (84 conseillers, 36 référendaires, le premier président et 6 présidents de chambre), 21 représentants du ministère public (procureur général, premier avocat général et 19 avocats généraux). Elle se prononce par voie d'arrêts – de rejet si décision justifiée – de cassation s'il y a une mauvaise application du droit. Elle se réunit en assemblée plénière s'il y a un deuxième pourvoi pour la même affaire. Lorsque la Cour de cassation a eu à se prononcer sur l'une des parties de ce livre vous trouverez les références de sa décision sous les abréviations « (Cass. soc.) ».

Le phénomène jurisprudentiel

Les décisions rendues chaque jour représentent le droit vécu. Elles sont la traduction concrète de la règle de droit et constituent la jurisprudence. Mais la notion de jurisprudence implique le plus souvent une répétition de décisions de même sens. Même lorsqu'elle est bien fixée, elle conserve une certaine précarité (revirement).

Rôle de la jurisprudence :
• fonction d'interprétation de la règle de droit ;
• fonction de suppléance de la loi. Le juge ne peut s'abriter derrière le silence de la loi pour refuser de trancher (ce serait alors le délit de déni de justice) ;
• fonction d'adaptation de la loi. Il s'agit d'adapter des textes vieillis ou dépassés aux exigences de l'évolution des mœurs, de l'économie, etc.

Peut-on dire, sur le fondement du constat de ces trois fonctions jurisprudentielles, que la jurisprudence constitue une autre source du droit ?
Deux principes s'opposent à une réponse affirmative :
• l'article 5 du Code civil qui interdit les arrêts de règlement : le juge n'a pas le droit de juger au-delà de l'espèce sur laquelle il statue. Il lui est interdit de fixer sa position et de se lier pour l'avenir ;
• le caractère de *« l'autorité relative de la chose jugée »*, selon laquelle la décision rendue par le juge n'a autorité qu'entre les parties au procès.

Fonctionnellement, le juge n'a donc pas le pouvoir de poser une règle de droit, et n'est pas tenu de se conformer à la jurisprudence. Mais lorsque l'on constate une série de décisions qui statuent dans le même sens, la tendance naturelle de l'observateur est de considérer qu'une règle jurisprudentielle a vu le jour. Le juge ne crée pas la règle de droit *ex nihilo*, il interprète, révèle, invente les règles de droit. Ceci démontre que la jurisprudence ne peut être considérée comme source de droit *stricto sensu* mais qu'elle y joue un rôle fondamental. On la désigne parfois comme source « indirecte », « dérivée » ou « secondaire » du droit.

Le juge possède une fonction d'incitation législative. Par ses décisions, il peut ainsi attirer l'attention du législateur sur la nécessité de son intervention dans tel ou tel domaine.

Des décisions de justice sont prises tous les jours. C'est pourquoi nous vous invitons à consulter les revues et les collections mises périodiquement à jour pour vous permettre de prendre régulièrement connaissance des jugements et des arrêts publiés.

Il était essentiel que vous ayez un aperçu de notre organisation juridictionnelle pour une meilleure compréhension de ce livre. Maintenant si vous avez des soucis avec votre employeur, n'employez l'arsenal juridique qu'à bon escient :
• en premier lieu, vérifiez votre source de droit (contrat de travail, règlement intérieur, usages, accords collectifs, convention collective, Code du travail, jurisprudence européenne) ;
• ces vérifications étant faites, si vous avez la certitude qu'il y a une erreur sur votre bulletin de paie, demandez une explication à votre supérieur hiérarchique ;
• si sa réponse ne vous satisfait pas, rencontrez vos représentants du personnel (DP, CE) pour voir s'ils peuvent vous aider. S'ils acceptent, laissez-les faire ; vous les avez élus pour ça. S'ils ne sont pas d'accord pour vous aider, écrivez une lettre (recommandée avec accusé de réception, ou un e-mail en ayant pris soin de bien mesurer vos propos) au DRH ou au responsable du personnel en étayant juridiquement si possible votre requête, sans menacer d'aller aux prud'hommes (évitez toute forme de menace ou de chantage, ce serait très mal perçu !) ;
• selon la réponse, soit vous demandez un entretien avec cette personne au cours duquel il vous faudra peut-être accepter un compromis (toujours préférable à un conflit qui peut vite s'envenimer), soit toute rencontre est impossible et il vous faut

aller voir l'inspecteur du travail (son adresse et son nom doivent obligatoirement être affichés dans l'entreprise). Et seulement s'il n'arrive pas à régler le conflit, alors vous pourrez commencer votre démarche auprès du conseil des prud'hommes. Le conseil compétent est celui dans le ressort duquel se trouve l'établissement où est effectué le travail. Si le travail est réalisé en dehors de tout établissement (VRP, travailleurs à domicile...), la demande est portée devant le conseil des prud'hommes du domicile du salarié. Mais quel que soit le lieu de travail, le salarié peut toujours saisir le conseil des prud'hommes du lieu d'embauche ou celui du siège social de l'entreprise qui l'emploie.

Enfin, si le salarié saisi le conseil, bien que la plupart des écrits concernant la procédure disent qu'un avocat représentant le salarié n'est pas obligatoire – ce qui est vrai –, je recommande au salarié de toujours en prendre un, et qui plus est, un excellent spécialiste du droit social. Je sais que la procédure coûtera plus cher, mais ce sera toujours mieux que de la perdre, surtout si le salarié a raison, car l'employeur aura toujours un avocat (les grandes entreprises en ont même plusieurs, payés à l'année) et il vaut mieux miser sur une égalité des chances.
Dernière chose à savoir, même si les salariés ont 71 % de chance de gagner leur procès, deux tiers des entreprises qui ont perdu aux prud'hommes font appel. En moyenne, compter 15 mois pour avoir le jugement des prud'hommes et ajouter 21 mois pour la cour d'appel.

5. Historique du bulletin de paie

Au commencement était le maître

L'article 1781 du Code civil, rédigé en 1804, ne lui cachait pas ses faveurs : « *Le maître est cru sur son affirmation pour la quotité des gages, pour le paiement du salaire de l'année échue et pour les acomptes donnés pour l'année courante.* » Traduisez : en cas de différend, le juge devait systématiquement préférer la parole du maître à celle du travailleur. Un choix philosophique, mais aussi de bon sens : pourquoi la loi aurait-elle demandé une justification écrite du paiement alors que la plupart des travailleurs ne savaient pas lire ?
La disparition de cet article, abrogé en 1868, annonce le renversement des faveurs juridiques. La sollicitude du législateur ira de plus en plus au travailleur ; la défense du « faible » contre l'employeur tout-puissant. Parallèlement, la loi concerne désormais en priorité les salariés du commerce et de l'industrie – révolution oblige – et non plus les domestiques que désignait implicitement l'article 1781.

Pendant toute la fin du XIXe siècle, la feuille de paie est encore dans les limbes. Les grandes entreprises ne prennent vraiment l'habitude de remettre au salarié un décompte pour qu'il en vérifie les éléments et conserve la preuve des retenues qu'au début du XXe siècle.

La première loi

Comme nous le verrons plus tard, les premières cotisations apparaissent le 1er juillet 1929. Le temps de réaliser que si le salarié cotise il faut une preuve de ses cotisations, **la loi du 4 mars 1931** impose que la délivrance de cette pièce justificative dans l'industrie, le commerce et les professions libérales devienne obligatoire. Fiche, enveloppe ou carnet, le bulletin de l'époque avait déjà plus qu'un air de famille avec la feuille actuelle. Y figuraient le nom et la qualification du salarié, les montants, brut et net, la nature et le montant de certaines déductions.
En 1942 apparaissent le nom et l'adresse de l'employeur. En 1959, au terme du vaste *lifting* de la protection sociale d'après-guerre, un décret allonge encore la liste. Sont ajoutés l'organisme auquel

l'employeur verse ses cotisations, l'emploi occupé, la distinction entre les heures de travail à taux normal et celles à taux majoré, et les primes.

Cette accumulation d'informations comporte un souci commun : la protection du salarié. En cas de contestation salariale, l'employeur ne peut pas utiliser le bulletin comme preuve, car il est par nature l'auteur du document. Elle sert aussi à démontrer l'existence d'un contrat de travail, à revendiquer une qualification ou encore à prouver aux caisses de cotisations sociales que les conditions d'ouverture du droit aux prestations sont réunies.

Évolution dans les cinquante dernières années

Les autres pièces justificatives du paiement obéissent à la même logique de protection. Le livre de paie (1941) donne un droit de regard à l'inspection du travail, et le reçu pour solde de tout compte libère l'employeur de sa dette à la manière d'une quittance. De même, la périodicité du salaire n'échappe pas à cette volonté protectrice : à preuve, à partir de 1909, le paiement bimensuel pour les ouvriers du commerce et de l'industrie, mensuel pour les employés, à cause « *du caractère alimentaire du salaire* ». Dans le même esprit, une disposition du Code du travail interdit le paiement dans les débits de boisson ou les magasins « *pour éviter la dilapidation immédiate du salaire* ».

Si globalement le salarié est le bénéficiaire de cette évolution, l'entreprise, elle, est mise à contribution à double titre : en tant qu'employeur et en tant que gestionnaire de ce flot montant d'informations. Pour fabriquer ce bulletin de plus en plus sophistiqué, le patronat est passé de la mécanographie des années trente, sortant le salaire sur des bandes horizontales style machine à calculer, à l'électronique (les cartes perforées) d'après-guerre, jusqu'à l'informatique dans les années soixante. Aujourd'hui, le traitement de la paie est informatisé presque partout, qu'il soit intégré ou sous-traité. La complexité des informations et des calculs, la décentralisation des données pour des raisons comptables ou de management, ou encore l'intégration de l'évolution réglementaire ont rendu le recours à l'informatique quasi indispensable.

Les dernières lois

À la suite de la loi du 18 août 1986 (*Journal officiel* du 19 août) qui a prévu que le bulletin de paie devra mentionner à partir du 1er janvier 1989 les cotisations patronales de Sécurité sociale d'origine légale ou conventionnelle, le décret d'application du 22 août 1988 a modifié l'article R.143-2 du Code du travail qui précise les mentions devant figurer sur le bulletin de paie. La circulaire ministérielle du 24 août 1988 commente les nouvelles dispositions applicables.

1. Cotisations patronales de Sécurité sociale. Voulue par le CNPF (l'ancêtre du MEDEF) et le législateur, cette mesure, contrairement à l'habitude, n'a pas été décidée dans un souci de protection, mais de sensibilisation. L'ambition ? Faire prendre conscience aux salariés du coût de la protection sociale. Après les appels désespérés pour combler le gouffre de la Sécurité sociale, chacun pourra contempler les chiffres et les méditer.

2. Convention collective et position du salarié. La tradition est respectée, avec l'apparition de nouvelles mentions pouvant servir à faire valoir des droits : l'intitulé de la convention collective de branche applicable au salarié, la position du salarié définie par le poste ou le coefficient hiérarchique, et l'indication des majorations de salaire attribuées pour d'autres causes que l'accomplissement d'heures supplémentaires ainsi que la nature et la base de calcul du salaire lorsque, par exception, cette base n'est pas la durée du travail.

3. Grève et représentation. Interdiction de porter sur le bulletin les mots « grève » et « représentation du personnel ». Des mentions qui, dans certaines circonstances, peuvent faire mauvais genre, comme l'avait constaté la Commission nationale de l'informatique et des libertés (CNIL), saisie de plusieurs plaintes à ce sujet. Mais l'absence pour cause de représentation du personnel refait son apparition dans une nouvelle fiche annexée au bulletin de paie.

4. Mention obligatoire. La formule « *Dans votre intérêt, et pour vous aider à faire valoir vos droits, conservez ce bulletin sans limitation de durée* », apparaîtra désormais systématiquement sur chaque bulletin de paie.

Dans un but de simplification, est parue le 7 avril 1997 une circulaire ministérielle, confirmée par le décret du 14 mars 2005, qui permet le regroupement sur le bulletin des cotisations ayant la même assiette et un même organisme collecteur. Enfin, depuis le 1er août 2000, les charges patronales ne sont plus obligatoires sur le bulletin de paie ; il suffit qu'un récapitulatif annuel des cotisations et contributions patronales (nature, base, taux et montant) soit remis au salarié.

Et le futur ?

« Vous trouverez de plus en plus sur le bulletin l'annonce d'une réunion interne, une mention vous souhaitant un heureux anniversaire ou un joyeux Noël, et toutes sortes de messages personnels », nous annoncent certains experts. Bref, ce rendez-vous mensuel va devenir bientôt un véritable support de communication. D'ici qu'il y ait des espaces de publicité, il n'y a qu'un pas !

6. Mentions obligatoires du bulletin de paie

Pour connaître les différentes mentions obligatoires du bulletin de paie, rien ne remplacera le Code du travail qui les a définies avec les articles suivants.

Article R.3243-1 (modifié par décret n° 2008-1501 du 30 décembre 2008 – art. 1)

Le bulletin de paie prévu à l'article L.3243-2 comporte les informations suivantes.

1. Le **nom** et l'**adresse de l'employeur** ainsi que, le cas échéant, la **désignation de l'établissement** dont dépend le salarié.

2. La référence de l'organisme auquel l'employeur verse les cotisations de Sécurité sociale, le numéro sous lequel ces cotisations sont versées et, pour les employeurs inscrits au Répertoire national des entreprises et des établissements prévu à l'article 1er du décret n° 73-314 du 14 mars 1973, le numéro de la nomenclature des activités économiques (dénommé « code de l'activité principale exercée », code APE avant le 1er janvier 1993 et nommé « code des nomenclatures des activités françaises », code NAF depuis cette date) caractérisant l'activité de l'entreprise ou de l'établissement mentionné au second alinéa de l'article 5 de ce décret.

3. S'il y a lieu, l'**intitulé de la convention collective** de branche applicable au salarié ou, à défaut, la référence au Code du travail pour les dispositions relatives à la durée des congés payés du salarié et à la durée des délais de préavis en cas de cessation de la relation de travail.

4. Le **nom** et l'**emploi du salarié** ainsi que sa position dans la classification conventionnelle qui lui est applicable. La position du salarié est notamment définie par le niveau ou le coefficient hiérarchique qui lui est attribué.

5. La **période** et le **nombre d'heures de travail** auxquels se rapporte le salaire en distinguant, s'il y a lieu, les heures payées au taux normal et celles qui comportent une majoration pour heures supplémentaires ou pour toute autre cause et en mentionnant le ou les taux appliqués aux heures correspondantes :

• la nature et le volume du forfait auquel se rapporte le salaire des salariés dont la rémunération est déterminée sur la base d'un forfait hebdomadaire ou mensuel en heures, d'un forfait annuel en heures ou en jours ;

• l'indication de la nature de la base de calcul du salaire lorsque, par exception, cette base de calcul n'est pas la durée du travail.
6. La **nature** et le **montant des accessoires de salaire** soumis aux cotisations salariales et patronales mentionnées aux articles R.3243-2 et R.3243-3.
7. Le **montant de la rémunération brute** du salarié.
8. La **nature** et le **montant de tous les ajouts et retenues** réalisés sur la rémunération brute.
9. Le **montant de la somme effectivement reçue** par le salarié.
10. La **date de paiement** de cette somme.
11. Les **dates de congé** et le montant de l'indemnité correspondante, lorsqu'une période de congé annuel est comprise dans la période de paie considérée.
12. Le **montant de la prise en charge des frais de transport** public ou des frais de transports personnels.

Article R.3243-2 (créé par décret n° 2008-244 du 7 mars 2008 – art. 5)

Pour l'application de l'article R.3243-1, le regroupement des retenues relatives aux cotisations et aux contributions salariales est autorisé dès lors que ces prélèvements sont appliqués à une même assiette et destinés à un même organisme collecteur. Dans ce cas, le bulletin de paie est présenté avec des titres précisant l'objet de ces prélèvements.
Le taux, le montant ainsi que la composition de chacun de ces prélèvements sont communiqués au salarié au moins une fois par an ou lorsque prend fin le contrat de travail, soit sur le bulletin de paie, soit sur un document pouvant lui être annexé.

Article R.3243-3 (créé par décret n° 2008-244 du 7 mars 2008 – art. 5)

Le bulletin de paie ou un récapitulatif annuel remis au salarié mentionne la nature, le montant et le taux des cotisations et contributions patronales assises sur la rémunération brute.
Lorsque ces cotisations et contributions sont mentionnées sur le bulletin de paie, elles peuvent être regroupées dans les mêmes conditions et selon les mêmes modalités de communication au salarié que celles prévues pour les cotisations et contributions salariales mentionnées à l'article R.3243-2.
Les employeurs de main-d'œuvre agricole auxquels le montant de cotisations est notifié trimestriellement peuvent mentionner ces cotisations après le paiement des cotisations patronales, en précisant la période sur laquelle elles portent.

Article R.3243-4 (créé par décret n° 2008-244 du 7 mars 2008 – art. 5)

Il est interdit de faire mention sur le bulletin de paie de l'exercice du droit de grève ou de l'activité de représentation des salariés.
La nature et le montant de la rémunération de l'activité de représentation figurent sur une fiche annexée au bulletin de paie qui a le même régime juridique que celui-ci et que l'employeur établit et fournit au salarié.

Article R.3243-5 (créé par décret n° 2008-244 du 7 mars 2008 – art. 5)

Le bulletin de paie comporte en caractères apparents une mention incitant le salarié à le conserver sans limitation de durée.

Enfin, quant à la forme du bulletin de paie, il n'existe aucun texte ! Le bulletin peut être rédigé sur n'importe quel support (papier, carton, timbre-poste, pierre, etc.). Néanmoins, nous vous conseillons de ne pas jouer les originaux et d'établir vos bulletins sur un papier simple de format normal (A4, par exemple), en caractères lisibles par tous. Une seule recommandation : écrire les bulletins à l'encre indélébile.

7. Présentation schématique du bulletin de paie

Après cette présentation juridique du bulletin de paie dans son ensemble, je vous propose une présentation schématique du bulletin en quatre parties bien distinctes.

Libellé des rubriques	Base	Taux	Montant	Commentaires		
Salaire de base	151,67		2 000,00	Janvier		
Prime d'ancienneté			250,00			
Heures supplémentaires	10,25	14,835	152,06			
						Gros +
Total brut			**2 402,06**			
Cotisations	**Base**	**Salariales**		**Patronales**		
		Taux	**Montant**	**Taux**	**Montant**	
Ass. mal. mat. inv. décès	2 402,06	0,75	-18,02	12,80	307,46	
Contribution Solidarité Autonomie	2 402,06			0,30	7,21	
Accident du travail	2 402,06			2,44	58,61	
Allocations familiales	2 402,06			5,25	126,11	
Ass. vieillesse plafonnée	2 402,06	6,85	-164,54	8,50	204,18	
Ass. vieillesse déplafonnée	2 402,06	0,30	-7,21	1,80	43,24	
FNAL sur brut	2 402,06			0,10	2,40	
ASSEDIC sur Tr. A + Tr. B	2 402,06	2,40	-57,65	4,00	96,08	
FNGS sur Tr. A + Tr. B	2 402,06			0,30	7,21	Gros -
ARRCO sur Tr. A	2 402,06	3,00	-72,06	4,50	108,09	
AGFF sur Tr. A	2 402,06	0,80	-19,22	1,30	31,23	
Prévoyance sur Tr. A	2 402,06	1,00	-24,02	2,00	48,04	
Taxe sur la prévoyance	48,04			8,00	3,84	
CSG déductible	2 378,04	5,10	-121,28			
Autres charges patronales	2 402,06			4,846	116,40	
Réduction Fillon					-14,41	
Total cotisations			-484,00		**1 145,69**	
Net fiscal			**1 966,10**			
Indemnité de transport			50,00			Petit +
Indemnités journalières de SS			70,00			
Acompte			-1 000,00			Petit -
CSG non déductible	2 378,04	2,40	-57,07			
CRDS non déductible	2 378,04	5,10	-121,28			
Net à payer			**859,71**			

1. Gros + : il comporte le salaire, les primes, les indemnités soumises à cotisations. Dans ce « gros + », il peut y avoir aussi du moins, avec la retenue d'absence. Le total des sommes composant ce « gros + » est appelé « Total brut ». Il doit être clairement apparent sur tous les bulletins. (Certains logiciels séparent cette ligne par une ligne blanche avant et une autre après, d'autres l'écrivent en gras ou en italique pour bien la faire ressortir.)

2. Gros - : il est constitué principalement des cotisations salariales. Le total brut – le total des cotisations = le net fiscal, somme qui sert de base au calcul des impôts sur le revenu. Depuis la loi de finances du 30 décembre 2013, il faut ajouter à cette base le montant des cotisations patronales de prévoyance.

3. Petit + : c'est une zone qui se rétrécit d'année en année. Aujourd'hui, il n'y a plus beaucoup de primes ou d'indemnités qui ne soient pas soumises à cotisations. Il nous reste encore les remboursements de frais, les IJSS et quelques indemnités que nous verrons plus tard (dont l'indemnité de licenciement).

4. Petit - : il est alimenté par la CSG et la CRDS non déductibles du net fiscal, ainsi que par le salaire donné par anticipation, les dettes du salarié ou encore la part salariale du titre-restaurant ou du chèque-vacances.

Le net fiscal augmenté du « petit + » et diminué du « petit - » donne finalement le net à payer, la somme effectivement perçue par le salarié (très souvent la seule ligne lue par le salarié, car c'est finalement la seule qui l'intéresse vraiment et qu'il comprend). Depuis la loi de finances du 30 décembre 2013, il ne faut pas oublier de déduire le montant des cotisations patronales de prévoyance du net à payer. Cette somme est ajoutée au net fiscal juste pour « augmenter » la base fiscale mais elle n'est évidemment pas à donner au salarié.

8. Remise du bulletin de paie

Un bulletin de paie doit être remis au salarié à l'occasion de chaque versement de rémunération. En principe le bulletin de paie est « quérable » : le salarié doit se rendre sur son lieu de travail pour le retirer ou, s'il est mobile, se rendre dans l'établissement désigné sur son contrat de travail comme étant celui auquel il est raccordé pour aller chercher son bulletin.
Une fois la démarche d'aller quérir le bulletin est effectuée, l'employeur ne peut plus se soustraire à son obligation. Il doit faire parvenir le bulletin de paie par tous les moyens. Le juge prud'homal ne peut pas débouter le salarié de sa demande de remise de bulletin de paie au motif qu'il s'avère que la fiche de paie a été établie et que ce document est quérable. En effet, il appartient à l'employeur d'établir qu'il a exécuté son obligation de remise du bulletin de paie au salarié (Cass. soc. 5 octobre 1999 n° 97-40694).

À l'occasion de cette remise, l'employeur ne peut exiger aucune formalité de signature ou d'émargement autre que celle établissant que la somme reçue correspond bien au montant net figurant sur ce bulletin.
Les textes officiels disent que la remise du bulletin de paie au salarié peut être effectuée en main propre ou par voie postale voire, avec l'accord du salarié concerné, elle peut également être effectuée sous forme électronique, dans des conditions de nature à garantir l'intégrité des données. Bien sûr, ces différentes façons de remettre le bulletin dépendent en partie de l'organisation géographique de l'entreprise mais je vous recommande juste si c'est possible de faire distribuer les bulletins par le biais du responsable du salarié. En effet, c'est en principe le supérieur hiérarchique du salarié qui passe les informations (heures supplémentaires, primes, absences, etc.) au service paie afin que ce dernier établisse la paie. Il est logique que ce soit la même personne qui remette également le bulletin d'une part pour s'assurer que ses informations s'y retrouvent bien et dans le cas contraire fasse remonter au service paie les éventuels problèmes rencontrés par le salarié quant à la compréhension de son bulletin. Les avantages sont évidents : le salarié n'a qu'un seul interlocuteur (son responsable), le service paie limite également son nombre d'interlocuteurs, et le manager du salarié est totalement responsable du passage des informations au service paie jusqu'à la remise en main propre du bulletin, miroir de ses informations passées (ne pas négliger l'impact psychologique !).

À NOTER

Des modalités spécifiques de remise du bulletin de paie s'appliquent lorsque l'employeur a recours à l'un ou l'autre des dispositifs de simplification administrative suivants :
- *titre emploi-service entreprise (TESE) ;*
- *chèque emploi-service universel ;*
- *chèque-emploi associatif.*

Correction du questionnaire de la page 33

N°	Affirmations	Vrai	Faux
1	Vrai, grâce à l'article 55 de notre Constitution (*voir* p. 35).	X	
2	Faux, elle date du 26 août 1789 (le 21 janvier 1793 correspondant à la date de l'exécution de Louis XVI) (*voir* p. 36).		X
3	Faux, 1804 (*voir* p. 38).		X
4	Vrai, mais uniquement patronal et c'était à Lyon (*voir* p. 38).	X	
5	Vrai, donc depuis 1946 ! (*voir* p. 38)	X	
6	Vrai, (*voir* p. 38).	X	
7	Faux, ou du moins pas encore en 2014 ! (*voir* p. 38).		X
8	Faux, huit parties (*voir* p. 41).		X
9	Faux, les articles moins avantageux sont réputés non écrits (*voir* p. 44).		X
10	Vrai, art. R.1321-1 (*voir* p. 45).	X	
11	Vrai, depuis le 10 juillet 2002, à défaut elle est non licite (*voir* p. 56).	X	
12	Vrai pour le travail à l'étranger ou lié à l'exportation ; Faux, sinon (*voir* p. 50).	X	X
13	Vrai (*voir* p. 58).	X	
14	Vrai, un CDD a toujours droit aux congés payés, quelle qu'ait été sa durée (*voir* p. 61).	X	
15	Vrai si salarié en CDI à temps plein ; Faux, sinon (*voir* p. 61).	X	X
16	Vrai s'il le demande ; Faux, sinon, ce n'est pas une obligation (*voir* p. 61).	X	X
17	Faux, quatre mois au maximum (*voir* p. 62).		X
18	Faux, c'est une juridiction civile d'exception (*voir* p. 68).		X
19	Vrai, c'est sa définition au sens large (*voir* p. 69).		
20	Vrai, elles font partie des mentions obligatoires (*voir* l'article R.3243-1, p. 77).	X	

LE SALAIRE ET LES PRIMES

PARTIE II

Le salaire et les primes

Avant de commencer la partie sur le salaire, les primes et les compléments de salaire, nous vous demandons de remplir ce petit questionnaire. Cela vous permettra d'évaluer vos connaissances préalables et vos acquis.

Sur chaque ligne, veuillez mettre une croix soit dans la colonne « Vrai », soit dans la colonne « Faux », soit dans les deux.

N°	Affirmations	Vrai	Faux
1	Un salaire peut être indexé sur le prix d'achat d'une matière première.		
2	La naissance du SMIC date du 1er janvier 1970.		
3	Le SMIC augmente obligatoirement deux fois par an.		
4	Le montant du SMIC est de 1 457,55 euros depuis le 1er janvier 2015.		
5	Environ quatre millions de salariés perçoivent le SMIC en France.		
6	Une entreprise de plus de vingt salariés doit avoir 6 % d'handicapés dans son effectif.		
7	L'indemnisation des témoins ou des jurés est calculée par rapport au SMIC.		
8	Le pourboire est un salaire et à ce titre, il entre dans la base de calcul de cotisations.		
9	Depuis la loi « Aubry II » (du 19 janvier 2000), il y a cinq catégories de cadres.		
10	Un assimilé-cadre est appelé également un article 4 bis.		
11	Le nombre d'heures prévu pour un forfait doit figurer sur le bulletin de paie.		
12	Un cadre qui a un forfait annuel en heures peut travailler jusqu'à 1 827 heures/an.		
13	Un cadre qui a un forfait annuel en jours ne peut pas travailler plus de 210 jours.		
14	Une grève est payée si l'employeur ne paie pas le salaire à la date convenue.		
15	En dessous de 1 500 euros nets par mois, le salarié peut exiger d'être payé en espèces.		
16	L'entreprise est tenue de communiquer le salaire de son employé à sa femme.		

N°	Affirmations	Vrai	Faux
17	Une prime attribuée en vertu d'un usage a un caractère obligatoire de versement.		
18	La prime de transport donnée en province est totalement exonérée de cotisations.		
19	Pour être exonéré de cotisations, un titre-restaurant ne doit pas dépasser 10,72 euros (2015).		
20	Les avantages en nature sont ajoutés au salaire pour voir si le SMIC est atteint.		

BULLETIN DE PAIE

Période du au

Employeur		Salarié	
Raison Sociale :		Nom :	Prénom :
Adresse :		Adresse :	
N° SIRET :	Code NAF :	N° SS :	
URSSAF :	N° de cotisant :	Emploi :	Classif. :
Convention collective :		Date d'ancienneté :	

Libellé des rubriques	Base	Taux	Montant	Commentaires
Salaire	151,67		3 000,00	Juin 2015
Prime d'ancienneté			150,00	Date d'entrée : 1 Mai 2005
Avantages en nature			400,00	Plafond du mois : 3.170 €
Remboursement frais prof.			82,00	
Total brut			**3 632,00**	

Cotisations	Base	Salariales		Patronales	
		Taux	Montant	Taux	Montant
Ass. Mal.Mat.Inv.décès	3 632,00	0,75	-27,24	12,80	464,90
Contribution Solidarité Autonomie	3 632,00			0,30	10,90
Accident du Travail	3 632,00			2,44	88,62
Allocations Familiales	3 632,00			5,25	190,68
Ass. Vieillesse Plafonnée	3 170,00	6,85	-217,15	8,50	269,45
Ass. Vieillesse Déplafonnée	3 632,00	0,30	-10,90	1,80	65,38
F.N.A.L. sur Brut	3 632,00			0,50	18,16
Chômage sur Tr. A + Tr. B	3 632,00	2,40	-87,17	4,00	145,28
A.G.S. sur Tr. A + Tr. B	3 632,00			0,30	10,90
A.R.R.CO sur Tr. 1	3 170,00	3,10	-98,27	4,65	147,41
A.G.F.F. sur Tr. 1	3 170,00	0,80	-25,36	1,20	38,04
A.R.R.CO sur Tr. 2	462,00	8,10	-37,42	12,15	56,13
A.G.F.F. sur Tr. 2	462,00	3,00	-13,86	1,30	6,01
Prévoyance sur Tr. A	3 170,00	1,00	-31,70	2,00	63,40
Taxe sur Prévoyance	63,40			8,00	5,07
C.S.G. déductible	3 631,84	5,10	-185,22		
Autres charges patronales	3 632,00			4,846	176,01
Total cotisations			-734,29		1 758,34

	Base	Taux	Montant	
Net fiscal			2 961,11	
Indemnités de Transport			55,00	Règlement par virement sur le compte
Remboursement Frais Prof.	10,00	18,10	181,00	
Reprise Avantages en Nature			-400,00	Code Banque :
C.S.G. non déductible	3 631,84	2,40	-87,16	Code Guichet :
C.R.D.S. non déductible	3 631,84	0,50	-18,16	N° Compte :
Net à payer			2 628,39	

CUMULS depuis le 1er Janvier 2015

Heures : 151,67 Brut S.S. : 3 632,00 Net Fiscal : 2 961,11

Pour faire valoir vos droits, ce bulletin de paie doit être conservé sans limitation de durée

Il est donc temps d'examiner à présent chacune des lignes du bulletin de paie.

1. Le salaire

Définition

Étymologiquement, le mot « salaire » vient du « sel », salaire venant très précisément du mot latin *salarium,* qui signifie « ration de sel ». Le salaire est donc la ration de sel que le travailleur gagnait par son travail. En dehors de ses qualités nutritives, le sel possédait des capacités de conservation des aliments. Ceci explique pourquoi, dès le Moyen Âge, le sel était devenu un monopole royal et était entreposé dans des greniers à sel. Saint Louis instaura même en 1246 la gabelle, un impôt sur le sel, qui ne fut définitivement supprimé qu'en 1945 !

La notion de salaire intervient dans différents domaines du droit social :
• en **droit du travail**, elle constitue un élément essentiel du contrat. Le critère de qualification le plus souvent retenu est le suivant : **toute somme versée en contrepartie ou à l'occasion du travail a le caractère de salaire**. Différents éléments peuvent le composer : salaire de base, primes, avantages en nature… ;
• en **droit de la Sécurité sociale**, la notion de salaire, qui se rapproche davantage de la notion retenue en droit fiscal, est plus large qu'en droit du travail : **toutes les sommes qui ont le caractère de salaire sont soumises à cotisation**.
Dans ce livre, nous traiterons la notion de salaire du point de vue du droit du travail. Pour ce qui ressort de la Sécurité sociale, nous vous l'indiquerons au moment adéquat.

La définition donnée par le Code du travail de la rémunération du salarié distingue le salaire et les autres éléments composant la rémunération. « ***Constituent une rémunération le salaire ou traitement ordinaire de base ou minimum et tous les autres avantages et accessoires payés directement ou indirectement, en espèces ou en nature, par l'employeur au salarié en raison de l'emploi de ce dernier*** » (C. trav., art. L.3221-3).

La notion de salaire doit être rattachée à la qualité de salarié : quel que soit le régime social des sommes versées à des personnes physiques, il n'y a de salaire au sens du droit du travail que si le bénéficiaire est un salarié. Selon la Cour de cassation (Cass. soc., 12 juin 1981), toute rémunération d'un travailleur en situation de subordination est un salaire. Selon un arrêt plus récent (13 novembre 1996), la définition du contrat de travail s'apprécie de manière identique en matière de droit du travail et de droit de la Sécurité sociale. Nous vous rappelons que d'après elle, **un contrat de travail est caractérisé par l'exécution d'un travail sous l'autorité d'un employeur qui a le pouvoir de donner des ordres et des directives, d'en contrôler l'exécution et de sanctionner les manquements de son subordonné.** Est établie ainsi la distinction entre salaire et honoraires.

En revanche, il faut distinguer les indemnités assujetties aux cotisations de Sécurité sociale et le salaire. Ainsi **seront exclus du salaire :**

• les sommes qui se voient refuser cette qualité par la loi, comme les sommes versées par l'entreprise aux salariés au titre de l'**intéressement** (C. trav., art. L.3312-4) ;

• les **frais professionnels** dans les conditions et limites fixées par la législation de Sécurité sociale ;

• les **sommes ayant un caractère indemnitaire**, c'est-à-dire qui couvrent un préjudice mais qui ne remplacent pas un salaire.

Le salaire de base

Par salaire de base, il faut entendre les éléments de rémunération pris en compte lors de chaque paiement du salaire et dont les modalités de calcul auront été fixées par le contrat de travail. C'est la rémunération prévue à l'embauche en contrepartie du travail fourni. Sous réserve de révision, le salaire de base est donc nettement défini par le contrat de travail et présente un caractère de fixité à chaque paie. Il se situe sur **la première ligne du bulletin**, ce qui est évidemment déterminant pour toute la suite. Il est décidé librement par l'employeur et le salarié, sous réserve de respecter :

1. le principe de la liberté contractuelle ;

2. le salaire minimum de croissance avec la garantie minimale de rémunération ;

3. le minimum conventionnel ou les recommandations patronales s'ils existent dans l'entreprise ;

4. les usages ou les engagements unilatéraux de l'employeur s'ils existent dans l'entreprise ;

5. les principes d'ordre public, tels que l'égalité de rémunération entre les hommes et les femmes et l'absence de discrimination (Cass. soc., 20 octobre 1998, n° 95-44.290).

Le principe de la liberté contractuelle

La libre négociation des salaires repose sur la loi du 11 février 1950. Sous réserve de respecter les points ci-dessus 2, 3, 4 et 5, l'employeur et le salarié peuvent librement contracter sur les modalités et le montant de la rémunération. La rémunération ne peut être fixée unilatéralement par l'employeur. **Le salaire doit résulter d'un accord contractuel** mais tout engagement contractuel lie les parties ; ainsi, une entreprise ne peut unilatéralement revenir sur le niveau de salaire consenti au salarié lors de son embauche.

Toutefois, il y a encore **deux restrictions** à ce principe de liberté contractuelle :

- le **blocage éventuel des salaires par le gouvernement** (tel qu'il s'est produit entre le 1er juin 1982 et le 31 octobre 1982) ;
- l'**exclusion de certains mécanismes tels que l'indexation**. Depuis janvier 1959, aucune convention collective ne peut prévoir une révision automatique des salaires en fonction de l'augmentation des prix. L'indexation sur le niveau général des prix, sur le niveau général des salaires ou sur le prix des biens, produits ou services sans rapport avec l'activité de l'entreprise est prohibée (ord. n° 58-1374, 30 décembre 1958, art. 79 § 3, mod. par ord. n° 59-246, 4 février 1959, art. 14). Cette interdiction vise également les clauses d'indexation sur le SMIC. Les conventions collectives ou les accords d'établissement sont expressément concernés par cette prohibition (C. trav., art. L.141-9). Ainsi, a été jugé nul l'usage d'entreprise selon lequel les appointements des cadres étaient réévalués le 1er avril et le 1er octobre de chaque année en fonction de l'évolution de l'indice Insee (Cass. soc., 22 juillet 1986). De même, l'employeur ne peut consentir par avance dans le contrat de travail une révision automatique du salaire basée sur le SMIC (Cass. soc., 18 mars 1992, n° 88-43.434). Cependant, si l'employeur ne peut pas s'engager à consentir par avance une révision automatique des salaires basée sur le niveau général des prix, il peut en revanche réajuster les salaires par rapport à l'évolution du niveau général des prix à la suite d'une négociation avec les syndicats de l'entreprise (Cass. soc., 30 avril 1985, n° 84-40.450). De plus, il est possible d'indexer les salaires sur le prix de biens, produits ou services ayant une relation directe avec l'activité de l'entreprise. Ainsi, il est possible d'indexer les salaires sur le prix de vente des produits fabriqués dans l'entreprise ou sur le prix d'achat d'une matière première utilisée dans cette fabrication.

Le salaire minimum de croissance

Définition

Le **SMIG** (Salaire minimum interprofessionnel garanti), créé par la loi du 11 février 1950, constituait le domaine réservé du gouvernement en matière de salaires et devait assurer un « minimum vital » à tous les salariés. Mais s'il a garanti l'évolution du pouvoir d'achat aux plus bas salaires, il n'a pu empêcher que se crée un écart anormal entre son montant et la moyenne des salaires. C'est pourquoi le **SMIC** (Salaire minimum de croissance) le remplace depuis le 1er janvier 1970. Il ne s'agit plus seulement de maintenir le pouvoir d'achat quel que soit le niveau des prix, mais de **garantir un pouvoir d'achat** qui progresse en même temps que le développement économique de la nation, et d'éviter ainsi à l'avenir toute distorsion durable entre l'évolution du salaire minimum et celle de la moyenne des salaires horaires (C. trav., art. L.3231-2).

À NOTER

SMIC est bien l'acronyme de Salaire minimum de croissance, et non pas de « Salaire minimum interprofessionnel de croissance » comme le croient certaines personnes. En effet, depuis 1970, il n'est plus interprofessionnel. Il y avait à cette époque plusieurs SMIC dont le plus célèbre était le SMIC hôtelier (disparu aujourd'hui).

Mécanismes d'augmentation

La garantie du pouvoir d'achat du SMIC est **assurée par son indexation**. Le SMIC est indexé sur l'indice national des prix à la consommation. L'indice servant de référence au SMIC est fixé par décret après avis de la Commission nationale de la négociation collective (C. trav., art. L.3231-4). Cet indice est, depuis 1971, **l'indice national des prix à la consommation des ménages urbains dont le chef est ouvrier ou employé**, dit aujourd'hui « indice des 295 postes » (C. trav., art. R.3231-2). En 1971, il s'appelait « indice des 298 postes », mais le gouvernement a rapidement exclu l'essence, l'alcool, et enfin le tabac (le 1er janvier 1992).

Il y a trois façons d'augmenter le SMIC.

• **Dès que cet indice marque une hausse de 2 %** par rapport à l'indice constaté lors de la fixation immédiatement antérieure du SMIC, il est revalorisé dans la même proportion.

Cette revalorisation est automatique, obligatoire et proportionnelle à la hausse de l'indice. Faite par arrêté ministériel, elle s'applique le premier jour du mois suivant la publication de l'indice. En général, l'indice du mois est connu par avis publié, en moyenne un mois plus tard, au *Journal officiel* (C. trav., art. L.3231-5). La hausse est calculée par rapport à l'indice publié lors de la dernière revalorisation : cela permet de tenir compte des revalorisations du SMIC réalisées soit par la révision annuelle au 1er janvier, soit sur initiative du gouvernement.

• **Chaque année au 1er janvier** (depuis le 1er janvier 2010 seulement, avant cette date, c'était au 1er juillet) **le montant du SMIC est révisé de façon à ce que son évolution suive celle de la moyenne des salaires réels.** Cette révision annuelle est **obligatoire.** Elle se cumule avec la révision liée à l'évolution de l'indice des prix : en effet, si au 1er janvier l'indice marque une hausse de 2 %, le SMIC est augmenté, d'une part, proportionnellement à l'indice, d'autre part, en fonction de la progression économique constatée depuis le 1er janvier de l'année précédente. Elle doit par contre tenir compte des révisions éventuelles décrétées en cours d'année par le gouvernement pour que le SMIC suive la progression des salaires réels. La révision annuelle se fait par décret soumis à l'approbation du Conseil des ministres (C. trav., art. L.3231-6). Du 1er janvier d'une année au 31 décembre de l'année suivante, l'augmentation du SMIC doit être au moins égale à la moitié de l'augmentation du pouvoir d'achat des salaires horaires moyens enregistrés par l'enquête trimestrielle du ministère du Travail (C. trav., art. L.3231-8).

• Le gouvernement peut en cours d'année procéder à une **revalorisation du SMIC supérieure à l'augmentation de l'indice des prix.** Cette révision n'est pas obligatoire. Elle est réalisée par voie de décret pris en Conseil des ministres après avis de la Commission nationale de la négociation collective. L'augmentation ainsi décidée est prise en compte lors de la révision annuelle du 1er janvier : c'est une sorte d'acompte sur la revalorisation applicable à cette date (C. trav., art. L.3231-10). Cette disposition permet au gouvernement de réviser plus rapidement le SMIC sans attendre la révision annuelle du 1er janvier, en cas d'expansion économique rapide que ne traduirait pas encore la hausse des prix, mais qui aurait déjà entraîné la hausse des salaires réels.

Champ d'application

Selon l'article L.3231-1 du Code du travail, les professions qui doivent respecter le SMIC sont celles où peut être appliquée une convention collective, c'est-à-dire :

- les professions industrielles et commerciales ;
- les professions agricoles ;
- les professions libérales, offices publics et ministériels ;
- les assistantes maternelles, les employés de maison, les concierges d'immeubles ;
- les travailleurs à domicile ;
- les caisses d'épargne ordinaires ;
- les sociétés civiles, syndicats professionnels et associations de toute nature ;
- les ateliers protégés et les centres de distribution du travail à domicile ;
- les établissements publics à caractère industriel et commercial ;
- les entreprises publiques ;
- les établissements publics à caractère industriel et commercial ;
- les établissements publics qui assurent une mission de service public à caractère administratif, industriel et commercial tout à la fois.

Salariés bénéficiaires

Ce sont les salariés des deux sexes, âgés de 18 ans révolus et d'aptitude physique normale (C. trav., art. D.3211-1).

Valeur du SMIC aujourd'hui

La revalorisation automatique du SMIC au 1er janvier 2015 s'élève à 0,8 % selon le décret n° 2014-1569 du 22 décembre 2014. Le gouvernement n'a pas souhaité apporter de « coup de pouce » supplémentaire au mécanisme de revalorisation légale. Le montant horaire du SMIC passe ainsi de 9,53 euros au 1er janvier 2014 à **9,61 euros au 1er janvier 2015.**

Rappelons que, entre 2002 et 2007, le SMIC horaire brut avait progressé de 24 %, conduisant à un tassement de l'échelle salariale et à une forte augmentation du nombre des Smicards.

Ce taux du SMIC concerne entre 2 et 2,6 millions de salariés (ce qui représente 11 % des salariés du privé en 2014, contre 1,5 million et 8,2 % au 1er juillet 1994) selon la période de l'année. Au 1er janvier, le chiffre est d'environ 2,6 pour descendre à environ 2 au mois de décembre suivant.

Le SMIC mensuel brut est ainsi porté à 1 457,52 euros (calculé sur la base de 35 heures x 52 / 12 et correspondant à la mensualisation de la durée légale hebdomadaire du travail de 35 heures), mais à **1 457,55 euros** pour 151,67 heures mensuelles.

Différentes populations sont payées à l'aide du SMIC, voire moins que le SMIC. Ce sont principalement :

• *Les jeunes travailleurs*
Le SMIC applicable aux jeunes travailleurs, de l'un ou l'autre sexe, âgés de moins de 18 ans et de capacité normale, comporte un abattement (art. D.3231-3) fixé à 20 % avant 17 ans, et à 10 % entre 17 et 18 ans.
Attention : cet abattement est supprimé pour les jeunes travailleurs justifiant de six mois de pratique professionnelle dans la branche d'activité dont ils relèvent.

• *Les apprentis*
Le salaire minimum de l'apprenti est harmonisé avec celui des jeunes sous contrat de qualification et désormais revalorisé sur une base annuelle (et non plus semestrielle comme c'était le cas jusqu'à la loi du 17 juillet 1992) en fonction de l'année d'exécution du contrat ; il tient compte de l'âge dès le mois suivant l'anniversaire et de la valeur du SMIC en cours de contrat. Pour les apprentis âgés de 21 ans ou plus, le pourcentage s'entend en pourcentage du SMIC ou du salaire minimum conventionnel correspondant à l'emploi occupé, s'il est plus favorable.

À titre d'exemple, voici le tableau de la rémunération minimale due aux apprentis en 2015.

Année de contrat	Âge de l'apprenti								
	16 - 17 ans			18 - 20 ans			21 ans et plus		
	En %	Par heure	Par mois	En %	Par heure	Par mois	En %	Par heure	Par mois
1re année	25%	2,40 €	364,39 €	41%	3,94 €	597,59 €	53%	5,09 €	772,50 €
2e année	37%	3,56 €	539,29 €	49%	4,71 €	714,20 €	61%	5,86 €	889,10 €
3e année	53%	5,09 €	772,50 €	65%	6,25 €	947,41 €	78%	7,50 €	1 136,89 €
Formation complémentaire									
Après contrat 1 an	40%	3,84 €	583,02 €	56%	5,38 €	816,23 €	68%	6,53 €	991,13 €
Après contrat 2 ans	52%	5,00 €	757,93 €	64%	6,15 €	932,83 €	76%	7,30 €	1 107,74 €
Après contrat 3 ans	68%	6,53 €	991,13 €	80%	7,69 €	1 166,04 €	93%	8,94 €	1 355,52 €

• *Les assistantes maternelles*

Rémunération minimale	Montant
Salaire horaire brut de base (SMIC x 0,281)	2,70 €
Salaire horaire net de base arrondi (hors Als./Moselle)	2,04 €
Salaire horaire net de base arrondi (Als./Moselle)	2,00 €
Indemnité journalière d'entretien (85% du MG pour une journée de 9 heures)	2,99 €

Toutes les heures d'accueil doivent être rémunérées et le salaire de base doit être mensualisé. La rémunération doit être majorée à partir de la quarante-sixième heure hebdomadaire d'accueil.

• *Les contrats de professionnalisation*
La loi de programmation pour la cohésion sociale du 18 janvier 2005 a refondu les contrats aidés dans le secteur marchand et le secteur non marchand.
Le contrat de professionnalisation remplace les contrats en alternance qu'étaient les contrats de qualification, d'orientation et d'adaptation. Sauf dispositions conventionnelles plus favorables, les personnes âgées de 16 à 25 ans perçoivent une rémunération fixée en pourcentage du SMIC en fonction de leur âge et de leur niveau de qualification.

À titre d'exemple, voici le tableau de la rémunération minimale due aux contrats de professionnalisation en 2015.

Âge du bénéficiaire	Rém. mini si qualif < bac pro		Rém. mini si qualif ≥ bac pro	
	En % du SMIC	Par mois (151,67 h)	En % du SMIC	Par mois (151,67 h)
âge < 21 ans	55%	801,65 €	65%	947,41 €
21 ans ≤ âge < 26 ans	70%	1 020,28 €	80%	1 166,04 €
âge ≥ 26 ans	100%	1 457,55 €	100%	1 457,55 €

Les demandeurs d'emploi âgés de 26 ans et plus perçoivent, sauf dispositions conventionnelles plus favorables, une rémunération qui ne peut être inférieure au SMIC mensuel ni à 85 % du salaire minimum conventionnel.
L'exonération de cotisations patronales de Sécurité sociale est limitée à la part de salaire ne dépassant pas le SMIC mensuel et ouverte seulement en cas d'embauche de jeunes de moins de 16 ans ou de demandeurs d'emploi de 45 ans et plus.

Le minimum conventionnel

Toute convention collective nationale doit, pour pouvoir être étendue, contenir une clause sur les salaires. Cette clause fixe les différents éléments du salaire applicable par catégories professionnelles ainsi que les procédures et la périodicité prévues pour sa révision.
Ces différents éléments sont les suivants :
- le salaire minimum national professionnel du salarié sans qualification ;
- les coefficients hiérarchiques afférents aux diverses qualifications professionnelles ;
- les majorations pour travaux pénibles, insalubres physiquement ou nerveusement, dangereux ;
- les modalités d'application du principe « à travail égal, salaire égal » et les procédures de règlement des difficultés pouvant naître à ce sujet.

Cette obligation s'applique également aux conventions conclues à d'autres niveaux territoriaux à défaut de convention au plan national (C. trav., art. L.2261-22 et L.2261-23).
Le montant du salaire minimum professionnel est fixé contradictoirement entre les syndicats participant à la négociation. Il s'agit d'un salaire horaire, servant de base de calcul au salaire minimum prévu pour tous les emplois figurant dans la profession. À partir du salaire minimum professionnel prévu pour l'emploi, qui ne requiert aucune qualification et qui correspond au coefficient de base 100, chaque convention fixe la grille des salaires minima de l'ensemble du personnel. Une liste des emplois est dressée en fonction des qualités requises pour chacun d'entre eux (technicité, initiative, encadrement de personnel, etc.) ; chacun de ces emplois est affecté d'un coefficient. **En multipliant le salaire horaire correspondant au coefficient 100 par le coefficient de chaque emploi, on obtient le salaire minimum correspondant.** Les grilles de salaires ainsi établies concernent tous les emplois, du manœuvre au cadre supérieur. Le salaire minimum ainsi fixé pour chaque emploi représente le minimum du salaire de base auquel peut prétendre tout salarié de la profession. Il sert parfois également de base de calcul pour des primes (primes d'ancienneté, d'assiduité et autres) qui ne sont pas calculées à partir du salaire réel.
Dans les conventions et accords collectifs d'entreprise ou d'établissement, comme dans la convention de branche, on peut notamment fixer un salaire minimum professionnel, une nomenclature des emplois et les coefficients hiérarchiques.

Cette technique a pour but d'améliorer la situation des salariés par rapport à la loi (qui ne fixe que le SMIC) ou à la convention collective de branche, et de donner en outre des bases communes de discussion pour la fixation des salaires individuels. La conclusion d'accords de salaires au niveau de l'entreprise a été « revitalisée » par **l'obligation annuelle de négocier sur les salaires** effectifs institués par la loi du 13 novembre 1982 sur la négociation collective. L'employeur est tenu de respecter le salaire minimum défini par la convention ou l'accord collectif. L'accord contractuel du salarié de percevoir un salaire inférieur au minimum conventionnel est inopérant. Sa renonciation au salaire minimum est nulle.

Le salaire minimum professionnel peut être fixé à un montant inférieur au SMIC car il s'agit d'un salaire librement négocié et théorique. Mais, en aucun cas, un salarié ne peut être payé au-dessous du SMIC : lorsque le salaire minimum conventionnel prévu pour un emploi est inférieur au SMIC, l'employeur est tenu de compléter le montant prévu par la convention ou l'accord de salaires.

Un salarié ne peut pas non plus être rémunéré en dessous de la garantie minimale de rémunération. Une revalorisation du SMIC n'entraîne pas automatiquement une révision de la grille des salaires. De même, une revalorisation de la grille des salaires n'a pas d'effet automatique sur la révision des salaires réels.

Les usages ou les engagements unilatéraux de l'employeur

Si toutefois ils existent dans l'entreprise, les usages ou les engagements unilatéraux de l'employeur ne concernent que les primes. Nous les étudierons dans le chapitre consacré à ce sujet.

Les principes d'ordre public

La discrimination liée au sexe

C'est le préambule de la Constitution de 1946 qui proclame le principe selon lequel la loi garantit à la femme, dans tous les domaines, des droits égaux à ceux de l'homme. La législation européenne est venue elle aussi affirmer ce principe (Traité CE, art. 141). La violation du principe d'égalité des salaires est assortie de sanctions pénales ; de plus, toute disposition contrevenant à ce principe est nulle. La loi du 13 novembre 1982 sur la négociation collective oblige les parties à un examen comparé de la situation des hommes et des femmes à l'occasion des négociations annuelles sur les salaires, au niveau :

• de la branche d'activité, d'une part : les parties doivent examiner « *l'évolution des salaires effectifs moyens par catégories professionnelles et par sexe, au regard, le cas échéant, des salaires minima hiérarchiques* », ceci sur la base d'un rapport remis par la partie employeur (C. trav., art. L.2241-2) ;
• de l'entreprise, d'autre part : les informations remises sur ce point aux délégués syndicaux composant les délégations syndicales à la négociation « *doivent permettre une analyse comparée de la situation des hommes et des femmes en ce qui concerne les emplois et les qualifications, les salaires payés, les horaires effectués et l'organisation du temps de travail. Ces informations doivent faire apparaître les raisons de ces situations* » (C. trav., art. L.2242-2).

Autres discriminations

Le Code prévoit que ne peuvent faire l'objet de discrimination salariale les salariés suivants :

• les salariés à temps partiel ;
• les salariés sous contrat à durée déterminée ;
• les salariés sous contrat de travail temporaire ;
• les salariés grévistes ;
• les salariés ayant une appartenance ou une activité syndicale ;
• les salariés étrangers.

Application jurisprudentielle du principe « à travail égal, salaire égal »

La Cour de cassation a imposé une application élargie du principe « à travail égal, salaire égal » à tous les salariés placés *a priori* dans une situation identique de travail. Elle a ainsi jugé que la règle de l'égalité de rémunération entre les hommes et les femmes est une application de la règle plus générale « À travail égal, salaire égal » énoncée par les articles L.2261-22 9 § et L.2271-1 8 § du Code du travail, ce dont il se déduit que « *l'employeur est tenu d'assurer l'égalité de rémunération entre tous les salariés de l'un ou l'autre sexe, pour autant que les salariés en cause sont placés dans une situation identique* ».

Le principe de non-discrimination ne fait pas obstacle à l'instauration d'un avantage déterminé par un critère indépendant du travail fourni, tel que la situation de famille (logement gratuit ou versement d'une indemnité mensuelle de logement aux salariés chefs de famille), ou encore des bons d'achat aux vainqueurs d'un concours, à condition que les critères retenus par l'employeur dans l'organisation de ce concours aient été préalablement définis selon des normes objectives.

2. Les différents salaires

Il y a plusieurs formes de rémunération :
- le salaire au temps ;
- le salaire au rendement ;
- le pourboire ;
- le salaire fonction du chiffre d'affaires ;
- le salaire forfaitaire.

Le salaire au temps

Le salaire au temps est calculé en fonction du temps passé par le salarié à son travail. Le temps de base peut varier de l'heure (salarié « horaire », payé à l'heure) au mois (salarié « mensualisé » ou « au forfait ») en passant par la semaine, la quatorzaine, la quinzaine. Mais quel que soit le temps de base choisi, il correspond à un salaire donné : le salaire au temps ne tient compte d'aucun autre élément que le temps passé et, en particulier, ne varie pas avec le rendement.

Le salaire au temps peut être complété par d'autres éléments de salaire évalués sans considération du temps de travail mais par rapport à d'autres facteurs. Une prime de rendement peut par exemple être attribuée.

Le salaire au rendement

Le principe du salaire au rendement est le suivant : pour chaque type de travail (entendu comme l'exécution d'une tâche déterminée), une norme de base est établie. Cette norme de référence est fixée après consultation du CE ou des DP. Un salaire de base lui correspond. Chaque fois que la norme est dépassée le salaire augmente. Plus le dépassement est important, plus le salaire augmente.
Les formes de rémunération au rendement sont très nombreuses. Certaines tiennent compte du rendement individuel, d'autres du rendement collectif.

Le salaire aux pièces

C'est le mode le plus courant de salaire au rendement. Pour chaque pièce fabriquée, le salarié reçoit une somme uniforme. Le gain est

donc proportionnel au rendement. La rémunération aux pièces peut être appliquée pour calculer la totalité du salaire. Elle peut aussi ne jouer que pour le calcul d'une prime s'ajoutant à un salaire horaire garanti.
Ce salaire horaire garanti ne doit pas être confondu avec le SMIC qui, quel que soit le mode de rémunération, doit toujours être respecté. On arrive ainsi à combiner le salaire au temps et le salaire au rendement. Le salaire horaire garanti est un minimum, la prime ou « boni » est variable.

Le salaire à la tâche

Le salaire à la tâche est utilisé pour un travail plus complexe que celui visé par le salaire aux pièces, mettant en jeu différentes techniques et dont l'exécution assez longue est confiée le plus souvent à un seul salarié. Le salaire à la tâche combine un salaire horaire garanti et un prix d'exécution. Lorsque le temps relatif à chaque tâche n'est pas fixé, le salarié doit bénéficier au minimum du SMIC multiplié par le nombre d'heures qu'il a effectuées.

La prime de rendement

La prime de rendement, appelée également « prime de productivité » ou « prime d'assiduité », est attribuée soit en fonction du rendement individuel, soit en fonction du rendement collectif.
Quelle que soit sa dénomination, la prime se caractérise par :
- la fixation d'un temps normal d'exécution d'un travail donné ;
- le paiement du salaire horaire ordinaire sans prime à tout salarié qui n'exécute pas le travail dans le temps normal.

La mensualisation n'exclut pas les divers modes de calcul de salaire au rendement. Toutefois, ces modes de rémunération ayant pour conséquence d'introduire un élément variable (suivant les pièces exécutées par le salarié), ils peuvent entraîner des variations importantes de rémunération. Dans ce cas, les salariés qui effectuent un horaire équivalant à 35 heures de travail effectif par semaine doivent percevoir une rémunération mensuelle au moins équivalente au salaire horaire conventionnel ou contractuel garanti et en tout état de cause au SMIC mensuel.

Le pourboire

Définition

Le pourboire est une rémunération qui n'existe que dans les établissements en contact avec la clientèle. Sa principale caractéristique est d'être versé non par l'employeur mais par la clientèle. Certains salariés sont rémunérés uniquement au pourboire (ouvreuses des théâtres parisiens par exemple), d'autres ont droit à la fois à un salaire fixe et aux pourboires : par conséquent, le pourboire est soit un salaire, soit un complément de salaire.
Le pourboire peut être :
• **facultatif** : le client verse directement la somme qui lui convient ;
• **obligatoire** : il est alors égal à un pourcentage de la note acquittée par le client.
Il existe également une sorte de « super pourboire » versé volontairement par le client en plus du pourboire obligatoire et remis directement au salarié : celui-ci, aléatoire, d'un montant fixé librement par le client, est considéré comme une gratification non soumise aux règles du salaire.

Obligations de l'employeur

Dans tout établissement où existe la pratique du pourboire, comme par exemple dans les hôtels, cafés, restaurants, **l'employeur doit verser l'intégralité des sommes payées par le client à ce titre**, que ces pourboires soient ajoutés à la note sous forme de pourcentage obligatoire ou remis volontairement par le client. Ni un contrat de travail, ni un accord appliqué dans l'entreprise ne peuvent déroger à cette règle.

Le personnel concerné est celui qui est en contact avec la clientèle. Il en résulte que **l'employeur n'a pas la possibilité de répartir les pourboires entre des salariés qui n'étaient pas en contact avec la clientèle**. L'employeur est tenu de justifier de l'encaissement et de la remise à son personnel des sommes encaissées et de leur répartition entre les salariés (C. trav., art. R.3244-1). Les modalités de répartition doivent être précisées par la convention collective ou, à défaut, par un règlement d'administration publique. Les pourboires s'ajoutent au salaire fixe, sauf dans le cas où un salaire minimum a été garanti par l'employeur (C. trav., art. R.3244-2).

Le salaire minimum garanti et **les pourboires perçus dans le mois doivent être versés mensuellement**. L'employeur ne peut se réserver une partie des pourboires. Il doit les verser intégralement aux salariés. De même, l'employeur ne peut prélever sur les pourboires dus à l'ensemble du personnel l'indemnité différentielle qu'il doit verser, en vertu de la loi ou des accords collectifs, au salarié malade. Il est également interdit à l'employeur de prélever sur les pourboires le montant de l'indemnité de congés payés (C. trav., art. L.3141-24). La même règle est applicable pour les heures de délégation des représentants du personnel : les pourboires ne peuvent servir à les financer.

Dans le cas de **pourboires remis directement au personnel par le client**, l'employeur ne connaît pas le montant encaissé par le salarié. Il doit donc calculer les cotisations sociales sur une assiette minimum forfaitaire.

Le fait que le pourboire soit à la charge du client, et non à celle de l'employeur, a pu faire douter de sa nature, mais **le législateur lui reconnaît bien le caractère de salaire** et le protège comme tout salaire en le faisant entrer en compte dans le calcul de diverses indemnités (congés payés, préavis, licenciement, indemnités journalières) et dans celui de l'assiette des cotisations.

Le salaire en fonction du chiffre d'affaires

Cette forme de rémunération est calculée en **pourcentage du chiffre d'affaires réalisé par le salarié, une équipe ou l'ensemble du personnel**. Elle peut être appliquée soit pour la totalité d'un salaire, soit en complément d'un fixe. Il n'est pas illicite de convenir d'une rémunération proportionnelle au chiffre d'affaires, déduction faite de différentes charges d'exploitation de l'employeur, y compris les charges sociales. Un contrat de travail peut prévoir que la partie variable de la rémunération soit renégociée chaque année entre l'employeur et le salarié.

Les commissions

La **rémunération des VRP** (voyageur, représentant, placier), salariés simples ou statutaires, comporte **presque toujours des commissions**. La commission est un **pourcentage des commandes**

fermes passées par le VRP. En général, s'y ajoute un salaire fixe. La commission est assimilée à un salaire et est protégée en tant que tel.

Les gueltes des vendeurs

Il est de pratique courante, notamment dans les grands magasins parisiens, de **rémunérer les vendeurs par un salaire fixe et une « guelte »**. La guelte, comme la commission, est **un salaire proportionnel au chiffre de ventes réalisé par le salarié**, calculé sur un taux qui peut varier selon la nature des articles vendus. En effet, la plupart des grandes surfaces passent des accords de vente avec leurs fournisseurs. Plus la grande surface achète tel produit, plus le prix d'achat de ce produit est baissé (c'est également la logique des centrales d'achat). Les vendeurs du rayon dans lequel est placé ce produit sont donc incités à vendre le plus possible de ce produit en vantant ses qualités. Plus le vendeur aura vendu de ce produit, plus sa guelte sera importante. Les gueltes constituent bien évidemment un élément de rémunération.

Le salaire forfaitaire

On appelle « convention de forfait » un accord passé entre un salarié et un employeur aux termes duquel **le salaire alloué comprend forfaitairement les majorations pour les heures supplémentaires** que le salarié accomplit régulièrement au-delà de la durée légale du travail.

À l'exception des cadres dirigeants et de certains cadres autonomes en forfait annuel en jours, les cadres ont en principe droit, comme les autres salariés, au paiement des heures supplémentaires qu'ils effectuent. En effet, la qualité de cadre ne suffit pas à exclure le droit au paiement des heures supplémentaires ; ce droit ne peut lui être refusé que s'il perçoit *« un salaire forfaitaire comprenant les dépassements d'horaire résultant des impératifs de la fonction exercée »*.
Ce type de convention de forfait doit être distingué des conventions individuelles de forfait annuel (en heures ou en jours) créées par la loi Aubry II (C. trav., art. L.3121-8) et réservées aux seuls cadres autonomes. De même, la convention de forfait de droit commun ne doit pas être confondue avec la pratique dite du « forfait tous horaires » réservée aux cadres dirigeants.

Particularités du salaire des cadres

Les avenants ou annexes cadres des conventions collectives comportent presque toujours une liste des salaires minima de chaque position ou coefficient des ingénieurs et cadres ; ces salaires sont périodiquement revalorisés par accord. Lorsque les cadres ont droit à une prime d'ancienneté (prévue par certaines conventions), cette prime est calculée sur le salaire minimum.
Le salaire réel d'un cadre est pratiquement toujours supérieur au salaire minimum conventionnel ; il ne peut en tout cas être inférieur à ce salaire minimum adapté à la durée réelle de travail du cadre si celle-ci est supérieure à la durée légale du travail. Afin de motiver leurs cadres, de plus en plus d'entreprises ont recours à des techniques d'individualisation du salaire. Cette **individualisation** peut revêtir différentes formes : prime, augmentation individuelle, salaire au mérite...

En plus de leur salaire, les cadres bénéficient parfois (indépendamment des systèmes d'intéressement facultatif ou de participation obligatoire en vigueur dans l'entreprise) d'une partie de salaire variable, sous forme de participation aux bénéfices ou au chiffre d'affaires de leur entreprise.
Les modalités de calcul de ces participations doivent être soigneusement définies par écrit, dans le contrat de travail ou dans une annexe à celui-ci.
Pour éviter les inconvénients, notamment fiscaux, des augmentations portant sur des salaires déjà élevés, certaines entreprises accordent à leurs cadres des avantages en nature :
• avantages matériels et immédiats, les plus courants étant le logement de fonction ou la voiture de fonction (*voir* plus loin) ;
• avantages de retraite et de prévoyance permettant d'améliorer la couverture sociale actuelle et future des intéressés, s'ajoutant ou non aux dispositions conventionnelles. À cet égard, certaines conventions collectives prévoient des systèmes de prévoyance plus favorables aux cadres, et notamment des durées de maintien du salaire plus longues en cas d'arrêt maladie par exemple.

Les cadres bénéficient comme tous les salariés des systèmes d'intéressement facultatif ou de participation aux résultats obligatoires en vigueur dans l'entreprise. En plus, certaines sociétés par actions – cotées ou non – peuvent choisir de compléter ceux-ci par des systèmes d'intéressement et de participation décrits ci-dessus en offrant à leurs salariés la possibilité de souscrire ou d'acheter ses propres actions dans un certain délai et à un prix réduit déterminé à l'avance. Ce dispositif de souscription ou d'achat d'actions (aussi dénommé « stock-options ») se trouve en pratique le plus souvent réservé aux cadres, et plus particulièrement aux cadres dirigeants.

Réglementation spécifique du décompte de la durée du travail des cadres

Partant du constat que les cadres ne constituent pas un ensemble homogène, au sein du chapitre relatif à la durée du travail (C. trav., art. L.3111-1 à L.3172-2), certains articles visent à la **classification des cadres en trois catégories** (cadres dirigeants, cadres intégrés, cadres autonomes) et soumettent chacune d'elles à un régime particulier au regard de la réglementation sur la durée du travail (*voir* tableau ci-dessous). Ce dispositif est applicable depuis le 1er février 2000 (date d'entrée en vigueur de la loi Aubry II).

Catégories de cadres	Situation au regard de la durée du travail
Cadres dirigeants	Non soumis
Cadres intégrés	Soumis
Cadres autonomes	Soumis

Les cadres dirigeants

Sont considérés comme cadres dirigeants **les cadres auxquels sont confiées des responsabilités dont l'importance implique une grande indépendance dans l'organisation de leur emploi du temps, qui sont habilités à prendre des décisions de façon largement autonome et qui perçoivent une rémunération se situant dans les niveaux les plus élevés des systèmes de rémunération pratiqués dans l'entreprise ou leur établissement** (C. trav., art. L.3111-2).

En conséquence, la taille de l'entreprise ou de l'établissement importe peu dans la décision de classer un cadre dans la catégorie des cadres dirigeants. Cela ne peut s'opérer que s'il y a cumul des trois critères suivants :

- la présence de **responsabilités importantes** dans l'exercice de sa fonction impliquant une grande indépendance dans l'organisation de son emploi du temps ;
- un **pouvoir de décision** largement autonome ;
- un **niveau élevé de rémunération**.

En pratique cette classification devrait s'effectuer au cas par cas. En effet, la loi ne contient aucune obligation de définir les contours de la notion de cadre dirigeant par accord collectif comme c'est le cas pour les cadres « autonomes » au forfait annuel. En l'absence d'un tel accord collectif, c'est donc le contrat de travail qui matérialisera, pour chaque salarié concerné, les trois critères d'identification indiqués ci-dessus. En raison du caractère restrictif de la notion légale de cadre dirigeant, cette première catégorie ne vise que ***« les membres de l'équipe dirigeante de l'entreprise »***, c'est-à-dire les mandataires sociaux, directeurs généraux, personnes nommées par le conseil d'administration, les directeurs qui siègent de façon permanente au comité de direction ou qui participent à la prise de décisions stratégiques concernant la vie de l'entreprise. Ces salariés bien particuliers ont un rôle d'employeur et le représentent souvent en matière sociale ou managériale (présidence du comité d'entreprise à la place du chef d'entreprise, cadres qui assument une responsabilité pénale). Cependant, *« il va de soi que les cadres qui dirigent un service ne sauraient être considérés* ipso facto *comme des cadres dirigeants »*.

La qualification de cadre dirigeant entraîne de plein droit l'exclusion de la réglementation légale et réglementaire de la durée du travail, comme indiqué dans le tableau ci-dessous.

Dispositions légales non applicables aux cadres dirigeants	Dispositions légales applicables aux cadres dirigeants
Repos quotidien	Congés annuels payés
Repos hebdomadaire	Repos obligatoire des femmes en couches
Durées maximales de travail (par jour, hebdomadaire)	Congés non rémunérés
Contrôle de la durée du travail	Congés pour événements familiaux
Heures supplémentaires	Compte épargne-temps
Jours fériés	Hygiène, sécurité et conditions de travail
Travail de nuit	Médecine du travail

Les cadres dirigeants pour lesquels aucun décompte des horaires n'est possible peuvent être rémunérés forfaitairement. Le « **forfait tous horaires** » correspond à un nombre indéterminé d'heures de

travail qui exclut tout paiement d'heures supplémentaires. Il **ne nécessite pas l'existence de convention de forfait** précisant le nombre d'heures supplémentaires, **contrairement au forfait de droit commun applicable à certains salariés non-cadres ou cadres intégrés. Sur le bulletin de paie, aucune référence horaire n'est obligatoire**.
La loi ne pose aucune obligation de négocier des garanties en faveur de ces cadres soumis de fait à des sujétions très strictes. Il nous semble donc possible de prévoir, dans le cadre d'un accord collectif de réduction du temps de travail ou dans le cadre du contrat de travail, des garanties ou des contreparties à ces forfaits « tous horaires », comme par exemple des jours de congé supplémentaires, des primes de sujétion, des avantages en nature, une retraite complémentaire, une mutuelle, un intéressement…
Les cadres dirigeants sont expressément exclus du bénéfice de l'allègement de l'ensemble des cotisations patronales de Sécurité sociale (cotisations dues au titre des assurances sociales, des accidents du travail, des allocations familiales) lié à la réduction du temps de travail.

Les cadres intégrés
L'article L.3121-39 du Code du travail consacré aux cadres intégrés ne propose pas de critères distinctifs permettant d'identifier les cadres entrant dans cette deuxième catégorie, comme elle le fait à l'article L.3111-2 pour les cadres dirigeants. Pour décider qu'un salarié relève de cette catégorie, il convient de vérifier qu'il répond bien aux deux exigences formulées par cet article.

• *Être identifié comme un cadre*
La détermination de la **qualification de cadre** s'opère exclusivement par référence aux conventions collectives de branche ou à défaut par le biais du seul premier alinéa de **l'article 4 de la convention collective nationale de retraite et de prévoyance des cadres du 14 mars 1947**, qui définit les cadres d'après leurs fonctions réelles, leur formation, leur marge d'initiative et de responsabilité dans l'exercice de leurs fonctions (art. L.3121-38). Les **assimilés cadres** (« 4 bis ») au sens de la réglementation des régimes de retraite complémentaire **ne sont donc pas couverts par ce texte**.

• *Être intégré à une collectivité de travail soumise à un horaire collectif*
Outre la qualité de cadre, le salarié doit justifier être occupé selon l'horaire collectif applicable au sein de l'atelier, du service ou de l'équipe auquel il est intégré. Par ailleurs, la durée de son temps de

travail doit être prédéterminée. Les cadres concernés peuvent donc avoir pour fonction d'animer un service, ou peuvent faire partie d'une équipe. Entrent dans cette catégorie les cadres de proximité, comme les chefs de chantier ou les responsables d'agence, et les chefs de service qui encadrent des équipes de travail et qui sont soumis aux mêmes contraintes de présence.
En revanche, ne sont pas concernés les cadres qui travaillent à la mission (chercheurs, ingénieurs, journalistes…) qui, bien qu'intégrés à une collectivité de travail, sont soumis à des horaires aléatoires. Pour l'Administration en revanche, les cadres relevant de l'article L.3121-39 sont logiquement ceux qui suivent l'horaire collectif mais sont aussi ceux dont le rythme de travail épouse celui de l'horaire collectif, sans s'identifier exactement ou en permanence à celui-ci. Il peut donc s'agir de cadres qui, au-delà de l'horaire collectif, sont amenés à effectuer des heures supplémentaires en nombre limité pour permettre le passage de consignes, la rédaction d'un rapport d'activité ou encore la préparation du travail du ou des jours suivants.

Les cadres intégrés sont expressément **soumis à l'ensemble des dispositions légales et réglementaires sur la durée du travail**. Les réglementations relatives à la durée légale du travail, aux durées légales maximales de travail (durée maximale journalière et hebdomadaire), au repos quotidien et hebdomadaire, aux jours fériés, au travail de nuit, aux heures supplémentaires et à la contrepartie en repos, au contrôle de la durée du travail leur sont donc applicables, et ce dans les mêmes conditions que pour l'ensemble du personnel non-cadre.
Cette catégorie de cadres est soumise au même contingent légal d'heures supplémentaires que les salariés non-cadres : (130 heures annuelles avant 2002, 180 heures entre 2003 et 2004, 220 heures depuis le 1er janvier 2005 ; C. trav., art. D.3121-4). Ce contingent est de 130 heures en cas de modulation du temps de travail de forte amplitude (C. trav., art. D.3121-4).
Ces contingents légaux sont des seuils de déclenchement du droit à la contrepartie en repos obligatoire de 100 % (50 % dans les entreprises de moins de vingt salariés).
Ils doivent donc bénéficier de la réduction du travail à 35 heures. Mais, si la loi Aubry II prévoit expressément l'application du droit commun de la durée du travail à cette catégorie de cadres, elle n'organise pas de modalités spécifiques de réduction du temps en leur faveur. La réduction du temps de travail de ces cadres peut donc se traduire par une réduction de l'horaire collectif journalier, hebdomadaire, mensuel ou annuel comme pour l'ensemble du

reste du personnel, ou par l'octroi de jours ou demi-journées de repos (dans le cadre de l'article L.3122-6 du Code du travail). En outre, une partie des jours de repos supplémentaires pourront être en partie capitalisés dans un compte épargne-temps en application d'un accord collectif prévoyant une telle possibilité.

Pour les cadres intégrés qui dépasseraient de façon répétitive la durée légale du travail, le **recours à la convention de forfait de droit commun** (avec référence horaire exclusivement) reste possible, ainsi que le confirme l'article L.3141-42 du Code du travail. Cette convention de forfait est **une modalité de paiement des heures supplémentaires**. Elle permet en effet de verser une rémunération comprenant forfaitairement les majorations pour heures supplémentaires que le salarié accomplit régulièrement au-delà de la durée légale du travail.

Dans ce cas, une convention individuelle de forfait en heures doit être conclue sur une base hebdomadaire ou mensuelle dans la limite du contingent annuel d'heures supplémentaires. Les conditions posées par la jurisprudence (**accord écrit exprès et non présumé du salarié**, nombre constant d'heures supplémentaires) en matière de forfait doivent être respectées. En aucun cas, l'existence d'une convention de forfait ne peut résulter du seul fait que le cadre jouisse, dans l'organisation de son activité, d'une large indépendance exclusive d'horaire précis et déterminé.

La rémunération versée au salarié au forfait doit être au moins égale à la rémunération qu'il percevrait compte tenu du salaire minimum conventionnel applicable dans l'entreprise. Elle doit intégrer les heures supplémentaires dans la limite du contingent légal, ainsi que les majorations et bonifications y afférentes englobées dans le forfait (C. trav., art. L.3121-41). Le cadre qui dépasse le nombre d'heures supplémentaires prévu dans sa convention de forfait peut prétendre au paiement du surplus, mais il ne peut pas réclamer la contrepartie en repos prévue par la loi en matière d'heures supplémentaires si, en raison de sa position et de ses fonctions, il a l'initiative de son emploi du temps dans l'entreprise et de ses heures de présence, ce dont il résulte qu'il est en mesure d'organiser à sa convenance la compensation des heures supplémentaires qu'il peut être amené à effectuer.

Comme pour tous les salariés rémunérés au forfait, le bulletin de paie doit obligatoirement mentionner la nature et le volume du forfait auquel se rapporte le salaire (C. trav., art. R.3241-1). En revanche, il n'est pas nécessaire de distinguer le nombre et le taux respectif des heures normales et des heures supplémentaires.

Le droit à allègement des cotisations patronales de Sécurité sociale lié à la réduction du temps de travail peut être ouvert pour autant que la durée du travail fixée par la convention de forfait soit compatible avec la limite de 35 heures hebdomadaires ou de son équivalent mensuel.

Les cadres autonomes

L'article L.3121-40 du Code du travail prévoit une troisième catégorie de cadres, souvent dénommée « *catégorie intermédiaire* », voire « *cadres ni ni* » ou « *cadres du troisième type* » par les commentateurs. Elle a vocation à regrouper les cadres qui ne remplissent pas les critères leur permettant d'être classés soit dans la catégorie des cadres dirigeants (C. trav., art. L.3111-2), soit dans la catégorie des cadres intégrés dans une collectivité de travail (C. trav., art. L.3121-38). La notion de cadre retenue par l'article L.3121-40 du Code du travail est identique à celle des cadres intégrés : « cadre » entendu au sens des conventions collectives de branche ou à défaut du premier alinéa de l'article 4 de la convention collective nationale de retraite et de prévoyance des cadres du 14 mars 1947. En définissant les cadres autonomes par défaut, c'est-à-dire par opposition aux cadres dirigeants et aux cadres intégrés, la loi entend donc viser **les cadres « *à la mission* » dont les horaires ne sont pas contrôlables, mais également les cadres dont le temps de travail est aléatoire et ne peut être fixé à l'avance**. En pratique, cette catégorie de cadres sera d'autant plus vaste que celles des cadres intégrés et des cadres dirigeants sont limitées.

La loi n'ayant pas défini de critère objectif permettant de distinguer les cadres relevant de la catégorie 2 (cadres intégrés) de ceux relevant de la catégorie 3 (cadres autonomes), c'est l'accord collectif ou l'employeur lui-même qui détermine, sous le contrôle des juges et notamment de la Cour de cassation dont le pouvoir d'appréciation est à cet égard déterminant, si le cadre concerné relève ou non d'un horaire collectif de travail.

Pour les cadres autonomes, la loi pose le principe selon lequel ils doivent bénéficier d'une réduction effective de leur durée de travail. La réduction du temps de travail peut s'opérer par l'octroi de jours ou de demi-journées de repos dans le cadre du dispositif de l'article L.3122-6 du Code du travail. Mais la forme principale pour cette catégorie de cadres est la **convention individuelle de forfait**, celle-ci pouvant être établie sur une base hebdomadaire, mensuelle ou annuelle (avec dans ce dernier cas deux variantes : forfait en heures ou en jours).

Ces deux derniers types de forfaits spécifiques aux cadres résultent des accords de branche signés en application de la loi Aubry I du 13 juin 1998. Leur mise en place est subordonnée à la conclusion préalable d'un accord collectif.

Les conventions de forfait en heures

Les conventions de forfait en heures sur une base hebdomadaire et mensuelle

Le forfait en heures sur une base hebdomadaire ou mensuelle est une **convention écrite entre l'employeur et le salarié, qui fixe un nombre global d'heures sur la semaine ou le mois. Il peut intégrer un volume d'heures supplémentaires.** Les règles relatives au forfait de droit commun pour les cadres intégrés s'appliquent donc de la même façon aux cadres autonomes (par exemple : paiement obligatoire des heures supplémentaires en cas de dépassement du forfait, obligation de décompte de la durée du travail effectivement accomplie…). **L'employeur doit donc obligatoirement faire figurer dans le contrat de travail** ou dans un avenant au contrat **une clause en ce sens, qui fixe les conditions d'application de la convention de forfait**.

La rémunération versée au salarié au forfait doit être au moins égale à la rémunération qu'il percevrait compte tenu du salaire minimum conventionnel applicable dans l'entreprise et des bonifications ou majorations dues au titre des heures.

Pour les conventions individuelles de forfait en heures sur une base mensuelle, la durée prévue est calculée sur le mois. La rémunération doit intégrer les majorations et bonifications liées aux heures supplémentaires accomplies durant le mois au-delà de la durée légale hebdomadaire du travail. Les heures supplémentaires accomplies au-delà de la durée légale dans le cadre du forfait sont rémunérées en supplément avec le salaire du mois durant lequel elles ont été accomplies.

Le bulletin de paie doit obligatoirement mentionner la nature (cadre de référence du forfait choisi) **et le volume** (nombre d'heures correspondant au forfait convenu). En fonction du cadre de référence retenu (forfait hebdomadaire ou mensuel), les bulletins de paie mentionnent donc : forfait hebdomadaire … heures, ou forfait mensuel … heures.

Les conventions de forfait annuel en heures
La convention annuelle de forfait en heures a pour objet de **rémunérer une durée annuelle de travail intégrant les heures de travail normales et le cas échéant, un nombre prédéterminé d'heures supplémentaires sur l'année.** Dans ce cas, la rémunération prévue doit intégrer les majorations et bonifications pour les heures supplémentaires accomplies durant l'année au-delà de la durée annuelle moyenne de travail correspondant à la durée légale de 35 heures.
La mise en place de ce type de forfait est subordonnée à la conclusion d'une convention ou d'un accord collectif préalable. Il nécessite également la signature d'un contrat de travail ou d'un avenant au contrat.
Le bulletin de paie doit obligatoirement indiquer la nature et le volume du forfait convenu (C. trav., art. R.3143-1). Cette mention peut prendre la forme suivante : forfait annuel … heures.
Lors du passage à la loi des 35 heures, le forfait annuel en heures était de 1 600 heures. Celles-ci étant expliquées par le nombre de semaines travaillées multiplié par 35 heures. Le nombre de semaines travaillées est de 45,67 (52 semaines moins 5 semaines de congés payés moins 1,33 semaine de jours fériés).
45,67 x 35 = 1 598,45 arrondis à 1 600 heures pour l'année.
C'était un joli chiffre tout rond, facile à retenir. Hélas, Jean-Pierre Raffarin, alors Premier ministre (2003) ayant décidé qu'il fallait travailler une journée de plus dans l'année au titre de la solidarité, on rajouta 7 heures aux 1 600 pour obtenir le forfait annuel en heures d'aujourd'hui, soit **1 607 heures.** C'est un chiffre moins rond, moins « joli », mais c'est le forfait heures « classique ». Depuis la loi du 20 août 2008 portant rénovation de la démocratie sociale et réforme du temps de travail, il peut être mis en place dans le cadre d'une convention individuelle, un forfait mensuel ou annuel d'une durée maximale de 173 heures par mois ou 1 827 heures par an.

En cas de forfait annuel en heures, l'employeur est soumis à l'obligation de comptabiliser la durée du travail effectuée et de justifier des horaires réalisés. Il en résulte qu'en cas de litige relatif à l'existence et au nombre d'heures de travail effectuées, l'employeur doit fournir au juge les éléments de nature à justifier les horaires effectivement réalisés par le salarié. Ces éléments devront être tenus à la disposition de l'inspecteur du travail lors de ses visites.

Les conventions de forfait annuel en jours

Le forfait annuel en jours est une mesure du temps de travail facultative qui s'inspire de certains accords de branche sur les 35 heures conclus sous l'empire de la loi Aubry I du 13 juin 1998. Cette formule **permet notamment de ne plus avoir à distinguer dans une journée ce qui relève ou non du temps de travail effectif** (repas d'affaires, missions et voyages professionnels...). Il n'y a donc pas lieu de distinguer les temps de travail effectifs, les pauses, les temps de trajet. Toute journée comportant pour partie du temps de travail, même dans des proportions très faibles, doit par conséquent être comptabilisée comme un jour travaillé, sauf à identifier la prise effective d'une demi-journée de repos.

La conclusion d'une telle convention de forfait est subordonnée à deux exigences :

- l'existence d'une convention ou d'un accord collectif préalable ;
- l'insertion, au niveau individuel, d'une clause en ce sens dans le contrat de travail ou dans un avenant au contrat.

Le forfait jour est expressément réservé aux catégories de cadres définies dans l'accord collectif préalable, étant entendu qu'il ne peut s'agir que de cadres pour lesquels la durée du temps de travail ne peut être prédéterminée du fait de la nature de leurs fonctions, des responsabilités qu'ils exercent et du degré d'autonomie dont ils bénéficient en raison de leur emploi du temps. Cette précision implique que tous les cadres de troisième catégorie ne sont pas par principe concernés, mais seulement une partie d'entre eux. En pratique, sont visés les cadres autonomes dont la durée du travail ne peut être prédéterminée, en tout cas pas mesurée en heures sur la journée, la semaine, voire sur plusieurs semaines. L'article L.3121-45 du Code du travail fixe un **nombre maximum de 218 jours travaillés dans l'année**.

Ce seuil de 218 jours n'est pas une référence en soi pour l'ensemble des accords mais il constitue un plafond qui en principe ne peut être dépassé. Il est tout à fait possible de convenir, au niveau de la branche ou de l'entreprise, d'un nombre moins élevé de jours travaillés au cours de l'année. La convention ou l'accord collectif instituant le forfait annuel en jours doit donc obligatoirement fixer le nombre de jours travaillés en tenant compte de cette limite de 218 jours.

Les cadres autonomes concernés par un forfait annuel jours ne sont **pas soumis aux durées maximales quotidiennes** (10 heures) **et hebdomadaires** (44, 46 ou 48 heures) du travail, comme aux autres dispositions du Code du travail reposant sur un calcul en heures d'une durée du travail (contingent d'heures supplémentaires, contrepartie en repos, etc.).

En revanche, **les dispositions relatives au repos quotidien** (11 heures consécutives minimum en application de l'article L.3131-1), **au repos hebdomadaire** (35 heures consécutives, soit 24 heures plus 11 heures consécutives) et **à l'interdiction de travailler plus de 6 jours par semaine** (art. L.3132-1) **sont applicables**, l'article L. 3121-48 le prévoyant expressément.

Pour les cadres soumis au forfait annuel, la durée du travail doit être décomptée chaque année par récapitulation du nombre de journées ou demi-journées travaillées par chaque salarié concerné. Ce document peut être réalisé sur tous supports. L'employeur a l'obligation de le tenir à disposition de l'inspecteur du travail pendant une durée de 3 ans (C. trav., art. D.3171-10).

Le **bulletin de paie doit mentionner**, pour l'information des salariés concernés, **la nature et le volume du forfait sur lequel la rémunération est calculée**, c'est-à-dire en pratique le « forfait annuel en jours » appliqué, avec indication du nombre de jours travaillés dans l'annexe (exemple : 218 jours). Il en résulte que le bulletin de paie doit simplement indiquer le **nombre de jours fixé pour l'année pour le cadre concerné**, et non pas le nombre de jours ou de demi-journées effectivement travaillées au cours du mois. C'est le relevé récapitulatif annuel mis à disposition de l'inspecteur du travail qui doit être tenu mois par mois.

LOI DU 20 AOÛT 2008 PORTANT RÉNOVATION DE LA DÉMOCRATIE SOCIALE ET RÉFORME DU TEMPS DE TRAVAIL

La loi comporte deux parties : un premier titre est consacré aux règles de représentativité des organisations syndicales et à leur financement, un second à la réforme du temps de travail.

Concernant le temps de travail, la loi prévoit que désormais, les entreprises pourront fixer elles-mêmes par accord le contingent d'heures supplémentaires ainsi que les contreparties en repos pour les salariés. Il suffira pour cela qu'un accord soit signé avec des organisations syndicales représentant seulement 30 % des salariés.

Les conventions de forfait en heures sur l'année qui s'appliqueront aux cadres et aux salariés « autonomes » (dont le temps de travail ne peut être précisément mesuré) pourront être modifiées de la même façon, ainsi que les dispositions permettant de moduler le temps de travail sur l'année. À défaut d'accord, le nombre de jours travaillés dans l'année ne peut dépasser 235.

Rémunérations particulières

Intéressement et participation

Sont distribuées sous différentes formes des sommes calculées à partir du chiffre d'affaires. Cette rémunération peut être soit facultative (primes diverses d'intéressement, contrat d'intéressement facultatif) soit obligatoire (régime de la participation aux résultats imposé aux entreprises de plus de cinquante salariés).
Sur un plan juridique, les primes d'**intéressement** et les sommes attribuées au titre de la **participation** aux résultats **ne constituent pas un élément du salaire** et ne peuvent s'y substituer.

Redevances versées aux artistes et aux mannequins

L'artiste comme le mannequin sont présumés être liés par un contrat de travail à leur employeur. En fixant leur statut, le législateur a pris soin de distinguer dans leur rémunération le salaire et les redevances. Les redevances sont les sommes versées à l'artiste ou au mannequin en contrepartie de la vente ou de l'exploitation d'un enregistrement réalisé antérieurement.
Elles n'ont pas le caractère de salaire si les deux conditions suivantes sont remplies :
• la vente ou l'exploitation de l'enregistrement ne nécessite pas la présence physique de l'artiste ou du mannequin ;
• les redevances sont calculées indépendamment du salaire versé pour l'enregistrement et ne sont fonction que du produit de la vente ou de l'exploitation de l'enregistrement (C. trav., art. L.7121-8).

3. Le paiement du salaire

Périodicité du paiement

Les salariés doivent être payés au minimum selon la périodicité suivante :
• deux fois par mois pour les ouvriers non mensualisés avec au plus 16 jours d'intervalle entre deux paies ;
• une fois par mois pour les employés et ouvriers mensualisés bénéficiaires d'un accord professionnel de mensualisation ou de l'accord interprofessionnel du 10 décembre 1977, étendu par la loi n° 78-49 du 19 janvier 1978 (C. trav., art. L.3242-3).
La loi fixe seulement l'écart maximum entre deux paies. Il est donc possible de prévoir des versements plus rapprochés, soit dans le contrat de travail de chaque salarié, soit dans les clauses d'une convention collective ou d'un accord collectif.

Pour tout **travail aux pièces** demandant plus de 15 jours, la date de paiement peut être fixée librement, mais des acomptes doivent être obligatoirement versés en cours d'exécution (C. trav., art. L.3242-4).
L'employeur doit procéder au paiement des **commissions des VRP** au moins tous les 3 mois (C. trav., art. L.7313-7).
La **répartition des pourboires** doit être faite une fois par mois : cette règle a été retenue par les tribunaux à partir des dispositions du Code du travail exigeant que le salaire des employés soit payé au moins une fois par mois.

La règle du paiement périodique du salaire est considérée comme une règle d'ordre public : il n'est pas possible d'y déroger, même par accord entre l'employeur et le salarié. Toute convention contraire est nulle, même si elle prévoit un versement effectif aux échéances normales de la paie d'une somme supérieure au SMIC.
Si l'employeur ne paie pas le salaire à la date normale, il encourt la sanction prévue à l'article R.3246-2 du Code du travail.
Outre le paiement des salaires échus, le salarié peut demander au conseil des prud'hommes deux sortes de dommages-intérêts : ceux qui compenseront simplement le retard (intérêts moratoires) et ceux qui compenseront le préjudice subi du fait du non-paiement (dommages-intérêts compensatoires). Les intérêts moratoires sont calculés au taux en vigueur pour les dettes commerciales si l'employeur est un commerçant ; sinon au taux civil. Selon les règles

générales, le point de départ de ces intérêts est fixé à la date de la sommation de payer. Les dommages-intérêts compensatoires sont accordés si le salarié prouve la mauvaise foi de son employeur et le préjudice qu'il a subi (par exemple : frais supplémentaires supportés par le salarié qui n'a pu payer à la date convenue une traite ou remboursé une part d'emprunt). Une action collective de tous les salariés d'une entreprise semble admise lorsqu'il s'agit d'obtenir le paiement de leur salaire : le recours à la grève a été jugé licite dans une entreprise où l'employeur ne payait pas les salaires à la date normale, et les grévistes ont même obtenu une indemnité compensant les salaires perdus du fait de la grève.
Le salaire étant la contrepartie du travail, il a été jugé que lorsque l'employeur ne paie pas le salaire, le personnel peut interrompre son activité. La Cour de cassation a en effet estimé que l'employeur commettait une faute lourde, autorisant le salarié à quitter l'entreprise sans préavis et justifiant l'attribution de dommages-intérêts pour rupture abusive (Cass. soc., 16 mars 1978, n° 76-40.591). Il en est de même lorsque le salaire est versé incomplètement, amputé notamment de la prime de fin d'année ou de la prime de vacances ou encore de pourcentages sur les ventes (Cass. soc., 29 avril 1981, n° 80-10.145).

Lieu du paiement

Le Code du travail n'impose pas à l'employeur de remettre la paie sur les lieux de travail. L'usage est cependant établi depuis longtemps de payer le salaire là où travaille le salarié (Cass. soc., 8 décembre 1937). L'ancien article R.143-1 qui interdisait de le faire dans un débit de boissons ou un magasin de vente, sauf pour le personnel qui y était employé, a été abrogé.
L'employeur qui a mis à disposition du salarié son salaire et son indemnité de congés payés n'a pas à faire parvenir ces sommes au salarié. En effet, à défaut de convention entre les parties, le salaire est quérable (Cass. soc., 11 avril 1991, n° 89-43.337).
Article R.3241-1 : « *Le salaire est versé un jour ouvrable sauf en cas de paiement réalisé par virement.* » Il est interdit de verser la paie un jour de repos légal ou conventionnel (jour de repos hebdomadaire ou jour férié et chômé) : le paiement du salaire sera éventuellement effectué sur plusieurs jours ouvrables dans les entreprises où le repos hebdomadaire est donné par roulement.

Modes de paiement

Article L.3241-1 : « *Sous réserve des dispositions législatives imposant le paiement des salaires sous une forme déterminée, le salaire est payé en espèces ou par chèque barré ou par virement à un compte bancaire ou postal. Toute stipulation contraire est nulle.* ***En dessous d'un montant déterminé par décret, le salaire est payé en espèces au salarié qui le demande.*** *Au-delà d'un montant déterminé par décret, le salaire est payé par chèque barré ou virement à un compte bancaire ou postal.* » À l'heure actuelle **ce montant** déterminé par décret est de **1 500 euros**.

En cas de paiement par chèque ou par virement, la date du paiement de la rémunération au salarié est celle à laquelle son compte bancaire ou postal est crédité de la somme correspondante.

Le contrat de travail peut prévoir que la rémunération soit complétée par des avantages en nature (nourriture et logement) ou des fournitures de travail procurées par l'employeur, à prix coûtant (C. trav., art. L.3221-2).

La Cour de cassation admet que la rémunération puisse être intégralement constituée de prestations en nature ; dans ce cas, il convient que l'ensemble des avantages en nature perçus par le salarié lui assure une rémunération au moins égale au salaire minimum garanti ou au salaire minimum conventionnel (Cass. soc., 19 mai 1993, n° 91-45.157).

Attention toutefois, il est interdit à l'employeur d'annexer à son établissement un économat chargé de la vente directe aux salariés et à leur famille de denrées ou marchandises de quelque nature que ce soit ou d'obliger son personnel à dépenser son salaire, pour partie ou en totalité, dans des magasins de son choix (C. trav., art. L.3254-1).

Enfin, le fait de méconnaître les dispositions relatives au bulletin de paie des articles L.3243-1 et L.3243-2 et des articles R.3243-1 à R.3243-4 est puni de l'amende prévue pour les contraventions de la troisième classe (art. R.3246-3).

L'employeur n'est pas tenu, en raison d'une certaine obligation de discrétion, de communiquer à l'épouse de son employé les salaires de celui-ci. En revanche, rien ne s'oppose par exemple en cas de maladie, à ce que le salaire soit remis à un tiers si le salarié est dans l'impossibilité de se déplacer : il est nécessaire dans ce cas que le tiers soit muni d'une procuration spéciale, établie sur papier libre, l'autorisant à toucher le salaire et à donner quittance à l'employeur. Mais le paiement du salaire à un tiers reste l'exception.

Désolé d'avoir été si long sur cette première ligne du bulletin, mais comme vous l'aurez compris, toute la suite du bulletin dépend de cette ligne de salaire, selon qu'il est de base, horaire, mensualisé ou forfaitisé (et en plus en heures ou en jours). Bref, il est temps de passer aux lignes qui suivent et qui représenteront selon les salariés, peu ou prou, le beurre qu'on ajoute ou pas aux épinards.

4. Les primes et les compléments de salaire

Depuis le début de ce livre, nous avons vu les différentes formes de salaires. Il faut maintenant parler de tous les compléments de salaire qui viennent s'ajouter au salaire de base et qui formeront ce qu'il est convenu d'appeler « le salaire brut » (le gros plus).

Ces compléments sont :

- la prime d'ancienneté ;
- les primes liées au travail ;
- la prime de transport ;
- les avantages en nature ;
- les frais professionnels ;
- les indemnités de panier.

Les primes

Les primes ou gratifications sont des sommes d'argent remises par l'employeur à ses salariés. La source des primes est à chercher dans les niveaux les plus bas de la pyramide des sources du droit de la paie. En effet, le Code du travail n'en prévoit que très peu (l'indemnité de fin de contrat pour les CDD, les indemnités de licenciement, les indemnités de transport). Pour comprendre les mécanismes d'attribution de ces sommes, il faut principalement vous tourner vers :

- la convention collective ;
- un accord d'entreprise ;
- un usage ou une libéralité ;
- votre contrat de travail.

Prime résultant d'un texte

Il peut s'agir d'une convention collective, d'un accord d'entreprise ou d'établissement, ou d'un engagement unilatéral.

Lorsque le versement de la prime ou de la gratification résulte d'un texte soit conventionnel, soit contractuel, son caractère obligatoire ne peut être contesté. La prime a donc le caractère de salaire. Elle est soumise à toutes les règles de protection du salaire et est obligatoirement due. Ainsi, lorsqu'elle est prévue par la convention collective, l'employeur ne peut en réduire le montant en invoquant

des conditions de travail moins contraignantes (Cass. soc., 3 juillet 1991, n° 88-41.111).
De même, lorsque la prime est payée en exécution d'un engagement unilatéral de l'employeur, elle constitue un élément du salaire dont le versement est obligatoire pour l'employeur dans les conditions fixées par cet engagement, peu importe son caractère variable (Cass. soc., 5 juin 1996, n° 92-43.480).

Ces primes ou gratifications sont en général attribuées :
• pour tenir compte de la nature ou des conditions particulières du travail (prime d'astreinte, prime de risque, prime de salissure…) ;
• pour récompenser ou motiver le salarié (prime de rendement, prime de production, prime d'ancienneté…) ;
• à l'occasion d'un événement familial (prime de naissance, prime de mariage…) ;
• globalement (treizième mois, prime de vacances…).

Les **apprentis** bénéficient en principe des conventions ou d'accords collectifs applicables aux salariés de la branche ou de l'entreprise considérée. Ainsi, à titre d'exemple, une prime de vacances qui bénéficie, selon la convention collective, à l'ensemble des salariés doit être accordée aux apprentis (C. trav., art. L.6222-23).

Les **travailleurs handicapés** engagés dans un atelier protégé sont soumis aux dispositions de la convention collective applicable à l'organisme gestionnaire compte tenu de l'activité exercée par celui-ci. De ce fait, ils doivent bénéficier de la prime d'ancienneté prévue par la convention collective applicable, en l'absence de dispositions conventionnelles excluant cette catégorie (C. trav., art. L.5213-15).

Les **salariés titulaires de contrats relatifs à la politique de l'emploi** sont soumis à la convention collective ou à l'accord d'entreprise applicable à leur employeur (sous réserve de dispositions conventionnelles les excluant), dès lors que les textes définissant le régime juridique de ces contrats le précisent. Les salariés sous contrat emploi-solidarité doivent donc bénéficier du paiement d'un treizième mois, dès lors qu'il n'y a pas dans la convention collective applicable de restriction expresse relative à cette prime (Cass. soc., 1er juin 1999, n° 96-44.428).

Prime résultant d'un usage

Dans le cas d'une prime ou d'une gratification résultant d'un usage, il convient de déterminer si elle constitue un complément de salaire obligatoirement dû. La jurisprudence, en matière d'usage, exige la réunion de trois critères :

- **la constance de l'usage**. Le versement de la prime doit être constant, régulier, sans réserve de la part de l'employeur. Ainsi, remplit ce critère de constance une prime versée régulièrement depuis plusieurs années (Cass. soc., 3 juin 1971, n° 70-40.370) ;
- **la fixité de l'usage.** Le montant de la prime ne doit pas être forcément invariable. Par contre, les modalités de calcul de la prime doivent être uniformes et peuvent être élaborées en fonction du temps de présence, du salaire ou de l'évolution de celui-ci (Cass. soc., 16 mars 1989, n° 87-41.105) ;
- **la généralité de l'usage.** La prime doit être versée à tout le personnel ou encore à tous les salariés appartenant à la même catégorie professionnelle sans distinction (Cass. soc., 28 février 1996, n° 93-40.883).

Dès lors que son versement résulte d'un usage répondant à ces caractères de constance, de fixité et de généralité, **le paiement de la prime ou de la gratification considérée est obligatoire pour l'employeur**, peu importe notamment l'irrégularité commise par ce dernier au regard de la législation de la Sécurité sociale (exemple : non-paiement des cotisations sur les sommes considérées).

Libéralité

Une prime peut être qualifiée de « libéralité » lorsqu'elle est laissée à **la seule appréciation de l'employeur**. Telle est le cas d'une **prime attribuée à n'importe quelle époque de l'année et versée uniquement à certains membres du personnel**. La prime ou la gratification occasionnelle ne peut avoir le caractère de salaire puisque son attribution est aléatoire et imprévisible. **Elle peut être supprimée par l'employeur**. Cette prime occasionnelle peut être versée à une catégorie professionnelle sans engendrer une obligation à l'égard d'une autre catégorie. Cependant, si les conditions d'attribution d'une prime peuvent être liées à différents éléments objectifs, elles ne doivent pas pour autant être discriminatoires (C. trav., art. L.3221-4 à L.3221-7).

Régime juridique de la prime

Au regard du droit du travail

Seules les gratifications obligatoires sont prises en compte, que ce soit pour l'application du SMIC, pour le calcul de l'indemnité de congés payés ou pour le calcul des heures supplémentaires.

Au regard de la Sécurité sociale

La Sécurité sociale, se basant sur l'article L.242-1 du Code de la SS qui permet d'inclure dans l'assiette des cotisations toute somme versée *« à l'occasion du travail »*, conclut à l'assujettissement de presque toutes les gratifications.

Incidence de la suspension et de la rupture du contrat de travail

D'une façon générale, en cas de départ en cours d'année, un salarié n'a aucun droit pour exiger le paiement d'une gratification bénévole. En revanche, si cette dernière résulte d'un usage constant ou d'une convention, il peut en réclamer le paiement.

Plusieurs hypothèses se présentent :

• **le paiement de la prime résulte d'une convention qui ne précise pas les conditions de versement en cas de départ en cours d'année, ou résulte d'un usage.** Dans ce cas, la jurisprudence est constante : le droit au paiement *prorata temporis* d'une somme dite *« prime de treizième mois »* à un membre du personnel ayant quitté l'entreprise, quel qu'en soit le motif, avant la date de son versement, ne peut résulter que d'une convention ou d'un usage dont il appartient au salarié d'apporter la preuve (Cass. soc., 31 mars 1998, n° 95-42.086) ;

• **le paiement de la prime est subordonné à une condition expresse de présence dans l'entreprise.** La condition de présence peut être exigée soit à la date du versement, soit au 31 décembre de l'année à laquelle se rapporte la prime. Dans ces deux cas, les salariés partant en cours d'année à une date différente ne peuvent prétendre au paiement de la prime, même *prorata temporis* (Cass. soc., 8 novembre 1984, n° 82-42.149). L'existence d'un reliquat de congés payés n'a pas pour effet de retarder l'expiration du contrat de travail ; en conséquence, la prime ne peut être accordée au motif que s'il avait pris ses congés, le salarié aurait été présent à la date de versement de la prime (Cass. soc., 20 février 1986, n° 83-41.049) ;

• **le texte mettant en place la prime prévoit un versement *prorata temporis* pour les salariés embauchés en cours d'année.** Comme

dans l'hypothèse où le texte ne prévoit aucune disposition spécifique en cas de rupture du contrat de travail, le versement *prorata temporis* n'est pas dû, la disposition concernant les embauches en cours d'année ne pouvant être transposée aux ruptures de contrat de travail en cours d'année (Cass. soc., 13 avril 1976, n° 74-40.707) ;
• **le paiement de la prime *prorata temporis* est expressément prévu**. Dans ce cas, l'employeur doit verser le prorata de la prime au salarié démissionnaire en cours d'année (Cass. soc., 17 janvier 1985, n° 82-43.397). De même, le salarié qui part en préretraite a droit au versement partiel de la prime, l'employeur ne contestant pas l'usage du versement *prorata temporis* en cas de départ en retraite. En l'espèce, la Cour de cassation assimile la préretraite à la retraite, les salariés n'ayant pas été avertis avant qu'ils signent leur lettre de départ que leur droit à la prime serait supprimé du fait qu'ils étaient préretraités et non retraités (Cass. soc., 11 décembre 1986, n° 84-40.939) ;
• **la prime constitue non pas un complément de salaire mais un élément de la rémunération**. Lorsque le contrat de travail prévoit expressément une rémunération sur 13 mois, le treizième mois ne constitue plus une prime, mais fait partie intégrante du salaire. En conséquence, en cas de départ du salarié en cours d'année, celui-ci a droit au paiement du treizième mois, mais *prorata temporis* (Cass. soc., 19 décembre 1990, n° 88-41.075).

Un salarié licencié en fin d'année mais qui avait été dispensé d'effectuer son préavis et n'était plus présent dans l'entreprise bénéficie de cette prime, la dispense du délai-congé n'entraînant jusqu'à expiration de ce délai aucune diminution des salaires et avantages que le salarié aurait reçus s'il avait accompli son travail (Cass. soc., 4 mars 1965, n° 64-40.383).

Si la seule condition posée par une convention collective au versement d'une gratification (prime de treizième mois) est la présence du salarié au moment du versement de la prime (31 décembre), peu importe les absences du salarié au cours de l'année. Ainsi, un salarié en arrêt de travail du 21 janvier au 18 décembre a droit à l'intégralité de sa prime, étant présent le 31 décembre de l'année de référence (Cass. soc., 30 novembre 1983, n° 81-41.224).

S'il y a proratisation de la prime annuelle (treizième mois, prime de fin d'année, ou d'appellation se rapprochant de cette logique), elle doit se faire en trentièmes suivant la même logique que les trentièmes de plafond pour tout salarié entré ou sorti en cours d'année.

Exemple 1 : un salarié embauché le 1er juillet d'une année devrait avoir 180/360 trentièmes le 31 décembre, soit la moitié de la prime.
Exemple 2 : un salarié quittant l'entreprise le 28 février d'une année non bissextile devrait avoir 60/360 trentièmes, soit 2/12 ou 1/6 de la prime annuelle.

Modification et suppression de la prime

L'employeur qui ne verse pas la prime due à son échéance, qu'elle résulte du contrat de travail, de la convention collective, d'un usage ou d'un engagement unilatéral de l'employeur provoque la rupture du contrat de travail qui s'analyse en un licenciement (Cass. soc., 18 novembre 1998, n° 96-42.932). En conséquence, l'employeur qui souhaite ne plus verser une prime obligatoire doit la remettre en cause en suivant :
• la procédure de modification du contrat de travail si la prime est issue du contrat de travail ;
• la procédure de révision ou de dénonciation des accords collectifs si la prime résulte d'un accord collectif ;
• la procédure de dénonciation de l'engagement unilatéral ou de l'usage si la prime résulte d'un engagement unilatéral ou d'un usage.

Lorsque le paiement d'une prime est devenu obligatoire par voie d'usage, **l'employeur peut néanmoins dénoncer cet usage sous réserve d'en informer les représentants du personnel et les salariés, en respectant un certain délai de préavis**. Attention toutefois : l'annonce faite par l'employeur aux délégués du personnel d'une redéfinition d'ensemble de la paie ne constitue pas une dénonciation de l'usage du versement du treizième mois (Cass. soc., 29 juin 1995).

La prime d'ancienneté

La prime la plus usitée dans les entreprises françaises est sans aucun doute la prime d'ancienneté (parfois appelée « prime d'expérience » ou « prime de durée d'expérience, PDE »). Drôle d'idée à l'heure où de nombreux salariés sont licenciés pour « dégrossir » les effectifs… Il faut savoir que cette prime a été inventée en 1919 lors des signatures des premières conventions collectives et qu'à cette période de l'histoire, les entreprises souhaitaient s'attacher les salariés. En effet, suite à la guerre 1914-1918, le chômage n'existait pas et les entreprises manquaient de bras. De plus, les salariés ne

voulaient pas de CDI, préférant leur liberté pour la plupart du temps s'occuper de leurs terres. La prime d'ancienneté semblait donc une excellente solution pour récompenser la fidélité du salarié à l'entreprise.
Par ailleurs, une prime d'ancienneté prévue par une convention collective ne peut être remplacée par une prime d'assiduité. En effet, la prime d'assiduité a pour objet d'inciter les salariés à ne pas s'absenter et non à récompenser leur fidélité à l'entreprise. Les deux primes doivent donc se cumuler (Cass. soc., 2 mars 1993, n° 90-40.574).
Tout salarié, dès lors qu'il a acquis l'ancienneté requise par l'accord de branche, l'accord d'entreprise ou l'usage, bénéficie de la prime d'ancienneté. En l'absence de dispositions conventionnelles excluant les travailleurs handicapés, ceux-ci doivent également en bénéficier (C. trav., art. L.5213-15).

Instituée par voie d'arrêtés ministériels (les arrêtés Parodi[1]), **la prime d'ancienneté résulte le plus souvent des conventions collectives**. Toutefois, en l'absence de conventions collectives, ces arrêtés « Parodi-Croizat » restent applicables, non pas pour leurs salaires minima largement inférieurs au SMIC, mais pour leurs grilles de classification et pour déterminer le montant de la prime – bien que celui-ci soit désormais dérisoire (Cass. soc., 23 septembre 1982, n° 80-40.250).
Un usage peut également accorder aux salariés le paiement d'une prime d'ancienneté. Mais, dans ce cas, l'employeur peut toujours revenir unilatéralement sur cet usage s'il a un motif légitime de le dénoncer. Tel est le cas lorsque les dispositions d'un accord de salaires concernant cette prime sont exclues de l'agrément ministériel (Cass. soc., 24 avril 1985, n° 82-41.582). En revanche, il ne peut invoquer l'erreur pour remettre en cause le calcul plus

1. La révision des salaires, bloqués pendant la guerre 1939-1945, fut réalisée par voie d'arrêtés ministériels, connus sous le nom d'« arrêtés Parodi-Croizat » (du nom du ministre des Affaires sociales et d'un grand patron de l'industrie française qui ont signé ces arrêtés). En 1950, ces arrêtés fixaient les coefficients applicables à chaque catégorie de salariés (ouvriers, employés et agents de maîtrise, ingénieurs et cadres) ainsi que le salaire minimum afin d'harmoniser les grilles des conventions collectives qui avaient de grandes différences d'affectation d'un coefficient pour une même qualification. Pour la petite histoire, ces grilles ont fixé à 300 le coefficient à partir duquel les salariés sont cadres. Mais, en appliquant cette nouvelle grille, des salariés qui étaient cadres ne le restaient plus et d'autres qui ne l'étaient pas le devenaient. Alors, le temps que les conventions collectives remettent de l'ordre, on créa artificiellement la catégorie « assimilés cadres » pour ceux dont le coefficient se situait entre 270 et 300. Cette dénomination a survécu !

favorable de la prime d'ancienneté ; en effet, celle-ci étant calculée de façon constante, fixe et générale sur une base plus favorable, elle constitue un avantage pour le salarié (Cass. soc., 3 mars 1993, n° 89-45.785).

Détermination de l'ancienneté

L'ancienneté commence généralement, sauf dispositions conventionnelles différentes, à courir du jour de la conclusion du contrat de travail. Le tableau ci-après synthétise les conséquences sur le déroulement de l'ancienneté des principaux incidents affectant l'exécution du contrat de travail, ainsi que celles résultant de contrats particuliers.

Type d'incident	Prise en compte dans l'ancienneté	Observations
Contrat à durée déterminée	**Oui**	C. trav., art. L.1243-11
Contrat à temps partiel	**Oui**	C. trav., art. L. 3123-12
Congés payés	**Oui**	Exécution normale du contrat
Congés parental total	**Oui (pour la moitié de sa durée)**	C. trav., art. L.1225-54
Congé individuel de formation	**Oui**	C. trav., art. L. 6322-13
Accident du travail	**Oui**	C. trav., art. L.1226-7
Maladie	**Oui**	Sauf précision conventionnelle
Maternité	**Oui**	C. trav., art. L.1225-16
Période militaire	**Non (suspension)**	C. trav., art. L.3142-71
Changement d'employeur	**Oui**	• C. trav., art. L1234-7 • Reprise de l'ancienneté déjà acquise

Deux particularités manquent dans ce tableau :
- lorsque l'entreprise utilisatrice embauche, après une mission, un salarié mis à sa disposition par une entreprise de travail temporaire, la durée des missions accomplies au sein de cette organisation au cours des 3 mois précédant le recrutement est prise en compte pour le calcul de l'ancienneté du salarié. Cette durée est déduite de la période d'essai éventuellement prévue dans le nouveau contrat de travail (C. trav., art. L.1251-38) ;
- lorsque le salarié s'absente pour un congé sabbatique, de création d'entreprise ou sans solde, la période d'absence se déduit bien évidemment de son ancienneté.

Calcul de la prime d'ancienneté

Il existe quatre façons de calculer le montant de la prime d'ancienneté. Celui-ci sera toujours composé d'une base et d'un taux. La base peut être :
• le salaire réel du salarié ;
• le salaire minimum de la convention collective correspondant au coefficient du salarié ;
• le salaire minimum de la convention collective correspondant à la classification du salarié ;
• un montant correspondant au produit du coefficient par la valeur du point attribuée par la convention collective.
Quant au taux, il est généralement un pourcentage fixe ou variable qui s'applique soit chaque année, soit par périodicité d'année (exemple : tous les 3 ans).

Le **montant de la prime d'ancienneté** est le plus souvent plafonné à partir d'un certain nombre d'années (le plus souvent, 15 % après 15 ans).
Lorsque la convention collective prévoit que la prime d'ancienneté doit être calculée sur le salaire réel, il convient d'inclure dans la base de calcul le montant des indemnités de chômage partiel qui se substituent au salaire (Cass. soc., 16 janvier 1992, n° 88-43.631).
Lorsque l'horaire de l'entreprise est abaissé en dessous de 35 heures, les primes d'ancienneté doivent être calculées sur la base du nouvel horaire (Cass. soc., 12 janvier 1989, n° 86-40.714). Et la durée de l'ancienneté doit être décomptée pour les employés à temps partiel comme s'ils étaient à temps complet. Le montant de la prime est, par contre, calculé proportionnellement au temps de travail du salarié, suivant le principe de la proportionnalité des salaires des employés à temps partiel par rapport à ceux des employés à temps complet (Cass. soc., 18 février 1988, n° 86-41.980).
De nombreuses conventions collectives ne précisent pas le mode de calcul de la prime d'ancienneté en cas de paiement d'heures supplémentaires. Dans cette hypothèse, que la prime d'ancienneté soit calculée sur un salaire minimum conventionnel ou sur le salaire réel, il convient de tenir compte de l'horaire réellement effectué par le salarié et de calculer la prime en conséquence.

Paiement de la prime d'ancienneté

L'Administration comme les tribunaux estiment que les primes d'ancienneté, lorsqu'elles correspondent bien à leur objet, c'est-à-dire rémunérer l'ancienneté du salarié, n'ont pas à être incluses dans le salaire de base pour apprécier si le salarié perçoit le SMIC ou le salaire minimum conventionnel.
Comme toutes les primes qui s'ajoutent au salaire de base, **la prime d'ancienneté doit normalement être mentionnée sur le bulletin de paie** (C. trav., art. R.3243-1). Donc l'absence de la mention de la prime d'ancienneté sur le bulletin de salaire entraîne une présomption de non-paiement de la prime (Cass. soc., 4 mai 1983, n° 80-41.464).

Les primes liées au travail

Ces primes, qui n'ont pas d'existence légale, sont uniquement prévues dans les conventions collectives ou les accords d'entreprise. Elles sont attribuées pour tenir compte de conditions particulières de travail qui permettent aux salariés de bénéficier de majoration de leur salaire de base. **Elles entrent toutes dans la base de calcul des cotisations et ont le caractère de salaire**.
En voici une liste non exhaustive :
- majoration pour travail en équipes successives ;
- prime d'astreinte (versée au salarié restant à la disposition de l'employeur en permanence) ;
- prime de salissure ou d'insalubrité ;
- prime de travaux pénibles ;
- prime de risque ;
- prime de chef d'équipe ;
- prime de remplacement ;
- prime de langue étrangère ;
- etc.

Les primes liées au départ du salarié

Elles sont relativement nombreuses. La règle en matière de cotisations ou d'impôts est que, dans la plupart des cas, **si elles revêtent un caractère de dommages-intérêts elles ne sont ni cotisables ni imposables** (exemples : indemnité de licenciement, indemnité de mise à la retraite…).

Les autres primes (indemnité compensatrice de congés payés, indemnité de précarité emploi, préavis non effectué payé, indemnité de départ à la retraite) **sont cotisables et imposables** (avec certaines nuances que nous examinerons dans le chapitre sur la fin du contrat de travail).

La prime de transport

En région parisienne

Depuis le 1er novembre 1982, **les employeurs de la région parisienne sont tenus de prendre en charge une partie du prix du titre d'abonnement** acquis par leurs salariés pour effectuer, par les transports en commun, les trajets entre leur résidence habituelle et leur lieu de travail (loi n° 82-684 du 4 août 1982 modifiée par la loi n° 82-834 du 30 septembre 1982).
Cette obligation pèse sur *« toute personne physique ou morale, publique ou privée, employant un ou plusieurs salariés, à l'intérieur de la zone de compétence de l'autorité organisatrice des transports parisiens »*. **Cette zone comprend Paris et les sept départements d'Île-de-France** (Essonne, Hauts-de-Seine, Seine-et-Marne, Seine-Saint-Denis, Val-de-Marne, Val-d'Oise, Yvelines depuis le décret du 16 janvier 1991).
Bénéficient de la prise en charge les salariés employés à l'intérieur de la zone des transports parisiens définie ci-dessus et qui souscrivent un titre d'abonnement pour leurs déplacements, entre leur résidence habituelle et leur lieu de travail, effectués à l'intérieur de la zone des transports parisiens.
Les salariés habitant au-delà du périmètre des transports parisiens, mais qui ont leur lieu de travail dans ce périmètre, peuvent bénéficier du remboursement partiel pour la partie du parcours qu'ils effectuent dans le périmètre des transports parisiens.

Sont exclus du remboursement :
• les salariés qui utilisent un mode de transport individuel pour se rendre à leur travail ;
• les salariés habitant à proximité de leur lieu de travail et qui n'ont pas de frais de déplacement.

Donnent droit à une prise en charge de l'employeur :
• les abonnements à un nombre de voyages illimité du type *pass* Navigo ;
• les abonnements spéciaux émis par la SNCF ;

• les abonnements mensuels ordinaires émis par la SNCF ;
• les cartes et abonnements hebdomadaires à un nombre de voyages limité délivrés par la RATP, la SNCF et les entreprises de l'APTR (décret n° 82-835 art. 1er du 30 septembre 1982).

Les billets, notamment les billets particuliers aux familles nombreuses, ne donnent pas lieu à une prise en charge. **Le choix de la catégorie** du ou des titres d'abonnement (hebdomadaire, mensuel ou plurimensuel, à un nombre de voyages illimité ou limité) souscrits pour ses déplacements domicile-travail **appartient au salarié**.
Lorsque le domicile et le lieu de travail sont tous deux situés en banlieue, le salarié peut avoir intérêt à utiliser des lignes de transport en commun passant par Paris afin d'effectuer son trajet dans le temps le plus court. La prise en charge s'effectuera alors sur la base des titres d'abonnement souscrits pour effectuer ce trajet.
La prise en charge est fixée à 50 % du prix du titre d'abonnement depuis le 1er octobre 1983. Cette prise en charge se calcule sur la base des tarifs deuxième classe. Elle est limitée aux trajets ou portions de trajets effectués à l'intérieur de la zone de compétence de l'autorité organisatrice des transports parisiens.
Le conseil d'administration du Syndicat des transports urbains d'Île-de-France (STIF), l'autorité organisatrice des transports en Île-de-France, avait décidé de fusionner les zones 6-7-8 en 2007 (sur la base des tarifs de la zone 6 à partir du 1er juillet 2007). Au 1er septembre 2015, il n'y aura plus qu'un tarif unique toutes zones (770 euros par an, 70 euros par mois et 21,25 euros par semaine). Voici néanmoins le tableau en usage jusqu'à cette date :

Zones		Forfait hebdomadaire		Forfait mensuel		Forfait annuel (Intégrale)		
Nombre	De ... à ...	Montant	*Rmb (50%)*	Montant	*Rmb (50%)*	Montant annuel	Montant mensuel	*Rmb (50%)*
2	1-2	21,25 €	***10,63 €***	70,00 €	***35,00 €***	731,50 €	**66,50 €**	***33,25 €***
	2-3	19,80 €	***9,90 €***	65,10 €	***32,55 €***	676,50 €	**61,50 €**	***30,75 €***
	3-4	19,00 €	***9,50 €***	62,80 €	***31,40 €***	654,50 €	**59,50 €**	***29,75 €***
	4-5	18,45 €	***9,23 €***	60,70 €	***30,35 €***	634,70 €	**57,70 €**	***28,85 €***
3	1-3	27,15 €	***13,58 €***	89,20 €	***44,60 €***	927,30 €	**84,30 €**	***42,15 €***
	2-4	25,10 €	***12,55 €***	82,50 €	***41,25 €***	856,90 €	**77,90 €**	***38,95 €***
	3-5	23,15 €	***11,58 €***	76,40 €	***38,20 €***	795,30 €	**72,30 €**	***36,15 €***
4	1-4	32,95 €	***16,48 €***	107,80 €	***53,90 €***	1 125,30 €	**102,30 €**	***51,15 €***
	2-5	29,00 €	***14,50 €***	95,50 €	***47,75 €***	993,30 €	**90,30 €**	***45,15 €***
5	1-5	35,40 €	***17,70 €***	116,50 €	***58,25 €***	1 204,50 €	**109,50 €**	***54,75 €***

En province

Avant le 1er janvier 2009, les entreprises qui employaient des salariés en province ou en dehors de la zone dite « des transports parisiens » **n'étaient assujettis à aucune obligation légale** en ce qui concerne la prise en charge des frais de transport de leurs salariés. Les conventions collectives pouvaient prévoir l'attribution de primes ou d'indemnités de transport. Ces primes ou indemnités de transport n'étaient exonérées de cotisations que si elles correspondaient au moins à une fraction des dépenses réellement engagées. Tel était le cas lorsque la prime de transport :

• n'était allouée qu'aux seuls salariés ayant une résidence éloignée du lieu de travail ;

• n'était pas versée en cas d'absence ou d'arrêt de travail ;

• ne tenait aucun compte du grade ni de la qualification professionnelle ;

• était fixée, dans son montant, en fonction de l'éloignement et du déplacement réels de chacun des bénéficiaires.

L'exonération concernant la prise en charge totale ou partielle s'effectuait sur la base des tarifs pratiqués en deuxième classe, du coût des titres de transport délivrés par la SNCF et les entreprises de transport en commun. Les employeurs pouvaient justifier des remboursements effectués en produisant, lors des contrôles de l'URSSAF, d'une part la copie du titre de transport, d'autre part une déclaration sur l'honneur souscrite par l'intéressé chaque année pour les 12 mois à venir, et précisant les éléments de calcul de la prise en charge, notamment le lieu de domicile et le mode d'abonnement utilisé.

En revanche, la prime qui était fixée de façon forfaitaire et uniforme pour tous les bénéficiaires, même pour ceux dont le logement est à proximité, devait être soumise à cotisations (Cass. soc., 10 février 1982, n° 80-15.652). Cependant, il était admis que les primes de transport étaient présumées utilisées conformément à leur objet **à hauteur de 4 euros (depuis le 1er janvier 2003)** par mois, et par conséquent exonérées de cotisations dans cette limite sans qu'il y ait lieu d'exiger une justification du montant exact de la dépense. Enfin, en cas de déménagement de l'entreprise ou d'accords collectifs, il était possible d'indemniser les salariés selon un certain barème que l'employeur déterminait et devait soumettre à l'administration de la Sécurité sociale pour bénéficier des exonérations de cotisations sociales. L'employeur, sur un plan de la région où est établie son entreprise, traçait des cercles concentriques (représentant, par exemple, des tranches de 5 km) autour de celle-ci, et attribuait des sommes d'un montant « *raisonnable* » (environ 8 euros par tranche de 5 km) afin de déterminer la distance domicile-entreprise de chacun des salariés.

Depuis le 1er janvier 2009, lorsque les salariés utilisent les transports en commun, tous les employeurs sont désormais tenus de prendre en charge la moitié du prix des titres d'abonnements souscrits par les salariés pour leurs déplacements entre leur résidence habituelle et leur lieu de travail. Cette obligation est également étendue aux abonnements à des services publics de location de vélos.

Pour certains salariés utilisant leur véhicule personnel pour effectuer le trajet entre leur domicile et leur lieu de travail, l'employeur peut participer aux frais de carburant. Sous certaines conditions, cette participation peut être exonérée de charges sociales et d'impôt sur le revenu, dans la limite de 200 euros par an. Cette disposition vise également les frais exposés pour l'alimentation de véhicules électriques. Ce nouveau dispositif, facultatif, est réservé aux salariés :

• dont la résidence habituelle ou le lieu de travail est situé en dehors de la région d'Île-de-France et d'un périmètre de transports urbains ;

• pour lesquels l'utilisation d'un véhicule personnel est rendue indispensable par des conditions d'horaires de travail particuliers ne permettant pas d'emprunter un mode collectif de transport.

Cas particulier des salariés à temps partiel

• Lorsque le nombre d'heures effectuées est égal ou supérieur à la moitié de la durée légale (ou conventionnelle, si elle est inférieure), la prise en charge de l'abonnement de transport s'effectue comme pour un salarié à temps complet.

• Lorsque le nombre d'heures est inférieur à la moitié de la durée du travail à temps complet, la prise en charge est calculée au prorata par rapport à la moitié de la durée du travail à temps complet.

Exemple

Si un salarié travaille 15 heures par semaine et que le titre de transport vaut 70 euros par mois, il percevra :

(70 euros x 50 %) x (15/17,5) = 30 euros

5. Les avantages en nature

Les avantages en nature constituent un élément de la rémunération qui, au même titre que le salaire proprement dit, doit donner lieu à cotisations.

Conformément à l'article L.3241-1 du Code du travail, le salaire doit en principe être payé en argent, mais il est admis que le salarié puisse également être rémunéré en nature. Cette rémunération peut couvrir l'intégralité de l'activité du salarié, mais en général elle a le caractère d'accessoire du salaire et constitue un avantage en nature.

L'avantage en nature consiste donc dans la fourniture ou la mise à disposition d'un bien ou service permettant au salarié de faire l'économie de frais qu'il aurait dû normalement supporter.

Les avantages en nature concernent le plus souvent la nourriture, un logement ou un véhicule. Mais ils peuvent aussi être constitués, en vertu d'usages maison, par la fourniture gratuite de produits fabriqués par l'entreprise, ou encore par la vente de produits fabriqués par l'entreprise avec un rabais supérieur à 30 %. Parfois, ils sont constitués de façon ponctuelle en liaison à un événement particulier, tel un cadeau ou un voyage. Leur montant est en général fixé soit par le contrat de travail, soit par la convention collective applicable.

ÉVALUATION

L'arrêté du 10 décembre 2002 prévoit en ses articles 1, 2, 3 et 4 un système de forfaits qui est applicable pour les principaux avantages en nature : nourriture, logement, véhicule et outils issus des nouvelles technologies de l'information et de la communication.

Dans les autres cas, les avantages en nature sont déterminés par rapport à la valeur réelle conformément aux dispositions de l'article 6 dudit arrêté. Leur montant est arrondi à la dizaine de centimes d'euros la plus proche. L'évaluation de l'avantage en nature d'après la valeur réelle est déterminée sur la base de l'économie réalisée par les salariés en bénéficiant.

Désormais, la référence au minimum garanti et la distinction entre rémunération supérieure ou inférieure au plafond sont supprimées.

L'avantage en nature nourriture

Lorsque l'employeur fournit la nourriture, cet avantage est évalué suivant un forfait par jour et la moitié de ce montant pour un repas. Toutefois, lorsque le salarié est en déplacement professionnel et empêché de regagner sa résidence ou son lieu habituel de travail et qu'il est remboursé intégralement de ses frais professionnels ou que l'employeur paie le repas directement au restaurateur, le forfait avantage en nature n'est pas réintégré dans l'assiette de cotisations.

En résumé, cela donne le tableau de synthèse suivant (C. trav., art. D.3231-9 à D.3231-14).

Avantages en nature nourriture	Pour le calcul du SMIC		Pour l'assiette des cotisations sociales		
En 2015			Hôtel, cafés, restaurant		Cas général
1 repas par jour	1 MG	(3,52 €)	1 MG	(3,52 €)	4,65 €
à la journée	2 MG	(7,04 €)	2 MG	(7,04 €)	9,30 €

Cas particulier des titres-restaurant

Le titre-restaurant existe depuis 1960 et son fonctionnement a été uniformisé par l'ordonnance n° 67-830 du 27 septembre 1967. Il a été institué pour permettre aux salariés des entreprises ne disposant pas sur place d'un local de restauration de consommer un repas au restaurant à des conditions financières avantageuses, leur employeur prenant en charge une partie du prix de ces repas. Juridiquement, l'expression « titre-restaurant » doit seule être utilisée ; les termes parfois employés comme « chèque-déjeuner », « ticket-repas », ou encore « ticket-restaurant » désignent en fait des sociétés émettrices de titres-restaurant (Edenred : Ticket Restaurant, Chèque Déjeuner ; Sodexo : Chèque restaurant ; Natixis : Chèque de table).

Aucune obligation légale n'impose à l'employeur de mettre en place un système de titres-restaurant dans son entreprise. Cependant, dans les établissements où le nombre de travailleurs désirant prendre habituellement leur repas sur les lieux de travail est **au moins égal à vingt-cinq, l'employeur est tenu**, après avis

du CHSCT ou, à défaut, des délégués du personnel, **de mettre à leur disposition un local de restauration** (C. trav., art. R.4228-22). En effet, l'article R.4228-19 pose comme principe qu'« *il est interdit de laisser les travailleurs prendre leurs repas dans les locaux affectés au travail* ». Quant à l'article R.4228-20, il précise qu'« *aucune boisson alcoolisée autre que le vin, la bière, le cidre et le poiré n'est autorisée sur le lieu de travail* ». Confirmé par l'article suivant (R.4228-21) interdisant de laisser entrer ou séjourner dans les lieux de travail des personnes en état d'ivresse.
L'institution des titres-restaurant ne dispense pas l'employeur de l'obligation de mettre à disposition un local de restauration (pourvu de tables et de sièges en nombre suffisant, comportant un robinet d'eau potable, fraîche et chaude, pour dix usagers, doté d'un moyen de conservation des aliments et des boissons et d'une installation permettant de réchauffer les plats – art. R.4228-22, 2e §), l'ordonnance de 1967 n'ayant prévu aucune disposition à cet effet. Elle permet toutefois à l'employeur de trouver une solution de remplacement dans les cas où l'installation d'une cantine représenterait une charge trop lourde.

L'émission et la gestion des titres-restaurant
Elles sont entourées d'un certain nombre de garanties visant à éviter un usage abusif. Les titres-restaurant sont émis :
• soit par l'employeur lui-même au profit de son propre personnel, soit directement, soit par l'intermédiaire du comité d'entreprise ;
• soit par des entreprises spécialisées qui les cèdent à des employeurs contre paiement de leur valeur libératoire et, le cas échéant, d'une commission.
Le titre-restaurant a été institué pour permettre à des salariés ne disposant pas de restaurant d'entreprise de se restaurer à l'extérieur de celle-ci dans des établissements du secteur commercial. L'octroi par un employeur de titres-restaurant à ses salariés alors que ceux-ci bénéficient d'un restaurant d'entreprise et l'utilisation de ces titres dans un tel restaurant est donc contraire à la lettre de la réglementation sur les titres-restaurant.

L'exonération
Sous les conditions exposées ci-après, **la part contributive de l'employeur est exonérée** :
• **des charges fiscales** : taxe sur les salaires, participation à la construction, formation continue ;

• **des charges sociales** : cotisations de Sécurité sociale, cotisations d'assurance chômage et de retraite complémentaire, CSG et CRDS (C. Séc. soc., art. L.131-4).

Pour bénéficier de cette exonération, la participation de l'employeur au coût des titres-restaurant doit remplir deux conditions cumulatives :
• la participation patronale doit être comprise entre 50 et 60 % de la valeur libératoire du titre ;
• la valeur du titre ne doit pas dépasser un prix limité, fixé par arrêté.
Au 1er janvier **2015**, la limite d'exonération de cette participation est fixée à **5,36 euros** par titre. Cette limite d'exonération de 5,36 euros porte la valeur du titre restaurant :
• à 8,94 euros, si la participation patronale est de 60 % ;
• à 10,72 euros, si la participation patronale est de 50 %.
Si la participation n'excède pas le pourcentage compris entre 50 et 60 % de la valeur du titre, mais **dépasse la limite d'exonération** (5,36 euros), **la participation donne lieu à réintégration dans l'assiette des cotisations pour la fraction qui excède la limite d'exonération**. Mais **lorsque la participation excède 60 %** de la valeur du titre-restaurant, **c'est la totalité de cette contribution qui doit être réintégrée** (Cass. soc., 23 octobre 1997).

Exemple 1
Titre-restaurant d'une valeur de 10 euros. Participation patronale de 50 % : 5 euros.
La limite de 50 % est respectée et la participation n'excède pas la limite de 5,36 euros.
L'employeur bénéficie de l'exonération.

Exemple 2
Titre-restaurant d'une valeur de 10 euros. Participation patronale de 60 % : 6 euros.
La limite de 60 % est respectée, mais la participation est supérieure à la limite de 5,36 euros.
L'employeur bénéficie de l'exonération dans la limite de 5,36 euros et **doit soumettre à cotisations la fraction excédentaire**, soit : 6 euros – 5,36 euros = 0,64 euro.

Exemple 3
Titre-restaurant d'une valeur de 10 euros. Participation patronale de 70 % : 7 euros.
La limite de 60 % n'est pas respectée.
La totalité de la participation patronale est soumise à cotisations, soit 7 euros.

La participation du salarié
La règle limitant la contribution de l'employeur à l'achat du titre-restaurant (50 à 60 % de sa valeur) démontre que **la participation du salarié est obligatoire.** Lorsque l'employeur contribue à l'acquisition des titres pour le salarié bénéficiaire et que cette contribution est comprise entre 50 et 60 % de la valeur du titre, le complément de rémunération qui en résulte pour le salarié est exonéré, dans la limite de 5,36 euros par titre, de l'impôt sur le revenu des personnes physiques et des cotisations de Sécurité sociale. Ce complément est également exonéré de la CSG et de la CRDS. En revanche, **si le titre-restaurant a été remis gratuitement aux salariés, l'avantage constitué par cette remise, en l'absence de toute participation salariale, est soumis à cotisations et contributions sociales et aux impôts.**

Un décret, rédigé le mercredi 18 décembre 2013, définit les conditions d'émission et d'utilisation des titres-restaurant dématérialisés (sous forme de carte bancaire type Monéo). La mise en place de cette carte est possible depuis le 2 avril 2015. Cette carte est rechargeable par l'employeur et valable 3 ans. Les repas sont désormais payés au centime près dans la limite de 19 euros par jour. En cas de perte ou de vol, le salarié peut mettre sa carte en opposition sur son espace personnel ou par téléphone et une nouvelle carte est alors transmise par l'employeur. Le salarié peut consulter son solde sur un site Internet (ou sur une application pour mobiles ou par SMS) lié à l'émetteur de la carte. Quant au restaurateur, il prend la carte sur son TPE (Terminal de paiement électronique) habituel et se fait créditer son compte sous 48 heures.
La carte titre-restaurant est utilisable du lundi au samedi. L'utilisation des titres-restaurant les dimanches et jours fériés doit faire l'objet d'une autorisation expresse de la part de l'employeur pour les seuls salariés concernés (C. trav., art. R. 3262-8).

Cumul d'une prime de repas et de titres-restaurant
Lorsqu'une prime de repas, de cantine ou de restaurant est attribuée au salarié par jour de travail effectif en plus des titres-restaurant, il faut distinguer les deux cas suivants.

• *La prime est attribuée à l'ensemble des salariés et a le même objet que les titres-restaurant*
Le montant de la prime doit être ajouté à la contribution patronale pour savoir si le total excède 60 % de la valeur du titre. Si le cumul prime/titre-restaurant n'excède pas ce pourcentage, l'exonération reste acquise à l'employeur dans la limite de 5,36 euros (valeur 2015). Si le cumul prime/titre-restaurant excède 60 % de la valeur du titre, la totalité de la participation patronale est soumise à cotisations.

Exemple
Titre-restaurant de 9 euros. Prime de cantine de 2 euros et participation de 50 %, soit 4,50 euros.
La contribution de l'employeur s'élevant à 6,50 euros excède 60 % de la valeur du titre : la totalité (6,50 euros) est soumise à cotisations.

• *La prime est versée à certains salariés*
Bénéficient d'un cumul prime/titre-restaurant les salariés soumis à des sujétions particulières. L'employeur n'a pas à tenir compte de la prime pour apprécier le montant de sa participation à l'achat de titres-restaurant. Dans ce cas, l'exonération lui est acquise si le titre-restaurant (en dehors de la prime) ne dépasse pas 60 % de la valeur du titre.
Il en est de même lorsqu'une prime de restaurant est allouée selon une périodicité différente de celle de la délivrance de titres-restaurant et que les salariés ont toute liberté pour l'utiliser ; il a été jugé qu'il n'y avait pas corrélation entre cet avantage qui s'analyse en un supplément de salaire donnant lieu à cotisations et le montant des titres-restaurant.

Réglementations
Les titres-restaurant émis ou acquis par une entreprise ne peuvent être utilisés que par les salariés employés par cette entreprise. **Les salariés venant à quitter l'entreprise sont tenus de remettre à leur employeur, au moment de leur départ, les titres-restaurant** en leur possession. Ils sont aussitôt remboursés du montant de leur contribution à l'achat de ces titres.

Un même repas ne peut pas, en principe, être payé avec plusieurs titres. Il est en principe interdit au restaurateur d'accepter plusieurs titres pour un même repas ou de rendre de la monnaie sur un titre-restaurant. La valeur des titres n'ayant pas suivi la hausse des prix, il s'avère en pratique impossible de payer un repas avec un seul titre. La Commission consultative des titres-restaurant a admis **la possibilité de régler un repas avec deux titres, à la condition que le restaurateur ne rende pas la monnaie.** Les titres-restaurant ne sont pas utilisables les dimanches et jours fériés, sauf s'ils portent, de manière très apparente, une mention contraire apposée par l'employeur, sous sa responsabilité, au bénéfice exclusif de son personnel travaillant pendant ces mêmes jours. Les titres-restaurant ne peuvent être utilisés que dans le département du lieu de travail des salariés bénéficiaires et les départements limitrophes, à moins qu'ils ne portent, de manière très apparente, une mention contraire apposée par l'employeur, sous sa responsabilité, au bénéfice exclusif de ceux de ses salariés qui sont, du fait de leurs fonctions, appelés à des déplacements de longue distance.

En principe, **un même salarié ne peut recevoir qu'un titre-restaurant par repas compris dans son horaire journalier.** En conséquence, le personnel dont les horaires de travail ne recouvrent pas l'interruption utilisée habituellement pour prendre un repas ne peut prétendre aux titres-restaurant. Il en est ainsi pour un salarié qui termine son travail quotidien en fin de matinée ou qui le commence en début d'après-midi. En revanche, si l'intéressé reprend son activité après la coupure du milieu de journée, il peut être bénéficiaire de titres-restaurant. En ce qui concerne **les travailleurs à temps partiel**, ils **ont droit aux titres-restaurant si l'heure du déjeuner est comprise** dans leur horaire de travail.

L'Administration avait estimé en 1987 qu'un employeur ne peut mettre en place une tarification différente des titres-restaurant suivant la distance entre la résidence et le lieu de travail, les titres-restaurant constituant un avantage social équivalent pour chaque salarié. Mais la Cour de cassation a jugé qu'*« aucune disposition de la réglementation régissant les titres-restaurant n'interdit à l'employeur de prévoir une tarification différente en fonction de l'éloignement du lieu de travail par rapport au domicile des salariés »*.

Si l'employeur accorde une prime de transport aux salariés pour leur permettre de rentrer à leur domicile à l'heure du repas, il n'est pas tenu de délivrer des titres-restaurant aux bénéficiaires de la prime qui ont ainsi fait le choix en faveur d'un autre avantage social.

Les représentants du personnel ont droit à l'attribution de titres-restaurant même lorsqu'ils exercent leur mandat. En effet, le temps consacré, par exemple par un délégué syndical à ses fonctions, est payé comme temps de travail et permet donc au délégué de recevoir un titre-restaurant comme s'il avait accompli l'horaire journalier de travail.
Les salariés liés par un contrat de travail temporaire ont accès dans l'entreprise utilisatrice, dans les mêmes conditions que les autres employés, aux moyens de transport collectifs et aux installations collectives, notamment de restauration (C. trav., art. L.1251-24). On en déduit donc que, **lorsque l'entreprise a recours pour ses salariés au système de titres-restaurant, les salariés intérimaires doivent en bénéficier.**

Autres cas particuliers

Les repas pris à la cantine de l'établissement

Moyennant une participation des salariés, la fourniture de ce type de repas constitue un avantage en nature. En effet, cet avantage consenti par l'employeur qui en supporte en partie la charge doit être réintégré dans l'assiette de cotisations pour un montant équivalent à la différence entre le montant du forfait avantage nourriture et le montant de la participation personnelle du travailleur salarié ou assimilé. Toutefois, et afin d'éviter les redressements minimes, lorsque la participation du salarié est au moins égale à la moitié du forfait, l'avantage nourriture peut être négligé.

Les repas résultant d'obligations professionnelles

La fourniture de ce type de repas ou de repas pris par nécessité de service prévue conventionnellement ou contractuellement n'est pas considérée comme un avantage en nature et n'est pas en conséquence réintégrée dans l'assiette de cotisations.
Sont donc exclus de l'assiette de cotisations les repas fournis :

- aux personnels qui, par leur fonction, sont amenés par nécessité de service à prendre leur repas avec les personnes dont ils ont la charge éducative, sociale ou psychologique ;
- dès lors que leur présence au moment des repas résulte d'une obligation professionnelle figurant dans le projet pédagogique de l'établissement, ou dans un document de nature contractuelle ;
- les repas d'affaires qui relèvent des frais d'entreprise.

L'avantage en nature logement

Lorsque l'employeur fournit le logement, l'estimation de cet avantage est évaluée forfaitairement ou peut être calculée, sur option de l'employeur, d'après la valeur locative servant à l'établissement de la taxe d'habitation dans les conditions prévues aux articles 1496 et 1516 du Code général des impôts et d'après la valeur réelle pour les avantages accessoires.

La valorisation du forfait avantage logement est présentée sous la forme d'un barème comportant huit tranches. Les avantages accessoires (eau, gaz, électricité, chauffage ou encore garage) sont intégrés dans le forfait. Les tranches de barème évoluent sur 5 ans (de 2003 à 2007) pour atteindre un lissage du dispositif à cette date. Ces montants ont été revalorisés à compter du 1er janvier 2010.

En résumé pour 2015, cela donne le tableau de synthèse suivant.

Pour le calcul du SMIC	Pour l'assiette des cotisations sociales en 2015				
Cas général et HCR	Rémunération mensuelle (R)	Le logement comporte une seule pièce principale		Le logement comporte plusieurs pièces principales	
Mois		Mois	Semaine	Mois	Semaine
0,02 x 30 = 0,60	R < 1 585,00 € (R < 0,5 Plafond SS)	67,30 €	16,80 €	35,90 € (par pièce principale)	1/4 de l'avantage mensuel (arrondi à la dizaine d'euro la plus proche)
	1 585,00 € ≤ R < 1 902,00 € (0,5 PSS ≤ R < 0,6 PSS)	78,60 €	19,70 €	50,50 € (par pièce principale)	
	1 902,00 € ≤ R < 2 219,00 € (0,6 PSS ≤ R < 0,7 PSS)	89,70 €	22,40 €	67,30 € (par pièce principale)	
	2 219,00 € ≤ R < 2 853,00 € (0,7 PSS ≤ R < 0,9 PSS)	100,80 €	25,20 €	84,00 € (par pièce principale)	
	2 853,00 € ≤ R < 3 487,00 € (0,9 PSS ≤ R < 1,1 PSS)	123,40 €	30,90 €	106,40 € (par pièce principale)	
	3 487,00 € ≤ R < 4 121,00 € (1,1 PSS ≤ R < 1,3 PSS)	145,70 €	36,40 €	128,80 € (par pièce principale)	
	4 121,00 € ≤ R < 4 755,00 € (1,3 PSS ≤ R < 1,5 PSS)	168,10 €	42,00 €	156,80 € (par pièce principale)	
	4 755,00 € ≤R (1,5 PSS ≤ R)	190,60 €	47,70 €	179,40 € (par pièce principale)	

L'avantage en nature véhicule

Il faut distinguer deux types de véhicule : **la voiture de service** mise temporairement par l'entreprise à la disposition du salarié comme outil de travail, **qui n'est pas un avantage en nature**, et **la voiture de fonction affectée au salarié, qui peut l'utiliser pour ses besoins personnels**, les fins de semaine, voire pendant les vacances. L'utilisation par le salarié, à la fois pour ses besoins personnels et pour ses fonctions professionnelles, d'un véhicule d'entreprise dont celle-ci assure l'entretien constitue un avantage en nature qui s'apprécie en fonction de la valeur réelle qu'il représente pour son bénéficiaire.

L'arrêté du 10 décembre 2002 a fixé de nouvelles règles d'évaluation de l'avantage en nature que constitue la mise à disposition permanente d'un véhicule pour un usage privé ou en partie privé pour le salarié. L'Administration considère qu'il y a mise à disposition permanente lorsque le salarié n'est pas tenu de restituer le véhicule en dehors de ses périodes de travail, notamment en fin de semaine (samedi et dimanche) ou pendant ses périodes de congé.

L'employeur a le choix entre une évaluation sur la base des dépenses réelles, évaluation dont les modalités sont précisées, et une évaluation sur la base d'un forfait annuel. Par ailleurs, l'évaluation des dépenses engagées par l'employeur diffère selon que celui-ci est propriétaire ou locataire du véhicule. L'évaluation s'entend toutes taxes comprises. Il n'est désormais plus possible de se référer au barème kilométrique établi par l'administration fiscale.

L'option entre l'évaluation réelle et l'évaluation forfaitaire est laissée à la seule diligence de l'employeur. Celui-ci a la faculté de réviser en fin d'exercice l'option prise en fonction de son choix, pour l'année entière écoulée. Ainsi, l'entreprise qui, au cours de l'année écoulée, a utilisé l'évaluation forfaitaire peut en fin d'année revoir cette option en fonction de la valeur réelle, salarié par salarié ; l'inverse est également possible. L'entreprise prend alors sa décision en fin d'année, lors de l'établissement de la Déclaration annuelle des données sociales (DADS).

Avantage en nature	Évaluation des dépenses sur une base forfaitaire			Évaluation des dépenses réellement engagées
Si le véhicule a été acheté par l'employeur	**Le forfait est un pourcentage du coût d'achat du véhicule.** **Ce pourcentage varie selon différentes situations.**			**L'évaluation des dépenses réelles comprend :** - l'amortissement de l'achat du véhicule sur 5 ans (soit 20% par an par rapport au coût d'achat), - si le véhicule a plus de 5 ans, l'amortissement de l'achat du véhicule est de 10% ; - l'assurance ; - les frais d'entretien (révision, changements de pneus, vidanges, lavages…) ; - le cas échéant, les frais de carburant utilisé pour l'usage privé et payé par l'employeur.
		Carburant non payé par l'employeur	**Carburant payé par l'employeur**	
	Véhicule < 5 ans	9% du coût d'achat	9% du coût d'achat + dépenses réelles de carburant utilisé pour l'usage privé OU 12% du coût d'achat	
	Véhicule > 5 ans	6% du coût d'achat	6% du coût d'achat + dépenses réelles de carburant utilisé pour l'usage privé OU 9% du coût d'achat	
Si le véhicule est loué par l'employeur ou loué avec option d'achat	**Le forfait est un pourcentage du coût global annuel.**			**L'évaluation des dépenses réelles comprend :** - le coût annuel de la location ; - l'assurance ; - les frais d'entretien (révision, changements de pneus, vidanges, lavages…) ; - le cas échéant, les frais de carburant utilisé pour l'usage privé et payé par l'employeur.
	Carburant non payé par l'employeur	**Carburant payé par l'employeur**		
	30% du coût global (comprenant la location, l'assurance et l'entretien du véhicule)	30% du coût global (comprenant la location, l'assurance et l'entretien du véhicule) + dépenses réelles de carburant utilisé pour l'usage privé OU 40% du coût global (comprenant la location, l'assurance, l'entretien du véhicule et le carburant utilisé à titre privé et professionnel)		

Les avantages issus des nouvelles technologies de l'information et de la communication

Il s'agit de la téléphonie mobile, du micro-ordinateur, portable ou non, de progiciels, de modem d'accès à un télécopieur, à l'ordinateur de l'entreprise, à Internet, etc.
L'avantage résultant de l'usage privé est évalué sur option de l'employeur, **sur la base de dépenses réellement engagées ou sur la base d'un forfait en pourcentage du coût d'achat de ces outils ou, le cas échéant, de l'abonnement, toutes taxes comprises.**

La réalité de l'usage privé résulte soit d'un document écrit (contrat individuel, accord conventionnel ou d'entreprise, règlement intérieur, circulaire professionnelle, courrier de la direction...), soit de l'existence de factures détaillées.
Ne doit pas être considéré comme un avantage en nature l'utilisation raisonnable de ces instruments pour la vie quotidienne d'un salarié (exemple : courtes durées d'appel au domicile, brèves consultations de serveurs pratiques sur Internet...), dont l'emploi est justifié par des besoins ordinaires de la vie professionnelle et familiale.

Lorsque l'employeur opte pour les **dépenses réellement engagées**, la présentation des justificatifs de facture justifiant le temps passé pour l'utilisation privée suffit (numéro de téléphone, accès Internet, etc.).

Lorsque l'employeur ne peut apporter la preuve des dépenses réellement engagées, l'avantage résultant de l'usage privé doit être effectué d'après les **forfaits** suivants :
• lorsque l'employeur achète ces outils pour les mettre à la disposition permanente du salarié, l'avantage en nature déterminé par l'usage privé de ces outils est calculé annuellement sur la base forfaitaire de 10 % de son coût d'achat public, toutes taxes comprises ;
• lorsque, dans le cadre de l'activité professionnelle du salarié, l'employeur met à la disposition permanente de ce dernier des outils issus des NTIC dont l'usage est en partie privé, et que l'évaluation de l'avantage est effectuée sur la base du forfait, la valeur de l'avantage en nature est déterminée en prenant en compte le rabais dont aurait bénéficié le salarié si l'entreprise lui avait vendu un de ces outils. Le montant de l'avantage en nature est alors calculé en déduisant le niveau du rabais consenti à ses salariés lorsqu'elle leur vend ces outils, dans la limite de 30 % du prix public TTC pratiqué par l'employeur, pour le même produit ou le même service, à un consommateur non salarié de l'entreprise ;
• en cas de mise à disposition en cours d'année, l'évaluation devra être proratisée en fonction du nombre de mois de mise à disposition. Dans le cas de mois incomplets, c'est le mois intégral qui est pris en compte.

Autres avantages en nature

Les **fournitures de produits et services** réalisés par l'entreprise à des conditions préférentielles ne constituent pas des avantages en nature dès lors que leurs réductions tarifaires n'excèdent pas 30 % du prix de vente public normal, toutes taxes comprises.
Lorsque la fourniture est gratuite ou lorsque la remise dépasse 30 % du prix de vente normal, il convient de réintégrer la totalité de l'avantage en nature dans l'assiette.

S'agissant des **vêtements**, lorsque les dépenses d'habillement des salariés se traduisent par un remboursement, elles sont considérées comme des avantages en espèces qui doivent donc être réintégrés dans l'assiette de cotisations. Cependant, la fourniture gratuite aux salariés des vêtements qui répondent aux critères obligatoires de protection individuelle, ainsi que leurs frais d'entretien relèvent des frais d'entreprise. Ces vêtements doivent demeurer la propriété de l'employeur.

Les avantages en nature sur le bulletin de paie

Les avantages en nature doivent figurer sur le bulletin de salaire. Le Code de la Sécurité sociale précise que les avantages en nature s'ajoutent à la rémunération en espèces des salariés et doivent être soumis à cotisations.

Les avantages en nature figurent **deux fois sur le bulletin de paie** :
• une première fois dans le haut du bulletin pour entrer dans la base soumise à cotisations (donc en plus) ;
• une deuxième fois, après le calcul des cotisations salariales (et patronales) pour les déduire (donc en moins). En effet, si l'employeur donne déjà un avantage en nature quelconque, il ne faut pas rajouter à la rémunération du salarié sa valeur en euros !

Ce qui donne un bulletin (simplifié) comme suit.

Libellés	Sommes en -	Sommes en +
Salaire mensuel		2 000,00
Avantage en nature		100,00
Total du brut		2 100,00
Montant des cotisations (20 %)	420,00	
Reprise avantage en nature	100,00	
Net à payer		1 580,00

Les avantages en nature, éléments du salaire, sont, à ce titre :
• additionnés au salaire pour déterminer si le SMIC (ou le minimum conventionnel) est bien atteint ;
• intégrés dans la base de calcul :
- de l'indemnité de congés payés, s'ils ne sont pas conservés pendant les congés,
- du salaire à maintenir par l'employeur en cas de maladie, maternité, accident du travail, s'ils ne sont pas conservés pendant ces périodes,
- de l'indemnité compensatrice de préavis non effectué,
- des indemnités de licenciement et de départ ou mise à la retraite.

6. Les frais professionnels

Dans de nombreuses professions, le salarié bénéficie de **sommes allouées à titre de remboursement de frais professionnels**. Ces sommes compensent les **frais inhérents au travail** lui-même ou aux conditions dans lesquelles il s'effectue (dépenses engagées par le salarié pour le compte de l'entreprise et qui lui sont remboursées par celle-ci au titre de ses charges normales d'exploitation). Elles n'ont **pas le caractère de salaire dès lors qu'il s'agit réellement du remboursement de frais dont le salarié a fait l'avance** ; le remboursement ne sera donc pris en compte ni pour l'application du SMIC, ni dans le salaire de base, ni dans l'assiette des cotisations. En revanche, **lorsque les remboursements sont effectués forfaitairement** et qu'ils ne correspondent pas à des dépenses réellement faites par le salarié, **ils constituent un complément de rémunération** (Cass. soc., 15 octobre 1987, n° 85-41.535). Les frais supplémentaires engagés par le salarié pour l'accomplissement du travail (restaurant, déplacement, hôtellerie…) sont directement visés. L'entreprise les prend directement à sa charge, soit en payant directement le restaurateur ou l'hôtelier, soit en remboursant le salarié des frais de restauration ou d'hôtel qu'il a payés, soit en versant au salarié une indemnité ou allocation forfaitaire pour couvrir en tout ou partie les frais ainsi exposés.

Remboursement de repas

L'employeur a deux possibilités pour prendre en charge les frais de repas de ses salariés en déplacement :
- **le remboursement des frais réels sur justificatifs.** Ils sont exclus de l'assiette des cotisations dans la mesure où ils ne constituent pas un avantage en nature déguisé ;
- **la participation forfaitaire de l'employeur.** Dans ce cas, l'exclusion de l'assiette de cotisations sociales et fiscales se fait à condition de ne pas dépasser les limites d'exonérations sociales et fiscales.

Lorsque le salarié est en **déplacement professionnel** et empêché de regagner sa résidence, il peut percevoir une **indemnité de repas non soumise à cotisations dans la limite de 18,10 euros** (montant 2015) par repas.

Lorsque le salarié est contraint de prendre une restauration sur le lieu de travail en raison de conditions particulières d'organisation de travail, l'employeur est autorisé à compenser les dépenses supplémentaires de restauration **dans une limite de 6,20 euros** (montant 2015) exonérés de cotisations. C'est le cas des **primes de panier**.

Lorsque le salarié est en déplacement hors des locaux de l'entreprise et lorsque les conditions de travail lui interdisent de regagner sa résidence ou son lieu de travail pour le repas, l'employeur peut compenser les dépenses supplémentaires de repas **dans la limite de 8,80 euros** (montant 2015) exonérés de cotisations. C'est le cas des **primes de casse-croûte**, ou des primes de panier déplacement.

Grand déplacement

Un salarié empêché de regagner chaque jour sa résidence du fait de ses conditions de travail peut percevoir des allocations forfaitaires destinées à compenser ses dépenses supplémentaires de logement et de nourriture. On considérera que le salarié est empêché de regagner sa résidence lorsqu'il n'a pas la possibilité de regagner chaque jour son domicile et que d'une part, la distance domicile-travail est au moins égale à 50 km, et d'autre part, les transports en commun ne lui permettent pas de regagner son domicile en moins de 1 h 30.
Ces allocations sont réputées être utilisées conformément à leur objet si :
- elles ne dépassent pas les limites fixées par arrêté ;
- l'employeur justifie que le salarié ne peut regagner chaque jour sa résidence et que de ce fait il engage des frais de double résidence.

Concernant les dépenses destinées à compenser les frais supplémentaires de logement et de petit-déjeuner, l'employeur est autorisé à déduire ces indemnités **dans la limite de 64,70 euros** (montant 2015) par jour pour le salarié en déplacement à Paris, dans les Hauts-de-Seine, la Seine-Saint-Denis et le Val-de-Marne, et de **48 euros** (montant 2015) par jour dans les autres départements métropolitains.

Correction du questionnaire de la page 87

N°	Affirmations	Vrai	Faux
1	Vrai, ainsi que sur le prix de vente des produits fabriqués par l'entreprise (*voir* p. 92).	X	
2	Vrai, il a ainsi remplacé l'ancien Salaire minimum interprofessionnel garanti (*voir* p. 93).	X	
3	Faux, une seule augmentation annuelle est prévue le 1er janvier (*voir* p. 94).		X
4	Faux, le SMIC ne se comprend que « à l'heure », soit 9,61 euros (*voir* p. 95).		X
5	Faux, entre seulement 2 et 2,6 millions de salariés (*voir* p. 95).		X
6	Vrai, mais un handicapé peut « valoir » plusieurs unités bénéficiaires (*spécifications de la déclaration concernant les handicapés*).	X	
7	Faux, ils ne le sont plus depuis 2002 (*voir* p. 240).		X
8	Vrai, mais aussi dans le calcul des CP, du préavis, des IJSS, etc. (*voir* p. 90 et 103).	X	
9	Faux, seulement trois : « dirigeants », « intégrés » et « autonomes » (*voir* p. 107).		X
10	Vrai, d'après la convention collective nationale de retraite des cadres (*voir* p. 109).	X	
11	Vrai, d'après l'article R.3243-1 (*voir* p. 114).	X	
12	Vrai, mais elles doivent être comptabilisées et justifiées (*voir* p. 114).	X	
13	Faux, l'article L.3121-45 du Code du travail a fixé la limite à 218 jours maximum/an (*voir* p. 115).		X
14	Vrai, et cela justifie l'attribution en plus de dommages-intérêts (*voir* p. 119).	X	
15	Vrai, selon l'article L.3241-1 du Code du travail (*voir* p. 120).	X	
16	Faux, heureusement c'est même le contraire (il n'est pas tenu de) (*voir* p. 120).		X
17	Vrai, si cet usage est constant, fixe et général ; Faux, sinon (*voir* p. 124).	X	X
18	Vrai, si son montant n'est pas supérieur aux tarifs deuxième classe ; Faux, sinon (*voir* p. 134).	X	X
19	Faux, c'est le montant de la participation patronale qui fixe l'exonération (*voir* p. 139).		X
20	Vrai, mais ils sont aussi intégrés dans d'autres calculs (*voir* p. 149).	X	

LE TEMPS DE TRAVAIL

PARTIE III

Avant de commencer la partie sur le temps de travail, nous vous demandons de remplir ce petit questionnaire. Cela vous permettra d'évaluer vos connaissances préalables et vos acquis.
Sur chaque ligne, veuillez mettre une croix soit dans la colonne « Vrai », soit dans la colonne « Faux », soit dans les deux.

N°	Affirmations	Vrai	Faux
1	La durée légale du travail est de 151,67 heures par mois.		
2	Les concierges et les cadres dirigeants sont exclus du cadre de la durée légale.		
3	Les pauses et les repas sont du temps de travail effectif.		
4	Le temps consacré à l'habillage et au déshabillage est du temps de travail effectif.		
5	Le temps de l'astreinte est du temps de travail effectif.		
6	Le temps de déplacement du fait de l'employeur est du temps de travail effectif.		
7	8 heures de repos sont le minimum entre 2 journées consécutives de travail.		
8	Un salarié non-cadre ne peut pas travailler plus de 12 heures par jour.		
9	Un salarié peut refuser d'effectuer des heures supplémentaires.		
10	Un salarié peut légalement faire jusqu'à 220 heures supplémentaires par année.		
11	Les majorations des heures supplémentaires sont de 25 %, 50 % et 100 %.		
12	Un cadre ne peut pas bénéficier des heures supplémentaires.		
13	Il y a trois types de contrepartie en repos.		
14	Un jour de contrepartie en repos peut être pris légalement en 2 demi-journées.		
15	Un salarié qui travaille 32 heures par semaine est à temps partiel.		
16	Un employeur peut légalement imposer au salarié de passer à temps partiel.		
17	Un salarié peut imposer à son employeur son passage à temps partiel.		

N°	Affirmations	Vrai	Faux
18	Un employeur doit supprimer les titres-restaurant à un temps partiel de 50 %.		
19	La notion de travail de nuit commence à partir de 21 heures.		
20	Le bon décompte des absences en cas d'entrée-sortie s'effectue en trentièmes.		

BULLETIN DE PAIE

Période du au

Employeur	Salarié
Raison Sociale :	Nom : Prénom :
Adresse :	Adresse :
N° SIRET : Code NAF :	N° SS :
URSSAF : N° de cotisant :	Emploi : Classif. :
Convention collective :	Date d'ancienneté :

Libellé des rubriques	Base	Taux	Montant	Commentaires
Salaire	151,67		3 000,00	juin 2015
Heures supplémentaires à 125%	8,00	24,725	197,80	Date d'entrée : 1 Mai 2005
Heures supplémentaires à 150%	2,00	29,670	59,34	Plafond du mois : 3.170 €
Heures de nuit	4,00	39,560	158,24	
Total brut			3 415,38	

Cotisations	Base	Salariales		Patronales	
		Taux	Montant	Taux	Montant
Ass. Mal.Mat.Inv.décès	3 415,38	0,75	-25,62	12,80	437,17
Contribution Solidarité Autonomie	3 415,38			0,30	10,25
Accident du Travail	3 415,38			2,44	83,34
Allocations Familiales	3 415,38			5,25	179,31
Ass. Vieillesse Plafonnée	3 170,00	6,85	-217,15	8,50	269,45
Ass. Vieillesse Déplafonnée	3 415,38	0,30	-10,25	1,80	61,48
F.N.A.L. sur Brut	3 415,38			0,50	17,08
Chômage sur Tr. A + Tr. B	3 415,38	2,40	-81,97	4,00	136,62
A.G.S. sur Tr. A + Tr. B	3 415,38			0,30	10,25
A.R.R.CO sur Tr. 1	3 170,00	3,10	-98,27	4,65	147,41
A.G.F.F. sur Tr. 1	3 170,00	0,80	-25,36	1,20	38,04
A.R.R.CO sur Tr. 2	245,38	8,10	-19,88	12,15	29,81
A.G.F.F. sur Tr. 2	245,38	3,00	-7,36	1,30	3,19
Prévoyance sur Tr. A	3 170,00	1,00	-31,70	2,00	63,40
Taxe sur Prévoyance	63,40			8,00	5,07
C.S.G. déductible	3 417,47	5,10	-174,29		
Autres charges patronales	3 415,38			4,846	165,51
Total cotisations			-691,85		1 657,38
Net fiscal			2 786,93		
Indemnités de Transport			55,00	Règlement par virement sur le compte	
Remboursement Frais Prof.	10,00	18,10	181,00		
Reprise Avantages en Nature			-59,34	Code Banque :	
C.S.G. non déductible	3 417,47	2,40	-82,02	Code Guichet :	
C.R.D.S. non déductible	3 417,47	0,50	-17,09	N° Compte :	
Net à payer			2 801,08		

CUMULS depuis le 1er Janvier 2015

Heures : Brut S.S. Net Fiscal :

Pour faire valoir vos droits, ce bulletin de paie doit être conservé sans limitation de durée

En face du salaire, souvent dans la colonne « nombre » du bulletin de paie, on trouve un nombre d'heures. Il s'agit du nombre d'heures réelles de travail pour les salariés dits « horaires », ou du nombre d'heures « moyennées » pour les salariés soit mensualisés, soit annualisés, soit forfaitisés. Bien sûr, ce nombre dépend de la durée légale du travail.

1. La durée légale du travail

Depuis le 1er janvier 2000, **la durée légale du travail est désormais de 35 heures** pour les entreprises de plus de vingt salariés. Depuis le 1er janvier 2002, il en va de même pour les entreprises dont l'effectif est inférieur ou égal à vingt salariés.
L'effectif est apprécié dans les mêmes conditions que celles prévues pour les élections des délégués du personnel (effectif atteint pendant 12 mois, consécutifs ou non, au cours des 3 années précédentes).
Cette réforme des 35 heures, qui résulte des lois Aubry I (du 13 juin 1998) et Aubry II (loi n° 2000-37 du 19 janvier 2000) et de leurs nombreux textes d'application (décrets, circulaires), modifie de fait en profondeur l'ensemble du droit de la durée du travail. Ces lois remplacent donc l'ordonnance du 16 janvier 1982 selon laquelle dans les établissements industriels et commerciaux et leurs dépendances, la durée légale du travail des salariés est fixée à 39 heures par semaine.

Dans le cadre de cette réglementation, nous détaillerons successivement :
- le champ d'application ;
- la définition et le régime du temps de travail effectif, des pauses, des repas, des astreintes, des déplacements, des formations, des repos… ;
- les durées maximales (quotidiennes et hebdomadaires) ;
- les heures supplémentaires et la contrepartie en repos (ainsi que le repos compensatoire) ;
- la mensualisation ;
- les modalités d'organisation de temps de travail (les horaires collectifs, les horaires individuels, la modulation, le travail par cycles, le temps partiel) ;
- la réduction de temps de travail (réduction journalière, sur la semaine ou sur l'année).

Le champ d'application

Les entreprises concernées

La réglementation de la durée du travail est applicable à la très grande majorité des entreprises.

Sont concernés :
• les établissements industriels et commerciaux publics ou privés, laïcs ou religieux (mais un régime particulier est mis en place pour les secteurs des transports routiers, de la navigation fluviale et des mines) ;
• les établissements publics à caractère industriel et commercial (EPIC), dans des conditions particulières pour les entreprises à statut ;
• les offices publics et ministériels, professions libérales, sociétés civiles, associations de quelque nature que ce soit, syndicats professionnels ;
• les établissements familiaux (membres de la famille sous l'autorité du père, de la mère ou du tuteur, C. trav., art. L.3111-1) ;
• les établissements artisanaux et coopératifs (C. trav., art. L.3121-10) ;
• les établissements et exploitations agricoles (Code rural) à l'exception des établissements publics administratifs ;
• les entreprises d'armement maritime (article 24 du Code du travail maritime).

Seules sont actuellement hors du champ de la réglementation de la durée du travail :
• les entreprises qui relèvent de la loi du 3 octobre 1940 et de ses arrêtés d'application (SNCF, RATP, transports urbains) ;
• les établissements publics hospitaliers et d'une manière générale l'État, les collectivités territoriales et leurs établissements publics administratifs.

Les salariés concernés

Tous les salariés employés dans les entreprises ou les établissements visés ci-dessus relèvent de la réglementation relative à la durée du travail.
Les dockers, journalistes, gérants salariés de succursales, intermittents du spectacle, mannequins et travailleurs à domicile sont également assujettis, mais dans le cadre d'un régime spécial ou aménagé.
Sont par contre **exclus de la durée légale** du travail les concierges et employés d'immeubles d'habitation (C. trav., art. L.7211-3), les VRP (circulaire du 3 mars 2000), les employés de maison (selon la convention collective du particulier employeur), ainsi que les cadres dirigeants (C. trav., art. L.3111-2 : sont considérés comme ayant la qualité de **cadre dirigeant** les cadres auxquels sont

confiées des responsabilités dont l'importance implique une grande indépendance dans l'organisation de leur emploi du temps, qui sont habilités à prendre des décisions de façon largement autonome et qui perçoivent une rémunération se situant dans les niveaux les plus élevés des systèmes de rémunération pratiqués dans leur entreprise ou leur établissement).

Le temps de travail effectif

Depuis la loi du 13 juin 1998, le temps de travail effectif est défini de la façon suivante (C. trav., art. L.3121-1) : *« La durée du travail effectif est le temps pendant lequel le salarié est à la disposition de l'employeur et doit se conformer à ses directives sans pouvoir vaquer librement à des occupations personnelles. »*

Trois critères se dégagent donc :
• la **disponibilité** du salarié : distincte de l'activité productive, il n'est pas nécessaire que le salarié fournisse un travail productif pour que ce temps soit qualifié de temps de travail effectif ;
• la **soumission à l'autorité** de l'employeur : le temps de travail effectif n'est pas assimilable au temps de présence du salarié dans l'entreprise. La disponibilité s'apprécie par rapport à l'employeur, à son autorité et à la possibilité pour ce dernier d'exiger un travail du salarié. Seul le travail commandé est susceptible d'être qualifié de temps de travail effectif ;
• l'**impossibilité de vaquer à des occupations personnelles** : dès lors que le salarié, même s'il n'effectue pas un travail productif, n'a pas la liberté d'activité, son temps est du temps de travail.
Le temps de travail effectif est entièrement comptabilisé pour l'appréciation de la réglementation relative à la durée du travail. Il doit être **rémunéré**, éventuellement en heures supplémentaires.

Pauses et repas

Les temps nécessaires à la restauration et les temps consacrés aux pauses sont soumis aux critères de cette nouvelle définition du temps de travail. Ainsi, les pauses ou les temps nécessaires à la restauration, pendant lesquels le salarié est à la disposition de l'employeur et doit se conformer à ses directives sans pouvoir vaquer librement à des obligations personnelles, devront être considérés comme du **temps de travail effectif**.

A contrario, si le salarié peut vaquer à des obligations personnelles et n'est pas à la disposition de son employeur, le temps de pause ou de restauration ne sera **pas reconnu comme du temps de travail effectif** et dans ce cas, il pourra faire l'objet d'une rémunération par voie conventionnelle (accord collectif) ou contractuelle (contrat de travail).

Ces dispositions valent aussi pour la pause de 20 minutes obligatoire au bout de 6 heures de travail continu.

Habillage et déshabillage

Le temps nécessaire aux opérations d'habillage et de déshabillage devra faire **l'objet de contreparties**, soit sous forme de repos, soit financières, devant être déterminées par accord collectif ou à défaut par contrat de travail, lorsque le port d'une tenue de travail est imposée par des dispositions législatives ou réglementaires, ou par des clauses d'accord collectif, ou par le règlement intérieur, ou par le contrat de travail (le texte ne vise pas les usages) et que l'habillage et le déshabillage doivent être réalisés dans l'entreprise ou le lieu de travail (donc pas au domicile du salarié).
Ce temps ne sera pas considéré comme du travail effectif sauf si des clauses d'accord collectif, des usages, ou des stipulations du contrat de travail l'assimilent à du travail effectif. Ces dispositions sont appliquées depuis le début de l'année civile suivant l'abaissement de la durée légale du travail à 35 heures, soit le 1er janvier 2001 pour les entreprises de plus de vingt salariés et le 1er janvier 2003 pour les autres entreprises.

Régime des astreintes

Le régime des astreintes est enfin clarifié par la loi. Une période d'astreinte est définie par le texte comme « *une période pendant laquelle le salarié, **sans être à la disposition permanente et immédiate** de l'employeur, a **l'obligation de demeurer à son domicile ou à proximité** afin d'être en **mesure d'intervenir** pour effectuer un travail au service de son entreprise* ». (C. trav., art. L.3121-5)
Les astreintes pourront être mises en place :
• par conventions, accords collectifs de branche étendus, par accords d'entreprise ou d'établissement ;

• à défaut d'accord collectif, unilatéralement par l'employeur après information-consultation du comité d'entreprise et après information de l'inspecteur du travail.

Dans tous les cas, doivent être indiqués le mode d'organisation de ces astreintes ainsi que la compensation financière ou sous forme de repos à laquelle elles donnent lieu. De plus, la programmation individuelle des périodes d'astreintes doit être portée à la connaissance de chaque salarié concerné moyennant un délai de prévenance de 15 jours. Celui-ci peut être ramené à un jour franc en cas de circonstances exceptionnelles.

L'astreinte n'est pas un temps de travail effectif. Elle n'est pas comptabilisée au titre de la durée du travail.
Enfin, **l'accomplissement d'astreintes doit donner lieu**, pour chaque salarié concerné, **à la remise**, en fin de mois, **d'un document distinct du bulletin de paie** indiquant le nombre d'heures d'astreinte effectuées par le salarié au cours du mois écoulé et la compensation correspondante. Ce document, tenu à la disposition de l'inspection du travail, doit être conservé pendant une durée d'un an.

Déplacements

La loi ne définit pas le temps de déplacement qui est le grand absent du 19 janvier 2000 ! En matière d'accident du travail, la jurisprudence a défini le temps de trajet : il s'agit du temps passé entre le lieu où s'accomplit le travail et sa résidence, dans des conditions où le salarié n'est pas encore ou plus soumis aux instructions de l'employeur. Ce n'est pas du temps de travail.

Le **temps de déplacement professionnel** pour se rendre sur le lieu d'exécution du contrat de travail :
• **ne constitue pas du temps de travail effectif** ;
• **doit faire l'objet de contreparties** lorsqu'il excède le temps normal de trajet entre le domicile et le lieu habituel de travail. La contrepartie donnée, soit sous forme de repos, soit sous forme financière, doit être déterminée par accord collectif ou, à défaut, par décision unilatérale de l'employeur prise après consultation du CE ou, à défaut, des DP ;
• ne peut pas occasionner de perte de salaire lorsqu'il coïncide avec l'horaire de travail du salarié (C. trav., art. L.3121-4).

Horaires d'équivalence

Une durée équivalente à la durée légale du travail peut être instituée dans les professions et pour des emplois déterminés comportant des périodes d'inaction (C. trav., art. L.3121-9). Le régime des heures supplémentaires s'applique alors aux heures excédant la durée équivalente de travail et non à compter de la trente-sixième heure (exemple : dans les hôtels, cafés, restaurants, la durée du travail équivalente à 35 heures est fixée à 39 heures selon le principe du décret n° 2004-1536 du 30 décembre 2004, *JO* du 1er janvier 2005). Aucune rémunération spécifique n'est imposée par la loi : les périodes d'équivalence sont rémunérées conformément aux usages ou conventions ou accords collectifs (C. trav., art. L.3121-9). Les heures supplémentaires réalisées au-delà de l'horaire d'équivalence ne doivent pas se voir appliquer le rapport d'équivalence.
Le régime d'équivalence n'est, en principe, pas applicable aux salariés à temps partiel dans la mesure où il ne peut y avoir d'équivalence qu'à la durée légale du travail (Cass. soc., 24 avril 2001, n° 98-45.365P).

Temps de douche

Les temps passés à la douche dans les hypothèses de travaux insalubres ou salissants (C. trav., art. R.4228-1) sont rémunérés au tarif normal des heures de travail, sans être décomptés de la durée de travail effectif.
Il n'est pas nécessaire que les salariés prouvent qu'ils ont effectivement pris une douche. Dès lors qu'il n'est pas contesté que les salariés effectuent des travaux nécessitant la prise d'une douche quotidienne, l'employeur doit payer le temps quotidien de douche au tarif normal des heures de travail (Cass. soc., 11 février 2004, n° 01-46.405P).

Les temps non travaillés assimilés à du temps de travail effectif

Si de nombreuses dispositions du Code du travail assimilent certains temps non travaillés à du temps de travail effectif pour la détermination des droits à congés payés et/ou à l'ancienneté, seules quelques dispositions traitent de l'assimilation totale à du temps de travail effectif.

Visite médicale d'embauche et examens médicaux obligatoires

Si l'article R.4624-28 du Code du travail n'assimile pas expressément les examens médicaux à du temps de travail effectif, se contentant de préciser qu'ils doivent être rémunérés comme du temps de travail normal, **l'étude ministérielle du 2 juin 1997 considère que ceux-ci entrent dans le décompte de la durée du travail pour le calcul des heures supplémentaires et l'appréciation de la durée maximale de travail**. La position de l'Administration privilégie cette dernière interprétation.

Heures de délégation des représentants du personnel

Les heures de délégation utilisées dans la limite des contingents sont de plein droit considérées comme du temps de travail et payées à l'échéance normale (C. trav., art. L.2143-17 et L.2143-19). Elles sont donc prises en considération pour le calcul de la durée du travail et des heures supplémentaires, pour l'appréciation des durées maximales de travail et pour l'attribution de la contrepartie en repos.
Lorsqu'un représentant du personnel prend des heures de délégation en dehors de son temps de travail, il doit être payé en heures supplémentaires (Cass. soc., 12 février 1991, n° 88-42.353P), sous réserve que leur utilisation au-delà de la durée légale soit justifiée par les nécessités du mandat. Ces heures supplémentaires ouvrent droit à repos compensateur (Cass. soc., 13 décembre 1995, n° 92-44.389).

Le temps passé aux réunions par les représentants du personnel avec l'employeur est payé comme du temps de travail. Ce temps n'est pas déduit du crédit d'heures dont disposent éventuellement les intéressés.
Les trajets effectués en exécution des fonctions représentatives des salariés sont payés comme du temps de travail effectif (Cass. soc., 5 novembre 2003, n° 01-43.109P).

Contrepartie en repos obligatoire

À la différence du temps de repos compensatoire (C. trav., art. L.3121-24), appelé aussi « repos compensateur de remplacement », la contrepartie en repos obligatoire est expressément assimilée

à du temps de travail effectif (son nom précédent était « repos compensateur »).
Cette assimilation n'est cependant pas intégrale et ne vaut que pour le calcul des droits à congés payés, salaire et ancienneté, mais pas pour l'application des durées maximales de travail au repos compensateur et à l'imputation sur le contingent des heures supplémentaires.

Jours fériés

Concernant les jours fériés chômés, la règle « classique » est de dire qu'à défaut de dispositions conventionnelles plus favorables, le chômage des jours fériés n'entraîne pas de réduction de la rémunération.

Le seul problème qui se pose vraiment est : « Qu'en est-il en matière d'heures supplémentaires ? »
La Cour de cassation vient de préciser sans ambiguïté qu'en matière d'heures supplémentaires, les jours fériés chômés ne sont pas assimilés à du temps de travail effectif, en l'absence de dispositions légales ou conventionnelles contraires (Cass. soc., 4 avril 2012, n° 10-10701). Cependant, lorsque la durée du travail habituelle du salarié inclut des heures supplémentaires (exemple : 39 heures hebdomadaires, réparties à raison de 7,8 heures par jour), le chômage du jour férié ne doit entraîner aucune diminution de salaire. Le salarié ne doit donc pas perdre les majorations de salaire incluses dans sa rémunération habituelle, ce qui est assez contradictoire !
De plus, l'Administration considère qu'il faut tenir compte des jours fériés chômés pour déterminer les droits à majoration pour heures supplémentaires (circ. DRT 2000-7 du 6 décembre 2000).
Malgré la position récente de la Cour de cassation, il est donc préférable de tenir compte des jours fériés chômés dans l'appréciation des heures supplémentaires, surtout si l'entreprise souhaite que les salariés effectuent ces heures supplémentaires la semaine incluant un jour férié, sinon les salariés les effectueront la semaine suivante (afin de bénéficier des majorations).
En revanche, il convient d'ignorer les jours fériés chômés pour déterminer les droits à contrepartie obligatoire à repos, le nombre d'heures supplémentaires à imputer sur le contingent annuel ou encore le respect des seuils de durée maximale du travail.

Le temps de repos

Le temps de repos quotidien

Chaque salarié doit bénéficier d'un repos quotidien d'une durée minimale de **11 heures consécutives** (art. L.3131-1).
Toutefois, il peut y avoir des **dérogations** à cette règle. En effet, **un accord collectif de travail étendu, une convention ou un accord d'entreprise** peuvent déroger à la durée minimale de repos quotidien dans des conditions déterminées par décret, notamment pour des activités caractérisées par la nécessité d'assurer une continuité du service ou par des périodes d'intervention fractionnées (art. L.3131-2).

Selon l'article L.3164-1, la durée minimale de repos de nuit des jeunes travailleurs de moins de 18 ans est de 12 heures au minimum (14 heures pour les moins de 16 ans).

Le temps de pause quotidien

Aucun temps de travail quotidien ne peut atteindre **6 heures** sans que le salarié bénéficie d'un temps de pause d'une durée minimale de **20 minutes**, sauf disposition conventionnelle plus favorable fixant un temps de pause supérieur (art. L.3121-33). Cette pause n'est pas qualifiée de temps de travail effectif. Elle n'a donc pas à être rémunérée, à moins qu'un accord collectif ne le prévoie.

Le temps de repos hebdomadaire

Tous les salariés ont droit à un repos hebdomadaire d'une durée minimale de **24 heures consécutives**, en principe donné le dimanche (art. L.3132-2 et L.3132-3).
Aux 24 heures consécutives s'ajoutent les 11 heures de repos quotidien, ce qui aboutit à un total de 35 heures de repos consécutives de repos.

Il est interdit d'occuper plus de 6 jours par semaine un même salarié (art. L.3132-1). Et un salarié peut légitimement refuser de prendre une garde si elle le conduit à enfreindre les règles relatives au repos hebdomadaire. Une amende de quatrième classe sanctionne toute infraction à ces dispositions (art. R.3135-1). L'amende étant appliquée autant de fois qu'il se produit d'infractions et qu'il y a de salariés concernés.

Des **dérogations au repos hebdomadaire** sont prévues dans le Code du travail (art. L.3132-4 à L.3132-31) pour des travaux urgents, travaux dans les ports, travaux intéressant la Défense nationale, les industries traitant des matières périssables, les établissements industriels fonctionnant en continu, les activités saisonnières, les gardiens et concierges des établissements industriels et commerciaux.
Ces dérogations sont soit permanentes de droit (public, détail alimentaire), soit conventionnelles (travail continu ou de suppléance), soit accordées par le préfet ou par les maires.
Une compensation doit être prévue sous forme de report ou de repos compensateur.

Les amplitudes maximales d'horaire

Durée maximale quotidienne

Article L.3121-34 : *« La durée quotidienne du travail effectif* ***ne peut excéder 10 heures*** *par salarié sauf dérogation. »*

Durée maximale hebdomadaire

Selon les articles L.3121-35 et L.3121-36, **la durée moyenne hebdomadaire** de travail calculée sur une période quelconque **de 12 semaines consécutives ne peut dépasser 44 heures** (au lieu de 46 auparavant, sauf dans la métallurgie).
Au cours d'une **même semaine, la durée du travail ne peut dépasser 48 heures** (46 heures dans la métallurgie, selon l'accord du 23 février 1982). En outre, en cas de circonstances exceptionnelles, certaines entreprises peuvent être autorisées à dépasser, pendant une période limitée, le plafond de 48 heures sans toutefois pouvoir excéder 60 heures par semaine (60 heures par semaine et 12 heures par jour sont des limites absolues).
D'après l'article L.3162-1, **les jeunes** travailleurs des deux sexes âgés **de moins de 18 ans ne peuvent être employés à un travail effectif excédant 8 heures par jour et 35 heures par semaine**.
À titre exceptionnel, des dérogations à ces dispositions peuvent être accordées dans la limite de 5 heures par semaine par l'inspecteur du travail après avis conforme du médecin du travail de l'établissement.

La durée du travail des intéressés ne peut en aucun cas être supérieure à la durée quotidienne ou hebdomadaire normale du travail des adultes employés dans l'établissement.

Les heures supplémentaires

Définition

Constituent des heures supplémentaires les heures effectuées par le salarié à la demande de l'entreprise au-delà de la durée légale hebdomadaire du travail (C. trav., art. L.3121-11 et s.), à l'exception des heures d'équivalence (C. trav., art. L.3121-9) et des heures de récupération (C. trav., art. L.3121-25).

L'utilisation des heures supplémentaires par l'employeur n'a pas un caractère obligatoire. En cas de surcharge de travail, il n'est pas obligé d'y recourir et peut prendre toutes mesures nécessaires pour faire face à un accroissement de travail telles que les embauches sous CDD, le passage en équipes, ou encore la modification de la répartition hebdomadaire du travail après en avoir débattu devant les instances représentatives, si elles existent.
Pour **les salariés**, il en est tout autrement. Ceux-ci **ne peuvent s'y soustraire si l'employeur les a décidées**. Elles ont même un caractère obligatoire dans ce cas. Toutefois, le refus est possible si les nécessités de l'entreprise ne l'exigent pas (Cass. soc., 9 mars 1999) ou si le refus est exceptionnel et justifié par un délai de prévenance trop court (Cass. soc., 20 mai 1997).

Elles se décomptent toujours dans le cadre de la semaine civile, sauf dans le cas d'horaires cycliques, modulés ou individualisés. **Le cadre commun d'appréciation des heures supplémentaires est la semaine civile, qui débute le lundi à 0 heure et se termine le dimanche à 24 heures**. Mais un accord d'entreprise peut prévoir que la semaine civile débute le dimanche à 0 heure et se termine le samedi à 24 heures (C. trav., art. L.3121-20).
Il n'est **possible de déroger au cadre de référence hebdomadaire** pour le calcul des heures supplémentaires que dans deux cas :
- en application d'un accord collectif prévoyant le recours à une **forme d'annualisation du temps de travail**, voire de pluriannualisation (modulation, RTT sous forme de jours de congés, compte épargne-temps, etc.) ;

• lorsque l'employeur a recours à une **réduction du temps de travail sous forme de jours de congé donnés par période de 4 semaines** (C. trav., art. L.3122-6).

Incidence des absences

Le dépassement de cadre hebdomadaire dans le calcul des heures supplémentaires a pour conséquence de prendre en compte des situations d'absences qui sont parfois assimilées à du travail effectif pour le calcul de certains droits (congés payés, ancienneté). Mais la plupart de ces absences (maladie, accident du travail, maternité, jour férié, etc.) ne sont pas assimilées à du temps de travail effectif au sens de l'article L.3121-1, ce qui a une influence non négligeable sur le calcul des heures supplémentaires sur une période plus longue que la semaine.

Seules, les heures d'activité partielle (décret du 28 juin 2001), de congés pour événements familiaux, de délégation des représentants du personnel, de formation pendant le temps de travail, sont assimilées à du travail effectif pour le décompte des heures supplémentaires.

Contingent annuel

Toujours dans l'espoir de réduire le recours aux heures supplémentaires et de générer des emplois, le législateur a donné de nouvelles contraintes aux employeurs en créant le repos compensateur par la loi du 16 juillet 1976.

Le résultat n'étant pas à la hauteur de ses espérances, le législateur a depuis modifié ce texte huit fois : en 1982 (à l'occasion de l'ordonnance du 16 janvier 1982), en 1990 (loi du 2 janvier 1990), en 1993 (loi du 20 décembre 1993), en 1999 (loi Aubry I), le 1er février 2000 (loi Aubry II), le 20 janvier 2003 (loi Fillon), le 21 décembre 2004 et enfin le 20 août 2008, en modifiant en plus le nom (« repos compensateur » est ainsi devenu « contrepartie en repos »).

Lorsque l'employeur a recours aux heures supplémentaires, il dépasse donc l'horaire légal. Dans ce cas, il y a deux catégories d'heures supplémentaires :

• les **heures supplémentaires** comprises **dans un contingent annuel** ;
• les **heures supplémentaires** situées **au-delà du contingent annuel.**

Cela crée une notion « d'annualisation » du temps de travail et oblige les entreprises à mettre en place des compteurs individualisés par salarié. La loi du 21 décembre 2004 a modifié le **contingent annuel** d'heures supplémentaires prévu aux articles L.3121-11 et D.3121-3 à **220 heures par an et par salarié** (il était auparavant de 180 heures).

Une convention collective ou un accord collectif étendu peut fixer un contingent d'un volume supérieur ou inférieur aux 220 heures ; c'est le cas, par exemple dans le papier-carton, ou encore dans la communication.
Ce contingent était réduit à 130 heures en cas de modulation dans le cadre de l'article L.3121-4, mais la dernière loi du 20 août 2008 a supprimé ce contingent spécifique.

Modalité de décompte
Ce contingent ne peut être utilisé qu'après information du comité d'entreprise (ou, à défaut, des délégués du personnel) et de l'inspection du travail. Ces modalités d'utilisation doivent être débattues au moins une fois par an au cours d'une réunion avec le CE ou, à défaut, les DP. **Avant le 20 août 2008, l'autorisation de l'inspection du travail était requise pour pouvoir effectuer des heures supplémentaires au-delà du contingent. Depuis cette date, il n'y a plus d'autorisation à demander pour dépasser le contingent annuel légal des heures supplémentaires.**

Seuil de déclenchement
Pour le calcul du contingent, sont prises en compte **les heures effectuées au-delà de la durée légale du travail** (35 heures par semaine ou 1 607 heures par an), sauf :
• en cas de **compensation intégrale sous forme de repos** portant à la fois sur le paiement de l'heure et sur celui de majorations ou de bonifications y afférentes ;
• lorsque ces heures supplémentaires ont été effectuées dans le cadre de **travaux urgents** prévus à l'article L.3132-4 ;
• dans le cadre des **dérogations permanentes et temporaires** prévues par les décrets pris en application de la loi du 21 juin 1936.

Rémunération des heures supplémentaires

Taux de majoration des heures supplémentaires
Dans toutes les entreprises, les **8 premières heures supplémentaires** (de 35 à 43 heures) donnent lieu à une **majoration de salaire de 25 %** et les **heures suivantes** (au-delà de 43 heures) à une **majoration de 50 %**, sauf si un accord de branche étendu prévoit un autre taux. Le taux de majoration conventionnel ne peut être inférieur à 10 % (C. trav., art. L.3121-22).

Base de calcul des heures supplémentaires
Les **majorations** pour heures supplémentaires sont calculées **sur la base du salaire horaire effectif payé** au salarié. Les primes seront ou non incluses dans la base de calcul des heures supplémentaires selon leur nature.

Entrent dans la base de calcul :
- les **éléments de salaire qui constituent directement une contrepartie du salaire** assimilés à un salaire (primes inhérentes à la nature du travail telles les primes de danger, de froid, de pénibilité, d'insalubrité…) ;
- les **primes liées au rendement** individuel ou collectif.

En revanche, seront **exclues de l'assiette de calcul** de la majoration les **primes considérées comme indépendantes du travail fourni**. C'est le cas des primes représentatives de frais (panier, outillage, déplacement…).
En ce qui concerne la **prime d'assiduité** et la **prime d'ancienneté**, les avis divergent selon les interprétations de l'Administration et de la Cour de cassation. L'Administration considère qu'elles ne rentrent pas dans la base de calcul car elles ne dépendent pas du travail effectivement fourni, alors que pour la Cour de cassation, en raison de leur constance, de leur généralité et de leur fixité, elles ont le caractère de salaire. Je vous conseille de suivre la Cour de cassation.

Rémunération forfaitaire
Une convention de forfait peut être conclue avec tout salarié incluant la rémunération de toutes les heures travaillées, y compris les heures supplémentaires, **quelle que soit sa catégorie professionnelle.** Le forfait n'est pas réservé à la catégorie des cadres, dont la qualité, par ailleurs, n'est pas suffisante pour considérer que leur rémunération est toujours forfaitaire.
Attention toutefois, **le forfait** :
- **ne se présume pas** : il doit faire l'objet d'un accord (individuel ou collectif), mais si l'écrit n'est pas exigé pour rapporter la preuve de la convention de forfait, l'employeur ne peut se retrancher derrière un usage d'entreprise ;
- **ne se déduit pas de la qualité de cadre** : il appartient toujours à l'employeur qui invoque une convention de forfait pour justifier avoir payé lesdites heures d'en apporter la preuve ;
- **ne peut être désavantageux pour le salarié** : le salaire forfaitaire versé doit être au moins égal à celui qu'aurait procuré la rémunération des heures normales et supplémentaires de travail ;

• **ne peut permettre d'éluder la réglementation de la durée du travail** : l'employeur doit donc continuer à décompter et contrôler les horaires de son salarié, éviter que celui-ci ne franchisse les durées maximales absolues et moyennes de la durée de travail, s'assurer que ce dernier bénéficie des contreparties en repos obligatoires auxquelles il a droit et que le forfait ne porte pas la durée du travail du salarié au-delà de la durée légale augmentée du contingent d'heures supplémentaires ;
• **ne doit pas être obligatoirement écrit** : je vous conseille toutefois de veiller à ce que la convention de forfait soit écrite (dans le contrat de travail), de manière suffisamment précise et détaillée, afin que l'employeur soit en mesure de prouver la réalité et l'étendue du forfait ;
• **doit prévoir le volume d'heures supplémentaires qui seront réalisées** : si le salarié réalise des heures supplémentaires au-delà des durées prévues par la convention de forfait, il a droit à un paiement supplémentaire ;
• **doit apparaître sur le bulletin de paie** : il faut mentionner la durée globale du travail rémunéré, cette mention permettant de vérifier que les dispositions légales ont été respectées ;
• **implique le paiement automatique des heures supplémentaires incluses**, sauf nouvel accord.

La contrepartie en repos (ex-repos compensateur)

Salariés concernés

La contrepartie en repos est applicable aux ouvriers, employés, agents de maîtrise et cadres visés à l'article L.3121-39 (cadres occupés selon l'horaire collectif). En revanche, les cadres autonomes n'étant pas soumis au contingent annuel ne bénéficient pas de la contrepartie en repos liée à son dépassement.

Seuil de déclenchement

Depuis le 20 août 2008, **le contingent conventionnel d'heures supplémentaires détermine le seuil à partir duquel toute heure supplémentaire ouvre droit à une contrepartie en repos.**
À défaut de contingent fixé par accord de branche étendu, c'est le contingent réglementaire qui s'applique, soit 220 heures supplémentaires par an et par salarié.
• **Dans les entreprises de plus de vingt salariés**, les heures supplémentaires effectuées **au-delà du contingent conventionnel** (ou à défaut réglementaire) ouvrent droit à une contrepartie en

repos obligatoire dont la durée est égale à **100 % de ces heures supplémentaires** (art. L.3121-26, 2e §).

• **Dans les entreprises de vingt salariés au plus**, les heures supplémentaires effectuées **au-delà du contingent conventionnel** (ou à défaut réglementaire) ouvrent droit à une contrepartie en repos obligatoire dont la durée est égale à **50 % de ces heures supplémentaires** (art. L.3121-27).

ATTENTION

Dans le calcul des heures supplémentaires ouvrant droit à la contrepartie en repos, on ne doit pas prendre en compte :
• les journées de contrepartie en repos qui ne peuvent générer un nouveau repos ;
• les jours de congés et les jours fériés ;
• les heures d'équivalence qui ne sont que du temps de présence ;
• les heures de présence qui ne sont pas considérées comme du temps de travail effectif, même si elles sont rétribuées comme du temps de travail.

Ouverture du droit

Le droit à contrepartie en repos est réputé ouvert dès que 7 heures de repos sont acquises (C. trav., art. D.3121-8).

Information du salarié

En l'absence d'accord conclu **en matière de contrepartie en repos, l'employeur a l'obligation d'informer les salariés** en annexant un document de suivi des contreparties en repos au bulletin de paie. Lorsque tous les salariés d'un atelier, d'un service ou d'une équipe ne sont pas occupés selon le même horaire collectif, le chef d'établissement doit établir, pour chaque salarié, un document mensuel comportant le cumul des heures supplémentaires effectuées depuis le début de l'année, le nombre d'heures de contrepartie en repos acquises au cours du mois en distinguant, le cas échéant, les différents types de contrepartie en repos et le nombre d'heures de contrepartie en repos effectivement prises au cours du mois. Un double de ce document doit être annexé au bulletin de paie.

Modalités de prise

Cette contrepartie en repos doit être consommée à la convenance du salarié dans un délai de deux mois à compter de l'ouverture du droit, sauf si un accord collectif prévoit un délai différent qui ne peut excéder six mois après l'ouverture du droit. **Avant la loi du 20 août 2008, il était interdit de prendre ses contreparties en repos dans la période du 1er juillet au 31 août** durant laquelle le délai de deux mois était suspendu. Par ailleurs, elle ne pouvait **pas être accolée aux congés annuels** quelle que soit leur durée. **Depuis la loi du 20 août 2008, ces deux interdictions ont été supprimées** : on peut donc désormais prendre ses contreparties en repos accolées aux CP et en juillet et en août. Le repos peut se prendre par journée entière ou par demi-journée (C. trav., art. D.3121-8).

Formalités

La demande du bénéfice de la contrepartie en repos doit être formulée par le salarié au moins une semaine à l'avance. Elle doit préciser la date et la durée du repos. Dans les 7 jours qui suivent, l'employeur doit faire connaître au salarié soit son accord, soit, après consultation des délégués du personnel, les raisons qui motivent son report, et proposer au salarié une autre date dans le délai de 2 mois prévu par la loi (C. trav., art. D.3121-11).

L'absence de demande de prise de la contrepartie par le salarié ne peut entraîner la perte de son droit. L'employeur est tenu de lui demander de le prendre dans un délai maximum d'un an.

Nature de la période

La période durant laquelle le salarié est en contrepartie en repos est assimilée à une période de travail effectif pour le calcul des droits du salarié et donne lieu à une indemnisation qui ne doit entraîner aucune baisse de rémunération par rapport à celle que le salarié aurait perçue s'il avait accompli son travail pendant cette période (C. trav., art. L.3121-28).

Indemnisation de la contrepartie en repos

Par définition, **le repos doit être pris. Il ne peut donc être remplacé par une indemnité qu'en cas de départ** du salarié de l'entreprise **ou lorsque le salarié n'a plus la possibilité de voir son compte de contrepartie prospérer**. Il n'est, en effet, pas « sain » de « traîner » ainsi des repos pendant des années. Dans la mesure où l'on est amené à indemniser les contreparties, l'indemnisation ne doit entraîner aucune perte de salaire. Ayant le caractère de salaire, cette indemnité est par conséquent imposable et soumise à cotisations.

Les heures de récupération

Les dispositions légales

Selon l'article L.3122-27 du Code du travail, seules peuvent être récupérées, en suivant les modalités du décret du 13 mars 1986, les heures perdues par suite d'interruption collective du travail résultant :

- de causes accidentelles, d'intempéries, ou de cas de **force majeure** ;
- d'**inventaire** ;
- du **chômage** d'un ou de deux jours ouvrables compris entre un jour férié et un jour de repos hebdomadaire, ou d'un jour précédant les congés annuels (ce qu'on appelle communément « un pont » ; par exemple, faire le pont de l'Ascension consiste à ne pas travailler ni le vendredi qui suit le jeudi de l'Ascension, ni le week-end qui suit, soit s'absenter 4 jours consécutifs).

Modalités de récupération

Les heures perdues dans ces cas ne peuvent être récupérées que dans les 12 mois qui précèdent ou suivent leur perte. La récupération est de droit, il n'y a pas d'autorisation à demander. Toutefois, il faut informer l'inspecteur du travail afin que ces heures de récupération soient bien considérées comme des heures de récupération et non pas comme des heures supplémentaires.

Les salariés ne peuvent pas refuser la récupération envisagée ; c'est un droit pour l'employeur et pour lui seul. Les salariés absents au moment de l'interruption collective de travail, pour quelque raison que ce soit, doivent se conformer aux modalités de récupération et subiront des retenues sur salaire en cas d'absences non rémunérées. En cas de maladie, ces absences seront indemnisées au titre de la maladie si le salarié remplit bien les conditions nécessaires.

Le repos compensatoire

Définition

Le paiement des heures supplémentaires peut être remplacé en tout ou partie par un repos compensatoire (appelé parfois « repos compensateur de remplacement ») de durée équivalente :

- repos de 1 h 15 pour les heures majorées à 25 % ;
- repos de 1 h 30 pour les heures majorées à 50 %.

Les heures supplémentaires dont le paiement est remplacé en totalité par un repos compensatoire ne s'imputent pas sur le contingent annuel d'heures supplémentaires. Mais en cas de compensation partielle des heures effectuées, la totalité des heures supplémentaires s'imputent sur le contingent annuel.

ATTENTION

Le repos compensatoire est distinct de la contrepartie en repos avec laquelle il peut se cumuler.

Mise en place

Le repos compensatoire peut être mis en place :

- par convention, accord collectif étendu, convention ou accord d'entreprise ou d'établissement ;
- par décision du chef d'entreprise avec avis conforme du comité d'entreprise ou, à défaut, des délégués du personnel, dans les entreprises qui n'ont pas d'organisations syndicales représentatives et qui ne relèvent pas d'un accord de branche étendu (C. trav., art. L.3121-24). Ce dispositif ne peut être mis en place en l'absence de représentants du personnel.

Modalités d'utilisation

L'accord ou la décision doit prévoir :

- la nature et le volume des heures qui pourront être compensées ;
- le caractère obligatoire ou facultatif de la compensation ;
- les modalités de la prise du repos ;
- la définition des périodes minimales ou maximales de congés.

Lorsqu'un accord ou une décision ne règle pas les conditions et modalités d'attribution et de prise du repos compensatoire, celui-ci devra être attribué et pris dans les mêmes conditions que la contrepartie en repos.

Les salariés doivent être régulièrement informés sur leurs droits au repos compensatoire, soit sur leur bulletin de salaire, soit sur un document annexé.

ATTENTION

Selon l'article L.3121-16 du Code du travail, les heures supplémentaires pour travaux urgents de sécurité (énumérés à l'article L. 3132-4) ne s'imputent pas sur le contingent mais (d'après l'article L. 3121-25) ouvrent droit à un repos compensateur équivalent.

2. La mensualisation des horaires

Avant le xxe siècle, les Français sont payés à la journée (les « journaliers »). À la fin de la Première Guerre mondiale les premières conventions collectives sont mises en place en France. On se met alors à payer à la semaine, comme dans tous les pays anglo-saxons. Après la Seconde Guerre mondiale, la paie est remise tous les 15 jours. Enfin, **l'Accord national interprofessionnel du 10 décembre 1977 généralise la mensualisation**, et la loi n° 78-49 du 19 janvier 1978 rend obligatoire l'application de cet accord dans toutes les branches professionnelles.
La mensualisation concerne ainsi les professions industrielles et commerciales, les professions libérales, les offices publics et ministériels, les syndicats professionnels, les sociétés civiles et associations, les caisses d'épargne ordinaires, les concierges d'immeuble, les employés de maison.

Définition

La mensualisation consiste :
• dans le **paiement au mois des salariés**, précédemment payés à l'heure, **indépendamment du nombre de jours que comporte le mois** ;
• dans **l'attribution de divers avantages** réservés jusqu'alors aux salariés « mensuels » (paiement des jours fériés, garanties en cas de maladie ou d'accident du travail, indemnités de rupture majorées, etc.).

Sont notamment **couverts par la généralisation de la mensualisation** :
• les **salariés à temps partiel** ;
• les **salariés titulaires d'un contrat à durée déterminée** ;
• les **VRP** (sous réserve des dispositions de l'article L.7313-7 du Code du travail, aux termes desquelles les commissions dues donnent lieu à un versement trimestriel) ;
• le **personnel non titulaire des entreprises publiques** où les conditions de travail sont définies par un statut législatif ou réglementaire.

Quatre catégories de salariés sont **exclues de la mensualisation** :
- les **travailleurs à domicile** (tels que définis par l'article L.7412-1 du Code du travail) ;
- les **travailleurs temporaires** (salariés des ETT, titulaires d'un contrat de travail temporaire, article L.1251-1 et suivants du Code du travail) ;
- les **travailleurs saisonniers** : à défaut de définition conventionnelle, est considéré comme travail saisonnier un travail d'une durée totale de 8 mois par an au maximum appelé à se répéter chaque année à date à peu près fixe en fonction du rythme des saisons ou des modes de vie collectifs et effectué pour le compte d'une entreprise dont l'activité obéit aux mêmes variations ;
- **les travailleurs intermittents.**

Les **salariés à temps partiel** (hebdomadaire, mensuel ou annuel) sont inclus dans le champ d'application de la loi sur la mensualisation. L'Administration a donné des solutions aux différentes hypothèses qui peuvent se présenter à l'entreprise :
- lorsque l'horaire est régulier, le salaire mensuel est calculé en multipliant la rémunération horaire par le nombre d'heures de travail hebdomadaire affecté du coefficient 52/12 ;
- lorsque l'horaire est irrégulier, la rémunération mensuelle peut être établie sur la base de l'horaire minimum effectué, les heures de travail accomplies au-delà de cet horaire devant être rémunérées en sus du salaire habituel ;
- lorsque la durée hebdomadaire du travail varie de manière telle qu'il n'est pas possible de déterminer l'horaire minimum pratiqué par les salariés, le paiement d'un salaire mensuel indépendant pour un horaire déterminé du nombre de jours travaillés dans le mois ne peut être appliqué, sous réserve de l'appréciation souveraine des tribunaux. Dans ce cas, seul le mode de calcul du salaire est affecté, les autres dispositions de la loi s'appliquent.

Le principe de la mensualisation instaure que la rémunération payée au mois est indépendante du nombre de jours travaillés dans le mois, quelle que soit la répartition des jours ouvrables selon les mois ou les années. Pour les salariés payés au mois, la mensualisation correspond dans les faits à une forfaitisation du salaire quel que soit l'horaire réel de chaque mois.
En effet, si l'on compare le mois d'octobre (qui est presque toujours le plus long de l'année en jours ouvrés) avec le mois de mai (qui serait plutôt le mois le plus court exprimé en jours ouvrés), le temps réel de travail peut osciller entre 23 et 19 jours.

Exemples

Exemples avec 39 heures par semaine

Si l'on applique l'horaire légal moyen de 7,80 heures par jour ouvré (39 heures par semaine/5 jours), la durée du temps de travail mensuel à rémunérer oscille donc entre 148,20 heures et 179,40 heures (7,80 x 19 et 7,80 x 23).

Par ailleurs, il faut tenir compte de l'incidence des jours fériés rémunérés ou non, selon que la convention collective ou un accord le prévoit ou pas.

Pour résoudre toutes ces questions, il a donc été décidé de mensualiser l'horaire en raisonnant sur l'année entière (12 mois, 52 semaines). C'est ainsi que dans la plupart des cas, lorsque l'horaire légal est appliqué, les salariés sont rémunérés sur la base de 169 heures, quelle que soit la durée du travail effectif de chaque mois.

En moyenne mensuelle, nous obtenons donc :

$$\frac{52 \times 39}{12} = 169$$

Toutefois, certains « puristes » ont constaté que 52 semaines ne représentaient pas l'année entière mais seulement 364 jours (52 x 7). Pour corriger, ils ont donc ajouté une journée et obtenu le calcul suivant :

$$\frac{(52 \times 39) + 7{,}80}{12} = 169{,}65$$

D'autres sont allés encore plus loin : pour être rigoureusement exact, il faut en plus tenir compte des années bissextiles. Dans ce cas nous avons :

$$\frac{(52 \times 39) + 7{,}80 + \tfrac{1}{4}\,(7{,}80)}{12} = 169{,}81$$

Dans la chimie par exemple, au lieu de prendre ces journées supplémentaires à 7,80 heures, la convention collective raisonne avec 39 heures/7, ce qui est encore plus rigoureux, car la « 365e journée » ou la « ¼ 365e journée » n'est pas forcément un jour ouvré. Dans ce cas, nous obtenons les deux formules suivantes :

$$\frac{2\,028 + 5{,}57}{12} = 169{,}46$$

$$\frac{2\,028 + 5{,}57 + \tfrac{1}{4}\,(5{,}57)}{12} = 169{,}58$$

Exemples avec 35 heures par semaine

En appliquant l'horaire légal moyen de 7 heures par jour ouvré (35 heures par semaine/5 jours), la durée du temps de travail à rémunérer oscille entre 133 heures et 161 heures (7 x 19 et 7 x 23).

Par ailleurs, il faut tenir compte de l'incidence des jours fériés rémunérés ou non, selon que la convention collective ou un accord le prévoit ou pas.

Pour résoudre toutes ces questions, il a donc été décidé de mensualiser l'horaire en raisonnant sur l'année entière (12 mois, 52 semaines). C'est ainsi que dans la plupart des cas, lorsque l'horaire légal est appliqué, les salariés sont rémunérés sur la base de 151,67 heures, quelle que soit la durée du travail effectif de chaque mois.

En moyenne mensuelle, nous obtenons donc :

$$\frac{52 \times 35}{12} = 151{,}67$$

Toutefois, certains « puristes » ont constaté que 52 semaines ne représentaient pas l'année entière mais seulement 364 jours (52 x 7). Pour corriger, ils ont donc ajouté une journée et obtenu le calcul suivant :

$$\frac{(52 \times 35) + 7}{12} = 152{,}25$$

D'autres sont allés encore plus loin : pour être rigoureusement exact, il faut en plus tenir compte des années bissextiles. Dans ce cas nous avons :

$$\frac{(52 \times 35) + 7 + \tfrac{1}{4}\,(7)}{12} = 152{,}4$$

Dans la chimie par exemple, au lieu de prendre ces journées supplémentaires à 7 heures, la convention collective raisonne avec 35 heures/7, ce qui est encore plus rigoureux, car la « 365e journée » ou la « ¼ 365e journée » n'est pas forcément un jour ouvré. Dans ce cas, nous obtenons les deux formules suivantes :

$$\frac{(52 \times 35) + 5}{12} = 152{,}08$$

$$\frac{(52 \times 35) + 5 + \frac{1}{4}(5)}{12} = 152{,}19$$

3. Organisation du temps de travail

Horaire collectif de travail

La détermination de l'horaire de travail constitue une prérogative de l'employeur correspondant à son pouvoir de direction. Le travail salarié étant un travail subordonné, il revient à l'employeur de prescrire les modalités de réalisation du travail et notamment les horaires. Par conséquent, **le salarié qui refuse** de se soumettre aux nouveaux horaires fixés par l'employeur **commet une faute**, voire une faute grave rendant impossible son maintien dans l'entreprise pendant la durée de son préavis.

Cette prérogative a néanmoins quatre limites :
• la **contractualisation de l'horaire de travail** : référence à l'horaire de travail du salarié dans son contrat de travail, convention de forfait… ;
• le **bouleversement de l'équilibre du contrat de travail** : si la modification des horaires relève *a priori* de la modification des conditions de travail, elle peut remettre en cause l'équilibre contractuel lorsqu'elle est d'une importance particulière (travail du dimanche ou de nuit par exemple) ;
• la **réglementation du travail à temps partiel** ;
• l'**abus de droit ou la discrimination**.

En application de l'article L.3121-52 du Code du travail, les modalités d'aménagement et de répartition des horaires de travail sont fixées par décret. Pour l'essentiel, ces décrets sont les décrets d'application de la loi de 1936 relative aux 40 heures qui sont demeurés en vigueur. Ils prévoient trois possibilités de répartition de l'horaire de travail :
• la **répartition égale sur 5 jours** de la durée de travail avec 2 jours de repos hebdomadaire (samedi-dimanche ou dimanche-lundi) ;
• la **répartition** de la durée de travail **égale sur les 6 jours ouvrables** de la semaine ;
• la **répartition inégale** de la durée de travail **sur les 6 jours ouvrables avec un maximum de 8 heures par jour de travail et l'octroi d'une demi-journée de repos** (soit un jour et demi de repos hebdomadaire).

Les horaires individualisés

L'horaire de travail est, en principe, collectif (C. trav., art. L.3121-10). L'entreprise peut déroger à la règle générale de l'horaire collectif **en mettant en place des horaires individualisés**, appelés généralement *« horaires à la carte »*, *« horaires flexibles »*, *« horaires libres »* ou encore *« horaires variables »* (C. trav., art. L.3122-23). Pour instituer des horaires individualisés, il faut que le personnel en ait fait la demande, que le CE ou à défaut les DP ne s'y soient pas opposés et que l'inspecteur du travail ait été préalablement informé (C. trav., art. L.3122-24 et R.3122-3).

L'entreprise qui pratique un système d'horaires variables met en place **un temps de présence obligatoire** dans le cadre de « plages fixes » et de « plages mobiles » durant lesquelles les salariés choisissent leurs horaires. Les horaires individualisés peuvent entraîner, dans la limite d'un nombre fixé par décret (C. trav., art. R.3122-2), des reports d'heures d'une semaine à une autre, sans que ces heures ainsi reportées aient d'effet sur le nombre et le paiement des heures supplémentaires, pourvu qu'elles résultent d'un libre choix du salarié concerné. Le report ainsi prévu ne peut excéder 3 heures d'une semaine à une autre et le cumul des heures ainsi reportées ne peut être supérieur à 10 heures.

Pour **établir la paie** en fonction de la durée du travail, il est souvent indispensable de calculer la **durée de travail** non pas en minutes mais **en centièmes** car c'est le seul mode de calcul reconnu par les logiciels.

Pour convertir des minutes en centièmes d'heure, il faut les multiplier par 1,666.

Exemple
45 minutes x 1,666 = 74,97 = 75 centièmes d'heure

Pour convertir des centièmes d'heure en minutes, il faut multiplier les centièmes d'heure par 0,6.

Exemple
80 centièmes d'heure x 0,6 = 48 minutes (les 7,80 heures du temps des 39 heures font 7 heures et 48 minutes).

4. Le travail à temps partiel

Qui est concerné ?

L'article 12 de la loi n° 2000-37 du 19 janvier 2000 a redéfini la notion de travail à temps partiel pour se mettre en conformité avec la directive du Conseil de l'Union européenne du 15 décembre 1997. Sont désormais considérés comme des **travailleurs à temps partiel les salariés dont la durée de travail est inférieure** :
- **à la durée légale de 35 heures**, ou à la durée fixée conventionnellement lorsque cette durée est inférieure à la durée légale ;
- **à la durée mensuelle équivalente à la durée légale de 35 heures calculée sur un mois**, ou à la durée conventionnelle si elle lui est inférieure ;
- **à la durée annuelle équivalente à la durée légale de 35 heures calculée sur l'année**, ou à la durée conventionnelle si elle lui est inférieure (C. trav., art. L.3123-1). **Attention :** les salariés en forfait jours ne sont **jamais** des temps partiels, même s'ils travaillent beaucoup moins de 218 jours.

Le calcul de la durée annuelle s'effectue sur la base de la durée légale ou conventionnelle diminuée des heures correspondant aux jours de congé et aux jours fériés légaux. Ce mode de calcul est identique à celui retenu dans le cadre de la modulation ou de la réduction du temps de travail par l'octroi de jours de repos sur l'année.
Tout salarié dont l'horaire de travail est inférieur à l'horaire d'un salarié à temps plein est donc considéré comme étant à temps partiel.

Histoire du calcul du travail à temps partiel

Antérieurement à la loi Aubry II du 19 janvier 2000, le travail à temps partiel était défini à l'article L.212-4-2 du Code du travail par référence à une durée maximum. Cependant, il n'existait pas de plancher légal. Étaient considérés comme horaires à temps partiel les horaires inférieurs d'au moins un cinquième à la durée légale ou à la durée pratiquée dans l'entreprise.
La limite mensuelle du travail à temps partiel était donc de 169 – 169/5, soit 135,12 heures, arrondies à 136 heures.

La limite hebdomadaire du travail à temps partiel était donc de 39 – 39/5, soit 31,2 heures, arrondies à 32 heures.
La durée du travail à retenir étant arrondie au nombre entier d'heures immédiatement supérieur à celui résultant de la déduction d'un cinquième. Pour une durée conventionnelle de 38 heures, la limite supérieure était donc de 31 heures, et pour une durée conventionnelle de 37 heures, elle était de 30 heures.
Il y avait deux limites (hebdomadaire et mensuelle) afin que certains salariés puissent avoir une répartition de leur horaire plus souple entre les différentes semaines du mois (certaines semaines pouvant alors comporter des horaires supérieurs au plafond hebdomadaire à condition que le plafond mensuel soit respecté !).

La loi Aubry II a **abrogé le régime du temps partiel annualisé et instauré deux dispositifs** qui répondent à deux situations spécifiques.

Le travail à temps partiel modulé
Il a pour objet de permettre, dans certaines limites, sur tout ou partie de l'année, de faire varier la durée hebdomadaire ou mensuelle fixée dans le contrat de travail. Cette variation est soumise à une double limite :
• sur un an, la durée du travail ne doit pas excéder en moyenne la durée stipulée au contrat de travail ;
• la durée de travail ne peut varier dans une proportion excédant le tiers de cette durée (C. trav., art. L.3123-25, 5 §).
La durée de travail du salarié ne peut égaler, voire dépasser, la durée légale hebdomadaire. Cette nouvelle formule d'annualisation du temps partiel ne permet plus des alternances de périodes travaillées et non travaillées excédant le mois. Une telle organisation relève du travail intermittent.

Le travail intermittent
Il a deux objectifs :
• prendre en compte la spécificité des secteurs professionnels connaissant d'importantes fluctuations d'activité sur l'année liées aux rythmes scolaires, aux spectacles, au cycle des saisons, et permettre aux entreprises de ces secteurs de s'y adapter en leur donnant la possibilité de conclure des contrats de travail intermittents, s'agissant d'emplois comportant des périodes travaillées et non travaillées ;
• assurer aux salariés intermittents une stabilité de la relation de travail et le bénéfice d'un certain nombre de garanties légales.

La durée de travail du salarié ne peut égaler, voire dépasser, la durée légale hebdomadaire. Le travail intermittent est un travail qui comporte par nature une alternance de périodes travaillées et de périodes non travaillées. La convention ou l'accord collectif doit définir les emplois permanents qui, par nature, et non en fonction des cycles d'activité de l'entreprise, comportent une telle alternance.

Introduction du temps partiel dans l'entreprise

Une décision de l'employeur

C'est l'employeur et lui seul qui décide d'introduire le temps partiel dans l'entreprise ! Il a toute liberté pour :
- créer de sa propre initiative des postes à temps partiel ;
- accéder ou non aux demandes de salariés désirant transformer leur emploi à temps plein en emploi à temps partiel ;
- fixer le nombre d'emplois à temps partiel ;
- déterminer, dans la limite du plafond légal, le nombre d'heures de travail auquel devront correspondre les emplois ainsi dégagés.

Sauf, en cas de :
- **temps partiel pour les jeunes parents** (*voir* « les congés liés à la famille », p. 222) ;
- **salariés accidentés du travail** : si, à la suite d'un accident du travail ou d'une maladie professionnelle, le salarié est devenu inapte (inaptitude constatée par le médecin du travail) à reprendre l'emploi qu'il occupait précédemment, l'employeur doit lui proposer, après avis des délégués du personnel, un autre emploi approprié à ses besoins, aussi comparable que possible à l'emploi précédemment occupé, au besoin en mettant en œuvre des mesures telles que la mutation, la transformation de poste ou l'aménagement du temps de travail. S'il ne peut proposer un autre emploi (ou aménagement d'horaires) ou si le salarié refuse sa proposition, l'employeur pourra prononcer le licenciement, mais en versant d'une part l'indemnité compensatrice de préavis, d'autre part une indemnité spéciale de licenciement égale au double de l'indemnité légale ou de l'indemnité prévue par l'accord de mensualisation si le salarié remplit les conditions pour en bénéficier (sauf si le refus du salarié est abusif) (art. L.1226-10) ;
- **temps partiel thérapeutique** : lorsqu'un salarié voit ses capacités altérées, notamment au retour d'un arrêt maladie, le médecin du travail peut conseiller, pendant un certain temps, un allégement

de l'horaire du salarié. Le chef d'entreprise est tenu de prendre en considération ces propositions et, en cas de refus, de faire connaître les motifs qui s'opposent à ce qu'il y soit donné suite.
En cas de difficulté ou de désaccord, la décision est prise par l'inspection du travail après avis du médecin-inspecteur du travail (art. L.4624-1).

L'accès au travail à temps partiel doit s'effectuer sur la base du volontariat ! Cette modalité de travail **ne peut donc en aucun cas être imposée aux salariés** de l'entreprise : le refus par un salarié de travailler à temps partiel ne constitue ni une faute ni un motif de licenciement (art. L.3123-4.). Si un salarié a été embauché à temps partiel, il ne peut pas non plus imposer à son employeur de l'employer à temps complet.
Nous avons déjà vu que l'employeur est libre de répondre favorablement ou pas à la demande d'un salarié souhaitant soit occuper un emploi à temps partiel, soit passer du temps partiel au temps complet. Néanmoins, il doit porter tout emploi disponible à la connaissance des salariés qui ont exposé de telles demandes, et expliquer les raisons qui l'ont amené à refuser ces demandes lors de la réunion du CE au cours de laquelle est discuté le bilan annuel du temps partiel (art. L.3123-3).
Avant la loi Aubry II, tout contrat d'une durée comprise entre 32 heures et 39 heures était qualifié d'« *horaires réduits* » ou d'« *horaires aménagés* ». Cette distinction était très importante, car les salariés à temps partiel (horaires réduits) bénéficiaient de règles spécifiques en matière de prise en compte dans les effectifs, de plafonds de la Sécurité sociale et de congés payés, tandis que les salariés qui suivaient un horaire aménagé étaient soumis aux mêmes règles que les salariés de droit commun.

Le contrat de travail à temps partiel

Ce contrat peut entrer dans les deux catégories de contrat de travail (CDD et CDI). **Il est obligatoirement écrit** (à défaut, le contrat sera présumé conclu pour un horaire normal). Les mentions obligatoires qu'il faut insérer dans le contrat de travail sont :
• la **qualification** du salarié ;
• les éléments de sa **rémunération** ;
• la **durée hebdomadaire** (ou mensuelle) de travail du salarié ;
• la **répartition** de la durée du travail **entre les jours de la semaine** ou, le cas échéant, entre les semaines du mois ;

• les **conditions de la modification éventuelle** de cette répartition ;
• les **limites** dans lesquelles peuvent être effectuées **des heures complémentaires**.

En effet, l'employeur a la possibilité de faire effectuer des heures de travail au-delà de la durée stipulée dans le contrat du salarié à temps partiel, mais **le nombre d'heures complémentaires ne peut pas être supérieur à 10 % de la durée prévue au contrat**, et la somme des heures prévues au contrat et des heures complémentaires ne peut être supérieure à la durée du travail prévue dans l'entreprise.
Attention : l'inobservation de cette règle est sanctionnée d'une part par une amende prévue pour les contraventions de cinquième classe (C. trav., art. R.3124-8, soit 1 500 euros) et d'autre part par une requalification en temps plein (Cass. soc., 12 mars 2014, n° 12-15.014) et ce, dès la première irrégularité *(« peu important que, par la suite, la durée du travail ait été rétablie conformément aux prévisions contractuelles d'origine »)*.

Exemples
• Contrat de 24 heures : le nombre des heures complémentaires ne peut excéder 2 heures.
• Contrat de 30 heures : le nombre des heures complémentaires ne peut excéder 3 heures.

En revanche, à la différence des heures supplémentaires, le refus d'effectuer les heures complémentaires (si elles n'ont pas été prévues dans le contrat ou si elles sont au-delà des limites fixées par le contrat) ne constitue ni une faute, ni un motif de licenciement (art. L.3123-20), ceci certainement dans le but de protéger le salarié dans le cas où il exercerait un autre emploi.
Les heures complémentaires sont des heures de travail ordinaires rémunérées au taux normal, à moins que des dispositions conventionnelles ne prévoient l'application d'un taux majoré.

L'Accord national interprofessionnel de janvier 2013

L'Accord national interprofessionnel (ANI) du 11 janvier 2013 **fixe le temps partiel minimum à 24 heures et des heures complémentaires majorées dès la première heure et ce à compter de juillet 2014 (date repoussée du 1er janvier au 1er juillet 2014 par le ministère du Travail)**. La cible de ce nouveau dispositif est le temps partiel subi. Tous les salariés subissant de faibles volumes contractuels devraient bénéficier d'une augmentation significative de leur durée du travail, et par conséquent de leur rémunération. Cet accord crée de nouveaux droits pour les salariés afin de sécuriser les parcours professionnels. Il impose de proposer à tous les salariés à temps partiel – quel que soit leur secteur d'activité –, indépendamment des dispositions conventionnelles, au plus tard le 30 juin 2014, un travail minimal de 24 heures avec des heures complémentaires majorées dès la première heure.

1. La durée minimale d'activité par semaine pour un salarié à temps partiel est de 24 heures. Les seules exceptions admises concernent :
• les particuliers employeurs ;
• les jeunes salariés de moins de 26 ans poursuivant leurs études ;
• tout salarié qui en fait la demande écrite et motivée :
- pour lui permettre de cumuler les 24 heures avec plusieurs employeurs,
- pour effectuer un temps plein,
- pour faire face à des contraintes personnelles (en organisant son travail sur des journées ou demi-journées régulières ou complètes).
Cette durée minimale va s'appliquer aux contrats à temps partiel conclus à compter du 1er janvier 2014. Pour les contrats de travail en cours à cette date, et jusqu'au 1er janvier 2016 (sauf accord de branche fixant une durée inférieure), elle s'appliquera uniquement aux salariés qui en feront la demande, sauf refus de l'employeur justifié par l'impossibilité d'y faire droit compte tenu de l'activité économique de l'entreprise Ce refus devra être motivé ; il pourra être contesté par le salarié devant le conseil des prud'hommes. À compter du 1er janvier 2016, la durée minimale de travail s'appliquera d'office à tous les contrats de travail à temps partiel (nouveaux et anciens) sauf dérogations.
Ces dérogations consistent en :
• une demande du salarié de bénéficier d'une durée de travail inférieure à 24 heures par semaine (ou son équivalent) afin de faire face à des contraintes personnelles, ou pour lui permettre de cumuler plusieurs activités. Cette demande devra être formulée par écrit et motivée ;
• une convention ou un accord de branche étendu qui ne pourront fixer une durée de travail inférieure que s'ils comportent des garanties quant à la mise en œuvre d'horaires réguliers ou permettant au salarié de cumuler plusieurs activités afin d'atteindre une durée globale d'activité correspondant à un temps plein ou au moins égale à 24 heures par semaine.

Si la durée hebdomadaire du travail est inférieure à 24 heures (sur demande du salarié ou en application d'un accord de branche étendu), il sera obligatoire de regrouper les horaires de travail sur des journées ou des demi-journées régulières ou complètes.

2. Les branches dans lesquelles un tiers de l'effectif est employé à temps partiel doivent engager des négociations sur les conditions d'exercice d'une activité à temps partiel (durée minimale, rémunération des heures complémentaires, délai de prévenance...). Cette négociation doit être ouverte dans les 3 mois après la publication de la loi au *Journal officiel*.

3. Les heures complémentaires effectuées dans la limite de 10 % de la durée prévue au contrat et sans dépasser le tiers de cette durée seront majorées à partir du 1er janvier 2014 de 10 % minimum (les heures complémentaires au-delà du tiers restent majorées de 25 %).

4. Un accord de branche étendu pourra créer les compléments d'heures. Ces compléments, au nombre de huit au maximum par an et par salarié, permettront à l'entreprise de faire travailler davantage un salarié à temps partiel, par exemple pour faire face à un surcroît d'activité.

De plus, l'article L.3123-25 du Code du travail (mis en œuvre au 1er janvier 2014) précise : « *Une convention ou un accord de branche étendu peut prévoir la possibilité, par un avenant au contrat de travail, d'augmenter temporairement la durée du travail prévue par le contrat. Par dérogation au dernier alinéa de l'article L.3123-17, les heures complémentaires accomplies au-delà de la durée déterminée par l'avenant donnent lieu à une majoration de salaire qui ne peut être inférieure à 25 %.*
La convention ou l'accord :
1° détermine le nombre maximal d'avenants pouvant être conclus, dans la limite de huit par an et par salarié, en dehors des cas de remplacement d'un salarié absent nommément désigné ;
2° peut prévoir la majoration salariale des heures effectuées dans le cadre de cet avenant ;
3 détermine les modalités selon lesquelles les salariés peuvent bénéficier prioritairement des compléments d'heures. »

5. Réglementation légale du travail de nuit

La loi n° 2001-397 du 9 mai 2001 relative à l'égalité professionnelle entre les femmes et les hommes encadre le travail de nuit et rend obligatoire la négociation collective sur l'égalité professionnelle. Cette loi, entrée en vigueur le 12 mai 2001 et d'application immédiate – à l'exception des dispositions subordonnées à la parution de décrets d'application – était l'aboutissement d'une longue réflexion. Le recours au travail de nuit faisait désormais l'objet d'une réglementation insérée dans le Code du travail (art. L.3122-29 et suivants). **Cette réglementation, applicable autant aux hommes qu'aux femmes, a remplacé les dispositions interdisant le travail de nuit pour les femmes,** mettant la législation française en conformité avec le droit communautaire. En revanche, les dispositions particulières relatives au travail de nuit des jeunes de moins de 18 ans restent toujours applicables (C. trav., art. L.3163-2).

Définitions

Le travail de nuit

Le travail de nuit est défini comme tout travail effectué entre 21 heures et 6 heures (C. trav., art. L.3122-29 1er al.).

Il est possible de substituer à cette définition légale du travail de nuit une autre période de 9 heures consécutives comprises entre 21 heures et 7 heures et incluant l'intervalle compris entre 24 heures et 5 heures (exemples : 21 h 30/6 h 30, ou 22 h/7 h) :
• par accord collectif étendu ou par accord d'entreprise ou d'établissement ;
• à défaut d'accord et lorsque les caractéristiques particulières de l'activité de l'entreprise le justifient, avec l'autorisation de l'inspection du travail après consultation des délégués syndicaux et avis du comité d'entreprise ou des délégués du personnel, s'ils existent.

Le travailleur de nuit

Le travailleur de nuit est le salarié qui accomplit :

- **au moins deux fois par semaine**, selon son horaire de travail habituel, **au moins 3 heures** de son temps de travail quotidien **pendant la période de nuit** (C. trav., art. L.3122-31) ;
- un nombre minimal d'heures de nuit, au cours d'une période de référence, à définir par accord collectif étendu ou, à défaut, par décret en Conseil d'État pris après consultation des organisations syndicales d'employeurs et de salariés les plus représentatives au niveau national.

La réglementation légale du travail de nuit ne s'applique donc pas aux salariés qui travaillent de nuit de manière occasionnelle.

Introduction du travail de nuit dans l'entreprise

Mise en place du travail de nuit

Le recours au travail de nuit doit être exceptionnel et être justifié par la nécessité d'assurer la continuité de l'activité économique ou des services d'utilité sociale (C. trav., art. L.3122-32). La mise en place du travail de nuit ou son extension à de nouvelles catégories de salariés est subordonnée :

- à la conclusion préalable d'un accord collectif de branche étendu, d'un accord d'entreprise ou d'établissement non frappé d'opposition de la part des organisations syndicales non-signataires et majoritaires (C. trav., art. L.3122-33) ;
- à défaut d'accord collectif, à la condition que l'employeur ait engagé sérieusement et loyalement des négociations tendant à la conclusion d'un accord collectif, après autorisation de l'inspection du travail. L'autorisation sera accordée, notamment, après vérification de l'existence de contreparties et de temps de pause, selon des modalités qui seront fixées par décret en Conseil d'État (C. trav., art. L.3122-36).

En l'absence d'accord collectif de branche, l'entreprise dépourvue de délégué syndical **ne peut mettre en place, en principe, le travail de nuit**. Seules deux hypothèses permettent à l'employeur de recourir à un salarié mandaté ou aux délégués du personnel pour négocier la mise en place du travail de nuit :

• l'organisation du travail de nuit s'inscrit dans le cadre d'un accord de réduction du temps de travail ouvrant droit aux aides Aubry I et II ;
• la négociation d'un accord par un salarié mandaté ou un délégué du personnel est autorisée par un accord de branche pris en application de la loi 12 novembre 1996.

Contreparties du travail de nuit

Les travailleurs de nuit doivent bénéficier de contreparties sous forme de **repos compensateur** et, le cas échéant, sous forme de **compensation salariale** (C. trav., art. L.3122-39).

Les travailleurs de nuit doivent également bénéficier de mesures destinées à améliorer leurs conditions de travail, à faciliter l'articulation de leur activité nocturne avec l'exercice de responsabilités familiales et sociales (mesures concernant les moyens de transport, notamment) et à assurer l'égalité professionnelle entre les hommes et les femmes, par l'accès à la formation, notamment (C. trav., art. L.3122-40).

Durée du travail de nuit

Durées maximales du travail de nuit

La durée quotidienne du travail effectuée par un travailleur de nuit **ne peut excéder 8 heures, sauf** :
• **dérogations prévues par accord collectif de branche étendu**, dans des conditions qui seront fixées par décret en Conseil d'État ;
• en cas de **circonstances exceptionnelles**, sur autorisation de l'inspection du travail donnée après consultation des délégués syndicaux et après avis du comité d'entreprise ou des délégués du personnel, s'ils existent, selon des modalités qui seront fixées par décret (C. trav., art. L.3122-34) ;
• à l'égard des **équipes de suppléance**.

Durée maximale hebdomadaire du travail de nuit

La durée hebdomadaire de travail des travailleurs de nuit, calculée sur une période quelconque de 12 semaines consécutives, **ne peut dépasser 40 heures** (C. trav., art. L.3122-35). Cette durée peut être portée à 44 heures :

• en application d'un accord de branche étendu lorsque les caractéristiques propres à l'activité d'un secteur le justifient ;
• à défaut d'accord de branche étendu, par décret (à paraître) fixant la liste des secteurs concernés.

Droits et protection des travailleurs de nuit

Droits des travailleurs de nuit

Priorité pour un emploi de jour

• *Cas général*
Les travailleurs de nuit qui souhaitent occuper ou reprendre un poste de jour (ou inversement) dans le même établissement ou, à défaut, dans la même entreprise ont priorité pour l'attribution d'un emploi ressortissant à leur catégorie professionnelle ou d'un emploi équivalent. L'employeur doit porter à la connaissance de ces salariés la liste des emplois disponibles correspondants (C. trav., art. L.3122-43).

• *Transfert à un poste de jour pour raisons familiales*
Lorsque le travail de nuit est incompatible avec des obligations familiales impérieuses, notamment avec la garde d'un enfant ou la prise en charge d'une personne dépendante, le salarié peut demander son affectation sur un poste de jour (C. trav., art. L.3122-44).

• *Transfert à un poste de jour pour raisons médicales*
Lorsque son état de santé, constaté par le médecin du travail, l'exige, le travailleur de nuit doit être transféré à titre définitif ou temporaire sur un poste de jour correspondant à sa qualification et aussi comparable que possible à l'emploi précédemment occupé (C. trav., art. L.3122-45).
L'employeur ne peut prononcer la rupture du contrat de travail du travailleur de nuit du fait de son inaptitude au poste comportant le travail de nuit, à moins qu'il ne justifie par écrit soit de l'impossibilité dans laquelle il se trouve de proposer un autre poste, soit du refus du salarié d'accepter le poste proposé (C. trav., art. L.3122-45).

Droit pour le salarié de refuser un emploi de nuit
Lorsque le travail de nuit est incompatible avec des **obligations familiales** impérieuses, notamment avec la **garde d'un enfant** ou la prise en charge d'une **personne dépendante**, le salarié peut refuser d'accepter ce changement sans que ce refus constitue une faute ou un motif de licenciement (C. trav., art. L.3122-37).
En dehors de cette situation, le refus du salarié d'accepter un travail de nuit obéit au régime de droit commun de la modification du contrat de travail.

Surveillance médicale des travailleurs de nuit

Avant son affectation sur un poste de nuit et à intervalles réguliers de 6 mois au plus, tout travailleur de nuit bénéficie d'une surveillance médicale particulière dont les conditions d'application seront déterminées par un décret en Conseil d'État (C. trav., art. L.3122-42).
Le médecin du travail est consulté avant toute décision importante relative à la mise en place ou à la modification de l'organisation du travail de nuit.

La question du travail de nuit doit être traitée dans le rapport annuel remis au CHSCT.

Protection des femmes enceintes

Un régime de protection des salariées enceintes ou ayant accouché travaillant de nuit est mis en place. Ce dispositif est similaire à celui instauré par ordonnance au profit de ces salariées travaillant de jour et exposées à certains risques incompatibles avec leur état.

La salariée en état de grossesse médicalement constaté **ou ayant accouché** et travaillant de nuit **est affectée à un poste de jour** :
- **sur sa demande** pendant la durée de sa grossesse et pendant la période du congé légal postnatal ;
- **lorsque le médecin du travail constate par écrit que le poste de nuit est incompatible avec son état**, pendant la durée de sa grossesse. Cette période peut être prolongée pour une durée n'excédant pas un mois pour les mêmes raisons, et dans les mêmes conditions (C. trav., art. L.1225-9).

Ce changement d'affectation ne doit entraîner aucune diminution de rémunération. L'affectation dans un autre établissement est subordonnée à l'accord de la salariée (C. trav., art. L.1225-9).

Si l'employeur est dans l'impossibilité de proposer un autre emploi, il fait connaître par écrit à la salariée ou au médecin du travail les motifs qui s'opposent au reclassement (C. trav., art. L.1225-10). **Le contrat de travail de la salariée est alors suspendu** jusqu'à la date du début du congé légal de maternité et éventuellement durant la période complémentaire d'un mois qui suit la fin de ce congé.

La salariée bénéficie d'une garantie de rémunération composée :

- d'une allocation journalière versée par la Sécurité sociale ;
- d'un complément à la charge de l'employeur.

Hormis la condition d'ancienneté, ce complément est attribué par l'employeur selon les mêmes modalités que l'indemnisation complémentaire en cas de maladie prévue par l'article 7 de l'Accord national interprofessionnel du 10 décembre 1977 sur la mensualisation.

6. Le travail du dimanche

En principe, un salarié ne peut pas travailler plus de 6 jours par semaine puisqu'au moins un jour de repos (24 heures auxquelles s'ajoute un repos quotidien minimum de 11 heures) doit lui être accordé chaque semaine, en principe le dimanche (*voir* partie III, chapitre 1, « Le temps de repos », p. 166). Toutefois, le principe du repos dominical connaît plusieurs types de dérogations qui peuvent, selon le cas, être permanentes ou temporaires, soumises ou non à autorisation, applicables à l'ensemble du territoire ou à certaines zones précisément délimitées, etc.

Dérogations sans autorisation administrative

Dérogations dans les commerces de détail alimentaire

Dans les établissements dont l'activité exclusive ou principale est la vente de denrées alimentaires au détail, le repos hebdomadaire peut être donné le dimanche à partir de 13 heures.

Dérogations liées aux contraintes de production ou aux besoins du public

Dans les établissements, dont le fonctionnement ou l'ouverture est rendu nécessaire par les contraintes de la production, de l'activité ou les besoins du public, il peut être dérogé, de droit (c'est-à-dire sans qu'il soit besoin d'une autorisation administrative) à la règle du repos dominical ; le repos hebdomadaire est alors attribué par roulement (certains salariés seront donc amenés à travailler le dimanche).
Sont par exemple concernés les établissements appartenant aux catégories suivantes : fabrication de produits alimentaires destinés à la consommation immédiate ; hôtels, restaurants et débits de boissons ; débits de tabac ; entreprises de spectacles, etc. La liste complète des activités concernées figure à l'article R.3132-5 du Code du travail.

Travail continu
Dans les industries ou les entreprises industrielles, une convention, un accord collectif étendu, un accord d'entreprise ou d'établissement peut prévoir la possibilité d'organiser le travail de façon continue pour des raisons économiques et d'attribuer le repos hebdomadaire par roulement. Certains salariés seront donc amenés à travailler le dimanche.

Équipes de suppléance
Dans les industries ou les entreprises industrielles, une convention, un accord collectif de travail étendu, un accord d'entreprise ou d'établissement peuvent prévoir que le personnel d'exécution fonctionne en deux groupes dont l'un, dénommé « équipe de suppléance », a pour seule fonction de remplacer l'autre pendant le ou les jours de repos accordés au premier groupe. Le repos hebdomadaire des salariés de l'équipe de suppléance est attribué un autre jour que le dimanche. Cette dérogation s'applique également au personnel nécessaire à l'encadrement de cette équipe.

Dans ces deux derniers cas, **à défaut de convention ou d'accord**, le recours au travail continu ou aux équipes de suppléance est **subordonné à l'autorisation de l'inspecteur du travail** donnée après consultation des délégués syndicaux et avis du comité d'entreprise ou des délégués du personnel, s'ils existent. La demande est adressée par l'employeur à l'inspecteur du travail, accompagnée des justifications nécessaires et de l'avis des délégués syndicaux et du comité d'entreprise, ou des délégués du personnel, s'il en existe. L'inspecteur du travail fait connaître sa décision à l'employeur ainsi qu'aux représentants du personnel dans le délai de 30 jours à compter de la date de réception de la demande.

Dérogations préfectorales

Un certain nombre de dérogations au principe du repos dominical peuvent être accordées par le préfet ou par le maire, ou s'appliquer à certaines zones du territoire délimitées par le préfet. Selon le cas, ces dérogations peuvent être temporaires ou permanentes, s'appliquer toute l'année ou à certaines périodes seulement. **Elles sont conclues afin d'éviter un préjudice au public ou au fonctionnement normal de l'établissement.**

Comme le prévoit l'article L.3132-20 du Code du travail, lorsqu'il est établi que le repos simultané, le dimanche, de tous les salariés d'un établissement serait préjudiciable au public ou compromettrait le fonctionnement normal de cet établissement, le **repos peut être autorisé par le préfet** soit toute l'année, soit à certaines époques de l'année seulement, **suivant l'une des modalités suivantes** :
• **un autre jour que le dimanche** à tous les salariés de l'établissement ;
• **du dimanche midi au lundi midi** ;
• **le dimanche après-midi avec un repos compensateur** d'une journée par roulement et par quinzaine ;
• **par roulement à tout ou partie des salariés.**
L'établissement demandeur de la dérogation doit fournir, à l'appui de sa requête, des éléments démontrant qu'il se trouve dans l'une des situations permettant une telle dérogation. L'autorisation est accordée pour une durée limitée, après avis du conseil municipal, de la chambre de commerce et d'industrie, de la chambre des métiers et des syndicats d'employeurs et de salariés intéressés de la commune. Ces avis sont donnés dans un délai d'un mois. Le préfet statue ensuite dans un délai de 8 jours par un arrêté motivé qu'il notifie immédiatement aux demandeurs.

L'autorisation accordée à un établissement par le préfet peut être étendue à plusieurs ou à la totalité des établissements de la même localité exerçant la même activité, s'adressant à la même clientèle, une fraction d'établissement ne pouvant, en aucun cas, être assimilée à un établissement. Ces autorisations d'extension sont accordées au vu d'un accord collectif applicable à l'établissement concerné par l'extension ou, à défaut, d'une décision unilatérale de l'employeur approuvée par référendum. Elles sont prises selon les modalités prévues au premier alinéa de l'article L.3132-25-4 du Code du travail et à l'article R.3132-16 du même Code. Elles sont toutes retirées lorsque, dans la localité, la majorité des établissements intéressés le demande.

Seuls les salariés volontaires ayant donné leur accord par écrit à leur employeur peuvent travailler le dimanche sur le fondement d'une autorisation donnée en application de l'article L.3132-20 du Code du travail. Cet accord doit faire l'objet d'un écrit explicite.
De ce principe de volontariat découlent les conséquences suivantes :
• une entreprise bénéficiaire d'une autorisation de déroger au repos dominical donnée sur le fondement de l'article L.3132-20 du Code du travail ne peut prendre en considération le refus d'une personne de travailler le dimanche pour refuser de l'embaucher ;

• le salarié d'une entreprise bénéficiaire d'une telle autorisation qui refuse de travailler le dimanche ne peut faire l'objet d'une mesure discriminatoire dans le cadre de l'exécution de son contrat de travail ;
• le refus de travailler le dimanche pour un salarié d'une entreprise bénéficiaire d'une telle autorisation ne constitue pas une faute ou un motif de licenciement.

L'autorisation donnée en application de l'article L.3132-20 du Code du travail est accordée par le préfet :
• **soit sur la base d'un accord collectif**, qui fixe les contreparties accordées aux salariés privés du repos dominical (repos compensateur, majoration de salaire…) ainsi que les engagements pris en termes d'emploi ou en faveur de certains publics en difficulté ou de personnes handicapées ;
• **soit selon une décision unilatérale de l'employeur** prise après avis du comité d'entreprise ou des délégués du personnel, lorsqu'ils existent, approuvée par référendum organisé auprès des personnels concernés par cette dérogation au repos dominical. La décision de l'employeur approuvée par référendum fixe les contreparties accordées aux salariés privés du repos dominical ainsi que les engagements pris en termes d'emploi ou en faveur de certains publics en difficulté ou de personnes handicapées. Dans ce cas, chaque salarié privé du repos dominical bénéficie d'un repos compensateur et perçoit pour ce jour de travail une rémunération au moins égale au double de la rémunération normalement due pour une durée équivalente.

Dérogations dans les zones dites « Périmètres d'usage de consommation exceptionnel » (PUCE)

Dans les unités urbaines de plus d'un million d'habitants (c'est-à-dire dans les régions parisienne, marseillaise et lilloise), sans préjudice des dispositions de l'article L.3132-20 du Code du travail, le repos hebdomadaire peut être donné, après autorisation administrative, par roulement pour tout ou partie du personnel, dans les établissements de vente au détail qui mettent à disposition des biens et des services dans un périmètre d'usage de consommation exceptionnel caractérisé par :
• des habitudes de consommation dominicale ;
• l'importance de la clientèle concernée ;
• l'éloignement de celle-ci de ce périmètre.

La liste et le périmètre des unités urbaines sont établis par le préfet de région sur la base des résultats du recensement de la population. Au sein des unités urbaines, sur demande du conseil municipal auquel appartient seul cette initiative, les « PUCE » sont ensuite délimités par le préfet, après consultation de l'organe délibérant de la communauté de communes, de la communauté d'agglomération, de la métropole ou de la communauté urbaine, lorsqu'elles existent, sur le territoire desquelles est situé ce « PUCE ».

Dans les « PUCE », **l'autorisation** donnée aux établissements de vente au détail mentionnés ci-dessus **de déroger au repos dominical est accordée** au vu d'un **accord collectif** ou, à défaut, d'une **décision unilatérale de l'employeur prise après référendum**. Les règles applicables (principe du volontariat, absence de discrimination, garanties et contreparties accordées aux salariés acceptant de travailler le dimanche, etc.) sont les mêmes que celles prévues en cas de dérogations destinées à éviter un préjudice au public ou au fonctionnement normal de l'établissement.
Les dérogations au repos dominical sont alors accordées par le préfet du département, pour 5 ans, après avis du conseil municipal, de la chambre de commerce et d'industrie, de la chambre des métiers et des syndicats d'employeurs et de salariés intéressés de la commune. Ces avis sont donnés dans un délai d'un mois ; le préfet statue ensuite dans un délai de 8 jours par un arrêté motivé qu'il notifie immédiatement aux demandeurs. Il peut s'agir de dérogations individuelles ou collectives ; ces dernières sont applicables aux établissements situés dans le même « PUCE », exerçant la même activité et s'adressant à la même clientèle. Lorsque l'accord collectif mentionné ci-dessus, au vu duquel est accordée la dérogation au repos dominical, est applicable à plusieurs établissements exerçant la même activité et s'adressant à la même clientèle, le préfet peut, par une décision collective, autoriser ces établissements relevant du champ d'application de cet accord et situés dans le même « PUCE » à donner le repos hebdomadaire par roulement pour tout ou partie du personnel.
Les accords collectifs conclus antérieurement au 10 août 2009 peuvent être pris en compte par le préfet s'ils respectent les conditions posées par la loi du 10 août 2009, notamment en termes de fixation de contreparties pour les salariés travaillant le dimanche.

Dérogations de droit dans les communes d'intérêt touristique ou thermales et dans certaines zones touristiques du territoire

Sans préjudice des dispositions de l'article L.3132-20 du Code du travail, les établissements de vente au détail situés dans les communes d'intérêt touristique ou thermales et dans les zones touristiques d'affluence exceptionnelle ou d'animation culturelle permanente peuvent **donner le repos hebdomadaire par roulement pour tout ou partie du personnel**. Ces dérogations, de droit, au repos dominical sont accordées à titre permanent et non pour une durée limitée ; elles ne nécessitent pas, pour l'établissement concerné, l'obtention préalable d'une autorisation préfectorale.
Les commerces de détail alimentaire restent régis par les dispositions particulières permettant l'emploi des salariés le dimanche jusqu'à 13 heures.

L'initiative de demander l'inscription de la commune sur la liste départementale des communes *« d'intérêt touristique ou thermales »* ou la reconnaissance de l'existence d'une *« zone touristique d'affluence exceptionnelle ou d'animation culturelle permanente »* **appartient au maire et à lui seul**. Le préfet se prononce sur cette demande par un arrêté motivé après avis du comité départemental du tourisme, des syndicats d'employeurs et de salariés intéressés, ainsi que des communautés de communes, des communautés d'agglomération, des métropoles et des communautés urbaines, lorsqu'elles existent. Sur la procédure à suivre, on peut se reporter aux précisions figurant dans la circulaire du 31 août 2009 citée en référence.
Les critères permettant de figurer sur la liste des communes d'intérêt touristique ou thermales et des zones touristiques d'affluence exceptionnelle ou d'animation culturelle permanente sont donnés par l'article R.3132-20 du Code du travail.

Pour les salariés appelés à travailler le dimanche dans ces communes ou ces zones, **la loi ne fixe pas de contreparties obligatoires** ; ces contreparties peuvent être prévues par les conventions ou accords collectifs applicables dans l'entreprise ou l'établissement, ou par le contrat de travail. Les partenaires sociaux sont cependant invités à engager des négociations sur ces contreparties, comme le prévoit l'article 2 (IV) de la loi du 10 août 2009.

Les communes touristiques et thermales et les zones touristiques d'affluence exceptionnelle ou d'animation culturelle permanente déjà reconnues avant l'entrée en vigueur de la loi du 10 août 2009 citée en référence le restent, sans formalité nouvelle. Dans ces communes et ces zones touristiques, tous les établissements de vente au détail peuvent désormais ouvrir le dimanche, sans nécessité d'une autorisation préfectorale, et ce depuis le 12 août 2009 (date d'entrée en vigueur de la loi du 10 août 2009 citée en référence). Les employeurs doivent veiller, le cas échéant, à respecter les règles de modification du contrat de travail (par exemple si le contrat du salarié appelé à travailler le dimanche mentionne qu'il travaille du lundi au vendredi) et celles relatives à la consultation du comité d'entreprise et des délégués du personnel s'ils existent. Les accords ou usages déjà existants, qui prévoient des contreparties pour les salariés travaillant le dimanche, ne sont pas remis en cause par la loi du 10 août 2009. Dans l'hypothèse où les établissements concernés souhaitent modifier ces accords ou usages, les règles habituelles de dénonciation d'un accord ou d'un usage devront être respectées.

Dérogations accordées par le maire dans les commerces de détail (règle des « cinq dimanches par an »)

Dans les commerces de détail non alimentaires, où le repos hebdomadaire a lieu normalement le dimanche, **ce repos peut être supprimé les dimanches désignés**, pour chaque commerce de détail, par décision du maire. Le nombre de ces dimanches ne peut excéder **cinq par an.** (À l'heure où j'écris ces lignes, le projet de loi Macron propose d'étendre ce nombre à 12. Il est possible que dans un futur proche ce nombre évolue effectivement entre 5 et 12.) À Paris, la décision est prise par le préfet de Paris.
L'arrêté municipal (ou préfectoral pour Paris) est pris après avis des organisations d'employeurs et de salariés intéressées et détermine les conditions dans lesquelles ce repos est accordé, soit collectivement, soit par roulement dans la quinzaine qui précède ou suit la suppression du repos. Si le repos dominical est supprimé un dimanche précédant une fête légale, le repos compensateur est donné le jour de cette fête.

Chaque salarié ainsi privé de repos dominical **perçoit une rémunération au moins égale au double de la rémunération normalement due** pour une durée équivalente et bénéficie d'un repos compensateur équivalent en temps.
L'existence ou non d'une majoration de salaire pour le travail dominical ne fait pas obstacle au paiement d'heures supplémentaires s'il y a lieu. Cette règle est d'application générale, sous réserve des stipulations conventionnelles.

Correction du questionnaire de la page 155

N°	Affirmations	Vrai	Faux
1	Faux, la durée légale depuis le 19 janvier 2000 est de 35 heures par semaine (*voir* p. 158).		X
2	Vrai, ainsi que les VRP et les employés de maison (*voir* p. 159).	X	
3	Vrai, si le salarié est à la disposition de l'employeur ; Faux, sinon (*voir* p. 160).	X	X
4	Faux, mais ce temps doit faire l'objet de contreparties (*voir* p. 161).		X
5	Faux, l'astreinte n'est pas comptabilisée dans la durée du travail (*voir* p. 161).		X
6	Faux, mais il doit donner lieu à des contreparties (*voir* p. 162).		X
7	Faux, c'est 11 heures consécutives de repos selon l'article L.3131-1 (*voir* p. 166).		X
8	Faux, pas plus de 10 heures de travail effectif par jour (*voir* p. 167).		X
9	Faux, pour l'instant, car une seule jurisprudence vient de dire vrai (*voir* p. 168).		X
10	Vrai, avant la loi Fillon le contingent légal était de 180 heures/an (*voir* p. 170).	X	
11	Faux, 25 % pour celles entre 35 et 43, 50 % au-delà. Pas de 100 % (*voir* p. 170).		X
12	Faux, c'est la notion de forfait qui permet d'échapper aux heures supplémentaires (*voir* p. 171).		X
13	Faux, deux seulement : 50 % et 100 % (celui pour travaux urgents de sécurité a été supprimé) (*voir* p. 173).	X	
14	Vrai, depuis la loi Aubry II (art. D.3121-8) (*voir* p. 174).	X	
15	Vrai, si l'horaire de l'entreprise est supérieur à 32 heures ; Faux, sinon (*voir* p. 185).	X	X
16	Faux, le passage à temps partiel est décidé sur la base du volontariat (*voir* p. 188).		X
17	Vrai, en cas de congé parental, d'arrêt de travail ou de temps partiel thérapeutique (*voir* p. 187).	X	

N°	Affirmations	Vrai	Faux
18	Vrai, si la pause déjeuner n'est pas dans son horaire ; Faux, sinon (*voir* p. 142).	X	X
19	Vrai, selon l'article L.3122-29, mais on peut y déroger (*voir* p. 192).	X	
20	Faux, la Cour de cassation refuse cette méthode et préfère les heures réelles (*voir* p. 217).		X

LES ABSENCES

PARTIE IV

Les absences

Avant de commencer la partie sur les différentes absences du salarié, nous vous demandons de remplir ce petit questionnaire. Cela vous permettra d'évaluer vos connaissances préalables et vos acquis. Sur chaque ligne, veuillez mettre une croix soit dans la colonne « Vrai », soit dans la colonne « Faux », soit dans les deux.

N°	Affirmations	Vrai	Faux
1	Il y a en France, 11 jours fériés légaux.		
2	Les jours fériés sont obligatoirement des jours de repos.		
3	Un jour férié chômé est obligatoirement payé.		
4	Un jour férié chômé payé est assimilé à du temps de travail effectif.		
5	Chaque salarié peut s'absenter 5 jours par an pour soigner son enfant malade.		
6	Le congé pour événement familial est sans condition d'ancienneté.		
7	Un salarié père peut prendre un congé parental d'éducation.		
8	La durée maximale du congé parental est de 3 ans.		
9	L'employeur peut refuser à un salarié de partir en congé parental.		
10	Pendant le congé parental, une reprise anticipée du travail est impossible.		
11	Pendant le congé parental, l'ancienneté du salarié est « gelée ».		
12	Pendant le congé parental, le salarié peut travailler pour un autre employeur.		
13	La durée maximale d'un congé pour création d'entreprise est d'un an.		
14	L'employeur peut refuser le congé création d'entreprise à un salarié.		
15	La durée maximale d'un congé sabbatique est d'un an.		
16	Pendant un congé sabbatique, il est possible de travailler pour une autre entreprise.		
17	La durée maximale du congé pour bilan de compétences est de 35 heures.		

N°	Affirmations	Vrai	Faux
18	Le congé individuel de formation ne peut pas être refusé par l'employeur.		
19	L'employeur peut refuser un congé pour catastrophes naturelles.		
20	L'employeur peut refuser à un salarié de partir en cure.		

BULLETIN DE PAIE

Période du au

Employeur		Salarié	
Raison Sociale :		Nom :	Prénom :
Adresse :		Adresse :	
N° SIRET :	Code NAF :	N° SS :	
URSSAF :	N° de cotisant :	Emploi :	Classif. :
Convention collective :		Date d'ancienneté :	

Libellé des rubriques	Base	Taux	Montant	Commentaires
Salaire	151,67		3 000,00	juin 2015
Absence non payée	8,00	21,429	171,43	Date d'entrée : 1 Mai 2005
Absence congés payés	5,00	138,440	692,20	Plafond du mois : 3.170 €
Paiement congés payés	5,00	144,000	720,00	
Total brut			**4 583,63**	

Cotisations	Base	Salariales		Patronales	
		Taux	Montant	Taux	Montant
Ass. Mal Mat.Inv.décès	4 583,63	0,75	-34,38	12,80	586,70
Contribution Solidarité Autonomie	4 583,63			0,30	13,75
Accident du Travail	4 583,63			2,44	111,84
Allocations Familiales	4 583,63			5,25	240,64
Ass. Vieillesse Plafonnée	3 170,00	6,85	-217,15	8,50	269,45
Ass. Vieillesse Déplafonnée	4 583,63	0,30	-13,75	1,80	82,51
F.N.A.L. sur Brut	4 583,63			0,50	22,92
Chômage sur Tr. A + Tr. B	4 583,63	2,40	-110,01	4,00	183,35
A.G.S. sur Tr. A + Tr. B	4 583,63			0,30	13,75
A.R.R.CO sur Tr. 1	3 170,00	3,10	-98,27	4,65	147,41
A.G.F.F. sur Tr. 1	3 170,00	0,80	-25,36	1,20	38,04
A.R.R.CO sur Tr. 2	1 413,63	8,10	-114,50	12,15	171,76
A.G.F.F. sur Tr. 2	1 413,63	3,00	-42,41	1,30	18,38
Prévoyance sur Tr. A	3 170,00	1,00	-31,70	2,00	63,40
Taxe sur Prévoyance	63,40			8,00	5,07
C.S.G. déductible	4 566,82	5,10	-232,91		
Autres charges patronales	4 583,63			4,846	222,12
Total cotisations			-920,44		2 191,09

Net fiscal			3 726,59	
Indemnités de Transport			55,00	Règlement par virement sur le compte
Remboursement Frais Prof.	10,00	18,10	181,00	
Reprise Avantages en Nature			-692,20	Code Banque :
C.S.G. non déductible	4 566,82	2,40	-109,60	Code Guichet :
C.R.D.S. non déductible	4 566,82	0,50	-22,83	N° Compte :
Net à payer			3 074,55	

CUMULS depuis le 1er Janvier 2015

Heures : Brut S.S. Net Fiscal :

Pour faire valoir vos droits, ce bulletin de paie doit être conservé sans limitation de durée

1. Méthodes de décompte des absences

Cette partie est, à mes yeux, l'une des plus importantes à comprendre. Selon la méthode retenue par type d'absence, j'en déduirai que le service paie gère correctement ses bulletins ou pas. Comme je l'ai déjà dit précédemment, un salarié a parfois l'impression d'être « volé » par son employeur et malheureusement, c'est parfois vrai. Chaque salarié a bien sûr le droit d'être absent de son entreprise pour x raisons (*voir* partie IV, chapitre 2). Toutefois, **la retenue du salaire doit correspondre exactement à la valeur de son absence**.

En principe, le salaire n'est pas dû lorsque le travail n'est pas fourni. Néanmoins, **certaines périodes d'invalidité sont rémunérées**, en application :
• soit de la loi : accidents du travail, congés payés, dispenses de préavis, maladie, congés pour événements familiaux, etc. ;
• soit des conventions collectives, qui peuvent prévoir des indemnisations non prévues par la loi ou une indemnisation plus importante que celle prévue par la loi.

Quelle que soit l'origine du paiement, le calcul de l'absence se fera forcément avec l'une des **huit méthodes suivantes**.

1. Méthode des jours calendaires réels
Cette méthode consiste à diviser le salaire mensuel par autant de jours calendaires que compte le mois en cours et de retenir autant de jours qu'il y a de jours calendaires d'absence. Les jours calendaires sont tous les jours du calendrier, soit : lundi, mardi, mercredi, jeudi, vendredi, samedi et dimanche (donc **7 jours calendaires par semaine**).

$$\text{Montant de l'absence} = \frac{\text{Salaire x Nombre de jours } \textbf{calendaires} \text{ d'absence}}{\text{Nombre de jours } \textbf{calendaires réels} \text{ du mois en cours}}$$

Le « nombre de **jours calendaires réels** du mois en cours » peut donc être **28** (février normal), **29** (février bissextile), **30** (avril, juin, septembre, novembre) ou **31** (tous les autres mois).

2. Méthode des jours calendaires moyens (méthode dite « du trentième »)

Cette méthode consiste à **diviser le salaire mensuel par 30 quel que soit le mois en cours** et de retenir autant de trentièmes qu'il y a de jours calendaires d'absence. Elle est **préconisée pour les absences** susceptibles d'être **indemnisées par les organismes de la Sécurité sociale et les conventions collectives**. En effet, dans un souci de simplification, la Sécurité sociale part du postulat que tous les mois ont 30 jours (*voir* partie VIII).

$$\text{Montant de l'absence} = \frac{\text{Salaire x Nombre de jours } \textbf{calendaires} \text{ d'absence}}{\textbf{30}}$$

3. Méthode des jours ouvrables réels

Cette méthode consiste à diviser le salaire mensuel par autant de jours ouvrables que compte le mois en cours et de retenir autant de jours qu'il y a de jours ouvrables d'absence. Les jours ouvrables sont tous les jours du calendrier sauf le dimanche, jour au cours duquel l'entreprise n'est pas censée être « ouverte », soit : lundi, mardi, mercredi, jeudi, vendredi et samedi (donc **6 jours ouvrables par semaine**).

$$\text{Montant de l'absence} = \frac{\text{Salaire x Nombre de jours } \textbf{ouvrables} \text{ d'absence}}{\text{Nombre de jours } \textbf{ouvrables réels} \text{ du mois en cours}}$$

Le « nombre de **jours ouvrables réels** du mois en cours » peut donc être : **24, 25, 26** ou **27** (selon les mois).

4. Méthode des jours ouvrables moyens (méthode dite « du vingt-sixième »)

Cette méthode consiste à **diviser le salaire mensuel par 26 quel que soit le mois en cours** et de retenir autant de vingt-sixièmes qu'il y a de jours ouvrables d'absence. Elle est **préconisée pour les absences de congés décomptées en jours ouvrables** :
26 = 52 semaines x 6 jours ouvrables/12 mois (exemple : les congés payés en jours ouvrables).

$$\text{Montant de l'absence} = \frac{\text{Salaire x Nombre de jours } \textbf{ouvrables} \text{ d'absence}}{\textbf{26}}$$

5. Méthode des jours ouvrés réels

Cette méthode consiste à diviser le salaire mensuel par autant de jours ouvrés que compte le mois en cours et de retenir autant de jours qu'il y a de jours ouvrés d'absence. Les jours ouvrés sont tous les jours du calendrier sauf le dimanche et le samedi, jours au cours desquels le salarié n'est pas censé aller travailler, soit : lundi, mardi, mercredi, jeudi, vendredi (donc **5 jours ouvrés par semaine**).

$$\text{Montant de l'absence} = \frac{\text{Salaire x Nombre de jours } \textbf{ouvrés} \text{ d'absence}}{\text{Nombre de jours } \textbf{ouvrés réels} \text{ du mois en cours}}$$

Le « nombre de **jours ouvrés réels du mois en cours** » peut donc être **20, 21, 22** ou **23** (selon les mois).

6. Méthode des jours ouvrés moyens
(méthode dite « du vingt et un soixante-septième »)

Cette méthode consiste à diviser le salaire mensuel par 21,67 quel que soit le mois et de retenir autant de vingt et un soixante-septième qu'il y a de jours ouvrés d'absence :

21,67 = 52 semaines x 5 jours ouvrés/12 mois.

Attention, certaines entreprises ont « arrondi » 21,67 à 21,75, voire à 22. Bien évidemment, le calcul obtenu se révèle moins juste ! Cette méthode est **préconisée pour les absences de congés décomptées en jours ouvrés** (exemples : RTT, jours fériés, congés payés en jours ouvrés).

$$\text{Montant de l'absence} = \frac{\text{Salaire x Nombre de jours } \textbf{ouvrés} \text{ d'absence}}{\textbf{21,67}}$$

7. Méthode des heures moyennes (151,67 heures)

Cette méthode consiste à **diviser le salaire mensuel par le nombre moyen d'heures mensuelles de travail quel que soit le mois** et de retenir les heures réelles d'absence :

151,67 = 52 semaines x 35 heures/12 mois.

Elle fut longtemps préconisée par la Cour de cassation pour les absences non rémunérées. Aujourd'hui, le fait de diviser le salaire (plus la prime d'ancienneté éventuelle) par 151,67 est essentiellement utilisé pour calculer le taux horaire moyen (heures supplémentaires, heures de nuit, etc.).

$$\text{Montant de l'absence} = \frac{\text{Salaire x Nombre d'heures réelles d'absence}}{\textbf{151,67}}$$

Le salaire mensuel (base 35 heures) étant obtenu par la formule : salaire horaire x 151,67, chaque heure est considérée valoir 1/151,67 de ce salaire mensuel.
Cependant, un mois peut comporter plus ou moins de 151,67 heures de travail : ainsi, février (20 jours ouvrés) comporte 140 heures, et mars (23 jours ouvrés) comporte 161 heures.

Exemple
Un salarié a été absent 151,67 heures en mars et il a travaillé 9,33 heures. Si on lui enlève 1/151,67 de son salaire par heure d'absence, il ne sera rien payé bien qu'ayant travaillé 9,33 heures. À l'inverse, s'il a été absent 140 heures en février, c'est-à-dire qu'il n'a pas travaillé de tout le mois, il serait payé 11,33 heures si on lui applique la même règle !

C'est pour éviter ces résultats aberrants qu'il était recommandé de ne faire jouer cette règle que sur la partie la plus courte (absence ou présence) du mois.

8. Méthode des heures réelles
Cette méthode consiste à **diviser le salaire mensuel par autant d'heures réelles théoriquement travaillées que compte le mois en cours** et de retenir autant d'heures qu'il y a d'heures d'absence.

$$\text{Montant de l'absence} = \frac{\text{Salaire x Nombre d'}\textbf{heures réelles}\text{ d'absence}}{\text{Nombre d'}\textbf{heures réelles}\text{ du mois en cours}}$$

Le « **nombre d'heures réelles** du mois en cours » peut donc être **140** (si février normal : 20 jours ouvrés x 7 heures), **147** (si 21 jours ouvrés x 7 heures), **154** (si 22 jours ouvrés x 7 heures) ou **161** (si 23 jours ouvrés x 7 heures).

La chambre sociale de la Cour de cassation considère que « *la retenue par heure d'absence d'un salarié payé au mois doit être en principe égale au quotient du salaire mensuel par le nombre d'heures de travail dans l'entreprise pour le mois considéré* ». Les retenues obtenues par application de cette méthode sont différentes pour une absence de même durée suivant le mois où s'est située l'absence. Ainsi, 3 jours d'absence donneront lieu à une réduction de salaire moins importante en mars qu'en février.

La chambre sociale de la Cour de cassation considère qu'il convient de retenir la méthode des heures réelles (Cass. soc., 11 février 1982, n° 80-40.359 ; Cass. soc., 4 février 1988, n° 84-45.300). **Elle a notamment écarté la méthode du trentième** en matière de retenue pour grève (Cass. soc., 27 juin 1989, n° 88-42.591) et surtout **en matière d'embauche en cours de mois** (Cass. soc., 24 juin 1992, n° 89-41.387). Malgré cette position jurisprudentielle, des entreprises continuent d'utiliser les méthodes du trentième et du vingt-sixième, en vertu de leur convention collective ou d'usage.

À partir de ce chapitre et jusqu'à la fin de ce livre, **il faudra donc utiliser cette méthode des heures réelles pour toute absence non payée**, que ce soit pour les heures de grève, les congés sans solde, les courtes absences telles le retard ou un départ avant la fin de l'horaire prévu, et surtout les retenues dites entrée/sortie – ces retenues concernent les salariés qui entrent dans l'entreprise ou qui la quittent en cours de mois.

L'erreur fréquente à propos de la retenue entrée/sortie est de retenir par exemple deux trentièmes du salaire à un salarié qui entre dans une entreprise le lundi 3 alors que ce mois comporte un samedi 1er et un dimanche 2. Ces deux jours (le samedi et le dimanche) n'étant habituellement pas travaillés dans l'entreprise, il ne faut évidemment rien retenir au salarié et il doit percevoir son salaire entier, tel qu'il a été prévu dans le contrat de travail. *Idem* pour une sortie un vendredi 28 si le mois comporte 30 jours calendaires, ou un vendredi 29 si le mois comporte 31 jours calendaires.

2. Inventaire des principales absences

L'origine des absences du salarié à son poste de travail est multiple. Le Code du travail en prévoit certaines, les conventions collectives en ont ajouté de nombreuses, et enfin, les usages en consacrent quelques-unes. Les principales (les congés payés et les absences pour maladie, maternité ou accidents) seront traitées respectivement au chapitre 3 de la partie IV et au chapitre 1 de la partie VIII.

Les jours fériés

Inventaire

En France, on compte actuellement 11 jours fériés légaux. Ce sont :
- le 1er janvier ;
- le lundi de Pâques ;
- le 1er mai ;
- le 8 mai ;
- le jeudi de l'Ascension ;
- le lundi de Pentecôte ;
- le 14 juillet ;
- le 15 août (Assomption) ;
- le 1er novembre (Toussaint) ;
- le 11 novembre ;
- le 25 décembre (Noël).

Un usage local, faisant suite aux lois des 19 octobre 1887 et 9 novembre 1887, à l'ordonnance du 16 août 1892, et consacré par les jugements de la Cour de cassation des 16 novembre 1983, 2 avril 1984, 19 juin 1986 et 15 octobre 1987, donne aux travailleurs des départements du Bas-Rhin, du Haut-Rhin et de la Moselle le Vendredi saint comme jour férié supplémentaire. En Alsace, le 26 décembre (Saint Étienne, premier martyr chrétien) est également férié.
Certaines personnes s'étonnent qu'ainsi ces trois départements aient ces deux jours fériés supplémentaires. La raison en est simplement historique. Les Français en bénéficiaient également avant la loi du 9 décembre 1905 dite « Loi de séparation des Églises et de l'État ». À cette période, ces 3 départements n'étaient plus français et lors de leur rattachement à la France en 1919, les élus alsaciens demandèrent à toujours bénéficier du régime du Concordat de

1801, demande acceptée par l'État français pour ne pas risquer de perdre un référendum.

Dans les DOM, s'y ajoute le jour de la commémoration de l'abolition de l'esclavage (décret publié en France le 22 mai 1848 grâce à la ténacité de Victor Schoelcher) :
• le 27 avril à Mayotte ;
• le 22 mai en Martinique ;
• le 27 mai en Guadeloupe ;
• le 10 juin en Guyane ;
• le 20 décembre à La Réunion.

À NOTER

Il existe une date officielle (et unique) pour cette « journée commémorative du souvenir de l'esclavage et de son abolition ». Cette date a été fixée en 2001 par Jacques Chirac au 10 mai en France (date d'adoption en 2001 de la loi Taubira). Cette journée a été célébrée pour la première fois en 2006 mais n'est pas un jour férié.

Il y a lieu d'ajouter à cette liste pour les entreprises concernées :
• la Saint-Éloi (1er décembre), patron des métallurgistes ;
• la Sainte-Barbe (4 décembre), patronne des mineurs.

Les jours fériés sont-ils obligatoirement des jours de repos ?
Légalement, le chômage des jours fériés (autres que le 1er mai) n'est obligatoire que pour les jeunes travailleurs et apprentis, âgés de moins de 18 ans employés dans des établissements autres que les établissements commerciaux et les bureaux des établissements industriels (art. L.3164-6).

Cas particulier du 1er mai
L'article L.3133-4 du Code du travail précise que, sauf exceptions prévues par la loi, **la fête du 1er mai est obligatoirement chômée et payée pour l'ensemble des salariés**, sans distinction de sexe, d'âge et de branche ou catégorie professionnelle.
L'article L.3133-5 du Code du travail, quant à lui, dit que *« le chômage du 1er mai ne peut être une cause de réduction des traitements et salaires mensuels, bimensuels ou hebdomadaires. Les salariés rémunérés à l'heure, à la journée ou au rendement, ont droit à une indemnité*

égale au salaire perdu du fait de ce chômage. Cette indemnité est à la charge de l'employeur ».
Enfin, l'article L.3133-6 du Code du travail signale les exceptions : « *Dans les établissements et services qui, en raison de la nature de leur activité, ne peuvent interrompre le travail, les salariés occupés le 1er mai ont droit, en plus du salaire correspondant au travail accompli, à une indemnité égale au montant de ce salaire. Cette indemnité est à la charge de l'employeur.* » Les exceptions concernent uniquement les établissements et services qui, en raison de la nature de leur activité, ne peuvent interrompre le travail. Ce sont les entreprises à feu continu, les transports publics, les hôpitaux, les services de gardiennage, les hôtels, etc. Ces salariés ont droit en plus de leur salaire à une indemnité correspondant au salaire touché pour le travail effectué ce jour-là, à l'exception des primes représentatives de frais (primes de panier, d'outillage, de salissure…), des primes d'assiduité et d'ancienneté.

Rémunération

Rémunération des jours fériés chômés
Le chômage des jours fériés ne peut entraîner aucune perte de salaire pour les salariés totalisant au moins 3 mois d'ancienneté dans l'entreprise ou l'établissement. Ces dispositions ne s'appliquent pas aux salariés travaillant à domicile, aux salariés saisonniers, aux salariés intermittents ni aux salariés temporaires (C. trav., art. L.3133-3).
À noter que cette condition d'ancienneté s'applique sauf disposition conventionnelle ou usage plus favorable.
Le salarié intérimaire bénéficie également du paiement du jour férié chômé sans condition d'ancienneté dans les mêmes conditions que le salarié permanent de l'entreprise utilisatrice.
Avant la loi de simplification du droit (22 mars 2012), le salarié devait en plus avoir travaillé 200 heures pendant les 2 mois précédant le jour férié et avoir été présent la veille et le lendemain de ce jour.

Il doit y avoir maintien intégral du salaire, à savoir le salaire de base et tous ses accessoires. Lorsque la rémunération comprend une part fixe et une part variable, l'employeur verse un complément de salaire pour la part variable, dont il a par exemple été admis qu'il soit calculé selon la moyenne journalière des sommes perçues au même titre pendant les jours ouvrés du même mois (Cass. soc., 7 mai 1996, n° 92-45148, ou Cass. soc., 5 décembre 2001, n° 99-45699).

Le jour férié chômé payé doit être assimilé à un jour de travail effectif pour le décompte des heures supplémentaires de la semaine (circ. DRT 2000-7, 6 décembre 2000), mais pas pour le décompte de la contrepartie en repos.
Si le jour férié tombe un jour habituellement chômé dans l'entreprise, il n'y a aucune incidence sur le salaire.

Rémunération des jours fériés travaillés
Sauf dispositions plus favorables dans les conventions collectives ou dans un accord d'entreprise, aucune rémunération supplémentaire n'est due pour le travail effectué un jour férié en dehors du 1er mai.

Congés liés à la famille

Congé de naissance et d'adoption

Le premier en date des congés pour événements familiaux fut **le congé de naissance (3 jours) accordé aux pères** par la loi du 18 mai 1946 et dont le bénéfice a été étendu en 1976 aux cas d'adoption. Le congé d'adoption (au moment de l'arrivée d'un enfant – C. trav., art. L.3142-1) peut être obtenu soit par le père adoptif, soit par la mère adoptive sans pouvoir se cumuler avec celui accordé aux salariés dans le cadre de l'assurance maternité.

Initialement, la rémunération du congé de naissance ou du congé d'adoption était remboursée à l'employeur par les caisses d'allocations familiales. Ce remboursement a été supprimé à partir du 1er janvier 1987, par modification en ce sens du Code de la Sécurité sociale. Le droit au congé de naissance est cependant maintenu dans le Code du travail, de telle sorte que **l'employeur supporte désormais la charge de cette rémunération** (C. trav., art. L.3142-2). En cas de naissance ou d'adoption multiple (naissance de jumeaux…), un seul congé de naissance ou d'adoption peut, à mon avis, être exigé dans la mesure où il s'agit du même événement.

Congé de paternité

La loi de financement de la Sécurité sociale pour 2002 a introduit le congé de paternité. Celui-ci est ouvert à tout salarié à l'occasion de la naissance de son enfant. Pour la naissance d'un enfant unique,

11 jours calendaires maximum sont accordés. La durée est portée à 18 jours pour les naissances multiples. Le congé doit être pris dans un délai de 4 mois à compter de la date de naissance.
Ce congé de paternité est cumulable avec le congé de 3 jours accordé pour la naissance d'un enfant (art. L.1225-35). Le salarié doit avertir l'employeur de son intention de bénéficier du congé de paternité au moins un mois avant la prise effective de celui-ci. L'employeur ne peut refuser.
L'indemnisation est assurée principalement par la Sécurité sociale, les IJSS se calculent comme pour la maternité. Les conventions collectives ou des accords d'entreprise peuvent prévoir une indemnisation complémentaire afin de maintenir le salaire brut ou net du salarié.

Congé pour enfant malade

Un autre congé, créé par la loi « famille » du 25 juillet 1994, permet à tout salarié de bénéficier d'un **congé non rémunéré** en cas de maladie ou d'accident, constaté par certificat médical, d'un enfant de moins de 16 ans, dont le salarié assume la charge effective et permanente. Le père et la mère peuvent bénéficier de ce congé s'ils assument conjointement la charge de l'enfant.
Cette absence autorisée est de 5 jours si l'enfant est âgé de moins de 1 an, ou de **3 jours** sinon. Ce minimum légal s'applique à défaut de dispositions plus favorables, conventionnelles notamment (C. trav., art. L.1225-61, loi n° 94-629, 25 juillet 1994).

Congé de présence parentale

Tout salarié peut suspendre son contrat de travail pour s'occuper de son enfant gravement malade, accidenté ou handicapé et bénéficier d'une allocation de présence parentale (C. trav., art. L.1225-52 à 1225-65). En application de l'article R.1225-14 du Code du travail, la gravité de la maladie ou de l'accident doit être constatée par un certificat médical qui atteste également que l'état de l'enfant rend nécessaire la présence d'une personne auprès de lui pendant une période déterminée. Le handicap grave de l'enfant est établi dès lors que ce handicap ouvre droit à l'allocation d'éducation spéciale prévue à l'article L.541-1 du Code de la Sécurité sociale.

Congés pour événements familiaux

L'Accord national interprofessionnel du 10 décembre 1977 sur la mensualisation avait créé les « congés pour événements personnels ». La loi du 19 janvier 1978, étendant cet accord, a intégré dans le Code du travail certains de ces congés, sans les subordonner à une condition d'ancienneté. Il s'agissait des congés pour décès d'enfant, de conjoint, de parents et pour mariage du salarié ou de son enfant. À noter que le congé pour mariage d'un enfant n'est ouvert qu'aux parents de l'enfant et non, en cas du remariage du père ou de la mère, au second conjoint qui n'a aucun lien de parenté direct avec l'enfant. Bien entendu, il est toujours possible à l'employeur d'accorder un jour de congé payé (Rép. min. n° 2414 : *JO* Sénat Q, 19 mars 1998).

Quant aux autres congés (pour décès de frère, de sœur, de beaux-parents), ils résultaient non de la loi, mais de l'accord. Depuis la parution du nouveau Code du travail le 1er mai 2008, ces congés ont été intégrés à la loi (C. trav., art. L.3142-1), et l'obligation qu'avaient les salariés de justifier de 3 mois d'ancienneté a été supprimée. En résumé, cela donne le tableau suivant.

Tableau récapitulatif des congés pour événements familiaux

Événement	Durée du congé	Observations
Décès :		
• conjoint, enfant	• 2 jours	Conjoint = marié ou pacsé
• père, mère	• 1 jour	
• frère, sœur	• 1 jour	
• beaux-parents	• 1 jour	Beaux-parents = parents du conjoint (et non la personne avec qui le père ou la mère s'est remarié(e))
Mariage :		
• de l'intéressé	• 4 jours	
• d'un enfant	• 1 jour	Également dû pour remariage d'un enfant

Événement	Durée du congé	Observations
Naissance d'un enfant	3 jours	Ne peut pas se cumuler avec le congé de maternité (lequel peut être accordé au père en cas de décès de la mère) ni avec le congé d'adoption, pour le parent qui en bénéficie
Adoption d'un enfant	3 jours	Voir ci-dessus : naissance d'un enfant
Maladie d'un enfant	3 ou 5 jours par an	5 jours si l'enfant est âgé de moins de 1 an ou si le salarié assume la charge de trois enfants ou plus âgés de moins de 16 ans

Prise des congés

Les congés doivent être pris **au moment des événements en cause.** Toutefois, la Cour de cassation a précisé que le terme « événement » ne fixe pas dans le temps une date précise, mais fixe **une période qui doit être raisonnable durant laquelle le jour chômé et rémunéré est accordé**. Ainsi, le jour d'autorisation d'absence pour événement familial accordé pour le mariage d'un enfant n'a pas à être nécessairement pris le jour même de la célébration du mariage. Ce jour peut être pris la veille du mariage (Cass. soc., 16 décembre 1998, n° Y.96-43.323).

Le ministère des Affaires sociales a précisé, s'agissant de l'absence pour décès accordée aux fonctionnaires (3 jours), que **cette absence** ayant pour motif essentiel de permettre à l'intéressé d'effectuer les démarches indispensables, sa durée (nécessairement continue) **devait s'apprécier en jours ouvrés.** Ainsi, pour le décès d'un beau-père survenu en fin d'une semaine, un fonctionnaire peut être autorisé à s'absenter le vendredi puis les lundi et mardi de la semaine suivante.

Les jours de congé de naissance, d'adoption, de mariage et de décès prévus par la loi (et par les conventions collectives) sont assimilés à des jours de travail effectif pour le calcul des congés payés. En revanche, sauf dispositions conventionnelles plus favorables, **le congé pour enfant malade n'est pas assimilé à du travail effectif** pour le calcul des congés payés.

Enfin, les **conventions collectives** prévoient également des congés pour événements familiaux. Ces conventions, qui ne peuvent être moins favorables que la loi, prévoient le plus souvent :
• des congés plus longs (exemple : une semaine en cas de mariage, ou en cas de décès du conjoint) ;
• un nombre plus étendu d'événements familiaux (exemples : mariage des frères et sœurs, cérémonie religieuse, déménagement, maladie d'un enfant).

Congé parental d'éducation

Les salariés qui ont (ou ont adopté) un enfant de moins de 3 ans peuvent interrompre leur activité professionnelle pour élever cet enfant, dans la limite du troisième anniversaire de l'enfant (ou du troisième anniversaire de l'arrivée au foyer de l'enfant adopté). Le père et la mère (car il y a égalité des droits) qui justifient **d'un an d'ancienneté** (à la date de la naissance ou de l'arrivée au foyer de l'enfant adopté), à l'occasion de chaque naissance ou de chaque adoption **d'un enfant de moins de 3 ans**, ont droit à ce congé quelle que soit la taille de l'entreprise. (Avant le 1er janvier 1995, ce congé pouvait être refusé dans les entreprises de moins de 100 salariés.)
Le congé (total ou partiel) doit d'abord comprendre une phase initiale d'une durée d'un an maximum. Puis, il peut être prolongé deux fois, sans dépasser le troisième anniversaire de l'enfant ou, en cas d'adoption, 3 ans à compter de l'arrivée de l'enfant au foyer.

Le décret du 1er décembre 2014 permet de prolonger le congé parental d'éducation (CPE) en cas de naissances multiples (triplés) jusqu'à l'entrée en maternelle des enfants ou jusqu'à leur sixième anniversaire. Ceci est valable pour les enfants nés ou adoptés à partir du 1er octobre 2014.

Les intéressés peuvent choisir entre deux formes de congé.
• Le **congé parental total, avec suspension du contrat de travail.** Pendant le congé parental, **le contrat de travail est suspendu. Le salarié est toujours pris en compte dans les effectifs.** L'employeur reste libre de licencier le salarié pour une cause étrangère au congé parental (faute ou motif économique) en respectant la procédure de licenciement. Mais si le salarié a droit à l'indemnité de licenciement (sauf faute grave), il ne peut prétendre à l'indemnité compensatrice de préavis lorsque la durée du préavis couvre le congé parental.

Selon l'article L.1225-54, il est prévu que la durée du congé parental est prise en compte pour moitié pour la détermination des avantages liés à l'ancienneté.
Le salarié en congé parental ne peut exercer aucune activité professionnelle autre que celle d'assistante maternelle.
• Le **congé parental à temps partiel**. Le salarié choisit son temps de travail. Il faut juste respecter la durée minimale de 16 heures, qui permet au salarié de continuer de bénéficier des prestations en nature et en espèces de l'assurance maladie-maternité. Au cours de la période initiale et des prolongations, le salarié ne peut en principe obtenir une reprise anticipée de son activité antérieure ou une modification de la formule de congé. Un tel droit lui est cependant ouvert dans les hypothèses du décès de l'enfant ou d'une diminution importante des ressources.

Congés liés au parcours professionnel

Congé pour création d'entreprise

Le salarié qui crée ou reprend une entreprise a droit soit à un congé pendant lequel le contrat de travail est suspendu, soit à une période de travail à temps partiel (art. L.3142-78). **La durée du congé** pour création d'entreprise **est d'un an** ; elle peut être **prolongée au plus d'un an** (art. L.3142-80), à condition que le salarié en informe son employeur par lettre recommandée avec avis de réception au moins 3 mois avant le terme de la première année de congé.
Le salarié doit justifier d'une ancienneté dans l'entreprise d'au moins 24 mois (36 mois dans l'ancien Code du travail), consécutifs ou non (art. L.3142-81). Ce droit ne peut être exercé moins de 3 ans après la précédente création ou reprise d'entreprise.

Congé sabbatique

On en parle beaucoup mais on le connaît peu. Sa durée n'est pas d'un an mais est comprise entre **un minimum de 6 mois et un maximum de 11 mois**.
Pour pouvoir en bénéficier, à la date de son départ, le salarié doit :
• avoir 36 mois d'ancienneté dans l'entreprise ;
• justifier de 6 années d'activité professionnelle ;

• ne pas avoir déjà bénéficié pendant les 6 années précédentes d'un congé sabbatique, d'un congé pour création d'entreprise ou d'un congé de formation d'au moins 6 mois (art. L.3142-92).
Le salarié doit informer son employeur par lettre recommandée avec avis de réception au moins 3 mois avant la date de départ qu'il a choisie. Il doit préciser la durée de ce congé mais sans en donner les motifs.

Dans les entreprises de **deux cents salariés et plus, l'employeur ne peut pas s'opposer au départ**. Il a seulement la possibilité de le différer, soit dans la limite de 9 mois à compter de la présentation par le salarié de la lettre recommandée et sans avoir à fournir de motif, soit de telle sorte que le nombre de jours d'absence prévus au titre des congés pour création d'entreprise et sabbatique ne dépasse pas 2 % du nombre total des jours travaillés dans l'entreprise (1,5 % s'il s'agit du seul congé sabbatique) dans les 12 mois précédant le départ en congé.

Dans les entreprises de **moins de deux cents salariés, l'employeur** qui estime que ce départ aura des conséquences préjudiciables à la production et à la marche de l'entreprise **peut refuser le congé**.

Congé pour bilan de compétences

L'accord interprofessionnel sur la formation du 3 juillet 1991 a créé le congé pour bilan de compétences pour les salariés (mais les demandeurs d'emploi peuvent en bénéficier également). Le texte est consacré par le nouveau Code aux articles L.6322-42 à L.6322-52. Ces bilans se déroulent dans un cabinet spécialisé. Le stagiaire est reçu par un consultant qui l'aide à analyser ses aptitudes professionnelles. Le but de ces bilans est de construire un projet professionnel cohérent.

Le salarié, à condition de justifier **d'un an d'ancienneté** et de ne pas avoir effectué de bilan dans les 5 ans qui précèdent, peut s'absenter **24 heures (payées)**. Le salarié doit établir sa demande au moins 60 jours avant le début de son congé. L'employeur doit lui répondre dans les 30 jours mais il peut le différer dans la limite de 6 mois maximum.
Si le congé pour bilan de compétences est **pris à l'initiative de l'employeur** (C. trav., art. L.6322-34), aucune condition d'ancienneté du salarié n'est exigée. Le salarié disposera d'un délai de 10 jours

pour signifier son acceptation et la durée du congé durera le temps nécessaire (il n'est donc pas limité à 24 heures).
Dans les deux cas, le congé pour bilan de compétences est assimilé à du travail effectif pour le calcul de l'ancienneté et des congés payés.

Congé individuel de formation

Il permet au salarié de suivre une formation de longue durée, selon ses choix, à son initiative, liée ou pas à son activité professionnelle. Seule restriction : elle ne doit pas être similaire à une formation déjà prévue par l'entreprise.
Le stage peut être à temps plein ou à temps partiel. Sa durée ne peut dépasser **1 an** pour un stage continu à temps plein, ou **1 200 heures** pour un stage discontinu ou à temps partiel.

Tout ou partie de la rémunération peut être pris en charge, si l'organisme paritaire qui gère les fonds du CIF dont dépend l'employeur, accepte le dossier. Les critères d'acceptation sont l'intérêt du projet et le budget dont dispose cet organisme qui est, en général, le Fongecif « Fonds de gestion des congés individuels de formation » (ses coordonnées sont communiquées par l'employeur).

Le salarié doit remplir deux conditions pour en bénéficier :
• avoir été salarié pendant au moins 24 mois (36 mois dans les entreprises de moins de dix salariés) consécutifs ou non, dont 12 dans l'entreprise ;
• ne pas avoir déjà bénéficié d'un congé individuel durant un certain nombre de mois ou d'années, variable selon la durée du premier stage. Ce délai dit « de franchise » entre deux CIF va de 6 mois à 6 ans.

Droit individuel à la formation

Le droit individuel à la formation (DIF) était un dispositif qui avait pour objectif de permettre **à tout salarié de se constituer un crédit d'heures de formation** de 20 heures par an, cumulable sur 6 ans dans la limite de 120 heures. Bien que ce dispositif ait pris fin le 31 décembre 2014, les heures acquises dans ce cadre et non utilisées sont utilisables jusqu'au 31 décembre 2020. C'est pourquoi avant d'expliquer le compte personnel de formation (le nouveau dispositif mis en place depuis le 1er janvier 2015 et qui remplace le DIF), voici quelques explications si vous souhaitez profiter de votre DIF acquis jusqu'au 31 décembre 2014.

L'initiative d'utiliser les droits à formation ainsi acquis appartient au salarié, mais la mise en œuvre du DIF requiert l'accord de l'employeur sur le choix de l'action de formation. La formation a lieu hors du temps de travail sauf disposition conventionnelle contraire ; elle est prise en charge par l'employeur selon des modalités particulières. Le DIF étant un droit reconnu au salarié, celui-ci est libre ou non de l'utiliser. S'il décide de ne pas l'utiliser, il ne peut pas demander de compensation financière à son employeur au titre des heures acquises et non utilisées.

Au titre du DIF, les salariés en contrat à durée indéterminée (CDI) travaillant à temps complet ont eu droit, sauf dispositions conventionnelles plus favorables, à **20 heures de formation minimum par an**. Ceux qui étaient employés à temps partiel acquéraient un crédit d'heures calculé au prorata de leur durée de travail. Ainsi, par exemple, un travail à mi-temps ouvrait droit à 10 heures de formation par an. **Les salariés qui n'utilisaient pas leurs droits acquis au titre du DIF pouvaient les cumuler d'une année sur l'autre**, dans les conditions suivantes :

- pour les salariés à temps complet, **le cumul pouvait se faire sans pouvoir dépasser le plafond de 120 heures** ;
- pour les salariés à temps partiel, c'est le plafond de 120 heures qui s'appliquait quel que soit le temps mis pour l'atteindre. Ainsi, par exemple, un salarié travaillant à mi-temps qui avait acquis 10 heures par an au titre du DIF pouvait cumuler ses droits sur 12 ans.

L'employeur était tenu d'informer les salariés une fois par an de leurs droits au titre du DIF.

Jusqu'au 31 décembre 2020, si le salarié effectue ses heures de formation en dehors de son temps de travail, il perçoit de son employeur une allocation de formation égale à 50 % de sa rémunération nette de référence. Le salaire horaire de référence pris en compte pour le calcul de cette allocation s'obtient en divisant le total des rémunérations nettes versées au salarié au cours des 12 derniers mois précédant le début de la formation par le nombre total d'heures rémunérées au cours de ces mêmes 12 derniers mois. Des modalités particulières de calcul sont prévues pour les salariés dont la durée de travail est fixée par une convention de forfait en jours.

Si la formation a lieu en partie sur le temps de travail, la rémunération du salarié est maintenue normalement pour les heures passées à se former.

Pendant la durée de sa formation (pendant ou hors temps de travail), le salarié bénéficie de la législation sur les accidents de travail et les maladies professionnelles.
Les **frais de formation**, ainsi que l'allocation de formation, sont à la charge de l'employeur, ce dernier pouvant les imputer sur sa participation au développement de la formation continue.

En cas de **licenciement** (sauf pour faute grave ou lourde), le salarié licencié peut demander à bénéficier d'une action de formation, de bilan de compétences ou de validation des acquis de l'expérience (VAE) au titre du crédit d'heures qu'il a acquis dans le cadre du DIF. Cette demande doit être formulée avant la fin du préavis. Si cette condition est respectée, l'employeur est tenu de verser le montant de l'allocation de formation correspondant aux heures acquises au titre du DIF et non encore utilisées, cette somme devant servir à financer tout ou partie de l'action suivie par le salarié. Dans un souci de bonne information des salariés, l'employeur est tenu de mentionner, dans la lettre de licenciement, les droits que ce dernier a acquis au titre du DIF et la possibilité de demander, pendant le préavis, à bénéficier d'une action de bilan de compétences, de VAE ou de formation.
En cas de **démission**, le salarié peut demander à bénéficier de son DIF, à condition que l'action de formation, de bilan de compétences ou de validation des acquis soit engagée avant la fin du préavis.

Compte personnel de formation

Le samedi 14 décembre 2013, les partenaires sociaux (MEDEF, UPA, CFDT, FO, CFTC, CFE-CGC) sont parvenus à un projet d'accord sur la réforme de la formation professionnelle. De cet accord est née la loi relative à la formation professionnelle, à l'emploi et à la démocratie sociale qui a été publiée au *Journal officiel* le 6 mars 2014.
Le but de cette loi est de favoriser l'accès à la formation professionnelle tout au long de la vie du salarié, chaque personne (demandeurs d'emploi, salariés, jeunes actifs…) **disposant ainsi, dès son entrée sur le marché du travail, d'un compte personnel de formation, qui lui permettra d'accéder à une formation qualifiante indépendamment de son statut.**

Depuis le 1er janvier 2015, le CPF est alimenté annuellement d'un nombre d'heures de formation dès lors qu'on est salarié (24 heures par an pour les cinq premières années, puis 12 heures par an les années suivantes dans la limite d'un **plafond de 150 heures** pour un temps plein, au prorata pour un temps partiel) (C. trav., art. L. 6323-1).

Les périodes d'absence du salarié dues à une maladie professionnelle ou à un accident de travail, ainsi que celles liées à un congé de maternité, de paternité, d'adoption, de présence parentale, de soutien familial ou à un congé parental d'éducation seront intégralement prises en compte pour le calcul des heures acquises dans le CPF (C. trav., art. L. 6323-11). Des abondements pourront être également effectués par l'employeur, le salarié, Pôle Emploi, un accord d'entreprise ou encore les régions.

Toute personne (d'au moins 16 ans en emploi ou à la recherche d'un emploi, ou par dérogation dès 15 ans si elle a signé un contrat d'apprentissage) a connaissance des heures créditées sur son compte grâce à un service dématérialisé et peut le mobiliser qu'il soit ou non en emploi (C. trav., art. L. 6222-1). Pour cela, chaque personne doit s'inscrire sur le site www.moncompteformation.gouv.fr (ce n'est donc plus à l'employeur d'informer le salarié). Sur ce site, la personne pourra accéder à un espace personnel qui lui permettra de connaître son nombre d'heures créditées et les formations éligibles, et d'élaborer un « passeport d'orientation, de formation et de compétences ». Les droits au CPF sont déterminés à partir des données déclarées par les employeurs dans la DADS ou la DSN. Le compte sera fermé lorsque la personne sera admise à faire valoir l'ensemble de ses droits à la retraite (C. trav., art. L. 6323-1).

Les heures de formation inscrites sur le CPF resteront acquises en cas de changement de situation professionnelle ou de perte d'emploi de son titulaire. Le CPF suivra donc son titulaire tout au long de sa vie professionnelle, jusqu'à la retraite, quel que soit son statut, salarié ou demandeur d'emploi

Lorsque la formation est suivie en tout ou partie pendant le temps de travail, le salarié doit recueillir l'accord préalable de son employeur sur son contenu et son calendrier. *A contrario*, lorsque la formation choisie est suivie en dehors du temps de travail, le salarié n'a pas besoin de l'accord préalable de son employeur (C. trav., art. L. 6323-17).

Les heures consacrées à la formation pendant le temps de travail constituent du temps de travail effectif et ouvrent droit au maintien de la rémunération du salarié (C. trav., art. L. 6323-18). En revanche, l'employeur n'a pas d'allocation de formation à verser pour des formations se déroulant en dehors du temps de travail.

Validation des acquis de l'expérience

Toute personne, quels que soient son âge, son statut et son niveau de formation, et justifiant d'au moins 3 ans d'expérience en rapport direct avec la certification visée, peut prétendre à la VAE. Cette certification qui peut être un diplôme, un titre ou un certificat de qualification professionnelle doit être inscrite au Répertoire national des certifications professionnelles.

Le but de la VAE est :
- d'obtenir une certification ;
- de mettre en cohérence sa certification avec son niveau de responsabilité ;
- de valider son expérience pour soi ;
- de faire reconnaître ses compétences ;
- d'obtenir un niveau de qualification permettant d'accéder à une formation d'un niveau supérieur ou de s'inscrire à un concours ;
- de changer d'emploi ;
- d'évoluer professionnellement ;
- d'obtenir une augmentation ou une promotion professionnelle ;
- de développer sa confiance en soi.

Le salarié doit transmettre à l'autorité certificatrice un dossier décrivant son expérience. Ensuite, selon la certification, il est mis en situation professionnelle devant un jury ou présente son dossier. Dans les deux cas, le jury s'entretiendra avec lui et prendra une décision de validation totale, partielle ou de refus de validation. L'ensemble de la démarche dure entre huit et douze mois (de la définition du projet jusqu'aux épreuves de validation devant le jury).

La certification obtenue par la VAE a la même valeur que celle obtenue par la voie de la formation.

Le salarié peut solliciter l'aide de son employeur s'il le souhaite. Mais à aucun moment il n'est tenu d'avertir son employeur de sa démarche.

Plusieurs possibilités existent pour financer, partiellement ou intégralement, une démarche de VAE, en fonction du statut du demandeur. Il est également possible de financer sa démarche VAE à titre individuel.
Les salariés peuvent obtenir une prise en charge :
• au titre du **congé VAE** : la demande de financement est faite auprès de l'Opacif (Organisme paritaire agréé au titre du congé individuel de formation) ou du Fongecif dont dépend leur entreprise ;
• dans le cadre du **plan de formation** de leur entreprise : la demande est à formuler auprès de l'employeur ;
• en demandant à leur entreprise d'utiliser leurs droits acquis dans le cadre du **droit individuel à la formation** (DIF). À partir du 1er janvier 2015 et jusqu'au 31 décembre 2020, les droits acquis au titre du DIF pourront être utilisés dans les mêmes conditions que ceux du CPF ;
• en mobilisant à partir du 1er janvier 2015 leurs droits acquis au titre du **compte personnel de formation** (CPF), sans avoir à obtenir l'accord de l'employeur lorsqu'il s'agit de financer un accompagnement à la validation des acquis de l'expérience (loi n° 2014-288 du 5 mars 2014).

Les **demandeurs d'emploi** peuvent bénéficier de différents financements permettant, sous certaines conditions, d'assurer la gratuité de l'intégralité du parcours VAE :
• l'aide régionale : certains conseils régionaux proposent une aide financière (en Île-de-France, le chéquier VAE) ;
• l'aide du Pôle Emploi (complémentaire de l'aide régionale) ;
• l'aide de l'État pour obtenir un titre professionnel du ministère chargé de l'emploi ou pour bénéficier d'actions spécifiques départementales ;
• en mobilisant à partir du 1er janvier 2015 leurs droits acquis au titre du compte personnel de formation (CPF).

À noter : depuis la loi du 5 mars 2014, l'exercice de responsabilités syndicales est désormais « éligible » à la VAE.

Congé pour examen

Tout salarié (ayant 24 mois d'ancienneté en qualité de salarié, dont 12 mois dans l'entreprise) peut obtenir un **congé rémunéré** pour passer ou préparer un examen en vue d'acquérir des titres ou diplômes de l'enseignement technologique (art. L.6322-3).
Il faut formuler la demande de congé au plus tard 60 jours à l'avance, en indiquant avec précision l'intitulé et la date de l'examen concerné.

À l'appui de la demande, il faut fournir un certificat d'inscription. Dans les 30 jours suivant la réception de la demande, l'employeur doit faire connaître à l'intéressé sa réponse, en indiquant le cas échéant les raisons qui motivent le rejet ou le report de la demande. Le salarié doit fournir à l'entreprise un certificat attestant qu'il a pris part à toutes les épreuves de l'examen.

La durée du ou des congés destinés à la préparation des examens **ne peut dépasser, par année, 24 heures** du temps de travail. Quant au congé destiné à passer l'examen, il correspond au temps nécessaire au passage de l'examen, ce temps venant bien sûr s'ajouter aux temps de préparation.

Congé pour préparation d'un examen (apprentis)

Les apprentis bénéficient d'un congé de 5 jours ouvrables au cours du mois qui précède les épreuves du diplôme prévu dans le contrat d'apprentissage **en vue de préparer leurs examens** (C. trav., art. L.6222-35).
Ce congé donne droit au maintien du salaire et ne peut être imputé sur la durée normale de formation en centre de formation d'apprentissage prévue par le contrat. Si le jeune présente la demande dans les conditions requises, **l'octroi du congé est de droit.**

Congé d'enseignement ou de recherche

Selon l'article L.6322-53, tout salarié qui justifie d'une ancienneté d'un an dans son entreprise a droit à une autorisation d'absence, d'une durée maximale d'un an, en vue de dispenser à temps plein ou à temps partiel un enseignement technologique ou professionnel en formation initiale ou continue. Ce congé est également accordé au salarié qui souhaite se livrer à une activité de recherche et d'innovation dans un établissement public de recherche, une entreprise publique ou privée. **Ce congé n'est pas rémunéré.**

Dans les établissements de deux cents salariés et plus, lorsque plusieurs travailleurs demandent un congé d'enseignement ou de recherche, l'autorisation accordée à certaines demandes peut être différée afin que le pourcentage de salariés simultanément absents au titre de ce congé ne dépasse pas 2 % de l'effectif total de cet établissement (art. L.6322-54).
Dans les établissements de moins de deux cents salariés, l'autorisation accordée à certaines demandes peut être différée si le

nombre d'heures de congé demandé dépasse 2 % du nombre total des heures de travail effectuées dans l'année (art. L.6322-54). Si l'autorisation d'absence est accordée à temps partiel, elle ne peut pas être supérieure à 4 heures par semaine ou 18 heures par mois.

Congé de formation des membres du comité d'entreprise

Ce congé de **5 jours** est ouvert pour les membres titulaires du CE élus pour la première fois (ou renouvellement lorsqu'ils ont exercé leur mandat pendant 4 ans, consécutifs ou non) (C. trav., art. L.2325-44). Le salarié doit présenter sa demande 30 jours avant le début de la formation et l'employeur doit lui répondre dans les 8 jours.
Ce congé est rémunéré par l'employeur et assimilé à du travail effectif aussi bien pour l'acquisition des congés payés que pour la détermination de l'ancienneté.

Congé de formation des membres du CHSCT

Ce congé de **5 jours** dans les établissements de trois cents salariés et plus (dans les autres, selon la convention de branche ou dispositions réglementaires) est ouvert pour les membres titulaires du CHSCT élus pour la première fois (ou renouvellement lorsqu'ils ont exercé leur mandat pendant 4 ans, consécutifs ou non) (C. trav., art. L.4614-14).
Le salarié doit présenter sa demande 30 jours avant le début de la formation et l'employeur doit lui répondre dans les 8 jours. Il peut y avoir report en cas de conséquences préjudiciables à la bonne marche de l'entreprise ou si le quota des absences est dépassé ou s'il y a trop d'absences simultanées.
Ce congé est rémunéré par l'employeur et assimilé à du travail effectif aussi bien pour l'acquisition des congés payés que pour la détermination de l'ancienneté.

Congé de formation économique, sociale et syndicale

L'article L.3142-7 du Code du travail pose comme principe que, sans condition d'ancienneté, tout salarié qui souhaite participer à des stages ou sessions de formation économique et sociale ou de formation syndicale organisés soit par des centres rattachés à des organisations syndicales de salariés reconnues représentatives

sur le niveau national, soit par des instituts spécialisés, a droit, sur sa demande, à un ou plusieurs congés d'une durée totale égale à 12 jours ouvrés (18 pour les animateurs de stage, les seniors et pour les salariés appelés à exercer des responsabilités syndicales).
La demande doit être formulée 30 jours avant le début de cette formation. L'employeur doit donner sa réponse dans les 8 jours (possibilité de refus ou de report).
Ce congé est rémunéré dans les entreprises de dix salariés et plus (dans la limite de 0,08 ‰ des salaires).

Congés liés à l'État

Congé pour acquisition de la nationalité

Tout salarié a le droit de bénéficier, sur justification, d'un congé non rémunéré d'une demi-journée pour assister à sa cérémonie d'accueil dans la citoyenneté française. Ce congé n'est pas assimilé à du travail effectif (C. trav., art. L.3142-116).

Exercice de fonction judiciaire

Il s'agit des conseillers prud'homaux (élus pour 5 ans) qui doivent disposer du temps nécessaire à l'exercice de leur fonction (art. L.1442-5).
Les salariés concernés ne subissent aucune perte de salaire, leurs périodes d'absence étant indemnisées comme du temps de travail effectif. À charge pour les employeurs de se faire rembourser par l'État sur présentation de justificatifs (art. L.1442-2).

Congé de formation pour les conseillers prud'homaux

Les employeurs sont tenus d'accorder à leurs salariés, membres d'un conseil de prud'hommes, sur leur demande et pour les besoins de leur formation, des **autorisations d'absence dans la limite de 6 semaines par mandat**. Au cours de la même année, la durée de l'absence ne peut être supérieure à 2 semaines (art. L.1442-2).
Ces absences sont rémunérées par l'employeur, et les dépenses peuvent être prises en charge par le budget de formation professionnelle.

Participation aux élections

Selon l'article L.3142-56, les employeurs sont tenus de laisser aux salariés candidats à l'Assemblée nationale ou au Sénat le temps nécessaire pour participer à la campagne électorale, dans la limite de 20 jours ouvrables.
Pour le Parlement européen, un conseil municipal (d'au moins 3 500 habitants) général ou régional, l'Assemblée de Corse, la limite est de 10 jours.
Ces absences ne sont pas rémunérées mais elles peuvent être imputées sur le congé annuel du salarié dans la limite de ses droits. En accord avec son employeur, le salarié a la possibilité de récupérer ses absences.

Exercice d'un mandat public ou de fonctions électives

Il s'agit des absences non rémunérées des salariés membres d'un conseil municipal, général ou régional pour participer aux séances plénières, à certaines réunions et pour utiliser un crédit d'heures trimestriel. Ces salariés peuvent s'absenter le temps nécessaire à l'exercice de leur mandat sans que ces absences constituent une rupture du contrat de travail.
Le temps passé au conseil municipal ou au conseil général peut être récupéré si le salarié le souhaite. Ces absences sont prévues dans le Code général des collectivités territoriales aux articles L.2123-1 à L.2123-16.

Jurés d'assises

Les jurés sont des citoyens tirés au sort qui participent, aux côtés des magistrats professionnels, au jugement des crimes au sein de la Cour d'assises. Pour être juré, la personne doit :
- être de nationalité française ;
- avoir au moins 23 ans ;
- savoir lire et écrire le français ;
- ne pas se trouver dans un cas d'incapacité ou d'incompatibilité avec les fonctions de juré.

Les personnes en cas d'incapacité ou d'incompatibilité sont :
- des personnes ayant été condamnées pour un crime ou un délit ;
- des agents publics ayant été révoqués de leurs fonctions ;
- des personnes sous tutelle ou curatelle ;

• des membres du gouvernement ;
• des députés ou sénateurs ;
• des magistrats ;
• des fonctionnaires de police ou de gendarmerie ;
• des personnes proches de l'un des magistrats formant la Cour d'assises ou de l'un des jurés précédemment inscrits.

À noter : hormis ces cas, il est difficile d'être dispensé de son rôle de juré sauf à s'exposer à une amende de 3 750 euros.

Sélection

Le maire établit une liste préparatoire en tirant au sort publiquement un nombre de noms triple de celui prévu pour la commune, et ce à partir de la liste électorale. Si vous n'avez pas atteint 23 ans au cours de l'année civile qui suit, vous n'êtes pas retenu. Le maire avertit par courrier les électeurs qui figurent sur cette liste préparatoire et transmet la liste au greffe de la Cour d'assises dont dépend la commune.

Une commission spéciale placée auprès de chaque Cour d'assises se réunit pour :
• exclure les personnes qui ne remplissent pas les conditions pour être juré ;
• se prononcer sur les demandes de dispense qui lui sont soumises ;
• procéder à un nouveau tirage au sort et établir la liste annuelle des jurés et la liste spéciale des jurés suppléants.

Les listes sont communiquées aux mairies. Les maires doivent alerter la Cour d'assises de toute survenance de décès, d'incapacité ou d'incompatibilité parmi les personnes retenues.

Liste de session

Pour chaque session d'assises, les présidents de tribunaux de grande instance et de la Cour d'appel, ou leurs délégués, tirent au sort publiquement, à partir de la liste annuelle :
• 35 jurés pour former la liste de session ;
• 10 jurés suppléants pour former la liste spéciale.

Si la personne est juré titulaire et suppléant, le greffier de la Cour d'assises la convoquera par courrier. La convocation précisera la date et l'heure d'ouverture de la session, sa durée prévisible et le lieu où elle se tiendra. La personne doit y répondre par courrier.

Constitution du jury

Pour chaque affaire, chaque juré de la liste de session est appelé en audience publique et une carte portant son nom est déposée dans une urne. Un dernier tirage au sort est effectué.

À chaque nom sortant de l'urne, l'accusé (ou son avocat), puis l'avocat général, récusent ou non le juré (c'est-à-dire le refusent ou non), sous réserve de respecter les limites imposées dans le nombre de récusations possibles.

Les premiers jurés non récusés (au nombre de 6 en première instance et 9 en appel) forment le jury de jugement, après avoir prêté serment.

Des jurés supplémentaires sont tirés au sort, pour pouvoir remplacer les jurés subitement empêchés (raisons de santé, impératifs professionnels, etc.).

Exercice de la fonction

Après avoir regardé un film présentant la fonction que le juré va assumer, il lui est possible de visiter une prison. Le président de la Cour d'assises peut également fournir des explications.

Ensuite, le juré siège aux audiences et participe aux délibérations à l'issue desquelles les magistrats et le juré votent à bulletin secret sur la culpabilité de l'accusé et sur sa peine.

Le juré a quelques obligations :

- être attentif lors des débats ;
- être impartial, c'est-à-dire indépendant, neutre et objectif ;
- ne pas communiquer avec d'autres personnes sur l'affaire ;
- respecter le secret du délibéré (y compris une fois que la personne a cessé d'être juré).

Attention : le non-respect du délibéré lui fait encourir une peine d'un an de prison et une amende de 15 000 euros.

Durée

La personne exerce cette fonction de juré de façon continue et à temps plein durant tout le temps nécessaire à l'examen des affaires d'une même session.

Indemnisation

Le juré perçoit, sur demande expresse, des indemnités compensatrices :

- **indemnités de session** de 82,88 euros par jour (montant au 1er janvier 2015) ;

• **indemnités de transport** versées, sur justification :
- soit du billet aller-retour première classe SNCF,
- soit du prix du billet aller-retour d'un service de transports en commun,
- soit d'une indemnité kilométrique de 0,25 euro pour une voiture de 5 CV et moins ;

• **indemnités pour perte de revenu professionnel.** Elle correspond au nombre d'heures de session multiplié par 9,61 euros. Que le juré soit salarié ou indépendant, il doit fournir des justificatifs pour que la perte de son revenu professionnel soit indemnisée :
- une justification de l'employeur indiquant le montant du salaire,
- ou tout document attestant une perte de revenu professionnel ;

• **indemnités journalières de séjour**, si le juré ne peut pas revenir dormir chez lui chaque soir. Ces indemnités ne sont pas versées d'office, le juré doit les demander en s'adressant à la régie d'avances du tribunal de grande instance ou de la Cour d'appel.

Relation avec l'employeur
Dans les petites entreprises, l'employeur ne rémunère pas le salarié pendant son absence. Il doit lui fournir un document indiquant le montant de son salaire ou tout document attestant une perte de revenu professionnel afin d'obtenir ses indemnités compensatrices.
Dans les grandes entreprises, l'employeur fera une sorte de subrogation : le salaire sera maintenu et il percevra les indemnités compensatrices de la Cour d'assises à la place du salarié.
Dans tous les cas, l'employeur n'a pas à demander au salarié de prendre des jours de congés pour siéger à la Cour d'assises. Son absence sera considérée comme un congé sans solde. Enfin, s'il était vraiment besoin de le préciser, le salarié ne peut pas être sanctionné ou faire l'objet d'une mesure discriminatoire en raison de cette absence.

Congés liés à la solidarité

Congé pour catastrophes naturelles

Les salariés qui résident ou sont employés dans une zone touchée par une catastrophe naturelle peuvent bénéficier d'un congé maximum de 20 jours pour participer aux activités apportant une aide aux victimes de catastrophes naturelles (art. L.3142-41).
Ce **congé non rémunéré** peut être pris sous préavis de 24 heures. L'employeur peut refuser ce congé s'il estime que ce refus est justifié par les nécessités particulières de son entreprise. Toutefois, ce refus

doit être impérativement motivé et ne peut intervenir qu'après consultation du CE ou des délégués du personnel (art. L.3142-42).

Congé de solidarité internationale

L'article L.3142-32 du Code du travail prévoit que le salarié ayant au moins 12 mois d'ancienneté consécutifs ou non dans l'entreprise a droit à un congé de solidarité internationale **non rémunéré** pour participer à une mission hors de France pour le compte d'une association à objet humanitaire régie par la loi du 1er juillet 1901 relative au contrat d'association, ou inscrite au registre des associations en application de la loi du 19 avril 1908 applicable au contrat d'association dans les départements de la Moselle, du Bas-Rhin et du Haut-Rhin, ou pour le compte d'une organisation internationale dont la France est membre.
Sous préavis d'un mois, la durée du congé **ne peut excéder 6 mois** (art. L.3142-33) ou **6 semaines en cas d'urgence** (art. L.3142-35) sous préavis de 48 heures. L'employeur doit répondre dans les 15 jours dans le cas du préavis d'un mois. Le refus est possible si le départ est préjudiciable à la bonne marche de l'entreprise mais ce refus peut être contesté devant le conseil des prud'hommes qui statue en dernier ressort et sous forme de référé.

Autres congés

Sachez qu'il existe encore une foultitude de congés, tels que :
- le congé de solidarité familiale (art. L.3142-16 à L.3142-21) ;
- le congé de soutien familial (art. L.3142-22 à L.3142-31) ;
- le congé de formation de cadres et d'animateurs pour la jeunesse (art. L.3142-43 à L.3142-46) ;
- le congé mutualiste de formation (art. L.3142-47 à L.3142-50) ;
- le congé de représentation (art. L.3142-51 à L.3142-55) ;
- la réserve opérationnelle et service national (art. L.3142-65 à L.3142-77) ;
- etc.

Correction du questionnaire de la page 211

N°	Affirmations	Vrai	Faux
1	Vrai, mais il peut y en avoir plus dans certaines régions (*voir* p. 219).	X	
2	Faux, seul le 1er mai est obligatoirement chômé et payé (*voir* p. 220).		X
3	Faux, il est payé obligatoirement après 200 heures de travail (*voir* p. 221).		X
4	Vrai, pour le décompte des HS ; Faux, pour celui de la contrepartie en repos (*voir* p. 222).	X	X
5	Vrai, si l'enfant a moins d'un an ; Faux, sinon seulement trois (*voir* p. 222).	X	X
6	Vrai, depuis le nouveau Code du travail (1er mai 2008) (*voir* p. 224).	X	
7	Vrai, au titre de l'égalité des sexes (*voir* p. 226).	X	
8	Faux, 1 an maximum, mais il peut être prolongé deux fois (*voir* p. 226).		X
9	Faux, la condition de l'effectif supérieur à cent a été supprimée le 1er janvier 1995 (*voir* p. 226).		X
10	Vrai en général ; Faux, en cas de décès de l'enfant et de diminution des ressources (*voir* p. 227).	X	X
11	Faux, elle continue de courir pour moitié (*voir* p. 227).		X
12	Vrai, le congé est compatible avec l'assistance maternelle (*voir* p. 227).	X	
13	Vrai, éventuellement renouvelable une fois (*voir* p. 227).	X	
14	Vrai, si l'entreprise a moins de deux cents salariés ; Faux, sinon (*voir* p. 228).	X	X
15	Faux, seulement 11 mois (*voir* p. 228).		X
16	Vrai, et c'est ce que font la plupart des salariés dans ce cas (*voir* p. 228).	X	
17	Faux, seulement 24 heures et de façon discontinue (*voir* p. 228).		X

N°	Affirmations	Vrai	Faux
18	Vrai, si le salarié remplit toutes les conditions d'accès (*voir* p. 228).	X	
19	Vrai, mais le refus doit être motivé (*voir* p. 241).	X	
20	Vrai, si elle n'est pas à date précise et médicale ; Faux, sinon (*voir* p. 270).	X	X

Avant de commencer le chapitre sur les congés payés, nous vous demandons de remplir ce petit questionnaire. Cela vous permettra d'évaluer vos connaissances préalables et vos acquis.
Sur chaque ligne, veuillez mettre une croix soit dans la colonne « Vrai », soit dans la colonne « Faux », soit dans les deux.

N°	Affirmations	Vrai	Faux
1	Avant 1936, les congés payés n'existaient pas.		
2	Pour bénéficier de congés payés, un CDD doit travailler au moins un jour.		
3	Pour bénéficier de congés payés, un CDI doit travailler au moins 10 jours.		
4	L'année de référence des congés payés est du 1er mai A-1 au 30 avril A.		
5	Un salarié qui a travaillé 48 semaines a droit à l'intégralité de ses congés payés.		
6	La durée totale légale des congés payés est de 30 jours ouvrables par an.		
7	Un salarié à temps partiel a le même nombre de jours qu'un temps plein.		
8	Les femmes peuvent bénéficier de plus de jours de congés payés que les hommes.		
9	La période de prise légale des congés payés est du 1er mai au 31 octobre.		
10	Un couple (marié/pacsé) peut imposer à l'employeur un congé simultané.		
11	L'ancienneté des salariés est l'élément déterminant des priorités pour les départs.		
12	Un salarié ne peut pas prendre plus de 24 jours ouvrables consécutivement.		
13	Un samedi férié prolonge d'un jour les congés payés décomptés en jours ouvrés.		
14	Un pont compris dans la période de congés payés prolonge d'un jour ces congés.		
15	Les congés pris en dehors de la période légale donnent droit à des jours supplémentaires.		
16	La maladie pendant une période de congés payés prolonge ceux-ci d'autant.		
17	Les congés non pris pour cause de maternité doivent être indemnisés.		

N°	Affirmations	Vrai	Faux
18	On peut faire légalement les vendanges pendant ses congés payés.		
19	La période de congés payés doit être indemnisée avec la règle du dixième.		
20	L'indemnisation des congés payés doit tenir compte du montant du treizième mois.		

3. Les congés payés

Droit aux congés payés

Pour l'immense majorité des Français, les premiers congés payés sont associés au Front populaire de 1936. Il est vrai que les médias actuels entretiennent bien cette légende. Pourtant, il n'en est rien.
En effet, **les fonctionnaires de l'État** bénéficient par le décret impérial du 9 novembre 1853 (Napoléon III) du droit de s'absenter 15 jours par an sans retenue de salaire. En 1900, les salariés du métro parisien obtiennent 10 jours de congés payés. En 1905, ce sont les salariés des entreprises électriques qui se voient octroyer 10 jours, puis 12 jours à partir de 1907. L'Allemagne donne la même année des congés payés (2 semaines) à tous ses salariés. En 1906, ce sont les employés des usines à gaz qui en bénéficient, et en 1907, ceux de la Fédération du sous-sol (les mineurs). En 1910, la Compagnie parisienne de distribution d'électricité (CPDE) obtient 12 jours également. En 1913, les employés de bureau et de commerce ont une semaine. En 1919, l'ancêtre de la RATP (la CMP, Compagnie du chemin de fer métropolitain de Paris) accorde même 21 jours de congés payés à ses salariés, puis 30 en 1929 ! Autrement dit, beaucoup d'entreprises soit publiques, soit vivant de la commande publique bénéficient déjà de congés payés.
Cependant, **dans le secteur privé** on trouve aussi des industries qui donnent des congés payés, telles l'industrie de la couture (1925), l'industrie du livre (1929), l'horlogerie Lip (1934). Il y a aussi des régions, comme l'Alsace, dont les patrons donnent des congés aux deux tiers de leurs salariés, sans doute par proximité avec leurs voisins allemands.

Cette petite mise au point étant faite, retenons quand même que l'essentiel des bases de la réglementation des congés payés résulte de la loi du 20 juin 1936 qui, par la suite, sera modifiée par plusieurs lois allongeant la durée des congés. Quatre dates ponctuent donc l'évolution de la législation dans ce domaine :
- **1936 :** la loi du 20 juin a étendu à l'ensemble des travailleurs le bénéfice des 2 semaines de congés annuels qui avait été accordé antérieurement aux fonctionnaires et à ceux cités précédemment ;
- **1956 :** la loi du 27 mars a porté la durée des congés de 2 à 3 semaines ;

• **1969 :** la loi du 16 mai a généralisé la quatrième semaine de congés (cette loi a été codifiée dans les articles L.223-2 et suivants de l'ancien Code du travail) ;
• **1982 :** l'ordonnance du 16 janvier 1982 a généralisé la cinquième semaine de congés payés (les articles L.223-2 et suivants sont modifiés).

Cette réglementation insérée dans le Code du travail est d'ordre public. Il ne peut y être dérogé que dans un sens plus favorable pour le salarié. Cependant, pour tenir compte des spécificités de chaque profession et permettre une certaine souplesse dans la gestion des congés payés, les dispositions du Code du travail renvoient souvent aux conventions collectives.

Bénéficiaires

Tout salarié a droit chaque année à un congé payé à la charge de l'employeur (C. trav., art. L. 3141-1).

Les salariés de retour d'un congé de maternité

Les salariés de retour d'un congé de maternité prévu à l'article L.1225-17 ou d'un congé d'adoption prévu à l'article L.1225-37 ont droit à leur congé payé annuel, quelle que soit la période de congé retenue, par accord collectif ou par l'employeur, pour le personnel de l'entreprise (C. trav., art. L.3141-2).

Catégories particulières de salariés

Pour certains salariés, le congé annuel payé est dû selon des modalités particulières par application de textes particuliers :
• les VRP statutaires visés par l'article L.7311-3 du Code du travail ;
• les travailleurs à domicile visés par l'article L.7412-1 du Code du travail ;
• les journalistes professionnels et pigistes visés par l'article L.7111-3 du Code du travail ;
• les employés de maison, nourrices et assistantes maternelles visés par l'article L.7221-1 du Code du travail ;
• les concierges d'immeuble à usage d'habitation visés par l'article L.7211-2 du Code du travail ;

• les gérants non salariés de maisons d'alimentation à succursales multiples visés par l'article L.7321-2 du Code du travail ;
• les travailleurs agricoles.

Professions affiliées aux caisses de congés payés

Les personnes appartenant à l'une des professions dites à « travail discontinu » sont soumises au régime des caisses de congés payés entièrement distinct du régime général des congés payés. Les personnes concernées relèvent des professions suivantes :
• bâtiment et travaux publics (C. trav., art. D.3141-12 à D.3141-37) ;
• dockers ;
• manutention et transport ;
• spectacles (C. trav., art. D.7121-28 à D.7121-30).

Agents de service public

Les agents publics ne bénéficient pas du régime des congés payés prévu par le Code du travail. En revanche, les salariés des établissements industriels et commerciaux à caractère public sont parfois soumis à deux régimes de congés payés. Ainsi, les agents EDF-GDF et SNCF bénéficient :
• du régime des congés payés prévu par le Code du travail ;
• d'un statut particulier tenant compte des nécessités de service public.

En cas de conflit de normes entre les dispositions de Code du travail et les dispositions statutaires, la Cour de cassation a rappelé qu'il y avait lieu d'appliquer la norme la plus favorable pour le salarié.

Ouverture du droit à congés payés

Depuis la loi du 20 juin 1936 et jusqu'au 19 août 2008, il fallait que le salarié en CDI justifie d'un mois de travail effectif pour bénéficier du droit à congés payés. Puis la loi du 20 août 2008 stipula que le droit était dorénavant ouvert à tout CDI qui justifiait d'au moins 10 jours de travail effectif chez un même employeur. Toutefois, la Cour de justice de la Communauté européenne rappela (le 20 janvier 2009) que *« le droit au congé annuel payé* [...] *ne peut être subordonné* [...] *à l'obligation d'avoir effectivement travaillé pendant la période de référence »*. Enfin, sans surprise et sans ambiguïté,

les juges communautaires affirmèrent que le Code du travail ne peut pas limiter *« unilatéralement le droit au congé annuel payé à tous les travailleurs, en appliquant une condition d'ouverture dudit droit qui a pour effet d'exclure certains travailleurs du bénéfice de ce dernier »* (CJUE, 24 janvier 2012).
Ainsi donc, la loi du 22 mars 2012 a modifié l'article L.3141-3 du Code du travail en supprimant l'exigence d'une période minimale de travail effectif.

ARTICLE L.3141-3 DU CODE DU TRAVAIL

« Le salarié a droit à un congé de 2,5 jours ouvrables par mois de travail effectif chez le même employeur.
La durée totale du congé exigible ne peut excéder 30 jours ouvrables. »

Cette disposition s'applique pour chaque salarié présent à l'effectif de l'entreprise à compter du premier jour du troisième mois suivant la publication de la loi, soit à compter du 1er juin 2012.
S'il n'y a plus de période de référence dans l'article L.3141-3, elle existe toujours néanmoins dans les articles R.3141-3 et R.3141-11 du Code du travail.

Afin d'y voir plus clair, définissions les expressions suivantes : *« année de référence »*, *« chez le même employeur »*, *« mois de travail »*, et *« travail effectif »*.

Année de référence

Droit commun
Selon l'article R.3141-3, **le point de départ de la période prise en compte pour le calcul du droit à congé est fixé au 1er juin de chaque année. On l'appelle aussi période d'acquisition des droits**.
Pour des congés payés pris en août 2014, l'année de référence se situe donc entre le 1er juin 2013 et le 31 mai 2014. Cette notion d'année de référence joue un double rôle : pendant la première année de référence, le salarié acquiert des droits à congés et c'est pendant la seconde année de référence qu'il peut prendre ses droits à congés.

Dans le cas d'**embauche en cours d'année**, il va de soi que **le point de départ de l'année de référence est la date d'embauche** et que le terme sera en principe le 31 mai. Dans le cas de **rupture du contrat de travail, le terme est**, non pas le 31 mai, mais **la date de rupture du contrat de travail**.
Dans les professions où les employeurs sont tenus de s'affilier à une caisse de congés payés (activités à travail discontinu), l'année de référence est appréciée de manière différente : le point de départ de l'année de référence est fixé au 1er avril (C. trav., art. R.3141-3, § 2).

Droit conventionnel
Un accord collectif de modulation du temps de travail ou de réduction du temps de travail par octroi de jours de repos **peut déroger à l'année de référence légale.** Cet accord peut fixer une période de référence autre que celle comprise entre le 1er juin et le 31 mai (C. trav., art. L.3141-11).
La période annuelle de référence pour les congés payés peut notamment être calée sur celle de la modulation ou de la réduction du temps de travail. Cette possibilité n'est pas ouverte aux entreprises soumises à une caisse de congés payés : la période de référence fixée par le règlement de la caisse s'impose.

Activité chez le même employeur

Que se passe-t-il dans le cas où un nouvel employeur se substituerait à l'ancien ?

ARTICLE L.1224-1 DU CODE DU TRAVAIL

« Lorsque survient une modification dans la situation juridique de l'employeur, notamment par succession, vente, fusion, transformation du fonds, mise en société, tous les contrats de travail en cours au jour de la modification subsistent entre le nouvel employeur et le personnel de l'entreprise. »

L'article L.1224-1 nous répond. Les salariés conservent leur droit au congé payé quelles que soient les modifications apportées à la forme de l'entreprise.

Mois de travail

Le salarié bénéficiait d'un congé légal dès lors qu'il avait travaillé un mois, de date à date, chez le même employeur.
Le « ***mois de travail*** » ne s'entendait pas au sens du mois civil mais de date à date. Ainsi, un salarié embauché un 14 janvier et qui démissionnait un 14 mai pouvait justifier de 4 mois de travail. Peu importe l'horaire journalier habituel du salarié (heures supplémentaires ou temps partiel). La période d'essai et le préavis effectué ou non effectué étaient pris en compte dans la détermination du mois de travail.
Si le salarié ne comptait pas un mois de travail dans l'année de référence, il n'acquérait aucun droit à congés payés, ni même à une indemnité de ce fait.
Lorsque le mois de travail était à cheval sur deux périodes de référence, le droit n'était pas ouvert. Ainsi, une salariée qui avait travaillé du 7 mai au 15 juin 1990 (soit plus d'un mois) s'était vu refuser tout droit puisqu'elle ne justifiait pas d'un mois de travail, ni dans la période 1er juin 1989-31 mai 1990, ni dans la période 1er juin 1990-31 mai 1991 (Cass. soc., 12 novembre 1992).
Parfois, soit en vertu de dispositions conventionnelles telles que la convention collective de la métallurgie de la Loire, soit en vertu d'une simple décision prise au niveau de l'entreprise, l'employeur pouvait accorder un jour de congé pour deux semaines de travail.
Mais alors qu'est-ce qu'un mois de travail aujourd'hui ? Le paragraphe suivant répond à cette question.

Périodes équivalentes à un mois de travail

ARTICLE L.3141-4 DU CODE DU TRAVAIL

« Sont assimilés à un mois de travail effectif pour la détermination de la durée du congé les périodes équivalentes à quatre semaines ou vingt-quatre jours de travail. »

L'article L.3141-4 assimile à un mois de travail les périodes équivalentes à 4 semaines ou 24 jours si le travail hebdomadaire est réparti sur 6 jours. Ce nombre est ramené à 22 jours pour une semaine répartie sur 5,5 jours, et à 20 jours pour une répartition sur 5 jours. Ces équivalences sont à appliquer lorsqu'un salarié n'a pas

été occupé sur la totalité de l'année de référence, pour quelque raison que ce soit.
Il y a lieu d'appliquer chaque fois la règle la plus favorable au salarié, c'est-à-dire :
• la règle en mois de travail ;
• la règle d'équivalence en semaines (à noter qu'il suffit que le salarié ait travaillé 48 semaines pour avoir droit à la totalité de ses congés : 48 semaines/4 = 12 périodes de 4 semaines) ;
• la règle d'équivalence en jours.

Travail effectif

ARTICLE L.3141-5 DU CODE DU TRAVAIL

« Sont considérées comme périodes de travail effectif pour la détermination de la durée du congé :
1° les périodes de congé payé ;
2° les périodes de congé maternité, paternité et d'adoption ;
3° les repos compensateurs obligatoires prévus par l'article L.3121-26 du présent code et l'article 713-9 du Code rural ;
4° les jours de repos acquis au titre de la réduction du temps de travail ;
5° les périodes, dans la limite d'une durée ininterrompue d'un an, pendant lesquelles l'exécution du contrat de travail est suspendue pour cause d'accident du travail ou de maladie professionnelle ;
6° les périodes pendant lesquelles un salarié se trouve maintenu ou rappelé au service national à un titre quelconque. »

On a déjà vu que le temps de travail effectif était défini légalement comme le temps pendant lequel le salarié est à la disposition de l'employeur et doit se conformer à ses directives sans pouvoir vaquer librement à des occupations personnelles (C. trav., art. L.3121-1). Mais, ici, il est question d'une autre notion de travail effectif (puisqu'on remonte à 1936, donc bien avant la définition donnée en l'an 2000).
En principe, les périodes de suspension du contrat de travail ne sont donc pas prises en compte dans le mois de travail effectif. Cependant, la loi ou certaines dispositions conventionnelles assimilent expressément certaines absences à une période de travail. Ainsi, la dispense par l'employeur de l'exécution du travail pendant le préavis est assimilée à du travail effectif.

Certaines absences sont considérées comme du travail effectif au sens de la loi, ce sont :
• les congés payés de l'année précédente ;
• les congés légaux de maternité, d'adoption et pour événements familiaux ;
• les congés non rémunérés pour favoriser la formation des cadres et animateurs pour la jeunesse ;
• les périodes de contrepartie en repos pour heures supplémentaires ;
• le congé d'enseignement (*voir* congés spéciaux) ;
• le congé de formation (art. L.6321-2) ;
• le congé de formation à la sécurité ;
• le congé de formation économique sociale et syndicale ;
• le congé de formation des membres du CE ou du CHSCT ;
• le congé de formation des conseillers prud'homaux ;
• le congé mutualité ;
• le congé accordé aux salariés candidats à un mandat électif ;
• les absences consécutives à un accident du travail ou une maladie professionnelle, limitées à une période ininterrompue d'un an ;
• les périodes pendant lesquelles un salarié est maintenu ou rappelé sous les drapeaux ;
• le temps passé à l'exercice du droit d'expression ;
• les crédits d'heures des représentants du personnel ;
• le temps pour participer aux différentes négociations et siéger dans des commissions ou organismes (commissions de l'emploi, jurys d'examen, organismes s'occupant des immigrés, administrateurs de caisse de Sécurité sociale, représentants d'associations familiales) ;
• le temps d'exercice des fonctions et d'assistance des conseillers prud'homaux.

En règle générale, **on ne peut pas compter comme période de travail effectif, toute période où le contrat de travail est suspendu**, sans pour autant être rompu. Ainsi en sera-t-il en cas de **maladie, grève, absence pour convenance personnelle et de chômage total** (mais non de chômage partiel, car dans ce cas il n'y a que réduction d'horaire).

ATTENTION

Revirement de jurisprudence !
Tirant les conséquences de la position adoptée par la CJUE le 24 janvier 2012, la Cour de cassation précise dans un arrêt du 3 juillet 2012 que pour l'ouverture du droit au congé annuel payé, l'absence du travailleur pour cause d'accident du trajet doit être assimilée à l'absence pour cause d'accident du travail. Elle doit donc entrer en ligne de compte et ouvrir droit à congé, dans la limite d'une durée ininterrompue d'un an (Cass. soc., 3 juillet 2012, n° 08-44.834 FP-PB).

Durée des congés payés

La durée des congés payés est déterminée à raison de 2,5 jours ouvrables par mois de travail, sans que la durée totale du congé puisse excéder 30 jours ouvrables (c'est-à-dire **5 semaines**).
Lorsque le nombre de jours ouvrables obtenus n'est pas un nombre entier, la durée du congé est portée au nombre entier immédiatement supérieur (C. trav., art. L.3141-7). Cette règle de l'arrondi se pratique donc sur le nombre de congés obtenu après la déduction proportionnelle aux absences (non assimilées à du travail effectif).

Exemple de calcul :
• si l'entreprise raisonne en jours ouvrables et qu'un salarié a travaillé 6 semaines complètes, il aura droit à une fois 2,5 plus la moitié de 2,5 jours, soit 3,75 jours obligatoirement arrondis à 4 jours ouvrables ;
• si l'entreprise raisonne en jours ouvrés et qu'un salarié a travaillé 9 semaines complètes, il aura droit à deux fois 2,08 jours plus un quart de 2,08 jours soit :
4,16 + 0,52 = 4,68 jours obligatoirement arrondis à 5 jours ouvrés.

Qu'est-ce qu'un jour ouvrable ?
Par jour ouvrable, il faut entendre chaque jour de la semaine à l'exception du dimanche ou du jour de repos hebdomadaire qui le remplace dans la semaine, et des jours fériés chômés. Sauf jour férié, **la semaine compte 6 jours ouvrables**.

Peut-on décompter les jours de congés en jours ouvrés ?
Par jour ouvré, il faut entendre chaque jour travaillé. C'est bien sûr possible et de nombreuses entreprises le font en appliquant la règle suivante : **5 jours ouvrés = 6 jours ouvrables. Le congé de 30 jours ouvrables devient dans ce cas de 25 jours ouvrés** (chaque période de 4 semaines donnant droit à 2,08 jours).

Quels sont les droits d'un salarié à temps partiel ?
L'horaire de travail pratiqué chaque mois et sa répartition sur les différents jours de la semaine sont sans incidence sur les droits du salarié en matière de congé annuel. En effet, comme les autres salariés, ceux à temps partiel ont droit à 2,5 jours ouvrables de congés payés par mois de travail effectif, et l'étendue de leurs droits ne doit pas être appréciée en équivalence d'heures de travail (Cass. soc., 10 mai 2001, n° 99-42.566 ; Cass. soc., 13 novembre 2008, n° 07-43.126).
Ainsi, un salarié qui travaille **2 jours par semaine** a droit à 5 semaines de congés, mais quand il prend une semaine, lui sont décomptés **6 jours** ouvrables payés (ou 5 jours ouvrés).

Congés supplémentaires

Les congés « jeunes mères de famille »

ARTICLE L.3141-9 DU CODE DU TRAVAIL

« Les femmes salariées de moins de vingt et un ans au 30 avril de l'année précédente bénéficient de deux jours de congé supplémentaire par enfant à charge. Ce congé est réduit à un jour si le congé légal n'excède pas six jours.
Les femmes salariées de plus de vingt et un ans à la date précitée bénéficient également de deux jours de congé supplémentaire par enfant à charge, sans que le cumul du nombre de jours de congé supplémentaire et de congé annuel ne puisse excéder la durée maximale du congé annuel prévu à l'article L.3141-3.
Est réputé enfant à charge l'enfant qui vit au foyer et est âgé de moins de quinze ans au 30 avril de l'année en cours. »

Toute salariée âgée de moins de 22 ans au 30 avril de l'année en cours et **ayant un ou plusieurs enfants à charge** (enfant vivant au foyer, âgé de moins de 15 ans au 30 avril de l'année en cours) **a droit à un jour** ouvrable de congé **supplémentaire par enfant** si son

droit à congé principal est au maximum égal à 6 jours et **à 2 jours** ouvrables de congé supplémentaire par enfant si son droit à congé principal est au moins égal à 7 jours.
La nouveauté du 1er mai 2008 concernant cet article est contenue dans le 2e paragraphe : « *les femmes salariées de plus de 21 ans ne bénéficiant pas d'un congé complet ont également droit à deux jours de congé supplémentaire par enfant à charge sans que le cumul du nombre de jours de congé supplémentaire et de congé annuel ne puisse excéder la durée maximale du congé annuel* » (30 jours ouvrables).
Selon la HALDE (Haute autorité de lutte contre les discriminations et pour l'égalité), cet article constitue une discrimination directe fondée sur le sexe (Délib. HALDE, 1er mars 2010, n° 2010-83), mais elle n'a pas été écoutée pour l'instant. Surtout que depuis le 15 mars 2011 la HALDE n'existe plus ! Elle fusionne au sein d'un Défenseur des droits avec trois autres autorités administratives indépendantes, le médiateur de la République pour les litiges avec les services publics, le défenseur des enfants qui a pour objectif de faire appliquer la convention internationale des droits de l'enfant et la Commission de déontologie de la sécurité pour les manquements des autorités de police, douane, gendarmerie, etc.
Ce congé supplémentaire s'ajoute au congé légal de 30 jours. Mais, naturellement, le congé des mères de famille ne peut se cumuler avec un congé de même nature qui aurait été accordé par une convention collective, un contrat individuel ou les usages ; seul sera appliqué celui des deux régimes, légal ou conventionnel, qui est le plus favorable à la mère de famille.

Les congés supplémentaires non payés

Quelle que soit leur ancienneté dans l'entreprise, **les jeunes salariés de moins de 22 ans** au 30 avril de l'année en cours **ont droit de bénéficier d'un congé de 30 jours ouvrables**, même s'ils n'ont pas acquis ces 30 jours, mais tout ce qui dépasse leur droit principal ne sera pas indemnisé.

Les congés conventionnels

Les conventions et les accords collectifs peuvent contenir des dispositions plus favorables que le droit commun (la durée du congé annuel peut être majorée en raison de l'âge ou de l'ancienneté selon des modalités qui sont déterminées par convention collective ou accord d'entreprise : art. L.3141-10).

À noter que **le congé légal et le congé conventionnel ne se cumulent pas.** Par contre, il y a lieu d'appliquer le plus favorable des deux. Mais attention, ce ne sont que les congés de même nature qui ne se cumulent pas ; les congés accordés en vertu d'usages locaux, à titre de récupération ou en raison de conditions de travail particulières ne sont pas à englober dans le temps de congé annuel.

La période des congés payés

ARTICLE L.3141-13 DU CODE DU TRAVAIL

« La période de congé payé est fixée par les conventions ou accords collectifs de travail. Elle doit comprendre dans tous les cas la période du 1er mai au 31 octobre de chaque année.
À défaut de convention ou accord collectif de travail, cette période est fixée par l'employeur, en se référant aux usages et après consultation des délégués du personnel et du comité d'entreprise. »

Selon l'article L.3141-13, **la période de prise légale des congés est comprise entre le 1er mai et le 31 octobre.** Cet article est également applicable lorsqu'un accord de modulation ou de réduction du temps de travail sous forme de jours de repos fixe une période de référence d'ouverture du droit à congés payés autre que celle comprise entre le 1er juin et le 31 mai. Toutefois, il peut être dérogé à l'attribution des congés payés pendant la période légale avec l'accord du salarié, par convention ou par accord collectif.

ARTICLE L.3141-14 DU CODE DU TRAVAIL

« À l'intérieur de la période des congés et à moins que l'ordre des départs ne résulte des stipulations des conventions ou accords collectifs de travail ou des usages, cet ordre est fixé par l'employeur après avis, le cas échéant, des délégués du personnel.
Pour fixer l'ordre des départs, l'employeur tient compte :
1° de la situation de famille des bénéficiaires, notamment des possibilités de congés du conjoint dans le secteur privé ou la fonction publique, du conjoint ou du partenaire lié par un pacte civil de solidarité ;
2° de la durée de leurs services chez l'employeur ;
3° le cas échéant, de leur activité chez un ou plusieurs autres employeurs. »

ARTICLE L.3141-15 DU CODE DU TRAVAIL

« Les conjoints et les partenaires liés par un pacte civil de solidarité travaillant dans une même entreprise ont droit à un congé simultané. »

ARTICLE L.3141-16 DU CODE DU TRAVAIL

« Sauf en cas de circonstances exceptionnelles, l'ordre et les dates de départ fixés par l'employeur ne peuvent être modifiés dans le délai d'un mois avant la date prévue du départ. »

Suivant ces trois articles, les congés peuvent donc être accordés au personnel soit de façon :
• **individuelle** : les éléments que l'employeur doit prendre en compte pour la fixation de l'ordre et des dates de départ sont les suivants :
- la situation familiale des intéressés,
- des possibilités de congé du conjoint (marié ou pacsé) : un couple travaillant dans la même entreprise a droit à des congés simultanés (ce n'est pas une obligation),
- l'ancienneté dans l'entreprise ;
• **collective** : c'est la fermeture de l'entreprise ou de l'établissement possible.
Avant de décider de la fermeture et d'en fixer les dates, l'employeur doit consulter le comité d'entreprise, et si cette fermeture s'accompagne d'un fractionnement, il doit obtenir l'agrément des délégués du personnel.

Sauf en cas de circonstances exceptionnelles, l'ordre et les dates de départ fixés par l'employeur ne peuvent être modifiés à moins d'un mois de la date prévue. **La période de prise des congés doit être portée à la connaissance des salariés au moins deux mois avant le début de celle-ci** (C. trav., art. D.3141-5), donc pour la période légale, **au plus tard le 28 février**.

Pour pouvoir prendre des congés à partir du 1er mai de l'année en cours, il est nécessaire que le salarié ait travaillé chez son employeur entre le 1er juin de l'année précédente et le 1er mai de l'année en cours. Ayant pour objet de permettre aux salariés de se reposer de leurs travaux, les congés payés ne peuvent être antérieurs à l'exécution de ce travail. Ainsi, **un employeur** qui ferme son établissement pendant 2 semaines pour les congés payés **ne peut attribuer un congé par anticipation à l'un de ses salariés qui n'aurait pas encore acquis de droit à congés** (Cass. soc., 10 juillet 1980, n° 78-40.609).

Il découle de l'article L.3141-1 du Code du travail que **tout salarié a le droit et l'obligation de prendre chaque année tous les congés payés qu'il a acquis, sous peine d'être perdus** (Cass. soc., 26 novembre 1981, n° 79-41.952). Toutefois, la loi prévoit la possibilité de déroger à ce principe dans quatre hypothèses en permettant au salarié de capitaliser une partie de ses congés pour les prendre plus tard. Il s'agit :

- du **congé pour création d'entreprise** ;
- du **congé sabbatique.** Il est possible de reporter les jours de congés excédant 24 jours ouvrables pendant 6 ans pour les salariés désireux de prendre un congé pour création d'entreprise ou un congé sabbatique. Dans le cadre des congés légaux, il est donc possible de capitaliser la cinquième semaine pendant 6 ans, soit un total de 30 jours ouvrables (C. trav., art. L.3142-100) ;
- du **compte épargne-temps.** Au titre du compte épargne-temps, le salarié peut capitaliser ses congés payés dans la limite de 10 jours par an (C. trav., art. L.3151-1). Dans le cas où le salarié prévoit d'utiliser son compte épargne-temps pour un congé de création d'entreprise ou à un congé sabbatique, il peut cumuler le report des 10 jours capitalisés avec le report de la cinquième semaine de congés ;
- du **report des congés payés** prévu par un accord collectif en cas de décompte annuel de la durée du travail (*voir* l'article L.3141-21, ci-dessous).

ARTICLE L.3141-21 DU CODE DU TRAVAIL

« Si, en vertu d'une disposition légale, la durée du travail d'un salarié est décomptée à l'année, une convention ou un accord collectif étendu ou une convention ou un accord collectif d'entreprise peut prévoir que les congés ouverts au titre de l'année de référence peuvent faire l'objet de reports.
Dans ce cas, les reports de congés peuvent être effectués jusqu'au 31 décembre de l'année suivant celle pendant laquelle la période de prise de ces congés a débuté.

L'accord précise :
1° les modalités de rémunération des congés payés reportés, sans préjudice de l'article L.3141-22 ;
2° les cas précis et exceptionnels de report ;
3° les conditions dans lesquelles ces reports peuvent être effectués, à la demande du salarié après accord de l'employeur ;
4° les conséquences de ces reports sur le respect des seuils annuels fixés aux articles L.3121-45, L.3122-9, L.3122-19, L.3123-1 et L.3123-25. Ce report ne doit pas avoir pour effet de majorer ces seuils dans une proportion plus importante que celle correspondant à la durée ainsi reportée. »

Quatre remarques importantes

1. Même si, en pratique, un employeur recueille les demandes des salariés à propos de leurs dates de congés, il n'est pas légalement tenu d'y accéder et les salariés n'auront aucun moyen d'imposer leur choix.

2. Puisque légalement c'est l'employeur qui fixe l'ordre des départs, le refus d'un salarié d'accepter de prendre ses congés à la date retenue par l'employeur peut constituer une cause réelle et sérieuse de licenciement.

3. Un salarié ne saurait prendre ses congés à une date fixée unilatéralement par lui et partir sans autorisation préalable de l'employeur.

4. Si un salarié part de sa propre initiative avant la date fixée ou revient après la date prévue de son retour et ceci sans pouvoir invoquer des circonstances exceptionnelles, il commet un acte d'indiscipline constitutif d'une faute (pas forcément grave) de nature à justifier son licenciement.

Durées minimales et maximales

ARTICLE L.3141-17 DU CODE DU TRAVAIL

« La durée des congés pouvant être pris en une seule fois ne peut excéder 24 jours ouvrables.
Il peut être dérogé individuellement à cette disposition pour les salariés qui justifient de contraintes géographiques particulières. »

ARTICLE L.3141-18 DU CODE DU TRAVAIL

« Lorsque le congé ne dépasse pas douze jours ouvrables, il doit être continu. Lorsque le congé principal est d'une durée supérieure à douze jours ouvrables et au plus égale à vingt-quatre jours ouvrables, il peut être fractionné par l'employeur avec l'accord du salarié. Dans ce cas, une des fractions doit être au moins de douze jours ouvrables continus compris entre deux jours de repos hebdomadaire. »

Les articles L.3141-17 et L.3141-18 posent **une série de principes** :

- **le congé payé ne dépassant pas 12 jours ouvrables doit être continu**. Obligation de prendre **un minimum de 2 semaines** de congé de suite **pendant la période de prise légale** (l'employeur ne peut pas passer outre cette obligation) ;
- **la durée des congés pouvant être pris en une seule fois ne peut excéder 24 jours ouvrables**. Obligation de prendre la cinquième semaine à part, non accolée aux quatre précédentes. Toutefois, pour les salariés justifiant de contraintes géographiques particulières (Français originaires des départements d'outre-mer, Français détachés à l'étranger, travailleurs étrangers), il est possible de déroger à cette règle. Il est même possible, par voie d'accord exprès, que ces catégories de travailleurs cumulent leurs congés sur 2 ans ;
- **le congé principal d'une durée supérieure à 12 jours ouvrables et au plus égal à 24 jours ouvrables peut être fractionné par l'employeur, avec l'agrément du salarié**. Interdit sur 2 semaines, obligatoire au-delà de 4 semaines, le fractionnement est par ailleurs possible, si l'employeur et le salarié en sont d'accord. Cette possibilité ne concerne donc que le congé principal de 4 semaines. Cependant, elle suppose l'accord des deux parties, ce qui signifie qu'il est impossible pour l'employeur d'exiger d'un salarié qu'il fractionne son congé principal de 4 semaines si celui-ci ne le souhaite pas, et qu'à l'inverse, il est impossible pour le salarié d'exiger le fractionnement de son congé si l'employeur ne le veut pas.

Décompte des congés payés pris

En jours ouvrables

Lorsque la durée des congés à laquelle a droit le salarié est fixée en jours ouvrables, le décompte de nombre de jours pris s'effectue également en jours ouvrables.

Lorsque, dans une entreprise, l'horaire hebdomadaire est réparti sur 5 jours seulement, le lundi ou le samedi étant chômé, ce lundi ou ce samedi demeure un jour ouvrable, pris en compte pour le calcul de la durée des congés.
Le premier jour de congé décompté est le premier jour où le salarié aurait dû normalement travailler. *A contrario*, le dernier jour ouvrable de la période de congés doit être pris en compte pour le calcul des jours ouvrables de congé même s'il correspond à une journée non travaillée dans l'entreprise.

Quelle est l'incidence d'un jour férié pendant le congé ?
Si ce jour férié habituellement chômé dans l'entreprise coïncide avec un jour ouvrable normalement travaillé dans l'entreprise, il ne sera pas décompté en jour de congé.

En jours ouvrés

Lorsque la durée des congés de chaque salarié est fixée en jours ouvrés, le décompte de nombre de jours pris s'effectue également en jours ouvrés. La notion de jours ouvrés doit être définie de la même manière pour la détermination de la durée des congés que pour le décompte des jours de congés pris. Le nombre de jours de congés pris par le salarié est égal au nombre de jours d'ouverture de l'entreprise couvrant sa période de congés.
Lorsque l'horaire de travail est réparti sur 5 jours, une semaine de congés du lundi au dimanche comporte 5 jours ouvrés.

Quelle est l'incidence d'un jour férié pendant le congé ?
Nous distinguons trois cas :
1. le jour férié tombe un **dimanche** : aucune incidence ;
2. le jour férié tombe un **jour ouvrable ouvré** :
• si l'entreprise travaille le jour férié, celui-ci reste donc ouvrable ouvré et n'a pas d'incidence sur la durée du congé,
• si l'entreprise ne travaille pas ce jour férié, celui-ci n'est donc pas ouvrable ni ouvré et n'est pas décompté dans la durée du congé ;
3. le jour férié tombe un **jour ouvrable non ouvré** :
• si l'entreprise n'accorde pas à ses salariés de congés plus longs que ceux prévus par la loi, **l'employeur doit prolonger le congé d'un jour**, car le fait de décompter le congé en jours ouvrés ne doit pas être défavorable par rapport à un décompte en jours ouvrables (Cass. soc., 13 février 1991 n° 89-75423),
• si l'entreprise accorde des congés plus longs que ceux prévus par la loi, le congé annuel n'a pas à être prolongé (Cass. soc., 27 octobre 2004, n° 02-44149).

En jours ouvrables ou en jours ouvrés

Quelle est l'incidence d'un pont pendant le congé ?
Si pendant les congés d'un salarié, l'employeur accorde un jour de pont chômé dans l'entreprise, ce jour reste un jour ouvré pour le salarié en congé et il n'a droit à **aucun jour supplémentaire**.

Les salariés peuvent-ils fractionner à l'extrême leurs congés ?
Afin d'éviter les exagérations toujours possibles dans ce domaine, il faut bien veiller à ce que les salariés ne bénéficient pas au total de plus de 30 jours ouvrables quelle que soit la méthode de décompte des jours de congés (ce qui revient, en fait, à appliquer la règle des « cinq samedis » : règle qui consiste à déduire systématiquement 5 samedis des 30 jours ouvrables et qui au passage n'existe pas légalement !).

Pour un salarié à temps partiel
Quand un salarié à temps partiel prend ses congés, il faut raisonner différemment selon le nombre de jours travaillés. S'il ne travaille qu'un jour par semaine, ce jour représente pour lui toute sa semaine de travail et donc dans ce cas il faut lui décompter soit 5 jours ouvrés soit 6 jours ouvrables.
Si un salarié travaille habituellement 2 jours par semaine et qu'il part une semaine en congés payés, lui seront décomptés soit 6 jours ouvrables (chaque jour valant 6/2 soit 3 jours ouvrables), soit 5 jours ouvrés (chaque jour valant 5/2 soit 2,5 jours ouvrés).
Certaines entreprises décomptent le nombre de jours ouvrables entre le premier jour de congés et le jour de retour en entreprise, ce qui est illogique pour un salarié à temps partiel. En effet, dans l'exemple du salarié qui travaille 2 jours par semaine, la règle serait différente selon les 2 jours travaillés : s'il travaille le lundi et le mardi, la règle serait de décompter un jour s'il ne prend que le lundi en congé et d'en décompter 4 ouvrés ou 5 ouvrables s'il ne prenait que le mardi ! Plus injuste que ça, il n'y a pas ! Et la règle serait encore différente s'il travaillait les lundi et mercredi ou les mardi et vendredi ?
La bonne règle est simplement mathématique : on applique le coefficient du nombre de jours de la semaine divisé par le nombre de jours travaillés dans la semaine. Bien sûr le chiffre obtenu n'est pas toujours « rond ». Dans le cas des salariés à 80 %, le résultat obtenu est que chaque jour de congé vaut 1,25 (5/4). Et alors ? Quand il acquiert ses congés est-ce que ce sont aussi des chiffres

« ronds » (2,08 ou 2,5) ? Le plus important est de ne pas arrondir le chiffre obtenu de façon à ce que le salarié ait bien pris soit 25 jours ouvrés (ou 30 jours ouvrables) au total sur une année.

Enfin, et bien sûr, l'employeur doit préciser sur le bulletin de paie les dates et le montant des congés payés pris par le salarié (art. R.3243-1, 11e §).

Schéma explicatif sur les périodes d'acquisition et de prise de congés payés

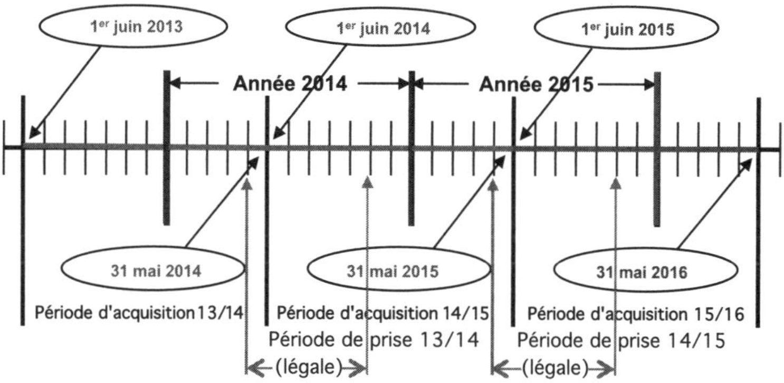

Le fractionnement des congés payés

ARTICLE L.3141-19 DU CODE DU TRAVAIL

« Lorsque le congé est fractionné, la fraction d'au moins 12 jours ouvrables continus est attribuée pendant la période du 1er mai au 31 octobre de chaque année.
Les jours restant dus peuvent être accordés en une ou plusieurs fois en dehors de cette période.
Il est attribué 2 jours ouvrables de congé supplémentaire lorsque le nombre de jours de congé pris en dehors de cette période est au moins égal à 6 et un seul lorsque ce nombre est compris entre 3 et 5 jours.
Les jours de congé principal dus en plus de 24 jours ouvrables ne sont pas pris en compte pour l'ouverture du droit à ce supplément.
Des dérogations peuvent être apportées aux dispositions du présent article, soit après accord individuel du salarié, soit par convention ou accord collectif d'entreprise ou d'établissement. »

La durée des congés pouvant être pris en une seule fois ne peut excéder 24 jours ouvrables (sauf exception des salariés qui justifient de contraintes géographiques particulières). Le Code du travail introduit ainsi une obligation de fractionnement du congé annuel qui doit être pris au moins en deux fois. La période de prise de la cinquième semaine n'a pas été fixée par la loi, elle pourra soit être prise pendant la période légale, soit en dehors. De même, la loi ne précise pas si cette cinquième semaine doit être prise en une seule fois ou si elle peut être fractionnée. Là aussi, si tout le monde est d'accord, le fractionnement est possible.

Fractionnement du congé principal (de 24 jours ouvrables)

Le fractionnement du congé principal est autorisé sous certaines conditions, pour la partie du congé comprise entre 12 et 24 jours ouvrables. **Le congé continu comporte donc une durée minimale de 12 jours et une durée maximale de 24 jours.**

En cas de fractionnement, le congé doit obligatoirement comprendre une fraction de 12 jours ouvrables continus, attribuée pendant la période légale des congés.

La faculté de fractionnement, qu'elle soit mise en œuvre par l'employeur ou demandée par le salarié, implique dans tous les cas l'accord de l'autre partie.

Deux situations doivent être distinguées :

• si le congé est pris par roulement, la décision de fractionner le congé par l'employeur est subordonnée à l'agrément du salarié ;

• si le congé s'accompagne de la fermeture de l'entreprise, le fractionnement peut être effectué par l'employeur, sur avis conforme des délégués du personnel, ou à défaut de délégués, avec l'agrément des salariés.

Jours supplémentaires pour fractionnement

Sauf dispositions conventionnelles contraires ou renonciation expresse du salarié, les jours de congés payés qui n'ont pas été pris avec le congé principal et qui sont pris en dehors de la période légale (1er mai-31 octobre) donnent droit à des jours de congés supplémentaires.

Si l'entreprise donne des congés payés en jours ouvrables, ce nombre de jours est :
• 1 jour supplémentaire si le reliquat pris hors période légale est compris entre 3 et 5 jours ;
• 2 jours supplémentaires si le reliquat pris hors période légale est au moins égal à 6 jours.

Si on convertit ces jours ouvrables en jours ouvrés, cela donne :
• 1 jour supplémentaire si le reliquat pris hors période légale est compris entre 2 et 4 jours ;
• 2 jours supplémentaires si le reliquat pris hors période légale est au moins égal à 5 jours.

Ces jours sont accordés également aux salariés entrés en cours d'année dès lors qu'ils prennent des congés en dehors de la période légale. La prise de jours de congés par anticipation, en dehors de la période légale, ouvre droit aussi aux jours supplémentaires de fractionnement (Cass. soc., 7 mars 1990, n° 87-40.629). **Le fractionnement est dû non seulement quand l'employeur l'impose aux salariés mais aussi dans le cas où c'est le salarié qui demande à fractionner son reliquat de congé et où il obtient l'accord tacite de son employeur.** Selon la Cour de cassation, le droit aux jours de congés supplémentaires naît du seul fait du fractionnement, que ce soit le salarié lui-même ou l'employeur qui en ait pris l'initiative (Cass. soc., 4 juillet 2001, n° 99-43.494).

Les dispositions sur le fractionnement n'ont pas un caractère impératif. Des dérogations peuvent y être apportées soit après accord individuel du salarié (renonciation individuelle, annuelle, et écrite), soit par convention collective (ou accord d'établissement). En aucun cas la renonciation résultant d'une note de service, unilatéralement établie par l'employeur, ne saurait être valable.

Les événements survenant pendant les congés payés

Des événements indépendants de la volonté du salarié peuvent l'empêcher de prendre réellement la totalité de ses congés. Se pose alors la question du droit du salarié à une nouvelle période de congé ou de son indemnisation. Nous allons examiner ici l'incidence de ces différents événements sur le déroulement des congés payés.

La maladie et les congés payés

Tout d'abord, il faut dire que la jurisprudence de la Cour de cassation a évolué, au cours de ces dernières années, sur le sort réservé aux congés qui n'ont pu être pris du fait de la maladie du salarié. Il faut distinguer deux cas.

1. Le salarié est malade au moment du départ en congé
Le salarié dont le contrat de travail est déjà suspendu par un arrêt de travail pour maladie à la date des départs en congé fixée par l'employeur conserve son droit à congé et peut demander à en bénéficier ultérieurement.

Droit au report des congés payés ?
• **Reprise du travail avant la fin de la période des congés payés :** l'employeur doit lui permettre d'exercer ce droit pour la part de congé non prise du fait de l'arrêt de travail lorsque celui-ci prend fin, avant que ne soit close la période de congés payés (Cass. soc., 4 décembre 1996, n° 93-44.097).
• **Reprise du travail après la fin de la période des congés payés :** dans une décision du 20 janvier 2009, la Cour de justice des Communautés européennes précise que **lorsque la période de congés est expirée et que le salarié a été dans l'impossibilité de prendre ses congés du fait d'un arrêt maladie, il peut prétendre soit à un report de ses congés, soit, si le contrat de travail est rompu, au versement d'une indemnité compensatrice.** Un mois après cette décision, la Cour de cassation reprend cette solution dans un arrêt du 24 février 2009. Il s'agit d'un revirement de jurisprudence. Jusqu'à présent, lorsque le salarié était absent pour maladie jusqu'à la fin de la période de prise des congés payés, il ne pouvait pas exiger de prendre ses congés à son retour dans l'entreprise, ni que cette dernière lui verse une indemnité compensatrice (Cass. soc., 11 janvier 1998, n° 95-40.226). Enfin, dans un autre arrêt du 24 mars 2009, la Cour de cassation précise que lorsque le contrat de travail prend fin, le salarié a droit à une indemnité compensatrice pour les congés payés qu'il n'a pas pu prendre du fait d'un arrêt maladie.

Indemnisation des congés non pris ?
Jusqu'en 1988, les tribunaux admettaient que le salarié empêché de prendre ses congés du fait de la maladie puisse bénéficier d'un report de ce congé ou, si c'était impossible, d'une indemnité compensatrice pour les jours de congés non pris. Certaines

conventions collectives prévoyaient d'ailleurs, en pareille hypothèse, un allongement de la période au cours de laquelle les congés pouvaient être pris, une indemnité compensatrice n'étant versée que si, en dépit de cet allongement, le salarié ne parvenait toujours pas à prendre ses congés.
Puis, durant une vingtaine d'années, dans le cas où il y avait maintien du salaire pendant la maladie, la Cour de cassation s'est opposée au cumul du salaire et de l'indemnité compensatrice de congés. Il en résultait que le salarié qui n'avait pas pu prendre ses congés en raison de la maladie ne pouvait pas exiger une indemnité compensatrice pour les jours de congés non pris, dès lors qu'il y avait eu maintien du salaire pendant sa maladie (Cass. soc., 20 mai 1998, n° 96-41.307).
Depuis le 20 janvier 2009 (CJCE) et les 24 février et 24 mars 2009 (comme on vient de le voir), la Cour de cassation étend aux arrêts maladie une solution déjà consacrée pour les arrêts consécutifs à un accident de travail ou à une maladie professionnelle. Il est bon de rappeler ici que concernant les salariés en congé de maternité ou d'adoption, le droit au report des congés est prévu par l'article L.3141-2 du Code du travail.

2. Le salarié tombant malade pendant ses congés

Jusqu'à présent, le salarié qui tombait malade au cours de ses congés ne pouvait exiger de prendre ultérieurement le congé dont il n'avait pu bénéficier du fait de son arrêt de travail, l'employeur s'étant acquitté de son obligation à son égard. Au niveau financier, le salarié pouvait cumuler l'indemnité de congés payés avec les IJSS, mais l'employeur n'avait pas à lui verser les indemnités complémentaires de maladie éventuellement mises à sa charge par une convention collective et ce même si la convention assimilait la maladie à un temps de travail effectif.
Dans un arrêt du 21 juin 2012, la CJUE estime qu'une disposition nationale ne peut pas empêcher un travailleur dont l'incapacité de travail survient pendant sa période de congés payés de bénéficier de ce congé après la fin de la période d'incapacité de travail. Une telle interdiction serait contraire à la finalité du droit aux congés payés. La Cour de cassation devrait donc tout naturellement suivre bientôt.

La cure pendant les congés payés

Lorsque la cure thermale médicalement justifiée n'est pas prescrite à une date déterminée, l'employeur peut exiger que le salarié effectue sa cure pendant son congé annuel (Cass. soc., 17 octobre 1979, n° 78-41.519). Dans ce cas, le salarié peut cumuler son indemnité de congés payés et les indemnités journalières de la Sécurité sociale, s'il remplit les conditions de ressources exigées pour l'attribution de ces indemnités.

Les événements familiaux pendant les congés payés

Tout salarié bénéficie, sans condition d'ancienneté, sur justification et à l'occasion de certains événements familiaux, d'une autorisation exceptionnelle d'absence de :
- 4 jours pour son mariage ;
- 3 jours pour chaque naissance survenue dans son foyer ou pour l'arrivée d'un enfant placé en vue de son adoption ;
- 2 jours pour le décès du conjoint, du partenaire lié par un PACS ;
- 2 jours pour le décès d'un enfant ;
- 1 jour pour le mariage d'un enfant ;
- 1 jour pour le décès du père, de la mère, du beau-père, de la belle-mère, d'un frère ou d'une sœur (C. trav., art. L.3142-1).

Le jour d'autorisation d'absence accordé n'a pas à être nécessairement pris le jour de l'événement le justifiant. Néanmoins, le salarié n'a pas toute latitude pour bénéficier de son jour d'absence. En effet, sauf stipulations conventionnelles contraires, ce jour chômé et rémunéré doit être pris dans une période raisonnable (Cass. soc., 16 décembre 1998, n° 96-42.323P).
Si le salarié est déjà absent de l'entreprise lorsque l'événement familial se produit, aucun droit supplémentaire à rémunération ou à congé ne lui est dû.

Le préavis pendant les congés payés

Que le salarié démissionne ou qu'il soit licencié, il a droit à un préavis. Mais ce préavis peut ne pas être effectué si l'employeur préfère se passer des services du salarié. Dans ce cas, il est dû à l'intéressé une indemnité dite « compensatrice de préavis », destinée à remplacer le préavis non effectué. Jusqu'à l'expiration du contrat, que le préavis soit exécuté ou non, le salarié acquiert des droits à congés.

Sauf accord des parties, lorsque le salarié est en congé pendant la période de préavis, le préavis est suspendu pendant la durée des congés pour reprendre à l'issue des congés payés (Cass. soc., 20 novembre 1985, n° 84-45.952).

L'interdiction de cumuler un salaire et des congés

Enfin, la législation veut que le congé payé corresponde à une période de repos effectif. La jurisprudence européenne abonde dans ce sens en précisant que la réglementation relative au paiement du congé annuel doit assurer la prise effective du congé du salarié (CJCE, 6 avril 2007, aff. C.124-05). Il en résulte une double interdiction : cumuler un salaire avec l'indemnité de congés payés et travailler pour un autre employeur pendant les congés.
Le non-respect de cette obligation peut entraîner un licenciement, le cas échéant pour faute grave.
Deux exceptions à l'interdiction de travail sont cependant admises :
• le travail bénévole dans le cadre de certaines activités de loisir ou culturelles ;
• le travail dans le cadre du **contrat « vendanges » du 1er juillet 2002**.

L'indemnité de congés payés

Comme le droit au congé lui-même, le droit à l'indemnité est automatique, mais il est conditionné par l'accomplissement par le salarié d'un temps de travail au moins égal à un mois (CDI seulement).

En fait, il y a deux sortes d'indemnité de congé :
• l'**indemnité normale**, due pour le congé qui a été effectivement pris ;
• l'**indemnité compensatrice** qui, comme son nom l'indique, est destinée à rémunérer à titre de compensation un congé qui n'a pas été effectivement pris.
Mais du point de vue de la méthode de calcul, il y a lieu de considérer l'indemnité compensatrice comme un cas particulier de l'indemnité normale.
Par ailleurs, la Cour de cassation admet le versement d'une rémunération globale incluant l'indemnité de congés payés. Cette rémunération globale doit faire l'objet d'une convention expresse, appelée « convention de forfait ». Le recours à la convention de forfait a été admis pour les salariés à travail discontinu, intermittent,

irrégulier. Ainsi, pour un VRP payé à la commission, la rémunération forfaitaire est valable à la condition que soit prévue une majoration du taux des commissions (Cass. soc., 30 mai 2000, n° 97-45.946).

Le principe

ARTICLE L.3141-22 DU CODE DU TRAVAIL

« I – Le congé annuel prévu par l'article L.3141-3 ouvre droit à une indemnité égale au dixième de la rémunération brute totale perçue par le salarié au cours de la période de référence.
Pour la détermination de la rémunération brute totale, il est tenu compte :
1° de l'indemnité de congé de l'année précédente ;
2° des indemnités afférentes au repos compensateur obligatoire prévues à l'article L.3121-28 ;
3° des périodes assimilées à un temps de travail par les articles L.3141-4 et L.3141-5 qui sont considérées comme ayant donné lieu à rémunération en fonction de l'horaire de travail de l'établissement.
Lorsque la durée du congé est différente de celle prévue à l'article L.3141-3, l'indemnité est calculée selon les règles fixées ci-dessus et proportionnellement à la durée du congé effectivement dû.
II – Toutefois, l'indemnité prévue au I ne peut être inférieure au montant de la rémunération qui aurait été perçue pendant la période de congé si le salarié avait continué à travailler.
Cette rémunération, sous réserve du respect des dispositions légales, est calculée en fonction :
1° du salaire gagné dû pour la période précédant le congé ;
2° de la durée du travail effectif de l'établissement.
III – Un arrêté du ministre chargé du travail détermine les modalités d'application du présent article dans les professions mentionnées à l'article L.3141-30. »

L'article L.3141-22 prévoit donc deux modes de calcul pour l'indemnité de congés payés :
- la **règle du dixième** (I de l'article L. 3141-22) ;
- le **maintien du salaire** (II de l'article L. 3141-22).

Ces dispositions sont d'ordre public. Aucun accord d'entreprise ne peut en conséquence contenir des stipulations moins favorables au salarié (Cass. soc., 11 février 1982, n° 80-40.163). Ce mode de calcul s'applique aux jours supplémentaires pour ancienneté prévus par les conventions collectives (Cass. soc., 26 mars 2002, n° 99-46.097).

Pour chaque salarié, il faut donc chercher la règle la plus favorable, celle du dixième ou celle du maintien de salaire.

La règle du dixième

Le premier mode de calcul consiste à déterminer l'indemnité de congés payés par rapport au salaire déterminé en fonction de la rémunération totale perçue par le salarié au cours de la période de référence (1er juin-31 mai). Ainsi, selon la règle du dixième, **l'indemnité de congés payés est égale à un dixième de la rémunération totale brute perçue au cours de la période de référence**. Le montant obtenu correspond à la totalité des congés acquis par le salarié (soit 30 jours ouvrables pour un salarié ayant travaillé pendant toute la période de référence).

Que comprend la rémunération totale ?
Il s'agit des sommes brutes (avant retenues pour cotisations), présentant un caractère soit réel, soit fictif. Ce sont précisément :
• le **salaire** de base ou forfaitaire ;
• toutes les **majorations** pour heures supplémentaires et travail de nuit ;
• les **commissions**. Les primes et commissions liées à l'activité de l'entreprise ou à la production doivent être incluses, à condition toutefois que ces éléments de rémunération soient réellement liés à l'activité personnelle du salarié. Attention toutefois : ces commissions sont exclues lorsqu'elles sont calculées sur l'année entière, y compris sur la période de congés payés du salarié ;
• les **primes**. Selon la jurisprudence, ces primes doivent répondre aux critères suivants :
- elles doivent être versées en contrepartie du travail, et revêtir un caractère de généralité, de fixité et de constance qui les rend obligatoires pour l'employeur,
- elles ne doivent pas présenter le caractère de remboursements de frais, ni rémunérer un risque exceptionnel,
- elles ne doivent pas déjà indemniser la période de congé.
Selon la Cour de cassation, répondent donc à ces critères :
- les primes d'ancienneté,
- les primes annuelles et les primes exceptionnelles, si elles sont calculées en pourcentage sur les salaires,
- les primes d'assiduité conventionnelles si elles sont versées en contrepartie du travail du salarié et non calculées sur l'année entière,

- les primes d'astreinte, versées toute l'année, compensant une servitude de l'emploi,
- les primes d'équipe ne représentant ni un remboursement de frais ni une indemnité d'un risque exceptionnel,
- les primes d'expatriement ou de dépaysement qui constituent en tout ou partie un complément de rémunération destiné à compenser les désagréments de l'éloignement plus qu'un remboursement de frais inhérents au séjour à l'étranger,
- les primes de performance récompensant l'activité déployée par les salariés personnellement et les objectifs réalisés par l'unité à laquelle appartient le salarié,
- les primes de rendement, production, ou productivité liées aux résultats personnels du salarié et non à l'activité globale de l'entreprise, lorsqu'elles sont attribuées de façon régulière depuis plusieurs années,
- les primes de soirée, versées forfaitairement à des visiteurs médicaux,
- les pourboires (sur la base des sommes soumises aux cotisations de Sécurité sociale),
- les indemnités compensant la précarité d'emploi pour les travailleurs temporaires ;

• les **avantages en nature**. Il doit être tenu compte des avantages accessoires et des prestations en nature dont le salarié ne continuerait pas à jouir pendant la durée de son congé. *A contrario*, les avantages en nature dont le salarié continue à profiter pendant son congé ne sont pas pris en compte ;

• les **indemnités** perçues en période d'absence de travail. Sont également inclus les salaires fictifs des absences assimilées à du temps de travail pour le calcul des congés payés par la loi ou une convention collective. Sont concernés :
- le congé maternité,
- l'arrêt de travail pour accident ou maladie professionnelle limité à une durée ininterrompue d'un an,
- la période de maintien ou de rappel sous les drapeaux,
- l'indemnité de congés payés versée par l'employeur l'année précédente,
- l'indemnité afférente à la contrepartie en repos pour heures supplémentaires,
- le salaire des jours fériés chômés.

Que faut-il exclure de la rémunération totale ?

• Les **primes** et **gratifications versées globalement couvrant l'ensemble de l'année**, période de travail et période de congés. Les inclure dans le calcul de l'indemnité de congés aboutirait à les faire payer partiellement une seconde fois. C'est notamment le cas pour :
- les primes de type treizième mois ou « mois double » ;
- les primes de vacances ;
- les primes de récompense (assiduité, rendement, forfaitaire, exceptionnelle) ;
- les pourcentages sur chiffre d'affaires.

• Les **primes de sujétion** compensant un risque ou un inconvénient qui n'existe pas pendant les congés. Les primes d'insalubrité, de salissure, de hauteur, de froid, etc.

• Les **remboursements de frais professionnels**. Ceux-ci n'existent pas pendant la période de congés. Ce sont :
- les primes de panier ;
- les primes de transport.

• Les **primes d'intéressement et de participation**, car elles ne constituent pas une rémunération.

Lorsque la durée du congé est différente de la durée légale, l'indemnité est calculée proportionnellement à la durée du congé effectivement dû.

Formule pour le calcul du dixième

$$\frac{\text{Rémunération brute totale}}{10} = \text{Indemnité totale du congé payé}$$

Si le salarié bénéficie d'un congé d'une durée supérieure à la durée légale, il y a lieu de **corriger proportionnellement l'indemnité**.

$$\frac{\text{Rémunération brute totale}}{10} \times \frac{N}{L} = \text{Indemnité totale du congé payé}$$

Pour calculer l'indemnité à chaque prise de congés, on remplacera à chaque fois « N » par le nombre de jours de congés donnés par l'entreprise pour la période, et « L » par le nombre de jours de congés donnés par la loi pour la même période.

Mais il n'y a aucune obligation à faire à chaque fois ce calcul puisque la comparaison n'est à établir qu'à la fin de la prise des congés. **Dans la pratique, on se contentera de maintenir purement et simplement le salaire pendant les congés et à la fin de la période de prise de congés payés, on se livrera à la comparaison entre les calculs. Si l'application de la règle du dixième est plus avantageuse, le salarié bénéficiera d'un complément congé, souvent appelé « régularisation dixième »**.

Voyons justement quelle est la règle du maintien de salaire.

La règle du maintien de salaire

RAPPEL

L'indemnité de congés payés ne peut être inférieure au montant de la rémunération qui aurait été perçue pendant la période de congés payés si le salarié avait continué à travailler.

Le salaire maintenu est déterminé en fonction de la durée du travail effectif de l'établissement au cours de la période considérée ainsi que de l'horaire de travail du salarié. Ainsi, si un salarié travaille habituellement et alternativement 40 heures une semaine puis 30 heures la semaine suivante, l'indemnité de congés payés doit être calculée selon l'horaire qui aurait été pratiqué, sauf en cas de lissage de la rémunération.

Formules pour le calcul du maintien de salaire

Plusieurs méthodes de calcul peuvent s'appliquer. Il faut savoir qu'en cas de litige, la Cour de cassation préfère retenir un calcul en fonction du nombre réel de jours ouvrables du mois. C'est ce calcul que nous vous conseillons pour les salariés à temps partiel.

Pour les salariés à temps plein, **la plupart des entreprises optent pour le calcul en jours ouvrables moyens (ou jours ouvrés moyens)**. C'est la solution la plus logique : pourquoi reviendrait-on en réels alors qu'on cherche à comparer ce montant avec une valeur moyenne calculée sur l'année de référence des congés payés ? Ces différentes méthodes sont :

- la méthode du **jour ouvrable moyen**. On retient un vingt-sixième du salaire mensuel par jour ouvrable de congé pris (*voir* partie IV, chapitre 1) ;

• la méthode du **jour ouvré moyen**. On retient un vingt et un soixante-septième du salaire mensuel par jour ouvré de congé pris (*voir* partie IV, chapitre 1) ;
• la méthode du **jour ouvrable réel**. On divise le salaire mensuel par le nombre de jours ouvrables du mois en cours et on multiplie le résultat par le nombre de jours ouvrables de congé pris (*voir* partie IV, chapitre 1) ;
• la méthode du **jour ouvré réel**. On divise le salaire mensuel par le nombre de jours ouvrés du mois en cours et on multiplie le résultat par le nombre de jours ouvrés de congé pris (*voir* partie IV, chapitre 1).

Cas des salariés à temps partiel
Le salarié à temps partiel se verra appliquer les mêmes méthodes vues précédemment sauf si son horaire a été modifié en cours d'année.
• Si son horaire est devenu à temps partiel avant son départ en congés, c'est obligatoirement la méthode du dixième qui lui sera appliquée puisqu'elle est plus avantageuse.
• Si, par contre, son horaire est repassé à temps plein avant son départ en congés, il faudra lui maintenir son salaire comme s'il avait travaillé précédemment à temps plein.
• Si le passage à plein temps n'est que provisoire et dû à l'organisation du travail pour pallier l'absence de certains salariés pendant les congés par exemple, il ne faut tenir compte que de l'horaire habituel.

Rédaction du bulletin de paie
Dans le cadre de la loi du 18 août 1986, la mention des congés payés est obligatoire sur les bulletins de paie. S'il y a seulement maintien du salaire, seules les dates du congé seront portées sur le bulletin. Si on verse l'indemnité selon la règle du dixième, il faut la faire apparaître distinctement sans omettre la mention des dates de prise de congé.
En tout état de cause, il appartient à l'employeur de rapporter la preuve, en cas de litige, du paiement des congés payés (Cass. soc., 6 novembre 2001, n° 99-44.806).

L'indemnité compensatrice de congés payés

Comme son nom l'indique, cette indemnité est versée au salarié pour compenser les congés qu'il n'a pas pu prendre.
En aucun cas, le salarié ne peut renoncer à prendre ses congés et exiger une indemnité à la place. Dans la pratique, **cette indemnité**

sera versée à chaque fois qu'il y aura rupture du contrat de travail pour toute autre raison que la faute lourde (uniquement pour la partie afférente à la période en cours d'acquisition). En cas de décès survenu avant que le salarié n'ait pris son congé annuel payé, l'indemnité compensatrice est due aux ayants droit du salarié.

Quel est le montant de l'indemnité compensatrice de congés payés ?
L'indemnité compensatrice de congés payés se calcule exactement de la même façon que l'indemnité de congés payés. Son montant est fonction du nombre de jours de congés acquis mais non pris par le salarié en raison de la rupture du contrat de travail.
Il faut appliquer les deux méthodes de calcul (dixième ou maintien) et donner le plus avantageux au salarié.
Le préavis non effectué à la demande de l'employeur, fait acquérir des droits à congé, comme s'il avait travaillé. *A contrario*, si c'est à la demande du salarié que le préavis n'a pas été effectué, cette inexécution n'est pas assimilée à un travail effectif.
Enfin, l'indemnité compensatrice de congés payés est versée au salarié au moment de son départ avec le dernier salaire.

Régime juridique des indemnités de congés payés
L'indemnité de congés payés ainsi que l'indemnité compensatrice ont le caractère de salaire et de ce fait subissent toutes les cotisations sociales. Elles sont imposables et saisissables.

Les caisses de congés payés

Comme on l'a déjà vu au sujet des bénéficiaires des congés payés et également à propos de l'année de référence, dans les professions où l'activité est par définition discontinue, le législateur a créé les caisses de congés payés. Ces professions sont les suivantes : bâtiments et travaux publics, dockers, manutentions et transports, spectacles.
Ces caisses de congés sont des organismes privés, constitués sous la forme d'associations déclarées « loi du 1er juillet 1901 ». **Elles se substituent aux employeurs pour le versement des indemnités de congés payés dont le financement est assuré par des cotisations patronales.**

L'employeur concerné a l'obligation de s'affilier aux caisses compétentes en fonction de la profession et de l'adresse de l'entreprise. À défaut, il s'expose aux sanctions pénales qui répriment les infractions à la législation des congés payés. Il doit verser à la caisse à laquelle il est affilié des cotisations selon le pourcentage des salaires fixé par le règlement intérieur des caisses. C'est aussi le règlement intérieur des caisses qui fixe la périodicité du versement de ces cotisations. L'employeur doit fournir à chaque salarié lorsqu'il quitte l'entreprise, au moment où il va prendre son congé, un certificat justificatif de ses droits à congés, compte tenu de la durée de ses services (C. trav., art. R.3141-34). Ce certificat indique la durée du travail effectué pendant l'année de référence, le montant du salaire perçu et précise le nom et l'adresse de la caisse à laquelle l'entreprise est affiliée.

Les salariés appartenant à des professions à caractère discontinu bénéficient de la même durée de congé que les salariés relevant du régime général. Cependant :
• ce droit est déterminé, non pas d'après la durée du travail chez un même employeur, mais d'après la durée totale de travail effectuée auprès des employeurs successifs ;
• la période de référence prise en compte pour le calcul du droit à congé est fixée du 1er avril de chaque année au 31 mars de l'année suivante (et non pas du 1er juin au 31 mai).

Particularités liées aux caisses du bâtiment et travaux publics

150 heures de travail effectif sont considérées comme équivalentes à un mois de travail, ce qui revient à dire que les intéressés ont droit à 2,5 jours ouvrables par fraction de 150 heures de travail effectif (C. trav., art. D.3141-30).

À ce temps de travail effectif doit être **ajouté un forfait de 160 heures représentant la période de congé de l'année précédente**, lorsque ce congé aura été payé à l'intéressé par l'intermédiaire d'une caisse (C. trav., art. D.3141-30).

Aux périodes d'interruption de travail assimilées à un temps de travail effectif **s'ajoutent les périodes indemnisées de chômage-intempéries**. La limite d'indemnisation à prendre en compte pour le calcul de l'indemnité de congé est fixée aux trois quarts du salaire.

Le salaire horaire pris en considération est le quotient du montant de la dernière paie versée au salarié dans l'entreprise qui l'occupait en dernier lieu, par le nombre d'heures de travail effectuées pendant la période ainsi rémunérée (C. trav., art. D.3141-32). **L'indemnité du congé est le produit du vingt-cinquième du salaire horaire par le double du nombre d'heures accomplies au cours de la période de référence.**

Particularités liées aux caisses des entreprises de manutention et de transport

Pour ce régime des congés applicables à cette branche d'activité, sont concernés les établissements suivants : transport routier de marchandise, location d'automobiles en vue du transport de marchandises, entreprises d'enlèvement (ordures, gravats, etc.), de groupage (de colis), dispatching (services rapides), d'emballage de marchandises, de manutention dans les parcs ferroviaires, de déménagement et garde-meubles, de commerce de gros de combustibles, de commerce de détail de charbons, cokes et autres combustibles, de nettoyage de locaux, devantures, carreaux, d'arrosage, balayage, nettoiement des rues.
17 jours de travail effectif sont considérés comme équivalents à un mois de travail.

Particularités liées aux caisses des dockers

Le système d'emploi des ouvriers dockers en France relève d'un régime juridique entièrement dérogatoire du droit commun du travail (loi du 6 septembre 1947). Le contexte économique de l'époque se caractérisait par le caractère aléatoire de la date d'arrivée des navires générant ainsi une activité nécessairement intermittente. Aujourd'hui, la très grande majorité des dockers est mensualisée, une minorité ayant le statut d'intermittents. Toutefois, les caisses assurent une compétence transversale au niveau du port en matière de droit social, non seulement en ce qui concerne les congés payés mais aussi dans l'établissement des salaires.
Toutes les entreprises occupant dans les ports maritimes des ouvriers dockers au sens de l'article L.511-2-1 du Code des ports maritimes ont l'obligation d'adhérer à la caisse de compensation des congés payés du port.
15 jours de travail effectif sont considérés comme équivalents à un mois de travail pour les dockers professionnels intermittents et les dockers occasionnels dont les cotisations sociales sont acquittées à l'aide de vignettes.

Particularités liées à la caisse des spectacles

La caisse des congés spectacles est une association d'employeurs régie par la loi du 1er juillet 1901, agréée par l'État, sise 7, rue du Helder, 75440 Paris cedex 09, Tél. : 01 44 83 44 44, www.conges-spectacles.com

Est tenue d'y adhérer toute entreprise visée à l'article D.7121-28 du Code du travail, notamment tous les entrepreneurs de spectacles, les sociétés de production cinématographique, de production et de communication audiovisuelles, qu'ils exercent à titre principal ou accessoire et quelle que soit leur forme juridique.
La caisse a été créée pour assurer le service des congés payés aux artistes et techniciens qui n'ont pas été employés de manière continue chez un même employeur pendant les 12 mois précédant leur demande de congé, qu'elle qu'ait été la nature de leur contrat (C. trav., art. D.7121-38).
Le salarié doit justifier d'un minimum de 4 semaines d'engagement ou de 24 cachets au cours de la période de référence pour bénéficier d'une indemnité journalière de congé dont le montant est calculé selon les dispositions de l'article D.7121-37.

Particularités liées aux congés payés

La SNCF et les billets populaires de congé

Tous les salariés bénéficiaires d'un congé payé peuvent obtenir, une fois par an, un « billet populaire de congé annuel » comportant une **réduction** égale, depuis le 1er janvier 1987, à **25 %** sur les tarifs de la SNCF.
Cette réduction, valable pour un trajet aller-retour d'un minimum de 200 kilomètres, est possible non seulement au salarié lui-même, mais aussi à son conjoint et à ses enfants de moins de 21 ans qui habitent chez lui (le célibataire peut en faire bénéficier son père et/ou sa mère qui habitent avec lui) à condition qu'ils ne bénéficient pas eux-mêmes d'un billet à tarif réduit.
La demande est à établir sur un formulaire délivré par la SNCF et doit être signée par l'employeur attestant ainsi du droit au congé.

Les chômeurs indemnisés, dont le montant journalier ne doit pas dépasser deux fois le plafond journalier de calcul des cotisations sociales (plafond annuel, divisé par 365 et multiplié par 2) et les personnes recevant la « garantie de ressources » (pensionnés, retraités, veuves et orphelins de guerre) sont également admis au bénéfice du billet à tarif réduit.

Enfin, la réduction accordée aux billets populaires peut atteindre **50 % si ceux-ci sont payés avec des chèques-vacances.**

Les chèques-vacances

Datant de l'ordonnance du 26 mars 1982, **la formule des chèques-vacances a pour but d'aider les personnes aux revenus les plus modestes à partir en vacances** et de contribuer, par voie de conséquence, à l'essor du tourisme social.

Qu'est-ce qu'un chèque-vacances ?
Il s'agit d'un titre de paiement qui permet d'optimiser le budget vacances et loisirs des salariés grâce à une participation financière du prescripteur (employeurs, comités d'entreprise, mutuelles des fonctions publiques, organismes sociaux).

Qui a droit aux chèques-vacances ?
Tous les salariés du secteur privé et public, les retraités du secteur public, mais aussi les agents des trois fonctions publiques (État, territoriale, hospitalière).

Où se procurer des chèques-vacances ?
Tout dépend du statut des bénéficiaires :
• auprès de l'employeur ou du comité d'entreprise pour les salariés du secteur privé ;
• auprès des organismes sociaux pour les agents des trois fonctions publiques.

Qui édite les chèques-vacances ?
Exclusivement l'Agence nationale pour les chèques-vacances. ANCV. 67-69, rue Martre, 92584 Clichy, Tél. : 0825 07 6060 ou 01 41 06 15 00, www.ancv.com.
Il s'agit d'un établissement public à caractère industriel et commercial (EPIC) créé par l'ordonnance du 26 mars 1982 et qui s'est vu confier par le législateur la mission de favoriser le départ en vacances du plus grand nombre de Français par le biais d'une incitation à l'épargne et à la contribution des entreprises et des administrations.

Quel est le principe des chèques-vacances ?
Des employeurs ou des organismes sociaux (comités d'entreprise, amicales, mutuelles) acquièrent auprès de l'ANCV des chèques-vacances, se présentant sous la forme de coupures nominatives de 10, 20 ou 50 euros, puis les redistribuent aux salariés qui ne paient qu'une partie de la valeur des chèques attribués.

Pourquoi proposer des chèques-vacances ?
Les sommes attribuées sous forme de chèques-vacances ne sont pas soumises à l'impôt dans la limite du SMIC mensuel. Il s'agit donc d'un double avantage pour les bénéficiaires. Côté employeur, l'octroi de chèques-vacances est également avantageux puisque les sommes distribuées sont exonérées des charges parafiscales (1 % formation, taxes sur les salaires, taxes d'apprentissage…). Pour leur part, les comités d'entreprise sont totalement exonérés de charges sociales sur la valeur des chèques qu'ils distribuent.

Qui accepte les chèques-vacances ?
Camping, gîtes, hôtels, villages de vacances, maisons familiales, agences de voyages, parcs d'attractions, écoles de ski, festivals, monuments historiques, musées… Bref, tous les professionnels du tourisme, des loisirs sportifs et culturels qui affichent le panonceau « Bienvenue chèques-vacances ». Il existe aujourd'hui plus de 100 000 prestataires agréés par l'ANCV, soit 150 000 points d'accueil.

Quand peut-on utiliser les chèques-vacances ?
Pendant les vacances, mais aussi tout au long de l'année. Ils permettent de régler toutes les dépenses liées à l'hébergement, à la restauration et aux transports (train, avion, bateau, péages d'autoroute avec le boîtier T), mais aussi de prendre des leçons d'équitation, de golf, de tennis, de visiter des châteaux, des musées, d'aller au théâtre, de survoler la France en ballon, de suivre des cours de poterie, de musique ou d'art dramatique…

Combien de temps sont valables les chèques-vacances ?
Deux ans après leur année d'émission. Ainsi, un chèque-vacances émis le 2 janvier 2013 sera valable jusqu'au 31 décembre 2015.

Mise en place du chèque-vacances sur l'initiative de l'employeur
• **Critères d'attribution :** tout salarié employé en dehors de la fonction publique d'État peut bénéficier des chèques-vacances. Le salarié employé dans la fonction publique peut en bénéficier si son revenu fiscal de référence est inférieur à 26 711 euros par part fiscale.

• **Contribution personnelle du bénéficiaire :** pour les salariés, une contribution personnelle du bénéficiaire est toujours demandée préalablement à la délivrance des chèques-vacances :
- contribution du salarié employé **hors fonction publique** d'État : à hauteur de **20 %** si la rémunération brute mensuelle moyenne des bénéficiaires est inférieure au plafond mensuel de la Sécurité sociale ; de **50 %** si la rémunération brute mensuelle moyenne des bénéficiaires est supérieure au plafond mensuel de la Sécurité sociale. Le taux est minoré de 5 % par enfant à charge et de 10 % par enfant handicapé, dans la limite globale de 15 % ;
- contribution du salarié employé dans la **fonction publique d'État** : le taux de participation du salarié fluctue entre 70 et 90 %, selon les revenus, les handicaps et le nombre de personnes à charge.
• **Durée et montant de l'épargne :** les salariés intéressés doivent constituer une épargne dont la durée peut varier entre **4 mois minimum** et **12 mois maximum**. Son montant varie suivant les possibilités de chacun. Le taux d'épargne varie entre 2 et 20 % du SMIC.
• **Commande des chèques-vacances** : l'employeur peut passer ses ordres de commande à l'ANCV dès que la durée de l'épargne minimum, soit 4 mois, est écoulée. Dans le cas d'une épargne plus étalée, une première commande peut être effectuée au terme de 4 mois et une seconde à l'issue du plan d'épargne. Les commandes doivent être accompagnées du solde de l'épargne des salariés et du solde de la contribution de l'employeur. L'employeur doit également acquitter la commission de 1 % due pour frais de gestion sur le montant total des chèques-vacances commandés.

Mise en place du chèque-vacances sur l'initiative d'un comité d'entreprise

• **Critères d'attribution :** contrairement aux employeurs, les comités d'entreprise déterminent librement les modalités d'attribution des chèques-vacances en fonction de leurs propres critères sociaux. Ils peuvent attribuer les chèques en privilégiant certaines catégories de personnel ou en faire bénéficier tout le monde. Les comités d'entreprise ont trois formules au choix :
- la formule **épargne** : les salariés intéressés s'engagent individuellement à épargner pendant plusieurs mois. Ensuite, le comité d'entreprise ajoute la bonification selon ses propres critères et remet la totalité du budget épargné à chacun des bénéficiaires ;

- la formule **participation** : le comité d'entreprise se procure des chèques-vacances auprès de l'ANCV. Les personnes intéressées les rachètent moins cher grâce à une aide décidée selon les critères sociaux définis par le CE ;
- la formule **allocation** : les chèques-vacances sont totalement à la charge du CE. Il les achète à l'ANCV et module leur attribution selon ses propres critères. Il s'agit alors d'une allocation-congés sans aucun effort financier des salariés.

Dans tous les cas, il faut savoir que **la participation du CE est exonérée de toutes charges sociales**. Il doit juste s'acquitter de la commission de 1 % due pour frais de gestion sur le montant total des chèques-vacances.

L'extension des chèques-vacances aux PME-PMI

Désormais (depuis le 12 juillet 1999), les salariés des petites entreprises de moins de cinquante salariés peuvent également bénéficier des chèques-vacances. L'introduction des chèques-vacances dans l'entreprise doit faire l'objet d'un accord conclu avec un organisme paritaire existant ou mis en place dans le cadre d'un accord paritaire de branche avec un ou plusieurs représentants du personnel ou représentants syndicaux mandatés. Il porte à la fois sur le montant de la contribution de l'employeur et sur les conditions de leur attribution. Le salarié doit épargner sur une période de 4 mois minimum (jusqu'à 12 mois maximum). L'employeur verse également tous les mois sa participation qui peut varier entre un quart et quatre fois le montant épargné par le salarié. C'est l'employeur qui décide de la mise en place du chèque-vacances et qui en négocie les modalités suivant les revenus ainsi que le montant et la durée de l'épargne des salariés.

La contribution de l'employeur d'une PME-PMI est exonérée d'impôt sur le revenu dans la limite du SMIC mensuel et des charges sociales, exception faite de la CSG et de la CRDS.

4. Deux cas particuliers d'absence

L'activité partielle (ex-chômage partiel et ex-APLD)

S'il y a une absence dont les salariés se passeraient bien, c'est sans aucun doute celle-ci. En effet, l'activité partielle est un dispositif qui permet à une entreprise rencontrant des difficultés en raison de la conjoncture économique ou de certains événements particuliers (difficultés d'approvisionnement en matières premières ou en énergie, sinistre ou intempéries exceptionnels...) et contrainte de réduire son activité d'éviter les licenciements pour motif économique et la baisse de rémunération de ses salariés.
En application de ce dispositif, les salariés qui subissent une perte de salaire en raison soit d'une fermeture temporaire de leur établissement, soit d'une réduction temporaire de leur temps de travail en deçà de la durée légale ou conventionnelle de travail, bénéficient d'une indemnisation au titre de l'activité partielle.
Si le système d'activité partielle était connu depuis longtemps, la loi du 14 juin 2013 a créé ce nouveau dispositif qui est entré en vigueur le 1er juillet 2013.

Procédure de recours à l'activité partielle

Avant la mise en activité partielle, l'employeur doit consulter les représentants du personnel (CE, délégués du personnel) sur les motifs économiques, les catégories professionnelles et les activités concernées, le niveau et les modalités de mise en œuvre des réductions d'horaire et sur les actions de formation envisagées.
Ensuite, il doit adresser au préfet du département où est implanté l'établissement concerné une demande préalable d'autorisation d'activité partielle en y joignant l'avis préalable des représentants du personnel (cette demande avait été supprimée entre le 11 mars 2013 et le 30 juin 2013).

En cas de suspension d'activité due à **un sinistre ou à des intempéries**, par dérogation, l'employeur dispose d'un délai de 30 jours pour adresser sa demande.

La décision d'autorisation ou de refus est notifiée à l'employeur dans un délai de 15 jours à compter de la date de réception de la

demande. L'absence de décision dans ce délai vaut acceptation implicite. En revanche, le refus doit être motivé.
Une autorisation d'activité partielle peut être accordée pour une durée maximale de 6 mois plus un éventuel renouvellement.

Montant de l'indemnité

Le taux horaire de l'indemnité versée au salarié est modifié par rapport aux anciens dispositifs. Néanmoins, le montant de l'allocation publique est identique à celui qui était versé dans le cadre de l'activité partielle longue durée.
Le montant de l'allocation publique ne figure plus sur le bulletin de paie. Il ne reste donc plus que l'indemnisation due par l'employeur ainsi qu'un éventuel complément lié à la rémunération mensuelle minimale.

Tableau comparatif des anciens dispositifs et du nouveau dispositif

	Anciens dispositifs				Nouveau dispositif d'activité partielle	
	Chômage partiel		APLD			
Effectif de l'entreprise	≤ 250	>250	≤ 250	>250	≤ 250	>250
Allocation à la charge de l'État	4,04 €	4,33 €	4,84 €	4,33 €	4,84 €	4,33 €
Allocation à la charge de l'UNEDIC	-	-	2,90 €	2,90 €	2,90 €	2,90 €
Total	**4,84 €**	**4,33 €**	**7,74 €**	**7,23 €**	**7,74 €**	**7,23 €**
% du maintien de salaire à la charge de l'employeur	60%		75%		70%	
Taux horaire minimum	6,84 €				Aucun, mais la rému. mens. mini s'applique.	
Rémunération mensuelle minimale	Le salarié ne peut recevoir une rémunération nette inférieure au SMIC.					
Durée de versement de l'allocation publique en cas de fermeture de l'établissement	6 semaines				Pas de limitation de durée	
Contingent annuel d'heures indemnisables	1000 heures					

Versement des indemnités

Dans les anciens dispositifs, les allocations publiques étaient versées au salarié, l'employeur faisait seulement l'avance du remboursement effectué par la DIRECCTE. Le salaire était maintenu par l'employeur sous déduction des allocations publiques qui apparaissaient donc sur le bulletin de paie. Maintenant, l'employeur maintient le pourcentage de rémunération prévu par le nouveau dispositif sans faire apparaître les allocations publiques.

Ces indemnités sont **versées mensuellement**, à la date normale de paiement par l'employeur. En matière de CSG et CRDS, elles suivent le régime applicable aux revenus de remplacement et sont donc soumises après abattement de 1,75 % à la CSG (3,8 % déductibles, 2,4 % non déductibles) et à la CRDS (0,5 % non déductible). Ces indemnités doivent être nécessairement incluses dans l'assiette de calcul du treizième mois (Cass. soc., 4 juillet 2007, n° 06-42322).

Le maintien de salaire d'un **salarié malade au cours d'une période d'activité partielle** se fait sur la base de l'horaire réduit appliqué dans l'entreprise pendant sa maladie. L'indemnisation doit donc être calculée en fonction de l'horaire pratiqué pendant cette période et des allocations d'activité partielle que le salarié aurait perçues s'il avait été en activité.

Quelques précisions

1. Seules sont indemnisables les heures chômées sous la durée légale du travail ou, lorsqu'elle est inférieure, de la durée conventionnelle. Les heures habituelles d'un horaire collectif supérieur à 35 heures sont certes chômées, mais elles ne seront pas indemnisées.

2. De même, **seule la fermeture totale de l'établissement** dont relèvent les salariés sous convention de forfait (jours ou heures) **permet l'attribution** de ces indemnités.

3. Le contingent de 1 000 heures s'apprécie par rapport au **premier jour** de l'autorisation administrative et non pas par année civile.

4. Les salariés en activité partielle peuvent **bénéficier de formation** pendant les périodes où ils ne sont pas en activité. Dans ce cas, l'indemnisation est égale à la rémunération nette du salarié.

5. Le droit à chômage partiel **pendant les congés payés est supprimé** et dorénavant, l'employeur n'a pas l'obligation de maintenir le salaire. Le salarié peut bénéficier de congés anticipés.

Il peut également recevoir une aide de l'assurance chômage s'il était bénéficiaire avant cet emploi de l'allocation de solidarité spécifique ou de l'allocation d'aide au retour à l'emploi, mais c'est à lui d'en faire la demande.
6. Les heures d'activité partielle sont **prises en compte pour l'acquisition des congés payés**, de la répartition des participation et intéressement. En revanche, elles ne sont plus prises en compte pour les majorations des heures supplémentaires.

La journée de solidarité

Définition

Plutôt qu'une absence, la journée de solidarité consiste en une journée de travail supplémentaire (qui peut éventuellement être fractionnée en heures, voire en minutes et secondes comme à la SNCF). La valeur de cette journée est destinée au **financement d'actions en faveur de l'autonomie des personnes âgées ou handicapées**. Cette journée ne donne en principe pas lieu à rémunération supplémentaire, des dispositions étant toutefois prévues pour que les salariés changeant d'employeur en cours d'année n'aient pas à effectuer plusieurs journées de solidarité dans l'année.

Pour les salariés, la journée de travail supplémentaire effectuée, dans les conditions fixées par la loi, au titre de la journée de solidarité ne constitue en aucun cas une modification de leur contrat de travail. Pour les **employeurs**, elle se traduit par l'avance financière de cette journée, autrement dit par une **contribution nouvelle mise à leur charge** (la « contribution solidarité autonomie »).

La journée de solidarité concerne tous les salariés relevant du Code du travail (et ceux relevant du Code rural). Toutefois, s'agissant des salariés de moins de 18 ans, il convient de tenir compte des dispositions particulières régissant le travail des mineurs. Ainsi, si la journée de solidarité est fixée un jour férié, elle ne concernera pas les jeunes travailleurs, puisque, sauf rares exceptions, le travail des salariés de moins de 18 ans est interdit pendant les jours fériés. Si un accord collectif fixe un jour non férié comme journée de solidarité, il appartient aux partenaires sociaux de se prononcer sur les conditions dans lesquelles ces jeunes salariés effectueront cette journée.

Modalités d'accomplissement

Les dispositions relatives aux modalités d'accomplissement de la journée de solidarité ont été modifiées par la loi n° 2008-351 du 16 avril 2008 (*JO* du 17 avril). Ces dispositions figurent désormais notamment à l'article L.3133-8 du nouveau Code du travail, en vigueur depuis le 1er mai 2008.

Les modalités d'accomplissement de la journée de solidarité sont désormais fixées par accord d'entreprise ou d'établissement ou, à défaut, par accord de branche. Cet accord peut prévoir :

- soit le travail d'un jour férié précédemment chômé autre que le 1er mai ;
- soit le travail d'un jour de repos accordé au titre de l'accord collectif conclu en application de l'article L.3122-2 du Code du travail (accord visant à définir les modalités d'aménagement du temps de travail et à organiser la répartition de la durée du travail sur une période supérieure à la semaine et au plus égale à l'année) ;
- soit toute autre modalité permettant le travail de 7 heures précédemment non travaillées en application de dispositions conventionnelles ou des modalités d'organisation des entreprises.

À défaut d'accord collectif, les modalités d'accomplissement de la journée de solidarité sont définies par l'employeur, après consultation du comité d'entreprise ou, à défaut, des délégués du personnel s'ils existent. Toutefois, dans les départements de la Moselle, du Haut-Rhin et du Bas-Rhin, l'accord ou, à défaut, la décision de l'employeur ne peut déterminer le premier ni le second jour de Noël, ni, indépendamment de la présence d'un temple protestant ou d'une église mixte dans les communes, le Vendredi saint comme la date de la journée de solidarité.

La date de la journée de solidarité, lorsqu'elle résulte d'un accord collectif ou d'une décision de l'employeur, **peut être différente pour chaque salarié de l'entreprise**, lorsque celle-ci travaille en continu ou est ouverte tous les jours de l'année.

Que sa date soit fixée par accord collectif ou, à défaut, par décision de l'employeur, la journée de solidarité **peut être fractionnée en heures**, sous réserve que soient remplies les conditions suivantes :

- le fractionnement doit être effectif et correspondre à un travail supplémentaire de 7 heures par an ;

• des modalités spécifiques doivent être prévues pour les salariés placés dans une situation particulière, en raison par exemple de la convention annuelle de forfait jours ou heures qui leur est applicable ou du fait qu'ils travaillent à temps partiel.

Le travail accompli durant la journée de solidarité (qu'elle soit effectuée en une seule fois ou fractionnée en heures) **ne donne pas lieu à rémunération supplémentaire** :
• dans la limite de 7 heures, lorsque le salarié est mensualisé, ce qui est le cas de la plupart des salariés (exception faite des travailleurs à domicile, temporaires, saisonniers ou intermittents). Pour les salariés à temps partiel, cette limite de 7 heures est réduite proportionnellement à la durée de travail prévue par leur contrat de travail : ainsi, par exemple, pour un salarié à mi-temps, la limite sera fixée à 3,5 heures (7/2). Les heures effectuées au-delà de cette limite de 7 heures (ou de la limite proratisée pour les salariés à temps partiel) seront, en revanche, normalement rémunérées ;
• dans la limite d'une journée de travail pour les salariés dont la rémunération est calculée par référence à un nombre annuel de jours de travail (conventions de forfait).

Pour les salariés qui ne sont pas mensualisés (travailleurs à domicile, travailleurs temporaires, saisonniers ou intermittents), la situation est la suivante : comme les autres salariés, ils devront effectuer une journée supplémentaire de travail, mais ils seront rémunérés normalement pour le travail accompli durant cette journée de solidarité. Toutefois, si la date de la journée de solidarité correspond à un jour férié précédemment chômé, toute éventuelle majoration de salaire (ou repos compensateur) prévue par convention ou accord collectif pour le travail des jours fériés n'aura pas lieu de s'appliquer. Les heures correspondant à la journée de solidarité, dans la limite de 7 heures ou de la durée proportionnelle à la durée contractuelle pour les salariés à temps partiel, ne s'imputent ni sur le contingent annuel d'heures supplémentaires, ni sur le nombre d'heures complémentaires. Elles ne donnent, en outre, pas lieu à contrepartie obligatoire en repos.

Correction du questionnaire de la page 245

N°	Affirmations	Vrai	Faux
1	Faux, les fonctionnaires et d'autres métiers en bénéficiaient avant (*voir* p. 247).		X
2	Faux, un CDD a toujours droit aux CP quelle que soit la durée de son contrat (*voir* p. 249).		X
3	Faux, depuis le 22 mars 2012, il n'y a plus de condition ! (*voir* p. 249).		X
4	Faux, elle va du 1er juin au 31 mai (*voir* p. 250).		X
5	Vrai, 12 périodes de 4 semaines équivalant à 48 semaines (*voir* p. 253).	X	
6	Vrai, selon l'article L.3141-3 (*voir* p. 255).	X	
7	Vrai, c'est au moment de la prise que doit s'effectuer le prorata (*voir* p. 256).	X	
8	Vrai, selon l'article L.3141-9 (*voir* p. 257).	X	
9	Vrai, selon l'article L.3141-13 (*voir* p. 258).	X	
10	Vrai, mais si ce couple ne le souhaite pas, il n'y est pas obligé (*voir* p. 259).	X	
11	Faux, c'est la situation familiale qui prime (*voir* p. 259).		X
12	Vrai, si le salarié est français métropolitain ; Faux, sinon (*voir* p. 262).	X	X
13	Vrai, si le salarié ne bénéficie pas de jours supplémentaires ; Faux, sinon (*voir* p. 263).	X	X
14	Vrai, si le salarié a travaillé pour gagner ce pont ; Faux, sinon (*voir* p. 264).	X	X
15	Vrai, si ce nombre de jours pris est au moins égal à 3 ; Faux, sinon (*voir* p. 267).	X	X
16	Vrai, reporté ou payé en cas de départ (*voir* p. 268).	X	
17	Vrai, depuis 2008, article L.3141-2 (*voir* p. 269).	X	
18	Vrai, depuis le 1er juillet 2002 et c'est la seule exception ! (*voir* p. 271).	X	
19	Vrai, si le montant est supérieur à celui de la règle du maintien ; Faux, sinon (*voir* p. 272).	X	X
20	Faux, le treizième mois n'est pas du travail effectif ! (*voir* p. 275).		X

ASSIETTES, TRANCHES ET PLAFONDS

PARTIE V

Assiettes, tranches et plafonds

Avant de commencer la partie sur les cotisations (et plus particulièrement sur le plafond), nous vous demandons de remplir ce petit questionnaire. Cela vous permettra d'évaluer vos connaissances préalables et vos acquis.
Sur chaque ligne, veuillez mettre une croix soit dans la colonne « Vrai », soit dans la colonne « Faux », soit dans les deux.

N°	Affirmations	Vrai	Faux
1	Le premier plafond de la Sécurité sociale date du 1er juillet 1930.		
2	Le régime général de la Sécurité sociale est obligatoire depuis le 1er juillet 1947.		
3	La Sécurité sociale gère quatre caisses nationales différentes.		
4	Les salariés cotisent obligatoirement à la retraite complémentaire depuis 1973.		
5	Il n'y a que deux régimes principaux de retraite complémentaire pour les salariés.		
6	Les cadres cotisent aussi à une caisse de retraite complémentaire des non-cadres.		
7	Les pourboires entrent dans l'assiette des cotisations.		
8	Les « jetons de présence » entrent dans l'assiette des cotisations.		
9	La gratification donnée pour la médaille du travail entre dans l'assiette des cotisations.		
10	Les sommes versées au titre du « capital décès » entrent dans l'assiette des cotisations.		
11	Les allocations complémentaires aux IJSS entrent dans l'assiette des cotisations.		
12	Les primes versées par le CE entrent dans l'assiette des cotisations.		
13	Les sommes versées en cas de départ négocié entrent dans l'assiette des cotisations.		
14	L'indemnité de départ à la retraite entre dans l'assiette des cotisations.		
15	La valeur de la tranche A est égale à 3 170 euros par mois (en 2015).		

N°	Affirmations	Vrai	Faux
16	La valeur du plafond B est le double de celle du plafond A.		
17	La valeur de la tranche B est le double de celle de la tranche A.		
18	La valeur du plafond C est le double de celle du plafond B.		
19	La valeur de la tranche C est le quadruple de celle de la tranche A.		
20	Un salarié absent du 18 mai au 25 juin n'a aucune réduction de plafond.		

BULLETIN DE PAIE

Période du au

Employeur		Salarié	
Raison Sociale :		Nom :	Prénom :
Adresse :		Adresse :	
N° SIRET :	Code NAF :	N° SS :	
URSSAF :	N° de cotisant :	Emploi :	Classif. :
Convention collective :		Date d'ancienneté :	

Libellé des Rubriques	Base	Taux	Montant	Commentaires
Salaire	151,67		3 000,00	juin 2015
Prime d'ancienneté			150,00	Date d'entrée : 1 Mai 2005
Avantages en Nature			400,00	Plafond du mois : 3.170 €
Remboursement Frais Prof.			82,00	
Total Brut			3 632,00	

Cotisations	Base	Salariales		Patronales	
		Taux	Montant	Taux	Montant
Ass. mal. mat. inv. décès	3 632,00	0,75	-27,24	12,80	464,90
Contribution Solidarité Autonomie	3 632,00			0,30	10,90
Accident du travail	3 632,00			2,44	88,62
Allocations familiales	3 632,00			5,25	190,68
Ass. vieillesse plafonnée	3 170,00	6,85	-217,15	8,50	269,45
Ass. vieillesse déplafonnée	3 632,00	0,30	-10,90	1,80	65,38
FNAL sur brut	3 632,00			0,50	18,16
Chômage sur Tr. A + Tr. B	3 632,00	2,40	-87,17	4,00	145,28
AGS sur Tr. A + Tr. B	3 632,00			0,30	10,90
ARRCO sur Tr. 1	3 170,00	3,10	-98,27	4,65	147,41
AGFF sur Tr. 1	3 170,00	0,80	-25,36	1,20	38,04
ARRCO sur Tr. 2	462,00	8,10	-37,42	12,15	56,13
AGFF sur Tr. 2	462,00	3,00	-13,86	1,30	6,01
Prévoyance sur Tr. A	3 170,00	1,00	-31,70	2,00	63,40
Taxe sur prévoyance	63,40			8,00	5,07
CSG déductible	3 631,84	5,10	-185,22		
Autres charges patronales	3 632,00			4,846	176,01
Total cotisations			-734,29		1 756,34

Net fiscal			2 961,11	
Indemnité de Transport			[illegible]	Règlement par virement sur le compte
Remboursement Frais Prof.	10,00	18,10	168,00	
Reprise Avantages en Nature			-400,00	Code Banque :
C.S.G. non déductible	3 631,84	2,40	-87,16	Code Guichet :
C.R.D.S. non déductible	3 631,84	0,50	-18,16	N° Compte :
Net à payer			2 615,39	

CUMULS depuis le 1er Janvier 2015

Heures : Brut S.S. Net Fiscal :

Pour faire valoir vos droits, ce bulletin de paie doit être conservé sans limitation de durée

À l'heure d'une énième réforme de la retraite, chaque salarié français devrait en fait se poser la simple question : « Au fait, pourquoi cotise-t-on ? » Ou, sous une autre forme : « Pourquoi nos aïeuls ont-ils inventé un système aussi compliqué ? »
Il faut, encore une fois, aller chercher la réponse du côté de l'histoire.

Tout le monde (ou presque) connaît l'ordonnance du 4 octobre 1945 qui posait le principe de la garantie d'une protection sociale aux travailleurs et à leur famille avec la fusion des régimes spéciaux, ainsi que la loi du 22 mai 1946 qui portait sur la généralisation de la

Sécurité sociale (la loi du 13 septembre 1946 posant, elle, le principe de la généralisation de l'assurance vieillesse à toute la population active à partir de 1947).

Créée au lendemain de la Libération, la Sécurité sociale représentait l'aboutissement de près d'un demi-siècle d'initiatives publiques ou privées en vue d'assurer aux travailleurs salariés une protection sociale dont la nécessité était apparue à la suite des mutations économiques et sociales du XIXe siècle et de l'évolution des idées qui en avait résulté. Toutefois, le plan français de 1945 ne put atteindre immédiatement les objectifs qu'il s'était assignés. L'évolution de la Sécurité sociale a complété l'effort entrepris alors, mais on est actuellement parvenu à un ensemble complexe posant de nombreux problèmes, tant sur le plan de l'efficacité, de l'équité, que sur celui du financement.

1. Origines de la Sécurité sociale

De l'Antiquité à 1945

Avant la Révolution, la protection des vieillards relevait de l'idée générale d'assistance, sous-tendue par **une morale religieuse**. Il n'y avait donc aucun effort volontaire ou obligatoire d'assurance à l'exception d'un cas isolé : le règlement royal du 26 décembre 1673 dû à Colbert qui avait institué un fonds de retraite des officiers de marine par une retenue obligatoire sur leur solde.
À la Révolution, la loi Le Chapelier (14 juin 1791) interdit les coalitions et les grèves, c'est la condamnation des compagnonnages et des sociétés ouvrières d'entraide mutuelle.
Parallèlement, la Déclaration des droits de l'homme dispose que *« les secours publics sont une dette sacrée »*. La société doit la subsistance aux citoyens malheureux, soit en leur procurant du travail, soit en assurant les moyens d'existence à ceux qui sont hors d'état de travailler. Il n'y a plus de devoir moral ou religieux.

Avec la révolution industrielle, **l'épargne et l'assurance privée se développent** tout au long du XIXe siècle.
Dès 1818, les premières caisses d'épargne sont créées. Mais les techniques de l'épargne et de l'assurance ne peuvent être utilisées que par les moins malheureux. Pour épargner ou pour s'assurer, il faut des ressources, et ceux dont les besoins sont les plus grands sont souvent ceux dont les ressources sont les plus faibles. Individuelle, l'épargne n'est pas proportionnée au risque éventuel.
Quant à l'assurance, elle ne peut contribuer à une véritable garantie des risques sociaux : d'une part, reposant sur le volontariat, elle regroupe un nombre trop faible de personnes, d'autre part, c'est une activité commerciale et les organismes d'assurance, en recherchant le profit, en versant des commissions aux agents et courtiers, en consacrant une partie de leurs recettes à la publicité, augmentent le coût de la garantie en même temps qu'ils en limitent l'étendue en sélectionnant les risques assurables.
Dans la société du XIXe siècle, la solidarité s'exerce essentiellement à l'intérieur de la famille, mais il existe une différence entre les vieillards encore investis d'un pouvoir par le capital familial dont ils sont détenteurs et ceux qui sont frappés d'impécuniosité dans la mesure où ils ne possèdent pour tout capital qu'une force de travail dévaluée. La vieillesse sans patrimoine du nouveau prolétariat

urbain prend la forme de l'indigence et a pour principal recours les institutions charitables dès lors qu'elle n'est plus capable de travailler.
Le travail jusqu'à la mort ou jusqu'au handicap est la norme de la classe ouvrière.

L'épargne et l'assurance privée étant insuffisantes pour assurer une protection sociale au plus grand nombre, l'entraide va se développer avec **les sociétés de secours mutuels**. La loi du 15 juillet 1850 constitue le premier texte légal sur ces sociétés. De la Révolution jusqu'à 1848, l'attitude des pouvoirs publics à l'égard des sociétés de secours mutuels a été guidée par le souci d'éviter que sous leur couvert ne se constituent des associations de revendication ouvrière.
Le décret-loi du 26 mars 1852 encourage ces sociétés à condition qu'elles se soumettent à certaines règles, le président étant, notamment, nommé par le président de la République (ultérieurement par l'empereur). À la fin du Second Empire, les sociétés de secours mutuels ne comportent que 825 000 membres.
Après la chute de l'Empire, l'une des premières mesures du gouvernement provisoire est de rétablir l'élection des présidents par les sociétaires eux-mêmes. La mutualité connaît un certain développement puisque ses effectifs dépassent les 2 millions de membres en 1889.
Parallèlement, on assiste à la naissance de **régimes de retraite particuliers** tels que les pensions pour les militaires en 1831, les pensions pour les fonctionnaires en 1851, ou encore les pensions pour les mineurs en 1894.

Au terme de longs travaux préparatoires, intervient la **nouvelle loi mutualiste** du 1er avril 1898. Les sociétés approuvées, toujours soumises à certains contrôles techniques, sont débarrassées des servitudes tenant à leur effectif maximum et à leur caractère territorial. Leurs moyens d'action sont amplifiés ; elles n'ont plus pour unique objet d'assurer des secours temporaires ou des frais funéraires, mais elles peuvent aussi permettre à leurs membres de se constituer des pensions de retraite, des assurances vie, décès ou accident.
Elles sont autorisées à créer accessoirement des cours professionnels, des offices de placement, à accorder des allocations de chômage. Elles peuvent aussi créer des établissements de soins et des pharmacies en faveur de leurs membres. Enfin, les sociétés approuvées sont autorisées à se rassembler en unions mutualistes. La loi de 1898 a

permis à la mutualité de prendre un essor remarquable, puisqu'en 1939, elle comptait plus de 9 millions de membres. La mutualité repose sur le principe de la liberté et son recrutement n'est assuré que par une adhésion librement consentie.

Parallèlement à l'entraide, l'évolution des idées conduit à **l'application des principes de l'assistance publique** définis par un congrès international réuni à Paris en 1889 :
• principe de l'assistance obligatoire pour les collectivités ;
• principe selon lequel l'assistance est accordée dans le cadre territorial le plus proche de l'intéressé, l'État accordant simplement une participation financière ;
• principe selon lequel l'assistance, accordée uniquement aux individus sans ressources qui ne peuvent travailler est subsidiaire par rapport à toute autre forme d'aide, notamment l'aide familiale.
Trois lois d'assistance sont votées, en 1893 (assistance médicale gratuite), 1904 (assistance à l'enfance) et 1905 (vieillards, infirmes et incurables). En 1906, il y avait 1 320 000 personnes secourues, notamment dans les départements ouvriers.

Pendant ce temps, **les assurances sociales naissent en Allemagne avec Bismarck**. En 1881, un message impérial reconnaît à l'État la mission de promouvoir le bien-être de tous les membres de la collectivité et notamment des faibles et des nécessiteux. Interviennent ensuite, au profit des ouvriers de l'industrie dont les salaires sont inférieurs à un certain chiffre, trois lois fondamentales sur l'assurance maladie (1883), l'assurance accidents du travail (1884), l'assurance invalidité et vieillesse (1889). Le principal mérite de ces lois est l'introduction de l'assurance obligatoire. Les travailleurs et les employeurs en sont les gestionnaires, sous la protection et avec l'encouragement de l'État.

En France, la loi du 9 avril 1898 sur les accidents du travail constitue **le premier texte de protection sociale obligatoire des travailleurs salariés**. Elle repose sur le principe de la responsabilité de l'employeur. Tirant un profit du travail du salarié, celui-ci doit supporter les risques que comporte ce travail. C'est la théorie du risque professionnel. Toute personne liée à un employeur par un contrat de travail a droit à la réparation prévue par la loi pour tout accident dont elle est victime par le fait ou à l'occasion de son travail, et cette réparation est à la charge de l'employeur, lequel est libre de supporter directement la charge des indemnités légales ou d'avoir recours à l'assurance pour se couvrir de ses obligations.

La loi du 5 avril 1910 sur les retraites ouvrières et paysannes (ROP) institue **un régime d'assurance vieillesse obligatoire pour les salariés**, mais les taux de cotisation sont trop faibles et les pensions d'un montant insuffisant. Le caractère obligatoire n'étant pas suffisamment marqué, le nombre des assurés cotisant effectivement diminue rapidement.
Les allocations familiales résultent, à l'origine, d'initiatives patronales. Des industriels de la région de Grenoble décident en novembre 1916 de verser des primes à leurs ouvriers ayant des enfants à charge. Mais de crainte que certains employeurs cessent de recruter les pères de familles nombreuses, on a très vite l'idée de créer des caisses dites « de compensation » qui égalisent les charges des adhérents.

Au lendemain de la Première Guerre mondiale apparaît la nécessité d'instituer un système d'assurances sociales comparable à celui qui existait déjà en Allemagne et qui avait été maintenu en Alsace-Lorraine. Un projet de loi est déposé en 1921 mais il n'est voté que le 5 avril 1928. La loi se heurtant à de nombreuses critiques, elle est modifiée par la loi du 30 avril 1930 qui abaisse le taux des cotisations, prévoit un régime particulier pour les salariés agricoles, accepte que les médecins soient payés directement par les malades. Mais, si le caractère obligatoire est bien présent, **la loi ne vise que les travailleurs dont les salaires sont inférieurs à un certain chiffre : c'est le principe du plafond d'affiliation.**
La pension de vieillesse est calculée d'après le salaire moyen résultant de l'ensemble des cotisations versées à compter du 1er juillet 1930.
En raison de la dépréciation monétaire, ce système présente l'inconvénient de faire dépendre le montant de la pension de la moyenne des salaires perçus à des époques où le niveau des salaires était plus faible. Quelles que soient leurs insuffisances quant à leur champ d'application, les lois de 1928-1930 présentent l'intérêt d'instituer un régime d'assurances sociales obligatoires versant des prestations en cas de maladie, maternité, invalidité, vieillesse, ou décès.

Le versement des allocations familiales est rendu obligatoire par la loi du 11 mars 1932. La réforme générale du régime des allocations familiales est réalisée par le Code de la famille (décret-loi du 29 juillet 1939). Une loi du 14 mars 1941 institue l'allocation aux vieux travailleurs salariés pour les personnes âgées ne disposant pas de ressources suffisantes et remplissant certaines conditions de durée de salariat.

Le plan français de Sécurité sociale de 1945

Une théorie générale complète de la protection sociale apparaît en Grande-Bretagne pendant la Seconde Guerre mondiale avec le **rapport Beveridge** qui pose le principe d'une extension de la Sécurité sociale à l'ensemble de la population. Ce rapport, présenté à la Chambre des communes en novembre 1942, **propose l'élimination de l'indigence**. Il s'agit de compenser les inégalités économiques et sociales entre les divers citoyens britanniques en se servant des assurances sociales et des allocations familiales pour opérer une redistribution des revenus aussi large que possible.

En France, le plan de Sécurité sociale de 1945 se propose de garantir à toute la population des revenus suffisants pour assurer sa subsistance familiale en toutes circonstances.
La Sécurité sociale, au sens le plus large, c'est :
• la sécurité de l'emploi, avec l'élimination du chômage ;
• la sécurité du gain pour le travailleur et la compensation de ses charges familiales ;
• la sécurité de la capacité de travail par l'accès aux soins et une prévention de la maladie et des accidents du travail ;
• l'attribution d'un revenu de remplacement en cas de maladie, de maternité, d'invalidité, d'accident du travail et lorsque le travailleur atteint un certain âge.
Les auteurs du plan de 1945 désiraient un régime unique pour tous les Français, mais ils durent laisser subsister, d'une part, des organisations spéciales pour certaines catégories de travailleurs qui bénéficiaient d'institutions déjà anciennes répondant au caractère particulier de leur activité (ouvriers mineurs, inscrits maritimes, cheminots…), et d'autre part, le régime particulier des salariés agricoles. Par ailleurs, alors que dans la plupart des pays étrangers la Sécurité sociale s'est construite autour de l'assurance contre le chômage, la situation du marché du travail et la situation démographique de la France conduisent à construire le plan français de Sécurité sociale avant tout autour de l'assurance vieillesse et des prestations familiales. Enfin, la généralisation aux travailleurs non salariés, prévue par la loi du 22 mai 1946, se heurte à l'opposition des professions intéressées.

La mise en place des nouvelles caisses du régime général créées par **l'ordonnance du 4 octobre 1945** s'effectue au cours de l'année 1946. L'ordonnance du 19 octobre 1945 remanie et étend les législations couvrant les risques maladie, maternité, invalidité, vieillesse et décès. La loi du 22 août 1946 constitue une nouvelle charte des allocations familiales. Enfin, la loi du 30 octobre 1946 prévoit la réparation des accidents du travail en modifiant le régime antérieur. Alors qu'auparavant l'indemnisation reposait sur le principe de la responsabilité de l'employeur, la charge de la réparation incombe désormais aux caisses de Sécurité sociale. La gestion du risque est intégrée dans l'organisation du régime général à compter du **1er janvier 1947**.

Malgré cet ensemble de textes et les progrès qu'ils représentent par rapport aux législations antérieures, l'universalité de la protection et l'unité des structures ne peuvent être réalisées en raison du maintien des régimes spéciaux et du régime agricole ainsi que de l'opposition des travailleurs indépendants à leur intégration dans le régime général pour la maladie et la vieillesse. Par ailleurs, le service des prestations familiales qui devait, à compter d'une date fixée par décret, être assuré par les caisses primaires reste, à la demande des mouvements familiaux, entre les mains des caisses d'allocations familiales. Ainsi la Sécurité sociale regroupe trois législations : les assurances sociales, les prestations familiales, les accidents du travail. Le taux de protection contre le risque maladie atteint, en 1946, 53 % de la population.

L'évolution de la Sécurité sociale depuis 1945-1946

Depuis la mise en place du régime général en 1945-1946, **l'extension de la couverture des risques sociaux à l'ensemble de la population s'est faite progressivement.**

Dès le 1er janvier 1947, les fonctionnaires civils ainsi que les agents d'Électricité et de Gaz de France sont rattachés au régime général pour les prestations en nature des assurances maladie et maternité (soins), tout en conservant le bénéfice d'un régime spécial pour la vieillesse et les diverses prestations en espèces. Les ouvriers de l'État le sont au cours de l'année 1947. Le bénéfice des prestations en nature des assurances maladie et maternité est étendu aux étudiants (1er janvier 1949), aux grands invalides, veuves et orphelins de guerre (1er novembre 1950), aux agents permanents des collectivités locales (1er avril 1951), aux artistes du spectacle (loi du 22 décembre 1961), aux journalistes rémunérés à la pige (loi du 6 août 1963), aux artistes des arts plastiques et graphiques (loi du 22 décembre 1964) et plus largement aux artistes auteurs d'œuvres littéraires et dramatiques, musicales et chorégraphiques, audiovisuelles et cinématographiques, graphiques et plastiques (loi du 31 décembre 1975). La même extension intervient en faveur des militaires de carrière à compter du 1er juin 1949 mais les prestations sont servies par une caisse autonome.

D'autres extensions résultent de la loi du 2 juillet 1975, en faveur des détenus, et de la loi du 4 juillet 1975 (jeunes demandeurs d'emploi, jeunes gens effectuant le service national ou venant d'être libérés, ayants droit d'un assuré décédé…).

S'agissant des non-salariés, la loi du 17 janvier 1948 institue des régimes d'allocation vieillesse confiés à quatre organisations, compétentes respectivement, pour les professions artisanales, les professions industrielles et commerciales, les professions libérales, les professions agricoles. La mise en place de cette dernière organisation n'est réalisée que par la loi du 10 juillet 1952, modifiée par la loi du 5 janvier 1955.

La loi du 21 janvier 1961 crée une assurance maladie-maternité pour les exploitants agricoles ; celle du 12 juillet 1966, modifiée par la loi du 6 janvier 1970, concerne l'assurance maladie-maternité des travailleurs non salariés des professions non agricoles (artisans, commerçants et industriels, professions libérales). La loi n° 78-4 du 2 janvier 1978 institue le régime des cultes.

Enfin, la loi n° 78-2 du 2 janvier 1978 prévoit un régime d'assurance personnelle en faveur de toutes les personnes qui ne bénéficient pas de la Sécurité sociale au titre d'un régime obligatoire (décrets d'application du 11 juillet 1980).

Bien que l'extension de l'assurance vieillesse à certains groupes de personnes non assujetties, dont le principe a été posé par la loi n° 78-2 du 2 janvier 1978, ne soit pas encore entrée dans les faits et que l'assurance personnelle ait un caractère non obligatoire et seulement incitateur, **on peut dire que l'extension à l'ensemble de la population de la couverture des risques sociaux s'est achevée en 1980**. Ce résultat n'a pu être obtenu, après 35 ans, qu'en respectant certains particularismes socioprofessionnels, ce qui donne une complexité certaine à la Sécurité sociale française quant aux structures administratives et aux réglementations, le régime général étant néanmoins le plus important de tous les régimes (64 % des assurés sociaux en assurance vieillesse, 80 % environ des assurés actifs pour les prestations en nature de l'assurance maladie-maternité).

En résumé, on peut dire que **tous les salariés non agricoles, sauf quelques catégories particulières, sont obligatoirement affiliés à la Sécurité sociale**, qui constitue le régime de base des salariés. Le principe de protection de la Sécurité sociale s'étend aux domaines de la retraite, de la maladie, de l'accident, de l'hospitalisation, de la prévoyance, et des prestations familiales.
Depuis les ordonnances de 1967, ces prestations sont versées par trois branches autonomes : vieillesse, maladie et famille. En juillet 2004, on en instaura **une quatrième : solidarité-autonomie**. Chacune de ces branches est coiffée par une caisse nationale qui est chargée de la gestion financière, les cotisations étant recouvrées par l'Union de recouvrement de la Sécurité sociale et des allocations familiales (l'URSSAF).

Nous constatons que chaque organisme a une vocation bien précise. Une bonne connaissance de ce circuit rendra plus facile la manipulation des diverses données nécessaires à une juste évaluation des prestations fournies. Sur le schéma, nous voyons clairement qu'il ne faut pas confondre l'URSSAF, qui n'est là que pour encaisser les cotisations et les reverser aux divers organismes gestionnaires, et les autres caisses, qui n'ont pour vocation que de déterminer vos droits aux prestations pour indemniser les salariés dans les différents cas prévus par le Code de la Sécurité sociale, sous forme de prestations que chacune a vocation d'administrer.
Enfin, rappelons-nous qu'il n'y a pas de choix dans les garanties souscrites et qu'elles sont toutes obligatoires.

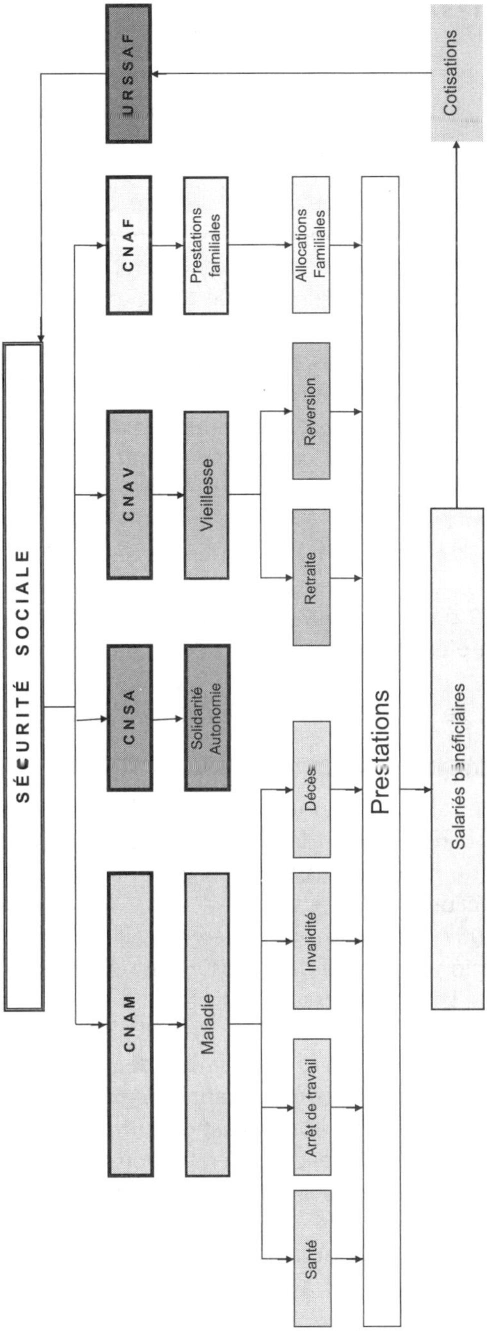
SÉCURITÉ SOCIALE
URSSAF
CNAF
CNAV
CNSA
CNAM
Prestations familiales
Vieillesse
Solidarité Autonomie
Maladie
Allocations Familiales
Reversion
Retraite
Décès
Invalidité
Arrêt de travail
Santé
Prestations
Salariés bénéficiaires
Cotisations

Les régimes complémentaires

Dès que les premières cotisations de Sécurité sociale ont été mises en place (1er janvier 1947), certains salariés ont trouvé que la retraite proposée serait insuffisante. En effet, imaginons un salarié de 1947 gagnant l'équivalent de 15 000 euros par mois. Avec les plafonds actuels, il percevrait à peine 10 % de ce qu'il gagne par mois (cotisation vieillesse plafonnée à 3 170 euros pour une pension de 50 %, soit environ 1 500 euros par mois car il ne faut pas oublier la CSG). Dès le 14 mars 1947, moins de 100 jours après la création de la Sécurité sociale, se crée déjà la première retraite complémentaire. À cette date, les régimes complémentaires reposaient sur une adhésion facultative dans un cadre conventionnel.

Toutefois, cette liberté a vite été restreinte par :

- la conclusion d'accords collectifs rendant le principe de telles adhésions obligatoire pour les entreprises de la même branche représentée à l'accord ;
- la pratique de l'agrément ministériel de ces accords, les rendant obligatoires pour les entreprises non représentées ;
- la loi du 29 décembre 1972 qui porte sur la généralisation de la retraite complémentaire au profit des salariés et anciens salariés.

L'évolution se traduit historiquement par les grandes étapes suivantes.

- **14 mars 1947 :** un accord interprofessionnel institue un régime unique de retraite complémentaire des cadres et ingénieurs, sur la partie du salaire excédant le plafond de la Sécurité sociale : c'est la création de l'AGIRC, l'Association générale des institutions de retraite des cadres.
- **15 mai 1957 :** création, pour les travailleurs non-cadres, de l'UNIRS, l'Union nationale des institutions de retraite des salariés, qui constitue le premier essai d'unification des retraites de salariés non-cadres.
- **8 décembre 1961 :** accord de création de l'ARRCO, l'Association des régimes de retraite complémentaire, qui réalise notamment une coordination et une compensation entre les régimes unifiés.
- **29 décembre 1972 :** la loi de généralisation pose le principe de la solidarité interprofessionnelle et générale entre les institutions.

Environ 120 institutions gèrent 46 régimes de retraite complémentaire fédérés à l'ARRCO. Cette dernière représente

18,1 millions de cotisants, 11,8 millions de retraités et verse un peu plus de 40 millions d'euros d'allocations (chiffres 2012). Près de 60 caisses professionnelles ou interprofessionnelles adhèrent à l'AGIRC, dont 11 sections gèrent le régime IRCACIM.
Il existe d'autres institutions spécifiques à des catégories particulières de salariés et également des « caisses surcomplémentaires » assurant un supplément de retraite aux cadres.
De manière générale, la composition des institutions complémentaires est paritaire, représentée pour moitié d'employeurs et pour moitié de salariés et de retraités.

Le principe général

Au nombre des principes fondamentaux de notre système vieillesse figure celui de la solidarité nationale entre les actifs et les personnes âgées. Ce principe explique le financement actuel de nos régimes par **le système de la répartition**. Pourtant, il y en a un autre, celui qu'on appelle la **capitalisation**. Il s'agit de deux méthodes de gestion de l'argent des cotisants basées sur des concepts opposés. Pour simplifier, nous dirons que la répartition est fondée sur le concept de la collectivité, de la mutualité, tandis que la capitalisation est fondée, elle, sur le concept de l'individualité.

La répartition
Elle a pour principe que les charges d'une année sont normalement couvertes par les ressources de la même année. Il s'agit donc de la répartition des cotisations.
Historiquement, la loi sur les assurances sociales de 1928 comportait un régime mixte. Ce système a été supprimé depuis « l'acte dit loi » du 14 mars 1941 sous réserve du maintien de certains droits acquis.
On assiste ces dernières années à un débat théorique et politique sur les avantages et inconvénients comparés de la répartition et de la capitalisation. En fait, les théoriciens en la matière se plaisent plus à dresser la liste des inconvénients.

Inconvénients de la répartition : on lui reproche son extrême **sensibilité aux évolutions démographiques** très défavorables que nous annoncent les prévisions pour le début du XXIe siècle, avec une nette dégradation du rapport actifs/retraités. L'idée est que le système de répartition serait condamné par la charge insupportable que les retraités feront peser sur les actifs. Certains analystes accusent même le système de contribuer lui-même à la baisse de la natalité, en conduisant les assurés à attendre de la collectivité ce que traditionnellement les enfants assumaient par leur devoir moral d'assistance. De ce fait, l'individu attendrait des autres les enfants dont le système a besoin. Enfin, plus récemment, les 3 millions de chômeurs (ne cotisant pas) créent un déséquilibre entre les recettes et les dépenses.

La capitalisation

Elle se caractérise par la tenue d'un compte individuel sur lequel sont portées :

• les cotisations ;

• les rentes produites par ces cotisations, en application d'un barème tenant compte :

- de l'intérêt produit par les capitaux,
- de l'âge de l'intéressé au moment de l'inscription,
- du montant des versements,
- de la table de mortalité du moment.

Deux modalités de liquidation sont offertes :

• le **capital aliéné** : l'assuré obtient une rente plus élevée mais à son décès aucun capital n'est remboursé à ses ayants droit ;

• le **capital réservé** : l'assuré bénéficie d'une rente plus faible, mais à son décès, tous les versements inscrits à son compte individuel sont remboursés à ses héritiers.

Inconvénients de la capitalisation : on lui oppose sa **sensibilisation à l'inflation, à l'érosion monétaire**, à l'évolution de la situation économique en général, et surtout son caractère relativement **inégalitaire**.

La capitalisation, système des origines, a pratiquement été abandonnée par les organismes complémentaires pour les mêmes raisons que celles invoquées en matière d'assurance vieillesse. On retient donc là encore le système de la répartition selon les principes de solidarité des actifs envers les retraités.

Nous allons à présent détailler les deux principaux régimes de retraite complémentaire que sont l'ARRCO et l'AGIRC. Précisons qu'il en existait deux autres : l'Institution de retraites complémentaires des cadres supérieurs (IRCASUP, 31 rue Médéric, 75832 Paris Cedex 17), et l'Institution de retraite interprofessionnelle des cadres supérieurs d'entreprise (IRICASE, 30 rue du Paradis, 75010 Paris), qui, comme leur nom l'indique, étaient des caisses de retraite destinées aux cadres supérieurs. Ces deux caisses ont été intégrées au sein de l'AGIRC au 1er janvier 1988. Mais, si elles n'ont plus d'existence juridique propre, elles continuent de gérer les adhérents antérieurs à cette date afin qu'ils ne soient en aucun cas lésés de leurs droits acquis. Les entreprises qui appartenaient déjà à ces deux caisses sont obligées de cotiser sur la tranche C depuis le 1er janvier 1988. Quant à celles qui n'y sont pas adhérentes, mais qui relèvent de l'AGIRC, elles subissent l'obligation de cotiser sur la tranche C mais seulement depuis le 1er janvier 1991.

Le régime ARRCO

L'Association des régimes de retraite complémentaire (ARRCO, 44 boulevard de la Bastille, 75012 Paris, tél. : 01 43 46 13 20) est un régime complémentaire qui vise les salariés de plus de 16 ans et de moins de 65 ans **cadres** (accord du 6 juin 1973) ou **non-cadres** de régime général. Sont également rattachés, sous certaines conditions, les stagiaires de la formation professionnelle, les travailleurs à domicile, les apprentis, les employés de maison et les concierges. Seul le régime des cotisations variera selon la qualité du salarié, comme nous le verrons dans la partie suivante, consacrée aux taux des cotisations.

Ce régime n'intervient que pour verser aux cotisants des retraites. Il n'intervient aucunement dans le cadre de garanties prévoyance, maladie ou autre. Il est vrai que bien souvent, d'aucuns, bénéficiant dans leurs entreprises de garanties prévoyance collectives, font un amalgame et parlent des garanties décès de leur caisse de retraite. Ils se trompent. En effet, les garanties prévoyance collectives sont presque toujours souscrites auprès de sociétés d'assurances qui ont passé des accords avec ces caisses de retraite et qui sont « transparentes » pour les bénéficiaires. D'où la confusion qui est souvent faite.

Depuis l'accord du 8 décembre 1961 et la loi de généralisation des retraites complémentaires du 29 décembre 1972, le bénéfice d'un régime de retraite complémentaire est accordé à tous les salariés relevant de l'assurance vieillesse du régime général de la Sécurité sociale. Cette mesure s'applique également aux salariés agricoles depuis le 1er janvier 1977.

L'ARRCO, créée par l'annexe 1 à l'accord du 8 décembre 1961, **a pour vocation** :

- d'assurer la pérennité des régimes de retraite complémentaire des salariés ;

• de promouvoir entre ces régimes une coordination (ils fonctionnaient auparavant de manière autonome) ;
• de compenser les cotisations et les retraites versées afin d'assurer une plus grande homogénéité générale.

L'ARRCO regroupe de nombreuses institutions de retraite complémentaire, conséquence de la situation d'avant 1961. Certaines de ces institutions sont propres à un secteur professionnel bien défini, telle la CNRO, Caisse nationale de retraite ouvriers du bâtiment et des travaux publics ; d'autres sont interprofessionnelles, telle l'Iris, Institution de retraite interprofessionnelle des salariés ; d'autres sont à vocation régionale, telle l'Irso, Institution de retraite du Sud-Ouest.
On rencontre parfois des institutions d'entreprises ou interentreprises comme la CresEsso, Caisse de retraite des salariés d'Esso. Cependant, bien que cette pseudo-unification ait eu lieu, **chaque régime a conservé son mode de fonctionnement particulier**, c'est-à-dire sa propre manière de calculer ses retraites, ses propres valeurs de points, etc. Nous verrons plus loin que cela ne facilite pas les calculs d'évaluation !

Chaque entreprise est donc obligatoirement affiliée à une caisse ARRCO, mais elle a le libre choix de l'institution, sauf si les conditions collectives auxquelles elle adhère lui imposent une caisse spécifique (BTP, industries du livre, etc.). Une entreprise venant de se créer a 3 mois pour exercer son choix. Au-delà, et à défaut d'affiliation, elle sera automatiquement inscrite à une caisse, soit celle de la convention collective dont elle relève, soit généralement à une des caisses de l'UNIRS (qui regroupe 46 institutions gérant le même régime).

En résumé, **le domaine d'intervention de l'ARRCO s'applique uniquement à la retraite**, c'est-à-dire au versement des retraites en fonction des cotisations versées, et au versement de la réversion de ces retraites au conjoint survivant du bénéficiaire décédé.

Le régime AGIRC

L'Association générale des institutions de retraite des cadres (AGIRC, 4 rue Leroux, 75116 Paris, tél. : 01 44 17 51 00) est un autre régime de retraite complémentaire qui s'adresse seulement aux salariés cadres, obligatoire pour toutes les entreprises françaises, quelle que soit leur branche professionnelle.

L'AGIRC regroupe 56 caisses et, contrairement à l'ARRCO, toutes ces caisses utilisent la même valeur pour le calcul des retraites. Cette association a été créée le 14 mars 1947 par une convention collective nationale encore en application de nos jours : la Convention collective nationale des cadres.

Les salariés concernés sont définis très précisément aux articles 4 et 4bis de la convention, à l'annexe I au titre de l'article 36, et à l'annexe IV de ladite convention. Ce sont :

- les ingénieurs et cadres ;
- les ETAM (employés techniques agents de maîtrise) dont le coefficient est supérieur ou égal à 300 ;
- les ex-ressortissants de l'IRCACIM ;
- les VRP exclusifs ou relevant de l'IRPVRP ;
- les médecins salariés (selon la législation de la Sécurité sociale) ;
- tous ceux qui ont des fonctions de direction ou une délégation d'autorité du chef d'entreprise.

Les domaines d'application de l'AGIRC sont similaires à ceux de l'ARRCO, c'est-à-dire au versement des retraites en fonction des cotisations versées, et au versement de la réversion de ces retraites au conjoint survivant du cadre décédé.

L'articulation générale de l'ensemble des régimes de protection sociale est simple car elle est organisée en trois niveaux :

- les régimes obligatoires ;
- les régimes facultatifs ;
- les régimes personnels.

La caractéristique des régimes sociaux est qu'ils existent à travers les collectivités. C'est en faisant partie d'une société et grâce à la solidarité commune que les salariés bénéficient des protections qui semblent nécessaires et normales pour vivre. Toutefois, chaque individu a la possibilité de souscrire aussi des assurances à titre personnel, s'il estime que les garanties apportées par les régimes collectifs ne lui conviennent pas complètement.

Schéma de l'organisation des régimes de protection sociale

Obligatoires	Facultatifs	Personnels
Régimes de base		
Régimes complémentaires		
⇘	Options aux régimes complémentaires	
	Contrats d'entreprise	
	⇘	Assurances personnelles

Comme on peut le constater par ce schéma, les salariés n'ont guère de choix ; la plupart des régimes auxquels ils cotisent sont soit imposés par le législateur, soit imposés par le contrat conclu entre l'entreprise qui les emploie et une caisse (ou un assureur).

2. Éléments de rémunération soumis à cotisations

Voyons maintenant les sommes qui sont soumises à cotisations et celles qui ne le sont pas.

Pour le calcul des cotisations de Sécurité sociale, sont considérées comme rémunérations toutes les sommes versées aux travailleurs en contrepartie ou à l'occasion du travail, notamment les salaires ou gains, les indemnités de congés payés, le montant des retenues pour cotisations ouvrières, les indemnités, primes, gratifications et tous les autres avantages en argent, les avantages en nature, ainsi que les sommes perçues directement ou par l'entremise d'un tiers à titre de pourboire (C. Séc. soc., art. L.242-1). Il faut donc prendre en compte :

- le salaire proprement dit ;
- la rémunération des heures supplémentaires ;
- les éléments de rémunération liés à l'emploi ou à la fonction (primes de responsabilité, d'astreinte) ;
- les primes et indemnités versées en fonction de conditions particulières de travail (primes d'insalubrité, de danger, de froid, etc.) ;
- les primes d'ancienneté, d'assiduité, de rendement, les primes à la production, les gratifications, les primes de fin d'année, de treizième mois, de vacances, d'anniversaire de l'entreprise, etc. ;
- les avantages à caractères sociaux.

En fait, **l'URSSAF considère que tout ce qui est alloué à l'occasion du travail doit donner lieu à cotisations.** Cependant – sinon ce ne serait pas drôle –, il existe quelques cas particuliers.

Cas des jetons de présence

Les jetons de présence, qui sont spécialement **attribués aux administrateurs** de sociétés anonymes **en raison des fonctions de direction** éventuellement assumées par eux au sein de la société, ont le caractère de salaire et sont donc soumis à cotisations.
En revanche, les jetons de présence **alloués aux administrateurs en leur qualité de membres du conseil d'administration ne peuvent pas** être qualifiés de salaire et **être inclus dans l'assiette des cotisations**, car dans ce dernier cas les jetons de présence sont la

contrepartie des responsabilités assumées par les administrateurs ; ils constituent la rémunération du mandat social.

S'agissant de salariés qui ont également qualité d'administrateur, les URSSAF recherchent si une partie des jetons de présence ne constitue pas un complément de salaire, notamment lorsque les jetons de présence sont supérieurs à ceux attribués aux autres administrateurs non salariés de l'entreprise. Dans ce cas, les URSSAF peuvent réintégrer l'intégralité du montant des jetons de présence dans l'assiette des cotisations. La chambre sociale de la Cour de cassation en a jugé ainsi s'agissant de PDG (donc assimilés salariés) exerçant des fonctions d'administrateur.

Cas de la prise en charge par l'employeur des cotisations salariales

L'article L.242-1 du Code de la Sécurité sociale prévoit que le calcul des cotisations s'effectue sur la rémunération brute du salarié, avant toute déduction des cotisations salariales. La prise en charge par l'employeur d'une dépense qui incombe normalement au salarié s'analyse comme un complément de rémunération **soumis à cotisations.** Ainsi, la prise en charge par l'employeur des cotisations salariales constitue un avantage en espèces qu'il y a lieu d'inclure dans la rémunération servant de base de calcul des cotisations.

Cas des gratifications versées à l'occasion de la remise de la médaille d'honneur du travail

La médaille d'honneur comporte quatre échelons :
- la médaille d'argent, après 20 ans de services ;
- la médaille de vermeil, après 30 ans de services ;
- la médaille d'or, après 35 ans de services ;
- la grande médaille d'or, après 40 ans de services.

À noter : ces médailles peuvent être accordées après 18, 25, 30, 35 ans de services si l'activité exercée par les salariés présente un caractère de pénibilité (travail à la chaîne, en équipes successives…) et permet un départ à la retraite anticipé. Les salariés français occupés hors métropole et les grands invalides du travail bénéficient également de règles plus avantageuses, dans les conditions fixées par les articles 11 et 13 du décret du 4 juillet 1984 modifié.

La remise de ces médailles est souvent accompagnée d'une gratification qui est en principe soumise à cotisations. Toutefois, l'Administration admet son exonération dans certaines limites. Le décret n° 2000-015 du 17 octobre 2000 est venu modifier les modalités et les conditions d'attribution de la médaille d'honneur du travail.

À l'occasion de la publication de ce texte réglementaire, l'ACOSS (Agence centrale des organismes de Sécurité sociale), par circulaire, a confirmé le principe d'une **exonération de charges sociales des gratifications versées aux salariés titulaires de la médaille du travail délivrée par le ministère de l'Emploi, dans la limite du salaire mensuel de base** dont elle donne, par ailleurs, une définition précise.

Le salaire mensuel de base du bénéficiaire s'entend de la rémunération brute habituelle de l'intéressé, à l'exclusion des diverses primes ou indemnités qui peuvent s'y ajouter, qu'elles présentent ou non le caractère de compléments de salaire. Ainsi, ne sont pas prises en compte pour la détermination du salaire mensuel de base les primes de vacances, les primes d'ancienneté, le treizième mois, les primes allouées en raison de la situation de famille ou les primes de sujétion particulière liées à l'activité professionnelle, comme les primes d'insalubrité.

L'exonération admise s'applique aux gratifications versées aux titulaires de la médaille d'honneur du travail délivrée par le ministère de l'Emploi. Il importe peu que la gratification soit calculée au prorata des années de présence des salariés dans l'entreprise ou au sein d'un groupe, que son montant soit forfaitaire et modulé selon l'ancienneté dans l'entreprise ou bien selon un autre critère, dès lors que celui-ci ne crée pas de discrimination entre salariés.

En revanche, l'exonération ne concerne pas les allocations spéciales pour ancienneté prévues notamment par l'employeur ou en application d'un accord d'entreprise, et sans rapport avec la médaille d'honneur officielle du travail.

S'agissant des gratifications accordées lors de la remise de médailles d'entreprise (et non de la médaille du travail officielle), elles doivent être entièrement soumises à cotisations.

L'exonération de charges des gratifications ou primes accordées lors de la remise de la médaille du travail constitue une tolérance administrative qui ne s'impose ni aux URSSAF, ni aux tribunaux.

La Cour de cassation a rappelé à plusieurs reprises que les tribunaux n'ont pas à contrôler l'application qui est faite par les URSSAF de la tolérance administrative.
Si les gratifications sont versées par le syndicat professionnel de l'employeur, non pour le compte de celui-ci, mais en toute indépendance, sans qu'elles correspondent à des cotisations syndicales, et en fonction de l'ancienneté du bénéficiaire dans la profession et non dans l'entreprise, elles ne sont pas assujetties.

Cas des avantages financiers accordés au personnel des établissements bancaires

Selon l'ACOSS, la remise d'un certain nombre de mensualités de remboursement d'un prêt octroyé aux agents des établissements bancaires constitue un avantage qui doit être **soumis à cotisations.**
Certaines URSSAF réintègrent dans l'assiette des cotisations la rémunération des comptes de dépôts à vue du personnel de certains établissements de crédit, assimilant ces intérêts à un complément de salaire. La Cour de cassation considère également que les intérêts des sommes déposées sur les comptes à vue du personnel d'un établissement de crédit constituent un avantage en argent versé par l'employeur à l'occasion du travail, par conséquent soumis à cotisations.

Plus généralement, le ministère des Affaires sociales a fait connaître, par lettre en date du 9 mai 1995 (reprise et publiée par l'ACOSS), sa position au regard de l'assiette des cotisations de divers avantages spécifiques alloués aux salariés et anciens salariés des établissements de crédit, tels que :

- la rémunération des comptes de dépôts à vue ;
- les prêts à taux préférentiels ;
- la délivrance gratuite de cartes bancaires ;
- la mise à disposition gratuite de coffres ;
- l'exonération de droits de garde.

À cet égard, il est notamment rappelé que la Cour de cassation se prononce régulièrement dans le sens de l'assujettissement de l'avantage représenté d'une part par la rémunération des comptes à vue, et ce quelle que soit l'origine des fonds, et d'autre part par la délivrance gratuite d'une carte de crédit. Pour le ministère, l'ensemble des avantages accordés au personnel des établissements de crédit doit être soumis aux cotisations de Sécurité sociale et à la

CSG comme revenus d'activité, en application des articles L.242-1 et L.136-1 du Code de la Sécurité sociale, mais sous certaines réserves. Ces avantages doivent en effet être assimilés à ceux qui résultent des réductions tarifaires sur les produits ou services réalisés par l'entreprise. Lorsque la réduction n'excède pas 30 % du prix de vente normal, l'avantage est négligé. Lorsque cette réduction est supérieure à 30 %, l'avantage qui en résulte est intégré. C'est ainsi que les intérêts des comptes rémunérés à hauteur du taux des premiers livrets de caisse d'épargne (dits « livrets A ») sont exonérés de cotisations et de CSG.
En revanche, lorsque le taux de rémunération est supérieur au taux du livret A, ces intérêts doivent être soumis à cotisations et à la CSG dès le premier euro depuis le 1er juillet 1995. Cependant, les contrôles et contentieux en cours ne porteront que sur la fraction excédentaire et pour les seules cotisations de Sécurité sociale, afin d'éviter un double assujettissement à la CSG, l'administration fiscale les imposant jusqu'alors à titre de produits de placement. Les prêts à taux préférentiels constituent également un avantage qui doit être intégré dans les mêmes conditions depuis le 1er juillet 1995.

Cas des prestations familiales extra-légales complémentaires

Depuis le 1er avril 1995, **les prestations familiales complémentaires** instituées avant le 1er juillet 1946 (date de la création des caisses d'allocations familiales), qui étaient exonérées de cotisations, **sont incluses dans l'assiette des cotisations** de la Sécurité sociale. Aux termes de l'article R.583-1 du Code de la Sécurité sociale aujourd'hui abrogé, des avantages pour charge de famille accordés à des travailleurs, s'ajoutant à ceux qui résultent de la législation sur les allocations familiales, pouvaient être servis aux bénéficiaires par des caisses d'allocations familiales en vertu de conventions passées entre les employeurs ou des associations d'employeurs et lesdites caisses. Il convient donc désormais de soumettre à cotisations toutes les prestations familiales complémentaires servies, à compter du 1er avril 1995, par les employeurs, des associations d'employeurs, des caisses de compensation professionnelles ou interprofessionnelles…, quels que soient leurs montants et leurs modalités d'attribution.

Seules seront désormais exclues de l'assiette des cotisations les prestations familiales mentionnées à l'article L.511-1 du Code de la Sécurité sociale ou assimilées, à savoir :

- l'allocation pour jeune enfant ;
- les allocations familiales ;
- le complément familial ;
- l'allocation de logement ;
- l'allocation d'éducation spéciale ;
- l'allocation de soutien familial ;
- l'allocation de rentrée scolaire ;
- l'allocation de parent isolé ;
- l'allocation parentale d'éducation ;
- l'allocation d'adoption, ainsi que celles visées aux articles L.757-4, L.841-1 et L.842-1 ;
- l'aide à la famille pour l'emploi d'une assistante maternelle agréée ;
- l'allocation de garde d'enfant à domicile ;
- l'allocation de présence parentale.

Cas du capital décès ou invalidité

Les sommes (en cas de décès ou d'invalidité) versées par l'employeur à ses salariés en application d'un accord d'entreprise constituent des avantages en espèces soumis à cotisations. En effet, même s'ils sont destinés à réparer un préjudice indépendant du travail, ils représentent un avantage en argent alloué en raison de la seule appartenance à l'entreprise ; ils sont versés sinon en contrepartie, du moins à l'occasion du travail.

Par un arrêt du 26 janvier 2001 (Cass. assemblée plénière, n° 99-11.758, URSSAF de Paris c/Sté Axa France assurances), la Cour de cassation a confirmé que les allocations en cause constituent des avantages en argent procurés en contrepartie ou à l'occasion du travail soumis à cotisations en application de l'article L.242-1 du Code de la Sécurité sociale, peu important qu'elles soient versées aux salariés ou à leurs ayants droit après la rupture du contrat de travail.

Attention : ne pas confondre ce capital décès avec celui versé par la Sécurité sociale (3 400 euros, montant forfaitaire depuis le 1er janvier 2015).

Cas des allocations complémentaires aux indemnités journalières de la Sécurité sociale

Sans distinguer si elles sont versées directement par l'employeur ou par un tiers (notamment par un comité d'entreprise), **sont incluses dans la base des cotisations les allocations complémentaires versées au titre de périodes d'incapacité temporaire de travail consécutive à une maladie, un accident, une maternité**, en application du contrat de travail ou d'une convention collective de travail, lorsqu'elles sont destinées à maintenir en tout ou partie, pendant ces périodes, le salaire d'activité. Seules sont visées les allocations complémentaires versées au titre des périodes pendant lesquelles le contrat individuel de travail, qui lie le salarié à l'employeur, reste en vigueur (C. Séc. soc., art. R.242-1). Peu importe que l'indemnité différentielle ait été prévue par un contrat individuel, par une convention collective, ou par un accord de mensualisation. Les **indemnités complémentaires** maladie versées par une mutuelle aux salariés ayant adhéré à un régime de prévoyance collectif constituent un avantage résultant du contrat de travail et doivent par conséquent **être incluses dans l'assiette des cotisations selon une proportion correspondant au financement des prestations par l'employeur**. Le fait que l'adhésion au régime de prévoyance soit facultative et que seuls les salariés ayant souhaité y souscrire bénéficient de cet avantage est sans incidence sur leur assujettissement à cotisations.

Quatre possibilités sont à envisager :
- **adhésion obligatoire du salarié avec participation de l'employeur** : la fraction des allocations complémentaires servies, déterminée au prorata des cotisations supportées par l'employeur, est intégrée dans l'assiette des cotisations ;
- **adhésion obligatoire du salarié sans participation de l'employeur** : aucune cotisation n'est due sur l'allocation complémentaire ;
- **adhésion facultative du salarié avec participation de l'employeur** : les allocations complémentaires ne sont pas intégrées dans l'assiette des cotisations, la liberté d'adhésion laissée au salarié ne permet pas de soutenir que l'avantage servi l'est pour le compte de l'employeur qui n'a pris dans ce cas aucun engagement pour maintenir le salaire. Mais dans cette hypothèse, la participation patronale au régime d'assurance constitue un avantage lié au contrat de travail qui doit être intégré dans l'assiette des cotisations qu'il s'agisse d'une cotisation ou d'une prime en cas de contrat d'assurance ;

• **adhésion facultative du salarié sans participation de l'employeur** : l'avantage complémentaire n'est pas soumis à cotisations.

Les cotisations ne sont pas dues dans les seuls cas où les indemnités sont versées pour incapacité définitive du salarié après rupture du contrat de travail, ces deux conditions étant cumulatives. Par ailleurs, les allocations complémentaires relatives à l'incapacité temporaire de travail et versées au titre de périodes durant lesquelles le contrat de travail n'est plus en vigueur sont exclues de l'assiette des cotisations. La date de la rupture du contrat de travail figure sur le certificat de travail qui constate obligatoirement la rupture.

Indépendamment de l'employeur, les allocations complémentaires peuvent être versées par :
• les organismes d'assurance ;
• les caisses de retraite ou de prévoyance qui prennent en charge, au titre du régime complémentaire facultatif, l'assurance des périodes d'incapacité temporaire de travail ;
• les sociétés mutualistes ou de secours mutuel et les comités d'entreprise, auxquels l'employeur a éventuellement recours pour le service des indemnités différentielles.

Le fait d'être versées par l'intermédiaire d'un tiers est sans incidence sur leur assujettissement à cotisations sociales.

Les périodes indemnisées par des indemnités différentielles versées par des organismes tiers ne sont pas assimilables à des périodes d'absence non rémunérées. Quel que soit l'agent qui règle les indemnités (employeur ou organisme tiers), c'est l'employeur qui est responsable du paiement des cotisations. À ce titre, il devra, en cas d'intervention d'un organisme tiers, effectuer le paiement des cotisations dès qu'il aura connaissance du règlement des indemnités par l'organisme tiers.

Il appartient à l'employeur de verser les cotisations salariales dues et de se les faire rembourser par le salarié.

Pour le calcul de l'indemnité complémentaire à l'indemnité journalière versée par la Sécurité sociale, ou plus précisément, pour la détermination du montant des sommes dues au salarié, il convient que soient prises en compte les retenues pour charges sociales.

Cas des prestations complémentaires versées par les comités d'entreprise

La jurisprudence de la Cour de cassation intègre dans l'assiette des cotisations de l'employeur tout avantage en espèces consenti à des salariés par l'intermédiaire d'un comité d'entreprise financé par l'employeur, même si l'avantage est financé sur les fonds sociaux et culturels du comité d'entreprise. Il en est ainsi de tout avantage en espèces ou en nature alloué en contrepartie ou à l'occasion du travail, y compris s'agissant de prestations familiales complémentaires. Demeurent toutefois exclus de l'assiette les secours individuels, c'est-à-dire les cas d'attribution extraordinaire d'une somme d'argent ou d'un bien en nature en raison d'une situation sociale particulièrement digne d'intérêt, pour un montant modulé en fonction même des besoins à satisfaire d'urgence. Comme la jurisprudence, l'Administration a toujours établi une distinction entre les secours et les autres prestations en espèces versées par le comité d'entreprise, n'excluant que les secours de l'assiette des cotisations (Circ. ACOSS n° 80-50, 24 octobre 1980). Devant les difficultés rencontrées par les comités d'entreprise dans l'exercice de leurs actions sociales et culturelles (Rép. min. n° 45813 : JOAN, 20 août 1984, p. 3654), elle a, dans deux instructions générales du 17 avril 1985 et du 12 décembre 1988, récapitulé les principes généraux à suivre, comme indiqué ci-après.

Avantages sociaux	Cotisables
Allocations complémentaires aux IJ	Oui
Anniversaire de l'entreprise	Oui
Bonifications d'intérêts	Oui
Bons d'achat remplaçant un cadeau : • si l'ensemble des bons distribués dans l'année est ≤ 158 euros (5 % du plafond SS) • si l'ensemble des bons distribués dans l'année est > 158 euros et : - distribués à une catégorie de personnel et en relation avec un événement et dont l'importance est conforme aux usages - distribués à l'ensemble du personnel ou d'un montant excessif	 • Non - Oui - Non

Avantages sociaux	Cotisables
Cadeaux attribués à l'occasion d'un événement	Non
Cantine : participation salariale > 50 % du minimum garanti	Non
Chèques-vacances : • acquis par l'employeur • acquis par le CE	 • Oui • Non
Colonies de vacances : participation CE	Non
Congé de formation économique, sociale ou syndicale : • indemnité couvrant les frais supportés par le salarié • indemnité couvrant la perte de salaire	 • Non • Oui
Crèche, nourrice, garde d'enfant (prime allouée pour frais de) : • pour un enfant de 2 mois à 3 ans, par année civile, < SMIC mensuel • pour un enfant de 3 à 6 ans, par année civile, < 50 % du SMIC mensuel	 • Non • Non
Décès (prime allouée à l'occasion d'un)	Non
Enfants à charge (allocations pour)	Oui
Études (prime d')	Oui
Fête patronale (prime pour la)	Oui
Grève : maintien de salaire	Oui
Jouets offerts aux enfants à Noël	Non
Logement (prime de)	Oui
Mariage (prime de)	Oui
Maternité (allocations de)	Oui
Médaille du travail : • prime < salaire • prime > salaire	 • Non • Oui
Mères (prime de fête des)	Oui
Mutuelle : • adhésion volontaire des salariés avec participation du CE • adhésion limitée à certaines catégories de salariés	 • Non • Oui

Avantages sociaux	Cotisables
Naissance (prime de)	Oui
Noël (prime de)	Oui
Pères (prime de fête des)	Oui
Perte de salaire compensée par le CE	Oui
Préretraite : • prime de départ • sommes versées pendant • secours ou avantages divers	 • Oui • Oui • Non
Prévoyance : • si obligation collective • si facultative	 • Non • Oui
Rentrée scolaire (prime de)	Oui
Retraite : • prise en charge de la participation salariale aux régimes complémentaires obligatoires et collectifs • si adhésion facultative	 • Non • Oui
Secours	Non
Spectacle et sports : réduction et remboursement	Non
Titres-restaurant : • si part patronale + CE ≤ 5,36 euros • si part patronale + CE > 5,36 euros	 • Non • Oui
Voyages : réduction ou remboursement	Non

Cependant, la Cour de cassation considère ces instructions ministérielles comme dépourvues de force obligatoire et ne pouvant être de nature à restreindre les droits des URSSAF.

Cas des indemnités versées à l'occasion de la rupture du contrat de travail

Principe général

S'agissant de la nature de ces indemnités, il convient de savoir **si les sommes versées présentent un caractère de rémunération**, auquel cas elles doivent être **incluses** dans l'assiette des cotisations, ou **si elles présentent un caractère de dommages-intérêts**, auquel cas elles sont **exclues** de cette assiette.

Antérieurement, le régime social des indemnités de rupture du contrat de travail était fixé par la jurisprudence et la doctrine administrative. Cette pratique était source de difficultés et d'insécurité juridique, dans la mesure où la qualification des sommes en cause (salaires ou dommages-intérêts) pouvait être remise en cause *a posteriori* par l'URSSAF ou les tribunaux, selon des critères parfois divergents et pouvant évoluer dans le temps. Afin de renforcer la sécurité juridique des salariés, la loi de financement de la Sécurité sociale pour 2000 a organisé un nouveau régime social (cotisations de Sécurité sociale et autres charges sociales ayant la même assiette) des indemnités de rupture du contrat de travail des salariés. Ce régime est le pendant du nouveau régime fiscal prévu par la loi de finances pour 2000 et codifié à l'article 80 *duodecies* du nouveau du Code général des impôts (C. Séc. soc., art. L.242-1).
Les lois de financement de la Sécurité sociale et de finances pour 2000 posent un principe d'assujettissement aux cotisations sociales et à l'impôt sur le revenu de l'ensemble des indemnités de rupture du contrat de travail assorti d'un certain nombre d'exceptions tenant à la nature ou au montant des indemnités versées. **Sont ainsi soumises à cotisations**, quel que soit le mode de rupture du contrat de travail (démission, licenciement, départ ou mise à la retraite, échéance du terme du contrat à durée déterminée, rupture négociée ou amiable du contrat de travail) :
- l'**indemnité compensatrice de préavis** (ou de délai-congé), à raison de laquelle le salarié peut bénéficier, le cas échéant, des dispositions de l'article 163 *quinquies* du Code général des impôts ;
- l'**indemnité compensatrice de congés payés** ;
- l'**indemnité de non-concurrence** ;
- l'**indemnité** prévue par l'article L.1243-4 du Code du travail **en cas de rupture anticipée par l'employeur**, hors les cas de faute grave ou de force majeure, **d'un contrat de travail à durée déterminée,**

à concurrence du montant minimum de cette indemnité qui, en effet, correspond aux rémunérations que le salarié concerné aurait perçues jusqu'au terme du contrat (l'excédent éventuel est soumis au régime des indemnités de licenciement) ;
• l'**indemnité de fin de contrat ou de fin de mission** versée aux salariés à l'issue respectivement d'un contrat à durée déterminée (C. trav., art. L.1243-8) et d'une mission d'intérim (C. trav., art. L.1251-32) ;
• les **primes annuelles**, par exemple les primes de treizième mois, versées aux salariés le plus souvent au prorata de leur présence dans l'entreprise l'année de la rupture du contrat de travail.

Indemnités légales ou conventionnelles de licenciement

Sont exonérées de cotisations, quel que soit leur montant, les indemnités dues à titre obligatoire par l'employeur en application du Code du travail. Sont notamment visées :
• l'**indemnité légale de licenciement** versée lors de la rupture d'un contrat de travail à durée indéterminée de plus de deux ans en application de l'article L.1234-9 du Code du travail, et dont le montant minimum est prévu à l'article R.1234-2 du même Code (ou l'indemnité prévue par l'article 5 de l'accord national professionnel du 10 décembre 1977 sur la mensualisation annexé à l'article 1er de la loi n° 78-49 du 19 janvier 1978 pour les salariés entrant dans son champ d'application) ;
• l'**indemnité spécifique de licenciement des journalistes** (C. trav., art. L.7112-3) à laquelle est assimilée l'indemnité versée au journaliste en application de l'article L.7112-5 lorsque la résiliation du contrat sur l'initiative du salarié est motivée par l'une des circonstances visées dans le texte (cession du journal, cessation de la publication, changement notable dans l'orientation du journal) ;
• l'**indemnité de clientèle** due aux VRP en application de l'article L.7313-13 du Code du travail ;
• l'**indemnité spéciale de licenciement** prévue par l'article L.1226-14 du Code du travail **en faveur des salariés devenus inaptes** à la suite d'un accident du travail ou d'une maladie professionnelle dont le reclassement dans l'entreprise n'est pas possible (cette indemnité ne se confond pas avec l'indemnité compensatrice d'un montant égal à celui de l'indemnité de préavis, versée à ces mêmes salariés en application de l'article L.1226-14 du Code du travail).

En cas de rupture du contrat de travail imputable à l'employeur, les salariés ayant moins de 2 ans d'ancienneté dans l'entreprise ne peuvent bénéficier d'indemnités légales ou conventionnelles (sauf exceptions). Toutefois, le départ du salarié sur l'initiative de l'employeur peut donner lieu au versement d'indemnités aux termes d'une transaction. Par analogie avec la position de l'administration fiscale, l'ACOSS admet, dans ce cas, l'exonération des indemnités perçues par le salarié, dans les mêmes conditions que les indemnités versées aux salariés remplissant la condition d'ancienneté pour bénéficier d'indemnités légales ou conventionnelles.

Sont également intégralement exonérées de cotisations les indemnités versées en application d'une convention collective de branche ou d'un accord professionnel ou interprofessionnel, à l'exclusion d'un accord d'entreprise ou d'établissement.

Indemnités de licenciement dont le montant est supérieur aux indemnités légales ou conventionnelles

Très souvent, une clause du contrat de travail, un accord transactionnel ou un accord d'entreprise prévoient des indemnités de licenciement dont le montant est supérieur aux minima légaux et conventionnels.

Les indemnités de licenciement sont exonérées de cotisations à concurrence de leur montant légal ou conventionnel. Lorsque les indemnités perçues, en exécution d'un accord d'entreprise, du contrat de travail ou d'une transaction sont d'un montant supérieur aux montants légaux ou conventionnels, le montant exonéré est relevé (y compris les indemnités légales ou conventionnelles, qui sont exonérées de plein droit) à 50 % du montant total des indemnités perçues ou, si ce montant est plus élevé, à deux fois la rémunération annuelle brute perçue au cours de l'année civile précédant la rupture du contrat de travail.
En d'autres termes, les indemnités de licenciement sont exonérées dans la limite du plus élevé des trois montants suivants :
- le montant prévu par la convention collective de branche, l'accord professionnel ou interprofessionnel ou, à défaut, par la loi ;
- le double de la rémunération annuelle brute perçue par le salarié au cours de l'année civile précédant celle de la rupture de son contrat de travail ;
- la moitié du montant total des indemnités perçues.

Toutefois, la fraction des indemnités exonérées en application des deux dernières limites ne peut excéder six plafonds annuels de la Sécurité sociale.
L'ensemble des limites susvisées s'applique au montant global des indemnités de rupture du contrat de travail.

Exemple
Un salarié, dont la rémunération annuelle est de 60 900 euros, perçoit une indemnité égale à 137 000 euros, dont 91 500 euros correspondent à l'indemnité conventionnelle. L'indemnité conventionnelle de 91 500 euros est exonérée de plein droit. Au total, l'indemnité est exonérée à hauteur de 121 800 euros, soit deux fois la rémunération annuelle brute. Le surplus de 15 200 euros est soumis à cotisations.

La **date de rupture du contrat de travail** s'entend de la date à laquelle le contrat de travail prend fin, c'est-à-dire la date à laquelle, à l'expiration du préavis, le salarié doit recevoir de son employeur son certificat de travail et le reçu pour solde de tout compte.
La **rémunération annuelle brute** est la rémunération avant déduction de la part salariale des cotisations sociales et de la part déductible de la CSG ; cette rémunération intègre les revenus exclus de l'assiette des cotisations mais soumis à l'impôt sur le revenu, notamment les primes d'intéressement non affectées à un PEE.

Indemnités de départ négocié et/ou de départ volontaire

Les sommes versées au salarié en cas de départ volontaire ou négocié de sa propre initiative **présentent le caractère de supplément de rémunération** et sont, à ce titre, **incluses** dans l'assiette des cotisations sociales.
La Cour de cassation considère que lorsque la rupture du contrat n'incombe pas à l'employeur, l'indemnité de rupture est assujettie aux cotisations de Sécurité sociale.

Toutefois, si les circonstances de la cause et la commune intention des parties font apparaître que la somme versée présente le caractère de dommages-intérêts, les indemnités de départ volontaire doivent être exclues de l'assiette des cotisations.
De même, les sommes versées par l'employeur lors de la démission d'un salarié peuvent avoir, en tout ou en partie, le caractère de

dommages-intérêts s'il est établi qu'en réalité, la rupture du contrat de travail a été provoquée par l'employeur, notamment pour l'une des causes énoncées à l'article L.1233-3 du Code du travail (difficultés économiques, mutations technologiques) et que les sommes versées réparent le préjudice né de la perte de l'emploi. La jurisprudence puis l'Administration ont, dans un premier temps, exonéré les indemnités dans la limite des indemnités de licenciement qui auraient été versées aux salariés s'ils avaient été licenciés. Puis, la Cour de cassation, l'Administration et les URSSAF ont admis l'exclusion de principe de l'assiette des cotisations de la fraction des indemnités excédant le montant de l'indemnité légale ou conventionnelle, pour autant toutefois que *« son montant excessif par rapport au préjudice réel subi par le salarié ne soit pas de nature à lui faire perdre le caractère de dommages-intérêts »*. Cette position était justifiée par le contexte économique des entreprises et les indemnités versées compensaient un préjudice résultant de la perte de l'emploi. Ces départs « volontaires » représentaient en fait une mesure de substitution à des licenciements pour motif économique.

Dans les cas de difficultés économiques ou de mutations technologiques, les indemnités doivent être exonérées dans la limite du montant légal ou conventionnel des indemnités de licenciement et, pour la fraction excédentaire le cas échéant, dans les limites applicables aux indemnités de licenciement vues précédemment. **Les indemnités de départ volontaire, lorsqu'elles sont versées dans le cadre d'un plan social, sont, en revanche, exonérées pour leur montant total.**

Indemnités versées dans le cadre d'un plan social

Lorsqu'elles sont versées dans le cadre d'un plan social, les indemnités de licenciement sont exonérées de cotisations, quel que soit leur montant.
L'ACOSS étend le principe de cette exonération totale de cotisations à l'ensemble des indemnités versées dans le cadre d'un plan social, quel que soit le mode de rupture du contrat de travail (licenciement, démission, départ volontaire ou départ à la retraite), y compris les sommes venant s'ajouter aux indemnités légales ou conventionnelles (aides au départ volontaire, aides à la création d'entreprise, aides au reclassement).

Par **plan social**, il faut entendre l'ensemble des mesures d'accompagnement d'un licenciement collectif pour motif économique visées aux articles L.1233-10 et L.1233-61 du Code du travail.
Pour donner lieu à une exonération totale, les départs de l'entreprise doivent s'inscrire dans le cadre des procédures de licenciement collectif pour motif économique portant sur dix salariés au moins sur une même période de 30 jours.
Si ces conditions ne sont pas remplies, les indemnités versées suivent le régime applicable aux indemnités allouées en dehors d'un plan social.

Indemnités accordées pour licenciement abusif ou irrégulier

Sont intégralement exonérées de cotisations les indemnités versées, sans préjudice des indemnités de licenciement proprement dites, à titre de dommages-intérêts, pour :
• licenciement sans cause réelle et sérieuse (C. trav., art. L.1235-3) ;
• inobservation de la procédure requise en cas de licenciement individuel ou de licenciement collectif pour motif économique (C. trav., art. L.1235-11) ;
• non-respect de la priorité de réembauchage (C. trav., art. L.1235-13).

Comme l'administration fiscale, l'ACOSS admet que cette exonération totale s'applique également à l'indemnité prévue en cas de licenciement abusif en faveur des salariés ayant moins de deux ans d'ancienneté ou dont l'entreprise emploie habituellement moins de onze salariés (Lettre-Circ. ACOSS n° 2001-022, 25 janvier 2001).

Indemnités transactionnelles

L'ACOSS indique que l'indemnité transactionnelle ne peut être exonérée de cotisations que *« pour sa fraction représentative d'une indemnité susceptible d'être exonérée »*. En d'autres termes, les indemnités transactionnelles sont exonérées de cotisations pour le montant correspondant aux indemnités de licenciement, et dans les limites applicables à celles-ci.

Les salariés licenciés pour faute grave ou lourde ne peuvent bénéficier d'indemnités légales ou conventionnelles de licenciement ; une transaction donnant lieu à versement d'une indemnité peut toutefois être conclue entre l'employeur et le salarié afin d'éviter tout contentieux : l'ACOSS admet, dans ce cas, l'exonération de l'indemnité transactionnelle versée au salarié licencié, dans les conditions et les limites applicables aux indemnités de licenciement.

Indemnités de départ ou de mise à la retraite

Le départ à la retraite est un mode particulier et autonome de rupture du contrat de travail, qui oblige à distinguer entre la mise à la retraite et le départ à la retraite.

Départ volontaire à la retraite
L'indemnité de départ volontaire à la retraite (à l'initiative du salarié), versée en application de l'article L.1237-9 du Code du travail est intégralement soumise à cotisations. Toutefois, l'indemnité de départ à la retraite versée dans le cadre d'un plan social est exonérée totalement de cotisations (C. Séc. soc., art. L.242-1).

Mise à la retraite
L'employeur ne peut mettre un salarié à la retraite que si celui-ci remplit les conditions d'âge et de durée d'assurance minimum pour bénéficier d'une pension de vieillesse à taux plein. Lorsque les conditions ne sont pas remplies, la rupture s'analyse comme un licenciement.

Les indemnités de mise à la retraite versées en application de l'article L.1237-7 du Code du travail sont exonérées de cotisations à concurrence de leur montant légal ou conventionnel. Le surplus éventuel est exonéré dans la limite la plus élevée des deux montants prévus pour les indemnités de licenciement (soit la moitié du total des indemnités, ou le double de la rémunération brute de l'année précédant la rupture), sans que cette limite puisse excéder cinq fois le plafond annuel de la Sécurité sociale.

Ce régime d'exonération s'applique aux indemnités versées à l'occasion de la mise à la retraite par l'employeur, même si elle s'effectue dans le cadre d'un plan social. Contrairement aux indemnités de licenciement, le régime social des indemnités de mise à la retraite ne varie pas, qu'elles soient versées ou non dans le cadre d'un plan social.

Indemnités versées dans le cadre d'une convention de reclassement personnalisé

L'indemnité versée aux salariés adhérant à une convention de reclassement personnalisé au titre de l'indemnité de licenciement prévue à l'article L.1234-9 du Code du travail voit l'alignement de ses régimes social et fiscal sur ceux de l'indemnité de licenciement légale ou conventionnelle.
En revanche, l'indemnité versée par l'employeur au salarié en compensation de l'indemnité de préavis est soumise à cotisations. L'ACOSS est revenue sur la tolérance qui consistait à exonérer dans la limite de 6 mois de salaire l'indemnité compensatrice de préavis lorsqu'elle se cumulait avec l'indemnité de licenciement.

Indemnités de rupture anticipée d'un CDD par l'employeur

S'alignant sur la position fiscale, l'ACOSS précise que les dommages-intérêts versés du fait de la rupture anticipée par l'employeur d'un contrat de travail à durée déterminée (hors les cas de faute grave ou de force majeure) sont assujettis à cotisations pour le montant correspondant aux salaires qu'aurait perçus le salarié jusqu'au terme de son contrat (dans la mesure où ils ne réparent pas un préjudice autre que la perte de salaire). L'excédent éventuel est exonéré de cotisations dans les conditions et les limites prévues pour les indemnités de licenciement.

Indemnité compensatrice de préavis

Il s'agit de sommes que le salarié aurait perçues pendant la durée du préavis s'il n'avait pas été dispensé de l'effectuer. Elle présente un caractère de rémunération et doit par conséquent être incluse dans l'assiette des cotisations (C. trav., art. L.1234-5).
L'indemnité compensatrice versée à un salarié victime d'un accident du travail ou d'une maladie professionnelle et inapte au travail est également assujettie à cotisations (C. trav., art. L.1226-14).

Indemnité de non-concurrence

L'indemnité de non-concurrence versée après la rupture du contrat de travail, durant toute la durée d'application de la clause de non-concurrence, entre dans l'assiette des cotisations.
Telle est la solution dégagée par la Cour de cassation qui estime que l'indemnité versée après la cessation des fonctions, en une ou plusieurs fois, par l'ancien employeur en contrepartie de l'engagement de non-concurrence est une conséquence de la relation de travail qui a existé et dont les effets se trouvent, à cet égard, prolongés.
L'indemnité de dédit de la clause de non-concurrence n'est nullement une indemnité de même nature que l'indemnité de non-concurrence. Elle présente un caractère indemnitaire et n'est pas soumise à cotisations de Sécurité sociale.
Cette indemnité prévue par certaines conventions collectives permet à l'employeur qui dénonce un contrat de travail comportant une clause de non-concurrence de libérer, au moment de la dénonciation, le salarié de la clause d'interdiction, moyennant le versement échelonné d'une somme d'un montant total moindre que celui de l'indemnité de non-concurrence.

Aide au retour des travailleurs immigrés

L'aide au retour versée par les entreprises à leurs travailleurs immigrés en complément de l'aide publique pour leur réinsertion dans le pays d'origine est exonérée de cotisations sociales depuis le 1er février 1986.

Aide à l'outplacement

Il s'agit des prestations de conseil en réinsertion professionnelle effectuées par des cabinets spécialisés pour le compte d'entreprises qui envisagent le licenciement de certains de leurs salariés.
Ces prestations résultent d'un contrat passé entre l'employeur, le salarié et le cabinet retenu, aux termes duquel ce cabinet s'engage, d'une part, à fournir au salarié licencié ou sur le point de l'être toute l'aide nécessaire pour que ce dernier puisse retrouver une activité professionnelle, d'autre part, à le suivre jusqu'au moment où il trouve une nouvelle activité.
Elles peuvent faire partie des mesures qui sont susceptibles de figurer dans le plan social établi par l'entreprise. Elles ont la même

finalité que les actions offertes par les cellules de reclassement d'entreprise ou interentreprises qui sont mises en place par les entreprises à la suite d'une convention « cellule de reclassement ». De telles prestations ne doivent pas être considérées comme des avantages en nature ou comme un élément de la rémunération des salariés intéressés, et ne sont donc pas soumises à cotisations de Sécurité sociale et à la contribution sociale généralisée, quand le montant de ces prestations est versé directement par l'employeur au cabinet intéressé et quand le cabinet s'engage conformément au contrat conclu à suivre le salarié jusqu'à son reclassement (Lettre ministérielle du 30 juillet 1992).

Indemnités de cessation des fonctions de mandataire social ou de dirigeant

Les indemnités versées aux mandataires sociaux et dirigeants à l'occasion de la cessation forcée de leurs fonctions sont exonérées dans certaines limites, d'impôt sur le revenu et de cotisations sociales (C. Séc. soc., art. L.242-1). En effet, lorsque le dirigeant justifie du caractère forcé de la cessation de ses fonctions, les indemnités perçues au titre de la rupture du contrat de mandat ou de travail correspondant ne sont soumises à cotisations que pour la fraction excédant les limites vues précédemment pour les indemnités de licenciement, c'est-à-dire excédant la limite la plus élevée du double de la rémunération annuelle brute du dirigeant concerné ou la moitié des indemnités perçues et, en tout état de cause, la fraction des indemnités supérieure à la moitié de la première tranche du tarif de l'impôt de solidarité sur la fortune.

Intéressement et participation

Les sommes versées aux salariés dans le cadre de l'intéressement ou de la participation, les sommes octroyées aux salariés sous forme de prêts dans le cadre de la participation des employeurs à l'effort de construction sont totalement exonérées de cotisations (mais pas de CSG ni de CRDS).

3. Les abattements

L'abattement sur les cotisations de la Sécurité sociale est né peu après la création en 1946 de ce régime. Dans la suite de sa mise en place, de nombreux syndicats négocient avec l'État (les plus célèbres sont sans doute les journalistes et les organisations patronales de la presse). En effet, de nombreuses professions ont des frais et souhaitent soit pouvoir les déduire des cotisations, soit avoir une base abattue forfaitairement pour tenir compte de leurs frais.
Finalement, métier par métier, un abattement forfaitaire est consenti par la Sécurité sociale. Cet abattement peut être opéré sur la rémunération servant de base au calcul des cotisations pour deux catégories d'abattements, soit pour frais professionnels, soit pour frais d'atelier. Mais ces abattements ne peuvent être opérés que dans les cas et les limites fixés par arrêtés ministériels ou interministériels (C. Séc. soc., art.R.242-1, al. 4).

Les abattements pour frais professionnels

Nous avons déjà vu que les sommes perçues par un salarié en remboursement de frais, occasionnés pour la bonne exécution de son travail, ne sont pas prises en compte pour le calcul des cotisations. Mais outre cette déduction, dite normale, il y a une autre déduction réservée à quelques professions.

En effet, certains salariés bénéficient en matière fiscale d'une déduction supplémentaire pour frais professionnels qui vient s'ajouter à la déduction de 10 % accordée aux salariés pour le calcul de l'impôt sur le revenu. Pour le calcul des cotisations de Sécurité sociale, lorsque le salarié bénéficie d'une de ces déductions fiscales supplémentaires pour frais professionnels, l'employeur est autorisé, en application des dispositions de l'arrêté du 26 mai 1975, à déduire de la base de calcul des cotisations la somme correspondant à cette déduction.
L'application de cette déduction pour frais professionnels en matière sociale n'est possible que si le salarié en bénéficie en matière fiscale. En d'autres termes, le droit de pratiquer la déduction en matière fiscale est lié à la position retenue par le législateur et l'administration fiscale en matière d'impôt sur le revenu. Or, aux termes de la loi de finances pour 1997, il a été prévu, à partir de l'imposition des revenus pour 1997, l'abattement progressif sur 3 ans du plafond des déductions supplémentaires.

L'abattement était de 50 000 francs jusqu'au 31 décembre 1998, puis il fut de 30 000 francs en 1999, de 20 000 francs en 2000, de 10 000 francs en 2001, pour être finalement totalement supprimé en 2002.
La référence au bénéfice d'une déduction fiscale a été maintenue, alors qu'à compter de l'imposition des revenus de 2001, les déductions supplémentaires pour frais professionnels ne s'appliquent plus.
Actuellement, le texte modifié de l'arrêté du 26 mai 1975 prévoit toujours la possibilité pour l'employeur de déduire de la base de calcul des cotisations la somme correspondant à cette déduction, dans la limite de 7 600 euros (50 000 francs) par année civile, lorsque le salarié bénéficie en matière d'impôt sur le revenu d'une déduction supplémentaire pour frais professionnels.

Les sommes qui sont perçues par un travailleur en remboursement de frais qu'il a dû réellement exposer pour l'exécution de son travail ne sont pas prises en compte pour le calcul des cotisations. Elles sont donc, pour l'établissement de la base de calcul des cotisations, déduites du total des sommes perçues à l'occasion du travail.
Outre cette déduction des frais réels engagés à titre professionnel, il existe une autre déduction supplémentaire forfaitaire, au titre des frais professionnels, dont le bénéfice est réservé à certaines professions. Les deux déductions ne peuvent, en principe, se cumuler. Les employeurs doivent donc choisir entre elles.

Bénéficiaires de l'abattement pour frais professionnels

Le bénéfice de la déduction supplémentaire pour frais professionnels est strictement réservé aux **salariés exerçant l'une des professions expressément visées par le Code général des impôts** ou ayant fait l'objet d'une décision spéciale non codifiée.
La base de calcul des cotisations de Sécurité sociale est alors constituée, à moins qu'il n'en soit disposé autrement en matière fiscale, par le montant global des rémunérations, indemnités, primes, gratifications ou autres, acquises par les intéressés, y compris, le cas échéant, les indemnités versées à titre de remboursement de frais professionnels, mais à l'exclusion des charges normales d'exploitation engagées par le salarié pour le compte de l'entreprise.

Remboursements de frais à réintégrer en cas d'application de l'abattement supplémentaire

Lorsque l'employeur applique la déduction supplémentaire, il doit réintégrer dans l'assiette des cotisations les indemnités versées à titre de remboursement de frais professionnels, à l'exclusion seulement des charges normales d'exploitation engagées par le salarié pour le compte de l'entreprise. Ainsi convient-il notamment de réintégrer les éléments suivants.

• La **valeur des repas payés par l'employeur**, sous forme :
- soit d'indemnités, pour le montant total de l'indemnité ;
- soit de remboursement de frais réels, pour la totalité des remboursements ;
- soit directement au restaurateur. Dans ce cas, l'employeur doit réintégrer dans l'assiette des cotisations non pas le prix du repas qu'il a payé, mais la valeur de l'avantage en nature nourriture tel qu'il est évalué forfaitairement par arrêté ministériel.

• Les **remboursements de frais de transport**, c'est-à-dire :
- les primes destinées à indemniser les frais de petits déplacements ;
- l'avantage en nature constitué par la mise à disposition d'un véhicule pour l'accomplissement des trajets entre le domicile et le lieu de travail ou même pour remplir sa mission.

Limite maximum de la déduction

Pour le calcul des cotisations de Sécurité sociale, la déduction supplémentaire forfaitaire pour frais professionnels est limitée à 7 600 euros par année civile.
En cas d'employeurs multiples au cours de l'année de référence, chaque employeur est autorisé à déduire de la rémunération servant de base au calcul des cotisations une somme égale au montant de l'abattement supplémentaire limité à 7 600 euros par an sans qu'il y ait lieu de proratiser cette limite maximale par rapport au temps de présence du salarié dans l'entreprise.
Toutefois, dans le cas où un salarié travaillant en cours d'année pour plusieurs employeurs verrait cette limite atteinte chez l'un d'eux, les employeurs suivants seraient alors obligés de verser et de précompter les cotisations de Sécurité sociale sur la rémunération brute sans application de la déduction supplémentaire et en intégrant les éventuels remboursements de frais professionnels.

Taux

Il fluctue selon les catégories socioprofessionnelles concernées, comme le résume le tableau ci-après.

Catégories socioprofessionnelles concernées	Taux
Artistes dramatiques, lyriques, cinématographiques ou chorégraphiques	25 %
Artistes musiciens, choristes, chefs d'orchestre, régisseurs de théâtre	20 %
Aviation marchande : personnel naviguant (pilotes, radios, mécaniciens…)	30 %
Assemblées parlementaires (pour leurs agents et les fonctionnaires)	20 %
Casinos et cercles : personnel ayant des frais de représentation et veillée	8 %
Casinos et cercles : personnel ayant des frais de double résidence	12 %
Casinos et cercles : personnel ayant à la fois les deux frais ci-dessus	20 %
Chauffeurs et receveurs de cars, convoyeurs de transport ou déménagement	20 %
Commis d'agents de change et commis du marché en banque	20 %
Couture (personnel des grandes maisons parisiennes) : modélistes	20 %
Couture (personnel des grandes maisons parisiennes) : mannequins	10 %
Inspecteurs d'assurances des branches vie, capitalisation et épargne	30 %
Internes des hôpitaux de Paris	20 %
Journalistes, rédacteurs-photographes, directeurs de journaux	30 %
Ouvriers du bâtiment	10 %
Ouvriers d'imprimerie de journaux travaillant la nuit	5 %
Ouvriers forestiers	10 %
Ouvriers horlogers et bijoutiers (personnellement propriétaires des outils)	5 %

Catégories socioprofessionnelles concernées	Taux
Ouvriers mineurs et scaphandriers	10 %
Représentants en publicité	30 %
Speakers RTF	20 %
Voyageurs, représentants et placiers de commerce ou d'industrie	30 %

Les abattements pour frais d'atelier

La rémunération des travailleurs à domicile peut également faire l'objet d'un abattement au titre des frais d'atelier exposés par les intéressés (C. Séc. soc., art. L.241-9).

Salariés bénéficiant d'une déduction forfaitaire

Deux options sont proposées aux entreprises :
• soit ne pas tenir compte de la déduction forfaitaire pour frais d'ateliers et dans ce cas, retenir pour l'assiette des cotisations de Sécurité sociale, le montant des salaires ou gains proprement dit, mais à l'exclusion de toute indemnité pour frais d'atelier ou de tous remboursements de frais ;
• soit appliquer la déduction forfaitaire et, dans ce cas, retenir comme base du versement des cotisations de Sécurité sociale, le montant global des rémunérations acquises aux intéressés, y compris les remboursements de frais réels ou les indemnités représentatives de frais d'atelier (sauf dérogation admise par l'administration fiscale), sous forme de majorations ou d'allocations forfaitaires, déduction faite de l'abattement calculé sur ce salaire global.

Dans le cas où les taux de majoration fixés par arrêtés préfectoraux s'avèrent supérieurs à ceux accordés, en application de l'arrêté susvisé, les entreprises sont autorisées à déduire de la rémunération globale le pourcentage de frais d'atelier fixé par lesdits arrêtés préfectoraux.

Salariés ne bénéficiant pas d'une déduction forfaitaire

Les sommes correspondant aux frais d'atelier versées sous forme de remboursement des dépenses réelles ou sous forme de majorations ou d'allocations forfaitaires peuvent être déduites de l'assiette dans la mesure où elles sont utilisées conformément à leur objet.

Taux

Les taux varient selon la région de France et la nature du travail effectué (entre 5 et 30 %). Voici quelques exemples, parmi les plus connus.

Travailleurs à domicile concernés	Taux
Broderie	
• Brodeurs de la région lyonnaise utilisant des métiers pantographes	20 %
• Brodeurs du département de l'Aisne	10 %
Lunetterie de la région de Morez (Jura)	
• Monteurs en charnières et monteurs en verres	15 %
• Polisseurs-ponceurs	25 %
Métallurgie	
• De la région de Hautes-Rivières (Ardennes)	20 %
• De Saint-Martin-la-Plaine (Loire) : ouvriers chaîniers et ouvriers ferronniers	15 %
Pipes de la région de Saint-Claude (Jura)	
• Éclaircisseuses	5 %
• Polisseurs, monteurs	20 %

Quant aux notions de plafonds, elles ont bien évidemment changé au cours des années. Il est loin le temps où seuls les salariés qui avaient un revenu inférieur à un plafond annuel cotisaient. C'est pourquoi nous allons voir maintenant ces différentes définitions.

4. L'assiette de cotisations

L'assiette de cotisations est la base sur laquelle est calculée une charge. L'assiette peut être :
- le **gain total**, c'est-à-dire le **salaire brut** ;
- une **partie du gain**, c'est-à-dire la **tranche**.

On appelle « **plancher** » la limite **inférieure** d'une tranche.
On appelle « **plafond** » la limite **supérieure** d'une tranche.

Les tranches

Ce sont des **parties du salaire** que l'on appelle communément tranche A, tranche B, tranche C et tranche D. Nous allons maintenant définir chacune d'elles. Pour bien comprendre ces notions, il est important de conserver en mémoire le schéma représentant l'articulation des différentes tranches (*voir* tableau ci-contre).

Le plancher de la **tranche A est le premier euro**, (voire même le premier centime). En pratique, nous prendrons zéro comme valeur.
Le plafond de la tranche A correspond au plafond de la Sécurité sociale.
La valeur de la tranche A est donc au maximum égale au plafond de la Sécurité sociale moins le plancher qui est égal à zéro.

Il est très important de bien faire la différence entre la notion de tranche et la notion de plafond :
- un **plafond est une limite** ;
- une **tranche est une partie du salaire** délimitée par un plancher et un plafond. Ce plafond peut être celui de la Sécurité sociale, ou le salaire lui-même s'il est inférieur au plafond de la Sécurité sociale.

Le plancher de la **tranche B correspond au plafond de la tranche A (+ 1 centime).**
Le plafond de la tranche B est égal à **quatre fois le plafond de la tranche A.**
La tranche B a donc pour **valeur maximale la différence entre ces deux limites** : quatre fois le plafond de la tranche A (ou le salaire brut si celui-ci est inférieur) **moins** le plafond de la tranche A, ce qui nous donne au maximum trois fois la valeur de la tranche A.

Le plancher de la **tranche C** correspond au **plafond de la tranche B (+ 1 centime)**.
Le plafond de la tranche C est égal à **huit fois le plafond de la tranche A**.
La valeur de la tranche C correspond donc à **la différence entre ces deux limites** : huit fois le plafond de la tranche A (ou le salaire brut si celui-ci est inférieur) **moins** le plafond de la tranche B qui est lui-même égal à quatre fois le plafond de la tranche A, soit **quatre fois la valeur de la tranche A**.

La **tranche D** est très peu courante, car d'une part elle correspond à un niveau de salaire très élevé, et d'autre part il n'y a pas de cotisation assise spécifiquement sur cette tranche.
Son plancher correspond au **plafond de la tranche C (+ 1 centime)**. **Il n'existe pas aujourd'hui de plafond à cette tranche**. Sa valeur sera donc la **différence entre le niveau du salaire et le plafond de la tranche C**.

Tableau récapitulatif sur les tranches de cotisations

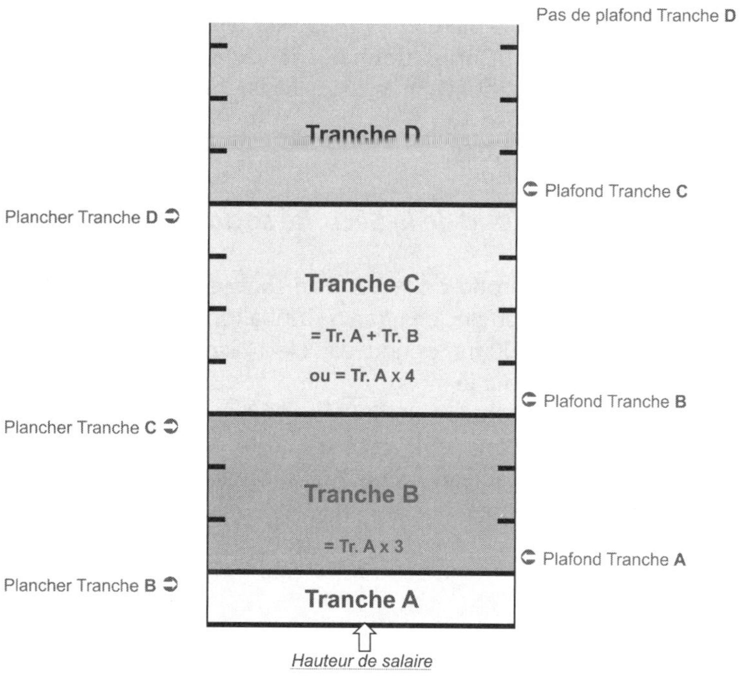

Fixation du plafond de la Sécurité sociale

Aux termes de l'article D.242-17 du Code de la Sécurité sociale, le montant du plafond est fixé pour chaque année civile, à partir du plafond applicable au cours de l'année antérieure. Il tient compte de l'évolution moyenne estimée des salaires de l'année écoulée.
La valeur mensuelle du plafond doit être arrondie à l'euro le plus proche (multiple de 10 francs précédemment, C. Séc. soc., art. D.242-19 modifié).
Avant le 1er janvier 1997, l'article D.242-18 du Code de la Sécurité sociale prévoyait que le plafond était relevé au 1er juillet de la moitié du taux appliqué au 1er janvier. Depuis le rapport de la commission Turbot, qui vise la simplification du bulletin, il a été décidé qu'il n'y aurait plus dorénavant qu'**un seul plafond par an.**

La valeur du plafond de la Sécurité sociale au 1er janvier 2015 est de : 3 170 euros/mois.

Comme avant le 1er janvier 1997 il y avait changement de plafond au 1er juillet, on ne pouvait parler que de « **plafond annuel moyen** ». Il était égal à six fois le plafond au 1er janvier plus six fois le plafond au 1er juillet ; ce qui nous donnait, par exemple, pour 1996 : 161 220 francs. Mais pour l'année 2015, le plafond annuel est douze fois le plafond mensuel, soit :
3 170 x 12 = **38 040 euros.**

Évolution du plafond de la Sécurité sociale depuis 1930

À sa création, le plafond de la Sécurité sociale était annuel et sa valeur était de 10 800 anciens francs. L'inflation aidant, il a atteint cette valeur de 10 800 francs nouveaux le 1er janvier 1990, non pas pour l'année mais pour le mois.
À noter également qu'au 1er juillet 1960, le plafond était de 7 080 francs pour l'année. Il a atteint cette valeur mensuelle le 1er juillet 1982 (*voir* tableau « Montants successifs du plafond de la Sécurité sociale, ci-après).

Plafonds applicables selon la périodicité de la paie

Le décret fixant le plafond applicable au 1er janvier donne également la valeur du plafond de calcul de certaines cotisations en fonction de la périodicité de la paie. Ainsi, il y a des plafonds calculés pour le trimestre, le mois, la quinzaine, la semaine, le jour, et l'heure (la quatorzaine et la demi-journée sont supprimées depuis le 1er janvier 1998, la décade depuis le 1er janvier 1999).

	du 01/01/2011 au 31/12/2011	du 01/01/2012 au 31/12/2012	du 01/01/2013 au 31/12/2013	du 01/01/2014 au 31/12/2014	**du 01/01/2015 au 31/12/2015**
Année	35 352 €	36 372 €	37 032 €	37 548 €	**38 040 €**
Trimestre	8 838 €	9 093 €	9 258 €	9 387 €	**9 510 €**
Mois	2 946 €	3 031 €	3 086 €	3 129 €	**3 170 €**
Quinzaine	1 473 €	1 516 €	1 543 €	1 565 €	**1 585 €**
Semaine	680 €	699 €	712 €	722 €	**732 €**
Jour	162 €	167 €	170 €	172 €	**174 €**
Heure (*)	22 €	23 €	23 €	23 €	**24 €**

(*) Pour une durée de travail inférieure à 5 heures

Montants successifs du plafond de la Sécurité sociale

Période	Montant / an
du 01/07/1930 au 31/12/1935	10 800 AF
du 01/01/1936 au 31/12/1936	12 000 AF
du 01/01/1937 au 30/06/1938	15 000 AF
du 01/07/1938 au 31/03/1941	18 000 AF
du 01/04/1941 au 31/12/1941	10 800 AF
du 01/01/1942 au 31/12/1943	30 000 AF
du 01/01/1944 au 31/08/1944	42 000 AF
du 01/09/1944 au 31/03/1945	48 000 AF
du 01/04/1945 au 30/09/1946	60 000 AF

Période	Montant / mois
du 01/10/1946 au 30/09/1947	12 500 AF
du 01/10/1947 au 29/02/1948	17 000 AF
du 01/03/1948 au 28/02/1949	19 000 AF
du 01/03/1949 au 31/12/1950	22 000 AF
du 01/01/1951 au 30/09/1951	27 000 AF
du 01/10/1951 au 31/03/1952	34 000 AF
du 01/04/1952 au 30/09/1955	38 000 AF
du 01/10/1955 au 31/12/1957	44 000 AF
du 01/01/1958 au 31/12/1958	50 000 AF
du 01/01/1959 au 31/12/1959	55 000 AF

Période	Montant / mois
du 01/01/1960 au 30/06/1960	550 Fr
du 01/07/1960 au 31/12/1960	590 Fr
du 01/01/1961 au 31/03/1961	600 Fr
du 01/04/1961 au 31/12/1961	700 Fr
du 01/01/1962 au 31/12/1962	800 Fr
du 01/01/1963 au 31/12/1963	870 Fr
du 01/01/1964 au 31/12/1964	950 Fr
du 01/01/1965 au 31/12/1965	1 020 Fr
du 01/01/1966 au 31/12/1966	1 080 Fr
du 01/01/1967 au 31/12/1967	1 140 Fr

Période	Montant / mois
du 01/01/1969 au 31/12/1969	1 360 Fr
du 01/01/1970 au 31/12/1970	1 500 Fr
du 01/01/1971 au 31/12/1971	1 650 Fr
du 01/01/1972 au 31/12/1972	1 830 Fr
du 01/01/1973 au 31/12/1973	2 040 Fr
du 01/01/1974 au 31/12/1974	2 320 Fr
du 01/01/1975 au 31/12/1975	2 750 Fr
du 01/01/1976 au 31/12/1976	3 160 Fr
du 01/01/1977 au 31/12/1977	3 610 Fr
du 01/01/1978 au 31/12/1978	4 000 Fr
du 01/01/1979 au 31/12/1979	4 470 Fr
du 01/01/1980 au 31/12/1980	5 010 Fr
du 01/01/1981 au 31/12/1981	5 730 Fr

Période	Montant / mois
du 01/01/1982 au 30/06/1982	6 590 Fr
du 01/07/1982 au 31/12/1982	7 080 Fr
du 01/01/1983 au 30/06/1983	7 410 Fr
du 01/07/1983 au 31/12/1983	7 870 Fr
du 01/01/1984 au 30/06/1984	8 110 Fr
du 01/07/1984 au 31/12/1984	8 490 Fr
du 01/01/1985 au 30/06/1985	8 730 Fr
du 01/07/1985 au 31/12/1985	9 060 Fr
du 01/01/1986 au 30/06/1986	9 220 Fr
du 01/07/1986 au 31/12/1986	9 480 Fr
du 01/01/1987 au 30/06/1987	9 630 Fr
du 01/07/1987 au 31/12/1987	9 840 Fr
du 01/01/1988 au 30/06/1988	9 950 Fr
du 01/07/1988 au 31/12/1988	10 110 Fr
du 01/01/1989 au 30/06/1989	10 340 Fr
du 01/07/1989 au 31/12/1989	10 540 Fr
du 01/01/1990 au 30/06/1990	10 800 Fr
du 01/07/1990 au 31/12/1990	11 040 Fr

Période	Montant / mois
du 01/07/1991 au 31/12/1991	11 620 Fr
du 01/01/1992 au 30/06/1992	11 870 Fr
du 01/07/1992 au 31/12/1992	12 150 Fr
du 01/01/1993 au 30/06/1993	12 360 Fr
du 01/07/1993 au 31/12/1993	12 610 Fr
du 01/01/1994 au 30/06/1994	12 680 Fr
du 01/07/1994 au 31/12/1994	12 840 Fr
du 01/01/1995 au 30/06/1995	12 930 Fr
du 01/07/1995 au 31/12/1995	13 060 Fr
du 01/01/1996 au 30/06/1996	13 330 Fr
du 01/07/1996 au 31/12/1996	13 540 Fr

Période	Montant / mois
du 01/01/1997 au 31/12/1997	13 720 Fr
du 01/01/1998 au 31/12/1998	14 090 Fr
du 01/01/1999 au 31/12/1999	14 470 Fr
du 01/01/2000 au 31/12/2000	14 700 Fr
du 01/01/2001 au 31/12/2001	14 950 Fr

Période	Montant / mois
du 01/01/2002 au 31/12/2002	2 352 €
du 01/01/2003 au 31/12/2003	2 432 €
du 01/01/2004 au 31/12/2004	2 476 €
du 01/01/2005 au 31/12/2005	2 516 €
du 01/01/2006 au 31/12/2006	2 589 €
du 01/01/2007 au 31/12/2007	2 682 €
du 01/01/2008 au 31/12/2008	2 773 €
du 01/01/2009 au 31/12/2009	2 859 €
du 01/01/2010 au 31/12/2010	2 885 €
du 01/01/2011 au 31/12/2011	2 946 €
du 01/01/2012 au 31/12/2012	3 031 €
du 01/01/2013 au 31/12/2013	3 086 €
du 01/01/2014 au 31/12/2014	3 129 €

Tableau récapitulatif sur les tranches de cotisations

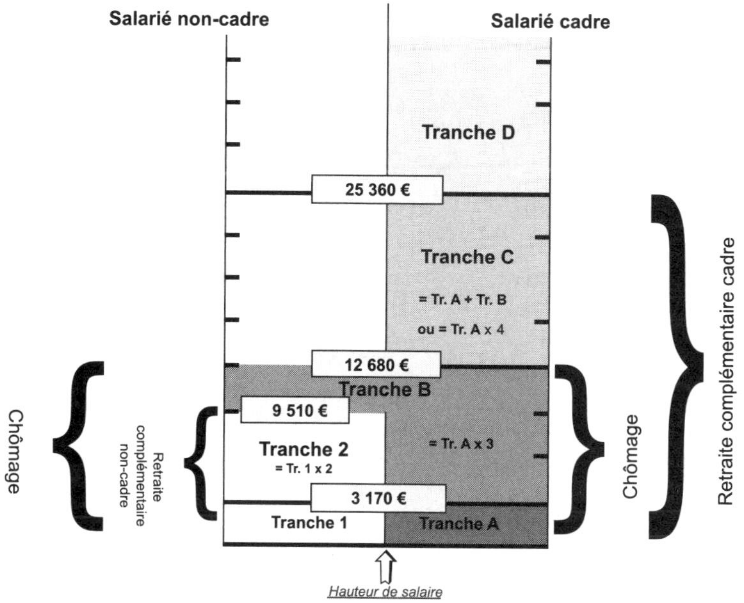

Les différentes assiettes de cotisations

Nous avons vu précédemment qu'une assiette pouvait être soit le gain total, c'est-à-dire le salaire brut, soit uniquement une partie de ce gain, que l'on nomme une tranche. En fait, ce n'est pas aussi simple : les assiettes possibles ne se limitent pas aux seules tranches A, B, C, D.
Nous verrons plus loin qu'il existe des combinaisons de tranches.

On trouve aussi d'autres assiettes qui n'ont rien à voir avec les tranches ou combinaisons de tranches du tableau.
1. Assiette d'assujettissement à la taxe sur les salaires qui ne concerne que les employeurs non assujettis à la TVA ou soumis partiellement à la TVA. Ces assiettes sont les suivantes :
- part de salaire annuel de 0,01 euro à 7 705 euros ;
- part de salaire annuel de 7 705,01 euros à 15 385 euros ;
- part de salaire annuel de 15 385,01 euros à 151 965 euros ;
- part de salaire annuel supérieure à 151 965 euros.

2. Assiette forfaitaire pour les formateurs occasionnels dispensant des cours dans des organismes ou entreprises au titre de la formation professionnelle continue ou dans des établissements d'enseignement. Cela donne, **pour 2015**, le tableau suivant.

Au 1er janvier 2014		Au 1er janvier 2015	
Rémunération brute journalière **(en euros)**	Assiette forfaitaire **(en euros)**	Rémunération brute journalière **(en euros)**	Assiette forfaitaire **(en euros)**
inférieure à 172	53,32	inférieure à 174	53,94
comprise entre 172 et 344	161,68	comprise entre 174 et 348	163,56
comprise entre 344 et 516	270,04	comprise entre 348 et 522	273,18
comprise entre 516 et 688	376,68	comprise entre 522 et 696	381,06
comprise entre 688 et 860	485,04	comprise entre 696 et 870	490,68
comprise entre 860 et 1 032	559,00	comprise entre 870 et 1 044	565,50
comprise entre 1 032 et 1 204	660,48	comprise entre 1 044 et 1 218	668,16
comprise entre 1 204 et 1 720	760,24	comprise entre 1 218 et 1 740	769,08
supérieure à 1 720	Salaire réel	supérieure à 1 740	Salaire réel

La régularisation annuelle de cotisations

À la fin de chaque année, les employeurs doivent régulariser les cotisations versées au cours de l'année. En effet, il se peut que malgré le fait qu'un salarié ait un salaire inférieur au plafond, il ait globalement sur l'année un salaire supérieur au plafond annuel du fait d'une prime ou de gratifications.

RAPPEL

Plafond mensuel au 1er janvier : 3 170 euros.
Ce qui nous donne un plafond annuel de :
(3 170 x 12) = **38 040 euros.**

Le principe de la régularisation est le suivant : si toute l'année les cotisations ont été calculées sur un salaire inférieur au plafond, à la fin de l'année, des cotisations n'auront pas été acquittées si du fait du versement d'une prime ou de gratifications le salaire global est supérieur à ce plafond de 38 040 euros.
Le versement régularisateur se calcule donc sur les sommes qui ont échappé aux cotisations.

Exemple

Mois	Brut	Plafond	Tranche A	Tranche B
Janvier	3 100 €	3 170 €		
Février	3 300 €	3 170 €		
Mars	3 100 €	3 170 €		
Avril	3 100 €	3 170 €		
Mai	3 100 €	3 170 €		
Juin	3 100 €	3 170 €		
Juillet	3 300 €	3 170 €		
Août	3 100 €	3 170 €		
Septembre	3 100 €	3 170 €		
Octobre	3 100 €	3 170 €		
Novembre	3 100 €	3 170 €		
Décembre	5 800 €	3 170 €		
Total				
Régularisation				
Nouveau total				

Pour effectuer la régularisation annuelle de cotisations, il faut comparer chaque mois le salaire mensuel au plafond mensuel :
- si le salaire mensuel est **inférieur** au plafond mensuel, le salaire mensuel devient la tranche A mensuelle ,
- si le salaire mensuel est **supérieur** au plafond mensuel, le plafond mensuel devient la tranche A mensuelle et la différence entre le salaire mensuel et le plafond mensuel devient la tranche B.

Quand le mois de décembre a été effectué, on fait la somme de chacune des colonnes pour vérifier que le total brut est bien égal à la somme : total tranche A + total tranche B.
Dans le cas contraire, il faut effectuer une correction sur un « treizième » bulletin régularisateur :
- si le total brut est **inférieur** au total plafond, le total tranche A doit être limité au total brut et il convient d'annuler la tranche B éventuellement trouvée en « remboursant » cette somme et d'ajouter la somme « manquante » à la tranche A ;
- si le total brut est **supérieur** au total plafond, le total tranche A doit être égale au total plafond et il convient d'amener la tranche B trouvée à la différence du total brut moins le total plafond en « remboursant » cette somme à la tranche B et d'ajouter la somme « manquante » à la tranche A.

Dans l'exemple ci-dessus, nous constatons que ce salarié a gagné 40 300 euros dans l'année, mais qu'il n'a cotisé en tranche A que sur 37 410 euros. À la fin de l'année, il faudra donc régulariser les cotisations assises sur la tranche A à concurrence du plafond A annuel, soit :
38 040 – 37 410 = 630 euros.
Il faudra rembourser au salarié les sommes cotisées sur la même somme en tranche B pour n'obtenir plus que :
40 300 – 38 040 = 2 260 euros.
Ce qui nous donne le tableau résultat suivant.

Corrigé de l'exemple

Mois	Brut	Plafond	Tranche A	Tranche B
Janvier	3 100 €	3 170 €	3 100 €	0 €
Février	3 300 €	3 170 €	3 170 €	130 €
Mars	3 100 €	3 170 €	3 100 €	0 €
Avril	3 100 €	3 170 €	3 100 €	0 €
Mai	3 100 €	3 170 €	3 100 €	0 €
Juin	3 100 €	3 170 €	3 100 €	0 €
Juillet	3 300 €	3 170 €	3 170 €	130 €
Août	3 100 €	3 170 €	3 100 €	0 €
Septembre	3 100 €	3 170 €	3 100 €	0 €
Octobre	3 100 €	3 170 €	3 100 €	0 €
Novembre	3 100 €	3 170 €	3 100 €	0 €
Décembre	5 800 €	3 170 €	3 170 €	2 630 €
Total	**40 300 €**	**38 040 €**	**37 410 €**	**2 890 €**
Régularisation			**630 €**	**-630 €**
Nouveau total	**40 300 €**	**38 040 €**	**38 040 €**	**2 260 €**

Le paiement de ce versement régularisateur doit se faire avant le délai fixé pour la déclaration annuelle des salaires (c'est-à-dire avant le 31 janvier). Si le salarié quitte l'entreprise en cours d'année, le versement régularisateur éventuel doit avoir lieu au moment de ce départ. La règle pratique est donc : **les cotisations sont calculées sur le plafond correspondant aux périodes d'emploi auxquelles se rapportent les rémunérations**. Si l'employeur le souhaite, il peut pratiquer la régularisation progressive des cotisations. C'est ce que nous allons examiner à présent.

La régularisation mensuelle progressive de cotisations (A et B)

Plafond cumulé en vue de la régularisation progressive en 2015

Mois	Plafond cumulé
Janvier	3 170 €
Février	6 340 €
Mars	9 510 €
Avril	12 680 €
Mai	15 850 €
Juin	19 020 €
Juillet	22 190 €
Août	25 360 €
Septembre	28 530 €
Octobre	31 700 €
Novembre	34 870 €
Décembre	38 040 €

Le principe de la régularisation mensuelle progressive des cotisations est complètement différent du précédent, puisqu'au lieu d'attendre la fin de l'année, la régularisation se calcule sur la masse des salaires gagnés depuis le début de l'année.

Son principe est donc de **travailler sur les cumuls uniquement. Il ne faut donc plus comparer le brut du mois par rapport au plafond du mois mais comparer le brut cumulé par rapport au plafond cumulé.**

Quand on pratique cette régularisation, on doit se poser chaque mois la question suivante : **est-ce que le brut cumulé est supérieur au plafond cumulé de la Sécurité sociale ?**
• Si la réponse est **oui**, alors la tranche A cumulée est égale au plafond cumulé, et la tranche B cumulée est égale à la différence entre le brut cumulé et le plafond cumulé.
• Si la réponse est **non**, alors la tranche A cumulée est égale au brut cumulé, et la tranche B est égale à zéro.

Ensuite seulement, on détermine la tranche A du mois qui est toujours égale à la différence entre la tranche A cumulée de ce mois et la tranche A cumulée du mois précédent. De même, la tranche B du mois est toujours égale à la différence entre la tranche B cumulée de ce mois et la tranche B du mois précédent. C'est ainsi que parfois la tranche B du mois peut être négative. Si le mois précédent le salarié avait une tranche B cumulée élevée et que ce mois ayant moins gagné il a une tranche B cumulée moins élevée, il faut bien lui rembourser ce qu'il a cotisé en trop.
De nombreux exercices vous sont proposés dans le livre intitulé *Exercices et corrigés sur la paie* pour vous aider à assimiler la technique de calcul.

Si vous souhaitez comprendre les bases de vos cotisations sur votre bulletin, il faut construire un tableau Excel.
Voici comment construire ce tableau :
La **première ligne** servira de **titres aux colonnes** :
• dans la cellule A1 saisir le mot « Mois » ;
• dans la cellule B1 saisir les mots « Brut du mois » ;
• dans la cellule C1 saisir les mots « Brut cumulé » ;
• dans la cellule D1 saisir les mots « Tranche A cumulée » ;
• dans la cellule E1 saisir les mots « Tranche A du mois » ;
• dans la cellule F1 saisir les symboles « </> » ;
• dans la cellule G1 saisir les mots « Plafond cumulé » ;
• dans la cellule H1 saisir les mots « Tranche B cumulée » ;
• dans la cellule I1 saisir les mots « Tranche B du mois ».

La **deuxième ligne** servira à la **régularisation de janvier** :
• dans la cellule A2 saisir le mot « Janvier » ;
• dans la cellule B2 saisir le brut de cotisations de janvier ;
• dans la cellule C2 reporter le même montant (=B2) ;
• dans la cellule D2 saisir la formule «=SI(C2>G2;G2;B2)» autrement dit : si le brut cumulé de janvier est supérieur au plafond cumulé de janvier alors je mets dans ma tranche A de janvier le plafond cumulé de janvier, sinon je mets le brut cumulé de janvier ;
• dans la cellule E2, reporter le montant obtenu en C2 (=C2) ;
• dans la cellule F2 saisir la formule «=SI(C2>G2;«>»; «<») ;
• dans la cellule G2 saisir le plafond du mois de janvier (3170 si l'année est 2015) ;
• dans la cellule H2 saisir la formule «=SI(C2>G2;C2-G2;0) autrement dit : si le brut cumulé de janvier est supérieur au plafond cumulé de janvier alors je mets dans ma tranche B cumulée de janvier la

différence entre le brut cumulé de janvier et le plafond cumulé de janvier. En effet, si le brut cumulé dépasse le plafond cumulé, ce dépassement est la tranche B cumulée ;
• dans la cellule I2 reporter le montant obtenu en H2 (=H2).

La **troisième ligne** servira à la **régularisation de février** :
• dans la cellule A3 saisir le mot « Février » ;
• dans la cellule B3 saisir le brut de cotisations de février ;
• dans la cellule C3 cumuler le brut de cotisations de février avec le brut cumulé de janvier (=B3+C2) ;
• dans la cellule D3 saisir la formule «=SI(C3>G3;G3;C3)» autrement dit : si le brut cumulé de février est supérieur au plafond cumulé de février alors je mets dans ma tranche A de février le plafond cumulé de février, sinon je mets le brut cumulé de février. De cette façon, vous aurez compris que la tranche A cumulée ne se calcule jamais mais est soit égale au brut cumulé soit au plafond cumulé (en fait le plus petit de ces deux montants) ;
• dans la cellule E3 saisir la formule «=D3-D2)», autrement dit : la tranche A du mois est égale à la tranche A cumulée de février moins la tranche A cumulée de janvier. C'est ainsi que la tranche A du mois peut être soit égale au brut du mois tant que le brut est inférieur au plafond, soit égale au plafond du mois tant que le brut est supérieur au plafond, soit d'un montant supérieur au plafond du mois si le mois précédent le brut était supérieur au plafond et que ce mois il lui est inférieur, soit d'un montant supérieur au brut du mois mais différent du plafond si au contraire le brut du mois précédent était inférieur au plafond mais que ce mois le brut cumulé devient supérieur au plafond cumulé ;
• dans la cellule F3 saisir la formule «=SI(C3>G3;«>»; «<») ;
• dans la cellule G3 ajouter le plafond du mois à celui de janvier (=3170+G2) ou (=G2*2) ;
• dans la cellule H3 saisir la formule «=SI(C3>G3;C3-G3;0) autrement dit : si le brut cumulé de février est supérieur au plafond cumulé de février alors je mets dans ma tranche B cumulée de février la différence entre le brut cumulé de février et le plafond cumulé de février ;
• dans la cellule I3 saisir la formule «=H3-H2)», autrement dit : la tranche B du mois est égale à la tranche B cumulée de février moins la tranche B cumulée de janvier. C'est ainsi que la tranche B du mois peut être soit positive (si la tranche B cumulée du mois est supérieure à la tranche B cumulée du mois précédent), soit négative (si la tranche B cumulée du mois est inférieure à la tranche B cumulée du mois précédent).

Pour les mois suivants, utilisez la poignée de recopie d'Excel (se positionner sur le coin inférieur droit jusqu'à ce qu'une petite croix apparaisse et tirer vers le bas jusqu'en décembre).

Voilà, votre tableau est réussi, il ne vous reste plus qu'à vérifier l'année entière de votre bulletin.

De nombreuses améliorations peuvent être apportées à ce tableau : concernant le plafond, on peut placer la valeur du plafond de l'année dans une cellule « à part » (en J1 par exemple) et dans ce cas G2 devient «SI(B2=0;0;J1) » car comme on va le voir bientôt parfois le plafond n'est pas entier. De même on peut ajouter une colonne contenant les trentièmes de plafond pour les différents cas que je vais énumérer ci-après.

Les réductions de plafond

Malheureusement pour vous, parfois, le plafond n'est pas entier. Il existe quatre cas de réductions de plafond.

Cas des absences non rémunérées

Les absences non rémunérées ne donneront lieu à réduction de plafond que dans la mesure où elles couvrent une période comprise entre deux échéances habituelles de paie.
Par exemple, si le salarié est payé au mois et qu'il bénéficie d'un congé sans solde d'un mois compris entre deux échéances de paie, le plafond annuel sera réduit du plafond mensuel correspondant. Toutes les autres absences non rémunérées, plus courtes que la période de paie qui couvrira donc une période de travail rémunérée et plusieurs périodes d'absences non rémunérées, ne donnent pas lieu à réduction de plafond.

Exemple n° 1

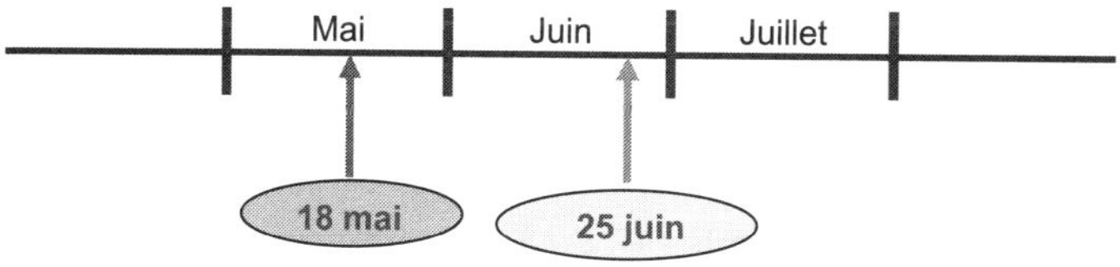

Le salarié qui s'absente 37 jours, du 18 mai au 25 juin, n'aura aucune réduction de plafond !

Exemple n° 2

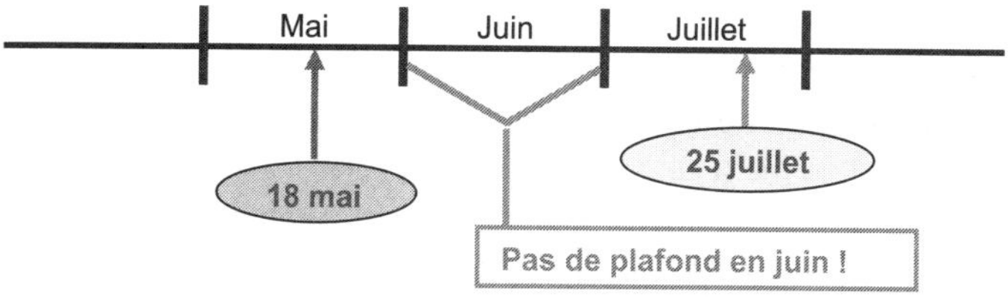

En revanche, le salarié qui s'absente du 18 mai au 25 juillet n'aura pas de plafond en juin !

Cas des entrées et sorties en cours de mois

Pour la Sécurité sociale, et par souci de simplification, **tous les mois ont 30 jours calendaires** (principe du trentième de plafond). Il y a donc **deux principes fondamentaux** pour le calcul du plafond mensuel :

- **en cas de présence du salarié dans l'entreprise l'intégralité du mois, le plafond est entier** (30 trentièmes), quel que soit le mois ;
- **en cas de mois incomplet, le plafond aura autant de trentièmes que de jours calendaires de présence du salarié dans l'entreprise dans le mois considéré** (dans la limite maximale de 30 selon le principe du trentième).

Exemple
Si un salarié est embauché un 27 mars et que son contrat se termine le 19 mai, le plafond à prendre en compte se calcule de la manière suivante :
- du 27 au 31 mars : 5 trentièmes de 3 170 euros (le 27 = 1, le 28 = 1, le 29 = 1, le 30 = 1, le 31 = 1) ;
- au mois d'avril : 30 trentièmes de 3 170 euros ;
- du 1er au 19 mai : 19 trentièmes de 3 170 euros.

Total : 54 trentièmes de 3 170 euros, soit : 5 706 euros.

Cas des salariés à temps partiel

Comme pour les autres salariés, les régularisations de cotisations peuvent se faire soit en fin d'année, soit progressivement.
La réduction de plafond qu'on appelle aussi « abattement d'assiette » ne se pratique que pour les salariés à temps partiel qui ont déjà été définis précédemment, uniquement dans la mesure où leur salaire calculé à temps plein est supérieur au plafond de la Sécurité sociale.
Cet abattement n'est pas applicable aux salariés à employeurs multiples qui auraient pu être considérés comme étant à temps partiel chez chacun d'eux (circulaire ACOSS n° 86-57 du 16 décembre 1986) ni aux salariés forfaitaires en jours.
Les employeurs doivent par ailleurs joindre chaque année à la DADS (Déclaration annuelle des données sociales) une déclaration attestant que leurs salariés à temps partiel sont employés à titre exclusif dans l'entreprise.

Calcul du plafond réduit
Ce calcul s'applique à tous les salariés à temps partiel dont la rémunération ramenée à temps complet est supérieure au plafond de la Sécurité sociale, non seulement sur un mois donné mais également sur **l'année entière**. La formule à appliquer est la suivante :

$$\text{Plafond réduit} = \frac{\text{Salaire à temps partiel} \times \text{Plafond période de paie}}{\text{Salaire à temps plein}}$$

Le salaire à temps plein est le salaire que le salarié à temps partiel aurait perçu s'il avait travaillé à temps plein.
Si le salarié entre ou sort en cours de mois pour la période considérée, on applique en plus la règle du trentième.

Exemple
Un salarié à temps plein gagne 5 250 euros pour 35 heures.
Il passe à 3 600 euros pour 24 heures.
Le calcul de son plafond réduit sera donc :

$$\frac{3\,600 \times 3\,170}{5\,250} = 2\,173{,}71$$

Cas des salariés à employeurs multiples

Selon le Code de la Sécurité sociale, les salariés à employeurs multiples sont des salariés qui travaillent régulièrement et simultanément pour plusieurs employeurs.

Comment régler les cotisations de ces salariés ?
La part incombant à chaque employeur est déterminée au prorata des rémunérations que chacun a versé dans la limite du plafond. Cette règle n'est pas cumulable avec celle appliquée aux salariés à temps partiel examinée précédemment.

Exemple
Soit un salarié qui est employé dans trois entreprises : A, B et C. Ses rémunérations sont respectivement :
• Pour A : 1 000 euros
• Pour B : 1 200 euros
• Pour C : 1 800 euros

Total : 4 000 euros

Son gain est donc très nettement supérieur au plafond de la Sécurité sociale. Pour les cotisations dont l'assiette est limitée à ce plafond, si chaque employeur le fait cotiser sur les sommes réellement perçues, il cotiserait au total sur 4 000 euros et non pas sur la valeur du plafond actuel, ce qui n'est intéressant ni pour les employeurs, ni pour le salarié.

• Calcul du plafond réduit chez chaque employeur

Employeur A : $\frac{1\,000 \times 3\,170}{4\,000} = 792{,}50$ euros

Employeur B : $\frac{1\,200 \times 3\,170}{4\,000} = 951$ euros

Employeur C : $\frac{1\,800 \times 3\,170}{4\,000} = 1\,426{,}50$ euros

792,50 + 951 + 1 426,50 = 3 170 euros (ce qui est bien la valeur du plafond de la Sécurité sociale du 1er janvier 2015 au 31 décembre 2015).

Pour les cotisations assises sur l'ensemble du salaire, chaque employeur les réglera, bien sûr, sur la totalité de la rémunération qu'il lui verse. Pour faire connaître sa situation de salarié à employeurs multiples, celui-ci devra utiliser l'imprimé spécial **n° S 2100 a**, afin d'informer chacun des employeurs de la totalité des rémunérations perçues.
La prescription sur les cotisations « trop payées » est de 2 ans. L'employeur comme le salarié peuvent en demander le remboursement.

Cas d'un salarié avec une tranche C

Afin de procéder à une régularisation mensuelle progressive, il nous faut prendre en compte des notions supplémentaires par rapport aux régularisations précédentes.
Dans un salaire, il n'existe une tranche C que si le salaire est supérieur au plafond de la tranche B (le plafond de la tranche B est égal à quatre fois le plafond de la tranche A).
Pour faire la régularisation mensuelle progressive, il va donc falloir se poser une question supplémentaire (et initiale par rapport à celle que nous avons vue plus haut et qui était : « Est-ce que le brut cumulé est supérieur au plafond cumulé de la Sécurité sociale ? »).

Est-ce que le brut cumulé est supérieur au plafond B cumulé de la Sécurité sociale ?

1. Si la réponse est **oui**, alors la tranche A cumulée est égale au plafond A cumulé, la tranche B cumulée est égale à la différence entre le plafond B cumulé et le plafond A cumulé, et la tranche C cumulée est égale à la différence entre le brut cumulé et le plafond B cumulé.

2. Si la réponse est **non**, alors la tranche C cumulée est égale à zéro et on se repose la question précédente (est-ce que le brut cumulé est supérieur au plafond cumulé de la Sécurité sociale ?) pour connaître les valeurs des tranches A et B cumulées.

Comme vu précédemment, on détermine seulement après la tranche C du mois qui est toujours égale à la différence entre la tranche C cumulée de ce mois et la tranche C cumulée du mois précédent. La tranche C du mois peut, elle aussi, être négative dans le cas où le salarié avait gagné beaucoup jusqu'à présent et qu'il gagne moins ce mois-ci.

Correction du questionnaire de la page 295

N°	Affirmations	Vrai	Faux
1	Vrai, mais à l'époque il était annuel et les cotisations facultatives (*voir* p. 302).	X	
2	Vrai, par ordonnances des 4 octobre 1945 et 19 octobre 1945 et la loi du 30 octobre 1946 (*voir* p. 304).	X	
3	Vrai, ass. maladie, ass. vieillesse, all. familiales et la CNSA (*voir* p. 307).	X	
4	Vrai, par la loi du 29 décembre 1972 (*voir* p. 308).	X	
5	Vrai, l'AGIRC pour les cadres et l'ARRCO pour les non-cadres (*voir* p. 309).	X	
6	Vrai, les cadres cotisent aussi à l'ARRCO sur la tranche A (*voir* p. 311).	X	
7	Vrai, puisqu'ils ont le caractère de salaire (Code SS, art. L.242-1) (*voir* p. 315).	X	
8	Vrai, pour les administrateurs de sociétés anonymes ; Faux, sinon (*voir* p. 315).	X	X
9	Vrai, si son montant est inférieur ou égal au salaire mensuel de base ; Faux, sinon (*voir* p. 317).	X	X
10	Vrai, ces sommes sont établies comme des avantages en espèces (*voir* p. 320).	X	
11	Vrai, mais au prorata de la participation patronale (*voir* p. 321).	X	
12	Vrai, c'est pourquoi les CE préfèrent donner des bons d'achat (*voir* p. 323).	X	
13	Vrai, si elles sont données hors plan social ; Faux, sinon (*voir* p. 330).	X	X
14	Vrai, attention à ne pas la confondre avec l'indemnité de mise à la retraite (*voir* p. 332).	X	
15	Vrai, si le salaire est supérieur au plafond ; Faux, sinon (elle égale le brut) (*voir* p. 347).	X	X
16	Faux, le plafond B est le quadruple du plafond A (*voir* p. 347).		X
17	Faux, la tranche B est au plus égale à trois fois la tranche A (*voir* p. 347).		X

N°	Affirmations	Vrai	Faux
18	Vrai, ou encore le plafond C est égal à huit fois le plafond A (*voir* p. 347).	X	
19	Vrai, si le brut est supérieur au plafond B ; Faux, sinon (*voir* p. 347).	X	X
20	Vrai, puisqu'il n'est pas absent un mois calendaire entier (*voir* p. 354).	X	

LES TAUX DE COTISATION

PARTIE VI

Avant de commencer la partie sur les taux de cotisation, nous vous demandons de remplir ce petit questionnaire. Cela vous permettra d'évaluer vos connaissances préalables et vos acquis.
Sur chaque ligne, veuillez mettre une croix soit dans la colonne « Vrai », soit dans la colonne « Faux », soit dans les deux.

N°	Affirmations	Vrai	Faux
1	Tous les salariés paient des cotisations salariales.		
2	Les taux de cotisation changent tous les ans.		
3	Le taux de l'assurance maladie n'est pas le même partout en France.		
4	L'assurance veuvage permettait de percevoir la pension de réversion.		
5	Il y a deux assiettes différentes pour l'assurance vieillesse.		
6	Depuis 2009, il faut cotiser 40 ans pour bénéficier de la retraite à taux plein.		
7	Les entreprises de moins de neuf salariés ne cotisent pas au FNAL.		
8	ASSEDIC signifiait Assurance d'emploi et d'indemnités chômage.		
9	L'ASSEDIC a été créée en 1946.		
10	Les cadres ne cotisent au Pôle Emploi que sur la tranche B.		
11	AGS signifie Association pour la garantie des salaires.		
12	Le cinquième du montant de la cotisation retraite ne donne pas de point de retraite.		
13	Depuis le 1er janvier 2000, il existe une tranche 2 pour les non-cadres.		
14	APEC signifie Association pour l'emploi des cadres.		
15	Les cadres ne cotisent à l'APEC que sur la tranche B.		
16	Le taux du versement transport dépend de la ville où se situe l'entreprise.		
17	Toutes les entreprises paient une taxe sur les salaires.		
18	La taxe sur la prévoyance est recouvrée par l'URSSAF.		
19	La Contribution sociale généralisée n'est pas déductible des impôts.		
20	La Contribution au remboursement de la dette sociale n'est pas déductible des impôts.		

BULLETIN DE PAIE

Période du au

Employeur		Salarié	
Raison Sociale :		Nom :	Prénom :
Adresse :		Adresse :	
N° SIRET :	Code NAF :	N° SS :	
URSSAF :	N° de cotisant :	Emploi :	Classif. :
Convention collective :		Date d'ancienneté :	

Libellé des Rubriques	Base	Taux	Montant	Commentaires
Salaire	151,67		3 000,00	juin 2015
Prime d'ancienneté			150,00	Date d'entrée : 1 Mai 2005
Avantages en Nature			400,00	Plafond du mois : 3.170 €
Remboursement Frais Prof.			82,00	
Total Brut			3 632,00	

Cotisations	Base	Salariales		Patronales	
		Taux	Montant	Taux	Montant
Ass. mal. mat. inv. décès	3 632,00	0,75	-27,24	12,80	464,90
Contribution Solidarité Autonomie	3 632,00			0,30	10,90
Accident du travail	3 632,00			2,44	88,62
Allocations familiales	3 632,00			5,25	190,68
Ass. vieillesse plafonnée	3 170,00	6,85	-217,15	8,50	269,45
Ass. vieillesse déplafonnée	3 632,00	0,30	-10,90	1,80	65,38
FNAL sur brut	3 632,00			0,50	18,16
Chômage sur Tr. A + Tr. B	3 632,00	2,40	-87,17	4,00	145,28
AGS sur Tr. A + Tr. B	3 632,00			0,30	10,90
ARRCO sur Tr. 1	3 170,00	3,10	-98,27	4,65	147,41
AGFF sur Tr. 1	3 170,00	0,80	-25,36	1,20	38,04
ARRCO sur Tr. 2	462,00	8,10	-37,42	12,15	56,13
AGFF sur Tr. 2	462,00	3,00	-13,86	1,30	6,01
Prévoyance sur Tr. A	3 170,00	1,00	-31,70	2,00	63,40
Taxe sur Prévoyance	63,40			8,00	5,07
CSG déductible	3 631,84	5,10	-185,22		
Autres charges patronales	3 632,00			4,846	176,01
Total cotisations			-734,29		1 756,34
Net fiscal			2 961,11		
Indemnités de Transport			55,00	Règlement par virement sur le compte	
Remboursement Frais Prof.	10,00	18,10	168,00		
Reprise Avantages en Nature			-400,00	Code Banque :	
CSG non déductible	3 631,84	2,40	-87,16	Code Guichet :	
CRDS non déductible	3 631,84	0,50	-18,16	N° Compte :	
Net à payer			2 615,39		

CUMULS depuis le 1er Janvier 2015

Heures : Brut S.S. Net Fiscal :

Pour faire valoir vos droits, ce bulletin de paie doit être conservé sans limitation de durée

Dans ce livre, nous aborderons toutes les cotisations d'origine légale, autrement dit toutes celles qui relèvent de la Sécurité sociale, du Pôle Emploi, des retraites complémentaires obligatoires et de la prévoyance obligatoire pour les cadres. Pour des raisons évidentes de place et de temps, les cotisations facultatives ou personnelles ne seront pas abordées.

1. Les cotisations de Sécurité sociale

Les cotisations de Sécurité sociale proprement dites comprennent :
• les cotisations dites d'assurances sociales :
- maladie-maternité-invalidité-décès,
- vieillesse ;
• les cotisations d'accidents du travail ;
• les cotisations d'allocations familiales.

Par ailleurs, sont à verser aux URSSAF en même temps que ces cotisations :
• la cotisation logement destinée au FNAL ;
• la cotisation solidarité pour l'autonomie ;
• éventuellement, pour les employeurs concernés, le versement de transport ;
• la CSG et la CRDS ;
• la taxe sur la participation patronale de prévoyance (appelée aussi forfait social à 8 %) ;
• les cotisations à verser au Pôle Emploi.

Les cotisations susvisées sont versées par l'employeur à l'URSSAF dont il relève. Elles sont calculées sur une base que ce dernier détermine lui-même. Pour mémoire, rappelons que l'article L.242-1 du Code de la Sécurité sociale donne une définition de l'assiette des cotisations, qui n'est pas limitée au salaire et aux primes versés au salarié mais inclut notamment les avantages en nature ou en espèces accordés en contrepartie ou à l'occasion du travail, (pour les avantages en nature, *voir* partie II, chapitre 5). Seuls les frais exposés par le salarié au titre de son activité professionnelle, certaines sommes données à l'occasion de son départ de l'entreprise (ayant principalement une notion de « dommages et intérêts ») et les sommes versées par le CE dans le cadre d'une notion de « secours » ne sont pas intégrés dans l'assiette des cotisations.
En résumé, les tribunaux donnent depuis toujours une interprétation extensive des dispositions de l'article L.242-1 précité, en considérant que **toute somme versée au salarié en contrepartie ou à l'occasion de son travail entre dans l'assiette des cotisations**.

Enfin, même s'il y a absence de valeur juridique (à proprement parler) de ses instructions, l'Agence centrale des organismes de Sécurité sociale (ACOSS) exerce un pouvoir de direction et de contrôle sur les URSSAF, qui perçoivent les cotisations. À ce titre, elle diffuse des instructions et des lettres-circulaires concernant les cotisations, dont nombre seront citées au cours de ce livre. En effet, pour la Cour de cassation, les instructions de l'ACOSS sont dépourvues de force légale. En conséquence, elles ne s'imposent ni aux juges, ni aux organismes de recouvrement, et elles ne peuvent restreindre les droits que les cotisants tiennent des textes législatifs et réglementaires.

Règles d'arrondi

L'article L.130-1 du Code de la Sécurité sociale, issu de la loi n° 95-116 du 4 février 1995 portant diverses dispositions d'ordre social, pose en matière d'arrondissement des assiettes et cotisations un principe unique : « *Le montant des cotisations et des assiettes sociales est arrondi au franc le plus proche.* » Cette disposition a été modifiée pour tenir compte de l'euro : depuis le 1er janvier 1999, l'arrondi s'effectue au franc ou à l'euro le plus proche.
En pratique, l'arrondi doit être opéré selon la règle suivante :
0,49 = 0 ; 0,50 = 1.
L'arrondi le plus proche peut être pratiqué par l'employeur, à son choix :
• soit lors du décompte des cotisations dues au titre de l'emploi de chaque salarié ;
• soit lors de l'élaboration des déclarations sociales.

L'article L.130-1 ne trouve application, sauf à dénaturer l'esprit du texte, que lors de la détermination de l'assiette et des cotisations dues lors de chaque échéance de paie : toute autre méthode induirait en effet une règle de cumul de valeurs arrondies (lettre-Circ. ACOSS n° 95-27, 23 février 1995).
Cet article vise exclusivement les assiettes et cotisations. Les salaires minimaux et les seuils permettant d'ouvrir droit aux différentes mesures d'allégement ne doivent pas être arrondis, sauf disposition expresse prévue par la réglementation relative à ces mesures. De même, il ne s'applique pas non plus à la détermination de l'évaluation forfaitaire des avantages en nature nourriture et logement, ou des limites d'exonération des allocations pour frais professionnels.

Règle du taux applicable

Le fait générateur des cotisations étant le versement des rémunérations en contrepartie ou à l'occasion du travail, **le taux applicable pour leur calcul est celui en vigueur au moment du versement des salaires.** En cas de changement de taux, le nouveau taux de cotisation s'applique, en principe, à toutes les rémunérations versées postérieurement à sa date d'entrée en vigueur, quelles que soient les périodes de travail auxquelles se rapportent ces rémunérations (Cass. soc., 19 janvier 1966, n° 63-11.775).
Ainsi, il n'y a pas lieu, pour le calcul des cotisations sur les indemnités compensatrices de préavis, de prendre en considération les périodes de travail non effectuées : lorsque, à l'occasion de licenciements, l'employeur a dispensé ses salariés de l'exécution du préavis et leur a versé sur le champ les indemnités compensatrices correspondantes, c'est sur la base du taux applicable à la date de ce versement que doivent être calculées les cotisations y afférentes. Tout changement de taux intervenant pendant la période de préavis non effectuée est sans incidence sur le montant des cotisations qui doivent être calculées en prenant en compte l'ancien taux (Cass. soc., 4 juillet 1983, n° 82-14.440).
Lorsque le salarié a quitté l'entreprise, les rappels de salaires qui lui sont versés postérieurement à son départ sont calculés sur la base des taux applicables à la date du versement. Une exception cependant : **lorsque ces rappels sont versés en exécution d'une décision de justice devenue définitive, il y a lieu d'appliquer les taux correspondant aux périodes de travail auxquelles ces rémunérations se rapportent, quelle que soit la date de versement (en résumé, il faut remettre les choses en l'état au moment du litige).**

Concernant le plafond, la Cour de cassation a considéré en 1976 que les sommes payées à des salariés ayant quitté l'entreprise ne pouvaient être rattachées, pour la régularisation annuelle, à la dernière année d'emploi, mais qu'elles devaient être comprises dans la régularisation de l'année civile au cours de laquelle elles avaient été versées, dans la limite du plafond annuel fixé pour cette même année (ou application d'un plafond réduit si l'employeur prouve que les sommes versées se rapportent de façon certaine à des périodes d'emploi ou assimilées inférieures à une année, Cass. soc., 23 avril 1976, n° 74-14.187).

En revanche, les URSSAF continuent de rattacher les rappels de salaires versés après la rupture du contrat de travail à la dernière période d'emploi dans la limite du plafond réduit de l'exercice de rattachement.

Ces points de détail étant réglés, nous pouvons commencer la descente des taux de cotisation versés à l'URSSAF.

La cotisation d'assurance maladie-maternité-invalidité-décès

Il s'agit d'une double cotisation patronale et salariale, calculée sur la totalité du salaire. On l'appelle fréquemment « la Sécurité sociale sur brut ».
Cette cotisation sert évidemment à couvrir le salarié en cas de maladie, de maternité, d'invalidité, de décès. Elle lui permet de percevoir les Indemnités journalières de Sécurité sociale (IJSS).

Les taux sont de **0,75 %** pour le salarié et de **12,8 %** pour l'employeur sur le brut.

À noter que pour les salariés des départements d'Alsace-Moselle, il y a un taux supplémentaire **de 1,5 % depuis le 1er janvier 2012** (contre 1,6 % précédemment), et qu'il est maintenu à **5,5 %** pour les salariés non domiciliés fiscalement en France et pour ceux domiciliés fiscalement en France mais exonérés d'impôts directs en application d'une convention ou d'un accord international.

La cotisation d'assurance veuvage

J'évoque cette cotisation pour le cas où vous ayez à vous plonger dans des bulletins assez anciens car **elle a été supprimée le 1er juillet 2004**. Elle était à la charge du seul salarié et son taux était de **0,1 % sur le brut**. Elle permettait de percevoir l'allocation veuvage, **6 233,52 euros/an en 2004**, pendant 2 ans seulement pour le conjoint survivant sous certaines conditions :

- en faire la demande auprès de la CARSAT (ex-CRAM) en province ou la CNAV en région parisienne, dans le délai de 2 ans, à compter du premier jour du mois au cours duquel s'était produit le décès de l'assuré ;

• l'assuré devait avoir cotisé au cours des 3 mois précédant son décès ;
• le demandeur devait remplir plusieurs conditions :
1. le veuf, ou la veuve, devait être âgé de moins de 55 ans à la date de la demande,
2. le demandeur devait, en principe, résider en France,
3. le demandeur ne devait être ni divorcé, ni remarié, ni vivre maritalement,
4. le demandeur devait avoir à sa charge, soit au moins un enfant de moins de 16 ans ou de moins de 18 s'il était apprenti ou moins de 20 s'il poursuivait des études ou s'il était handicapé, soit avoir élevé ou eu à sa charge au moins un enfant pendant 9 ans avant l'âge de 16 ans,
5. le demandeur devait avoir des ressources annuelles inférieures à 7 791,88 euros (en 2004).

La cotisation d'assurance vieillesse

Cette cotisation, à la charge de l'employeur et du salarié, est calculée pour partie sur la totalité de la rémunération et pour partie sur le salaire plafonné.
Le taux pour le salarié sur la tranche A était de 6,65 % jusqu'au 31 octobre 2012. Le 1er novembre 2012, il a été relevé à 6,75 %. Au 1er janvier 2014, il est passé à 6,80 %. **Depuis le 1er janvier 2015, ce taux est de 6,85 %.**
Le taux patronal en tranche A qui était de 8,3 % jusqu'au 31 octobre 2012 a également été relevé à 8,4 % au 1er novembre 2012. Puis il est passé à 8,45 % au 1er janvier 2014. **Depuis le 1er janvier 2015, ce taux est de 8,50 %.**
Sur le brut, jusqu'au 30 juin 2004, il n'y avait que 1,6 % pour la partie patronale. Au 1er juillet 2004, un taux de 0,1 % a été appliqué pour la partie salariale (C'est l'ancienne cotisation assurance veuvage qui a en fait été transférée en vieillesse). Ces deux taux ont augmenté au 1er janvier 2014 passant à 1,75 % pour la partie patronale et à 0,25 % pour la partie salariale. **Depuis le 1er janvier 2015, ces taux ont été réactualisés à respectivement 1,80 % et 0,30 %.**

À NOTER

Les deux cotisations – maladie et vieillesse sur brut – sont très souvent additionnées dans les programmes de paie, ce qui donne des taux de 1,05 % pour la part salariale et 14,60 % pour la part patronale, les deux parts étant applicables sur la totalité du salaire.

Elle sert bien sûr à percevoir la pension de retraite (et dans certains cas, la pension de réversion) quand il sera l'heure de partir en retraite. L'assurance vieillesse du régime général concerne 44 % des retraites servies et représente 30 % des prestations vieillesse servies par les régimes de base. Le régime général attribue deux catégories de prestations :

- des prestations à caractère contributif dont le montant est proportionnel au nombre d'années d'assurance ;
- des prestations à caractère non contributif attribuées à des personnes privées de ressources ou aux ressources insuffisantes. Ces dernières sont d'un montant forfaitaire.

Il convient de distinguer les droits personnels acquis par l'assuré lui-même des droits dérivés qui sont des avantages attribués au conjoint survivant, compte tenu des droits acquis par l'assuré décédé. Les avantages contributifs personnels sont les pensions. Parmi les droits dérivés se trouvent la pension vieillesse de veuf ou de veuve et la pension de réversion. Dans ce livre sur la paie, nous ne nous intéresserons qu'aux droits propres.

Les conditions générales

Âge : au moins 62 ans. C'est un minimum : l'assuré a toujours la possibilité d'ajourner la liquidation de ses droits au-delà de 62 ans **sans limitation maximale**.
Nationalité/résidence : la résidence en France n'est pas nécessaire pour le Français. En ce qui concerne les étrangers, ceux ressortissant d'un pays lié par convention à la France sont considérés comme des Français quel que soit leur lieu de résidence ; les autres doivent résider en France au moment de la liquidation de leurs droits pour bénéficier des mêmes avantages.

Durée d'assurance : un seul trimestre d'assurance nécessaire pour ouvrir droit.
Date d'entrée en jouissance : choisie par l'assuré. Cependant, elle ne peut être fixée qu'au premier jour d'un mois et ne peut être antérieure ni au dépôt de la demande, ni au soixante-deuxième anniversaire.

La durée de l'activité salariée

La durée de l'activité salariée figure dans un compte individuel unique au plan national, centralisé sur une base de données informatique. Ce compte est alimenté par la DAS qui sert en fait à un triple titre :
• aux URSSAF pour la vérification des cotisations payées en cours d'année, notamment au regard du plafond annuel moyen ;
• aux CPAM pour l'enregistrement de l'annualisation des droits ;
• aux CARSAT (ex-CRAM) pour l'alimentation du compte individuel.

Il est possible de demander un relevé de compte à tout moment, mais l'appréciation est forfaitaire (car liée à l'existence de cotisations et non à la durée réelle du travail) et son résultat ne permet pas de retenir un nombre de trimestres supérieur au nombre de trimestres du calendrier.

Schéma des conditions générales, âge de départ et durée de cotisations (2013)

Date de naissance	Âge de départ	Durée de cotisation
2e semestre 1951	60 ans et 4 mois	40 ans + 3 trimestres (163 trim.)
1952	60 ans et 9 mois	41 ans (164 trim.)
1953	61 ans et 2 mois	41 ans + 1 trimestre (165 trim.)
1954	61 ans et 7 mois	41 ans + 1 trimestre (165 trim.)
1955	62 ans	41 ans + 2 trimestres (166 trim.)
1956	62 ans	41 ans + 2 trimestres (166 trim.)
1957	62 ans	à suivre…

La cotisation d'allocations familiales

Cette cotisation avait un taux de **5,4 %** sur le brut uniquement pour l'employeur jusqu'au 31 décembre 2013. Depuis le 1er janvier 2014, ce taux est passé à 5,25 %. À terme (2017 ou 2018), cette cotisation serait supprimée en échange d'embauches, selon le Pacte de responsabilité du président de la République Hollande. Pour l'instant, depuis le **1er janvier 2015** ce taux passe à **3,45 %** pour une rémunération annuelle inférieure ou égale à 1,6 SMIC annuel mais reste à 5,25 % pour celle supérieure à ce seuil. (Nous retrouverons cette notion de 1,6 % du SMIC lors du calcul de l'allègement Fillon.) Elle sert à percevoir les différentes prestations familiales versées par les CAF sous certaines conditions (dont la première est bien sûr d'avoir ou d'attendre un enfant).

Les prestations familiales relèvent de la Caisse nationale d'allocations familiales (CNAF) et sont organisées en trois parties :

1. les allocations familiales. Toute famille perçoit des allocations familiales à partir du moment où elle a au moins deux enfants à charge. Ces allocations sont versées sans condition de revenu jusqu'aux 17 ans (ou 20 ans si apprentissage, études ou impossibilité d'exercer une activité professionnelle) à condition que les enfants soient scolarisés à partir de 6 ans au plus tard ;

2. le complément familial. Cette prestation remplace trois prestations qui existaient jusqu'en janvier 1978 : l'allocation de salaire unique, l'allocation de la mère au foyer, l'allocation pour frais de garde. Pour en bénéficier, il faut remplir les conditions définies par la loi du 4 janvier 1985 :

• *conditions liées aux enfants :* le complément familial est versé aux ménages ou aux personnes seules assumant la charge **d'au moins trois enfants**, âgés de 3 ans et plus, scolarisés de manière régulière depuis au plus tard 6 ans, jusqu'aux 17 ans (ou 21 ans si apprentissage, études ou impossibilité d'exercer une activité professionnelle),

• *conditions liées aux ressources :* le ou les parents doivent avoir des **ressources nettes imposables inférieures à un plafond** déterminé en janvier (depuis le 1er janvier 2009, avant cette date le plafond de ressources était déterminé le 1er juillet de chaque année) ;

3. les allocations de soutien familial. Ces allocations sont versées dans le cas où les enfants à charge sont orphelins de l'un ou des deux parents. À noter qu'elles s'ajoutent aux autres allocations et qu'elles sont payées même s'il n'y a qu'un seul enfant à charge.

Ces prestations familiales sont versées la plupart du temps directement auprès des intéressés par la CNAF, mais les salariés du secteur public les perçoivent directement sur leur bulletin de paie, ainsi que souvent les salariés des secteurs semi-public ou semi-privé ainsi que beaucoup plus rarement certains salariés du secteur privé.

La cotisation d'accidents du travail

Cette cotisation est à la charge exclusive de l'employeur. Elle est calculée sur la totalité de la rémunération. Mais le taux de cette cotisation n'est pas uniforme, il n'est pas identique pour toutes les entreprises. Sans entrer dans le détail pointu de ce calcul, la détermination de ce taux est effectuée chaque année par la CARSAT en tenant compte des accidents de travail déclarés au cours des 3 années précédentes, de leur gravité et du secteur d'activité dont dépend l'entreprise. Cette cotisation est utile au salarié pour percevoir les IJSS d'accident du travail.

La cotisation FNAL

En 1972, a été créée une allocation de logement en faveur des personnes âgées, des handicapés et des salariés de moins de 25 ans aux faibles ressources, financée par une cotisation à la charge exclusive de l'employeur (C. Séc. soc., art. L.834-1 et s., R.834-1 et s.). La cotisation FNAL (Fonds national d'aide au logement) est due par toute personne physique ou morale employant un ou plusieurs salariés relevant du régime général ou du régime agricole (C. Séc. soc., art. R.834-7).

Cette cotisation mise à la charge de l'employeur, et dès le premier salarié, n'est pas due pour :
• le personnel dont les cotisations de Sécurité sociale sont fixées forfaitairement (stagiaires de formation professionnelle, artistes cotisant exclusivement sur vignettes) ;
• les travailleurs qui relèvent du régime général de la Sécurité sociale pour le seul risque « accidents du travail » (C. Séc. soc., art. L.834-1 et R.834-7).
Elle n'est pas due non plus par les associations intermédiaires (lettre-Circ. ACOSS n° 88-34, 13 mai 1988). Le complément de rémunération versé à des travailleurs handicapés au titre de la

garantie de ressources n'est pas soumis à la cotisation FNAL (ni au versement de transport).
Depuis le 1er janvier 1986, les entreprises de plus de neuf salariés sont assujetties à une cotisation FNAL supplémentaire, à l'exception de l'État et des collectivités locales, de leurs établissements administratifs et des employeurs relevant du régime agricole.

Pour les entreprises de moins de vingt salariés, la cotisation est fixée à **0,1 % dans la limite du plafond de la Sécurité sociale** (C. Séc. soc., art. L.834-1 et R.834-7).
Pour les entreprises de vingt salariés ou plus, la cotisation est fixée à **0,5 % sur le brut**.
L'effectif qui détermine l'assujettissement est apprécié au 31 décembre (circ. ACOSS n° 86-8 du 16 janvier 1986).

La contribution solidarité autonomie

Depuis le 1er juillet 2004, la loi n° 2004-626 du 30 juin 2004 a créé cette contribution pour toutes les rémunérations versées à des personnes pour lesquelles l'employeur est redevable d'une cotisation patronale destinée au financement d'un régime français de base d'assurance maladie. Son taux est fixé à **0,3 %** sur la base du **brut**. L'assiette de la contribution est alignée sur celle de la cotisation patronale d'assurance maladie, tout comme ses modalités de recouvrement.

2. Les cotisations chômage

Le chômage donne lieu à indemnisation en complément des mesures prises pour favoriser la réinsertion. Cette indemnisation est subordonnée, sauf exceptions, à la recherche effective et contrôlée d'un nouvel emploi (C. trav., art. L.351-1).
Ce type de chômage traité dans ce livre est dit « total » et implique, pour ceux qui ont déjà exercé une activité professionnelle, la rupture du contrat de travail. Il se distingue par là du chômage « partiel ».

Le système d'indemnisation du chômage comprend deux régimes distincts :
- un **régime conventionnel d'assurance** mis au point entre les « partenaires sociaux », comparable à celui des retraites complémentaires. Il fonctionne sur la base de cotisations (patronales et salariales) et de prestations, toutes deux proportionnelles aux rémunérations des assurés ;
- un **régime de solidarité nationale**, financé par l'État et par une contribution des agents du secteur public, visant à l'assistance aux chômeurs qui ont épuisé leurs droits ou qui n'ont pas (ou peu) travaillé antérieurement.

La gestion de l'ensemble est confiée à des institutions paritaires de droit privé, ce qui place tous les demandeurs d'emploi face à un « guichet unique ». **Tout travailleur recherchant un emploi doit s'inscrire comme demandeur d'emploi** (de même que tout employeur est tenu de notifier les postes éventuellement vacants dans son entreprise).

La loi du 13 février 2008 relative à la réforme de l'organisation du service public de l'emploi **a créé un nouvel organisme, nommé « Pôle Emploi »**, chargé d'assurer l'accueil, l'inscription, l'indemnisation et l'accompagnement des chômeurs. Chacun d'eux a depuis cette date un interlocuteur unique et, à terme, les agents s'occuperont en moyenne de trente demandeurs d'emploi contre soixante actuellement.

La nouvelle institution nationale s'organise autour de deux structures distinctes :
- l'UNEDIC, gérée par les partenaires sociaux, qui continue à administrer en totale indépendance le régime d'assurance chômage et qui fixe les modalités d'indemnisation ;
- un nouvel organisme qui rassemble le réseau des ASSEDIC et celui de l'ANPE.

Le statut des agents de l'organisme fusionné est donc unifié. Les grandes orientations du nouvel organisme sont fixées par une convention pluriannuelle conclue entre l'État et l'UNEDIC. Un conseil national de l'emploi, présidé par le ministre en charge de l'emploi, veille à la cohérence des politiques de l'emploi. **La création définitive de cette institution nationale est intervenue le 1er janvier 2009.**

Les missions de Pôle Emploi sont :
• l'accueil et l'inscription des demandeurs d'emploi ;
• le versement des allocations des demandeurs d'emploi indemnisés ;
• l'accompagnement des demandeurs d'emploi dans leur recherche d'emploi jusqu'au placement ;
• la prospection du marché du travail en allant au-devant des entreprises ;
• l'aide aux entreprises dans leurs recrutements ;
• l'analyse du marché du travail.

Les demandeurs d'emploi sont répartis en cinq catégories « *en fonction de l'objet de leur demande et de leur situation au regard de l'emploi* » :
• **catégorie A :** demandeurs d'emploi tenus de faire des actes positifs de recherche d'emploi et qui sont sans emploi ;
• **catégorie B :** demandeurs d'emploi tenus de faire des actes positifs de recherche d'emploi et qui ont exercé une activité réduite courte (78 heures ou moins au cours du mois) ;
• **catégorie C :** demandeurs d'emploi tenus de faire des actes positifs de recherche d'emploi et qui ont exercé une activité réduite longue (plus de 78 heures au cours du mois) ;
• **catégorie D :** demandeurs d'emploi non tenus de faire des actes positifs de recherche d'emploi (en raison d'un stage, d'une formation, d'une maladie, etc.) et qui sont sans emploi ;
• **catégorie E :** demandeurs d'emploi non tenus de faire des actes positifs de recherche d'emploi et qui ont un emploi (bénéficiaires de contrats aidés).

Dans le langage courant, il subsiste encore quelques noms qui n'ont plus de signification réelle aujourd'hui mais dont vous devriez connaître la signification. Ces noms sont :
• les ASSEDIC (**Associations pour l'emploi dans l'industrie et le commerce**). Nées en 1956, elles avaient pour mission d'effectuer la totalité des opérations nécessaires au fonctionnement du régime d'assurance et de verser les prestations du régime de solidarité ;

• les GIA (Groupements inter-ASSEDIC) en assuraient la gestion informatique ;
• le GARP (Groupement des ASSEDIC de la région parisienne) regroupait, comme son nom l'indique, les ASSEDIC de la région parisienne en ce qui concernait le paiement des cotisations ;
• l'UNEDIC (Union nationale interprofessionnelle pour l'emploi dans l'industrie et le commerce), qui fédérait les ASSEDIC, coordonnait leur action, procédait aux études et recherches en matière d'emploi sur les plans national et international et assurait la liaison avec les services publics.

ASSEDIC et UNEDIC étaient administrées par des conseils paritaires comprenant en nombre égal des représentants des organisations syndicales représentatives du « collège » des salariés et du « collège » des employeurs. La durée du mandat des administrateurs était de deux ans.

Obligations des employeurs

Tout employeur est tenu d'assurer contre le risque de privation d'emploi les salariés dont l'engagement résulte d'un contrat de travail, y compris les travailleurs détachés à l'étranger et les Français expatriés (C. trav., art. L.5422-13). L'affiliation, qui couvre donc en principe la totalité des salariés du secteur privé, doit être opérée dans les 2 mois suivant la date à laquelle le régime est devenu applicable (c'est-à-dire l'embauche du premier salarié), auprès du Pôle Emploi compétent qui est celui dont le ressort territorial comprend le lieu de l'entreprise, ou auprès de l'URSSAF. L'employeur affilie le salarié au régime d'assurance chômage au moyen de la déclaration unique d'embauche qui est adressée à l'URSSAF dont relève l'établissement devant employer le futur salarié. L'URSSAF communique au Pôle Emploi les informations nécessaires à l'affiliation du salarié. Nous rappelons ici que seuls peuvent prétendre à un revenu de remplacement les salariés involontairement privés d'emploi dont la cessation du contrat de travail résulte :
• d'un licenciement ;
• de la fin d'un contrat à durée déterminée ;
• d'une démission considérée comme légitime ;
• d'une rupture conventionnelle.

Taux et répartition de la cotisation

La cotisation du régime d'assurance chômage comporte une part patronale et une part salariale qui comprennent chacune un élément plafonné (tranches A et B de la rémunération) destiné à couvrir les dépenses du régime d'assurance chômage.
Le taux de ces cotisations, qui varie avec la situation du chômage en France, est celui qui change le plus sur le bulletin de salaire. Il a changé à la baisse en octobre 1990, en janvier 1991, puis à la hausse en janvier 1992, en août 1992, puis il devait rebaisser en janvier et en juillet 1993 (mais n'a pas baissé !). Par contre, en août 1993 nouvelle hausse de 0,90 %, puis en janvier 1994 hausse de 0,16 point sur la tranche A et de 0,18 point sur la tranche B ! En janvier 1997, baisse des taux sur A et sur B. Depuis le 1er janvier 2001, nouvelle baisse du **RAC** passant ainsi de 6,07 % en A à **5,80 %** et de 6,68 % en B à **6,30 %**. Depuis le 1er juillet 2001, le taux est devenu unique en A et B à **5,80 %** pour ces deux tranches (avant le 1er juillet 2001, un taux de 0,50 % pour le salarié majorant la tranche B). Ce taux était ramené à **5,60 %** au 1er janvier 2002, puis à **5,80 %** au 1er juillet 2002, puis à **6,40 %** au 1er janvier 2003. En 2006, ce taux monte à **6,48 %** pour revenir au 1er janvier 2007 à **6,40 % (2,4 % pour le salarié, 4 % pour l'entreprise sur la tranche A + B).**
À ces cotisations s'ajoute, **pour l'employeur uniquement**, la contribution **AGS**, destinée à alimenter un régime (Association pour la garantie des salaires) qui assure aux salariés, lors des faillites, le paiement de leurs derniers salaires. Le taux uniquement patronal était de **0,25 %** jusqu'au 30 juin 1999. Entre le 1er juillet 1999 et le 30 juin 2000, il était de **0,20 %**. Le 1er juillet 2000, il passait à **0,15 %**. Le 1er janvier 2001, il passait à **0,10 %**. Le 1er janvier 2002, il remontait à **0,20 %**, au 1er juillet 2002 à **0,30 %**, au 1er janvier 2003 à **0,35 %**, il atteint le 1er septembre 2003 **0,45 %**. Au 1er avril 2005, ce taux était revenu à **0,35 %** pour revenir le 1er janvier 2006 à **0,25 %**, le 1er juillet 2006 à **0,15 %**, le 1er juillet 2008 à **0,10 %**, puis remonter le 1er avril 2009 à **0,20 %**, le 1er juillet 2009 à **0,30 %** et le 1er octobre 2009 à **0,40 %** sur les salaires limités à quatre fois le plafond de la Sécurité sociale. **Depuis le 1er avril 2011, ce taux est redescendu à 0,30 %.**

Enfin, une autre cotisation liée au chômage est versée par les cadres et les employeurs aux caisses de retraite, au titre de l'APEC (Association pour l'emploi des cadres).

Assiette de la cotisation

L'assiette des cotisations est alignée sur celle des cotisations de Sécurité sociale, sauf cas particuliers à définir par la Commission paritaire nationale.

Sont cependant exclues de l'assiette des contributions les rémunérations dépassant quatre fois le plafond du régime d'assurance vieillesse de la Sécurité sociale (règlement UNEDIC, art. 55). Depuis le 1er juillet 2014, les contributions à l'assurance chômage et au régime de garantie des salaires (AGS) sont dues sur les rémunérations des salariés âgés de 65 ans et plus. Avant cette date, elles en étaient exclues.

Le principe d'alignement de l'assiette des contributions du régime d'assurance chômage sur celle de l'assiette des cotisations de Sécurité sociale comporte une exception lorsque l'assiette retenue pour les cotisations de Sécurité sociale est forfaitaire. Dans ce cas, il n'est pas toujours fait application de la base forfaitaire pour les cotisations d'assurance chômage qui restent calculées sur le salaire réel. Il en est notamment ainsi pour :
- les personnels employés à titre accessoire ou temporaire, par des associations et autres, de vacances et de loisirs ;
- les personnels d'encadrement des centres de vacances et de loisirs ;
- les formateurs occasionnels ;
- les vendeurs à domicile à temps choisi ;
- les vendeurs, colporteurs et porteurs de presse ;
- le personnel exerçant une activité dans le cadre d'une personne morale à objet sportif d'une association de jeunesse ou d'éducation populaire (dir. UNEDIC n° 52-95, 27 novembre 1995).

En revanche, dans le cas particulier des apprentis dans les entreprises de plus de dix salariés, la cotisation patronale d'assurance chômage, seule due, reste toutefois calculée sur une base forfaitaire (C. trav., art. L.5422-9 ; C. Séc. soc., art. L.242-5).

Modifications concernant la cotisation patronale depuis le 1er juillet 2013

L'accord national interprofessionnel du 11 janvier 2013 a prévu une **majoration de la cotisation patronale d'assurance chômage** pour les CDD conclus pour accroissement temporaire de l'activité de l'entreprise et les CDD d'usage, lorsque la durée de ces contrats ne dépasse pas 3 mois. **Toutefois**, cet accord prévoit **également**, sous certaines conditions, **une exonération temporaire de cette cotisation** pour l'embauche de jeunes de moins de 26 ans en CDI. Ces mesures sont devenues applicables depuis le 1er juillet 2013, sans incidence sur le taux de cotisation salariale d'assurance chômage ni sur la cotisation AGS.

Pour les CDD conclus pour accroissement temporaire d'activité, sont concernés :
• l'exécution d'une tâche occasionnelle, précisément définie et non durable, ne relevant pas de l'activité normale de l'entreprise (exemple : mutation technologique) ;
• la survenance d'une commande exceptionnelle réclamant des moyens supérieurs à ceux dont dispose habituellement l'entreprise ;
• les travaux urgents de sécurité, de prévention ou de sauvetage.

Les domaines autorisés pour recourir à des CDD d'usage sont :
• les exploitations forestières ;
• la réparation navale ;
• le déménagement ;
• l'hôtellerie et la restauration, les centres de loisirs et de vacances ;
• le sport professionnel ;
• les spectacles, l'action culturelle, l'audiovisuel, la production cinématographique, l'édition phonographique ;
• l'enseignement ;
• l'information, les activités d'enquête et de sondage ;
• l'entreposage et le stockage de la viande ;
• le bâtiment et les travaux publics pour les chantiers à l'étranger ;
• les activités de coopération, d'assistance technique, d'ingénierie et de recherche à l'étranger ;
• les activités d'insertion par l'activité économique exercées par les associations intermédiaires prévues à l'article L.5132-7 ;
• le recrutement de travailleurs pour les mettre, à titre onéreux, à la disposition de personnes physiques, dans le cadre du 2e § de l'article L.7232-6 ;
• la recherche scientifique réalisée dans le cadre d'une convention internationale, d'un arrangement administratif international pris en application d'une telle convention, ou par des chercheurs étrangers résidant temporairement en France ;
• les activités foraines.

Cette liste n'est toutefois pas exhaustive : une convention ou un accord collectif de travail étendu peut définir un secteur d'activité pour lequel le recours au CDD d'usage est autorisé.

Sont donc par conséquent exemptés de cette majoration :
- les CDD de remplacement ;
- les CDD saisonniers ;
- les contrats avec des particuliers employeurs ;
- les contrats de travail temporaire ;
- si le salarié est embauché en CDI à l'issue du CDD.

Modifications du taux de la cotisation chômage au 1er juillet 2013

Type de contrat		Modifié par la réforme	Durée du contrat en mois	Taux de la cotisation patronale
CDD	Remplacement	Non	-	4,00%
	Accroissement temporaire d'activité	**Oui**	**≤ 1**	**7,00%**
			> 1 et ≤ 3	**5,50%**
			> 3	**4,00%**
	Emploi d'usage	**Oui**	**≤ 3**	**4,50%**
			> 3	**4,00%**
	Emploi saisonnier	Non	-	4,00%
CDI	Âge du salarié ≥ 26 quel que soit l'effectif de l'entreprise	Non	-	4,00%
	Âge du salarié < 26 dans une entreprise ≥ 50 salariés	**Oui**	**-**	**exonération pendant 3 mois**
	Âge du salarié < 26 dans une entreprise < 50 salariés	**Oui**	**-**	**exonération pendant 4 mois**

Le taux de la cotisation est déterminé en fonction de la durée prévue au contrat qui s'apprécie de date à date. Si le contrat débute le premier jour du mois et se termine le dernier jour du même mois, sa durée est égale à un mois, quel que soit le nombre de jours calendaires de ce mois. Si le contrat débute en cours de mois, il est égal à un mois s'il se termine la veille anniversaire du mois suivant.
En cas de CDD à terme imprécis, le taux applicable est déterminé en fonction de la durée minimale du contrat.
En cas de renouvellement de CDD, il convient d'appliquer le taux en fonction des périodes. Par exemple, un CDD est conclu pour 3 semaines, le taux à appliquer est de 7 %. Puis il est renouvelé pour 2 mois et demi, le taux à appliquer est de 5,50 %.
En cas de rupture anticipée, le taux applicable est déterminé en fonction de la durée initialement prévue et non pas en fonction de la durée effective du CDD.

En cas de transformation du CDD en CDI, le taux n'est pas majoré que ce soit en cours ou en fin de CDD, dans le cadre d'un nouveau contrat sous CDI, ou suite au maintien de relations contractuelles au-delà du terme prévu par le CDD initial. Toutefois, lorsque le CDD a été renouvelé, seule la majoration applicable à la période de renouvellement est annulée.

Quant à **l'exonération temporaire de la cotisation patronale pour l'embauche d'un jeune en CDI**, elle est valable aussi bien pour un temps plein que pour un temps partiel. L'âge s'apprécie à la date de prise d'effet du CDI (et non pas à sa signature). L'exonération est néanmoins subordonnée à la poursuite du contrat au-delà de la période d'essai. L'effectif de l'entreprise s'entend tous les établissements confondus au 31 décembre de l'année civile qui précède celle du jour de fin de la période d'essai. Cette exonération, compatible avec l'allégement de cotisation Fillon, est de 4 mois pour les entreprises de moins de cinquante salariés et de 3 mois pour les entreprises de cinquante salariés et plus.
L'exonération ne peut être ni suspendue ni interrompue, notamment par l'absence de versement de la rémunération au cours d'un mois, comme par exemple la maladie non indemnisée pendant la période d'exonération ou encore un congé sans solde pour fermeture d'entreprise.
En cas de rupture du contrat, et quel que soit le motif de rupture, il n'y aura pas de remboursement de l'exonération par l'employeur. L'exonération court jusqu'à la date de fin du préavis si elle est comprise dans le délai de 3 ou 4 mois. Enfin, en cas de dispense de préavis avec paiement de celui-ci, l'employeur cesse d'être exonéré à la date de fin du contrat (dans ce cas le préavis est soumis au taux de 4 %).

Versement des cotisations

Les cotisations sont réglées dans leur totalité (part patronale et part salariale) à la diligence de l'employeur. Les règlements sont effectués aux mêmes dates que pour les cotisations de Sécurité sociale et peuvent être limités à un rythme annuel (au plus tard le 15 janvier), lorsque le montant est inférieur à un seuil fixé par l'UNEDIC. Ils sont accompagnés d'un avis de versement conforme à un modèle type (C. Séc. soc., art. R.243-6 et R.243-6-1).

Depuis 2011, les cotisations chômage sont déclarées sur la même page écran de www.net-entreprises.fr et payées à l'URSSAF dans le même télévirement.

ATTENTION

L'Association pour la gestion de la structure financière, qu'on abrégeait en ASF, précomptée par les ASSEDIC et destinée à financer les retraites complémentaires – qui subirent un surcoût du fait des nombreux départs en retraite en 1982 (dû à l'abaissement de l'âge de départ en retraite de 65 à 60 ans pour ceux qui avaient le nombre de trimestres requis) et qui en subissaient encore à cause des « préretraites » – a été remplacée depuis le 1er avril 2001 par l'Association pour la gestion du fonds de financement de l'AGIRC et de l'ARRCO, abrégée en AGFF. Si l'ASF n'existe plus et n'est plus versée aux ASSEDIC, l'AGFF existe bel et bien et est versée soit à l'ARRCO, soit à l'AGIRC.

Les taux sont les suivants : 0,80 % pour le salarié et 1,20 % pour l'entreprise sur la tranche A, et 0,90 % pour le salarié et 1,30 % pour l'entreprise sur la tranche B (soit légèrement plus élevés que ceux de l'ASF).

3. Les cotisations de retraite complémentaire

Nous avons déjà vu qu'il y avait deux régimes principaux : l'ARRCO pour les non-cadres et pour les cadres, et l'AGIRC pour les cadres uniquement. Les cotisations pour ces deux régimes donnent des droits différents aux salariés. Mais qui a le droit de cotiser et à quelle caisse ?

Entreprises concernées

Créé le 1er avril 1947, le **régime de l'AGIRC** s'applique depuis cette date à toutes les branches professionnelles dont l'activité est représentée au CNPF (Conseil national du patronat français, devenu MEDEF, le Mouvement des entreprises de France, le 27 octobre 1998). La loi du 29 décembre 1972 a étendu le régime à toutes les entreprises, sauf celles dont le personnel bénéficie d'un régime institué par voie législative ou réglementaire.
Quant à **l'ARRCO**, depuis l'accord historique du 8 décembre 1961, les secteurs professionnels intégrés à l'ARRCO n'ont cessé de s'étendre. À partir de la loi de généralisation de la retraite complémentaire, les arrêtés d'extension se sont multipliés. La presque totalité des entreprises et organismes du secteur privé était intégrée à l'ARRCO en 1973.

L'entreprise a l'obligation d'adhérer à l'ARRCO dans les 3 mois qui suivent la création de l'entreprise, et non pas à compter de la date d'embauche du premier salarié. Alors que dans le cas de **l'AGIRC**, c'est la date d'embauche du premier cadre qui fixe le point de départ des 3 mois.
Quant à l'affiliation des participants, en principe, c'est une obligation de l'employeur. Par exception à ce principe, pour les VRP multicartes, l'obligation incombe au VRP lui-même, s'il n'est pas cadre et doit effectuer la démarche dans le délai d'un mois.

Salariés bénéficiaires

Sont bénéficiaires de plein droit du régime de l'AGIRC tous les ingénieurs et cadres définis par les arrêtés de mise en ordre (dits aussi « arrêtés Parodi-Croizat »).
Les ingénieurs, « *ce sont les collaborateurs qui, sans exercer des fonctions de commandements, ont une formation technique constatée*

généralement par un diplôme ou, reconnue équivalente, et qui occupent dans l'entreprise un poste où ils mettent en œuvre les connaissances qu'ils ont acquises. »
Quant aux cadres, « *ce sont des agents possédant une formation technique, administrative, juridique, commerciale ou financière et qui exercent par délégation de l'employeur un commandement sur des collaborateurs de toute nature : ouvriers, employés, techniciens, agents de maîtrise, ingénieurs, collaborateurs administratifs ou commerciaux.* » Il est ajouté certains médecins, les VRP travaillant pour un seul employeur, et bien sûr, les personnes exerçant des fonctions de direction. Enfin, peuvent entrer dans cette catégorie, les employés, techniciens ou agents de maîtrise dont le coefficient hiérarchique brut est au moins égal à 300 dans les classifications d'emplois agréées par l'AGIRC (autrement dit, ceux qui rentrent dans le cadre de l'article 4bis de la convention de l'AGIRC).
Pour bénéficier de l'ARRCO, à l'origine il suffisait que le salarié soit titulaire d'un contrat de travail. Puis, les VRP ont été intégrés (1er janvier 1974) ainsi que les travailleurs à domicile, les cadres et participants affiliés en tranche B à l'AGIRC. Il n'y a pas d'âge minimal pour relever de l'ARRCO. En revanche, un âge maximal de 67 ans s'applique (certaines institutions prévoient néanmoins une affiliation au-delà de cet âge).

Assiette des cotisations

Depuis le 1er janvier 1996, l'AGIRC et l'ARRCO ont adopté la même assiette, à quelques exceptions près, que le régime général de Sécurité sociale. Les exceptions concernent certaines assiettes forfaitaires instituées par la Sécurité sociale, telles que celles des artistes et mannequins, les formateurs occasionnels ou encore les étudiants effectuant des stages en entreprise et bénéficiant d'un contrat de travail. Les cotisations de retraite complémentaire sont calculées dans ces cas-là sur le salaire réel.

Pour l'**ARRCO** : jusqu'au 31 décembre 1999, l'assiette était limitée à trois fois le plafond de la Sécurité sociale.
Depuis le 1er janvier 2000, il faut distinguer **deux tranches** :
• la tranche 1 : du premier centime jusqu'au plafond de la Sécurité sociale (cadres et non-cadres) ;
• la tranche 2 : du plafond plus 1 centime jusqu'à trois plafonds de la Sécurité sociale (non-cadres seulement).

Pour l'**AGIRC,** les appointements se divisent en **trois tranches** :
• la tranche A : c'est la tranche A de la Sécurité sociale, c'est-à-dire limitée au plafond ;
• la tranche B : comprise entre le plafond et quatre fois celui-ci ;
• la tranche C : au-delà de quatre fois le plafond.

Les abattements et réductions de plafonds se font comme nous l'avons déjà vu précédemment.

Taux de cotisation

ARRCO

Le déficit structurel ayant atteint 7,5 milliards de francs en 1993, un certain nombre de mesures ont été prises lors du protocole d'accord du 10 février 1993.
1. Le relèvement progressif du taux minimum contractuel (6 % au 1er janvier 1999). Il était fixé à 4 % pour les années 1994/1995 et fut progressivement augmenté au cours des quatre années suivantes pour atteindre :
• 4,50 % à compter du 1er janvier 1996 ;
• 5 % à compter du 1er janvier 1997 ;
• 5,50 % à compter du 1er janvier 1998 ;
• 6 % à compter du 1er janvier 1999.
2. La stabilité du taux d'appel jusqu'en 1995 et toujours stable aujourd'hui : **125 %.**
3. La diminution progressive du taux de rendement de référence.

Chaque employeur doit adhérer au moins au minimum à l'ARRCO, et de plus doit choisir, avec l'accord de ses salariés, de cotiser à ce que l'on appelle le régime facultatif qui implique une cotisation complémentaire dont la répartition entre employeur et salarié est définie par l'accord.
Le taux minimum contractuel de base est de 6 %, répartis en 2,5 pour le salarié et 3,5 pour l'employeur. Cependant, il y a une difficulté à la compréhension du bulletin de paie car les taux que l'on y retrouve ne correspondent pas aux valeurs évoquées ci-dessus. La différence entre les taux dont nous avons parlé et ceux inscrits est ce qu'on appelle « **le taux d'appel** ». Devant le nombre croissant de retraités et le nombre décroissant de cotisants, les régimes de

retraites complémentaires ont de plus en plus de mal à équilibrer leurs comptes, car il faut (puisqu'elles sont sous le régime de la « répartition ») que les ressources soient égales aux prestations. D'où l'idée d'une « surcotisation » en majorant les taux de base. Pour l'ARRCO, le pourcentage d'appel des cotisations était fixé à 120 % pour 1990, à 123 % pour 1991, et est de **125 % depuis 1992**. Ces pourcentages servent à déterminer le montant des cotisations effectivement dues. Le pourcentage d'appel des cotisations est maintenu à 125 % jusqu'au 31 décembre 2015 (article 6 de l'accord du 18 mars 2011).

Exemple
Une entreprise cotisant au taux contractuel minimum de 4 % a acquitté une cotisation égale à 4,80 % des salaires en 1990, à 4,92 % en 1991, à 5 % de 1992 à 1995, à 5,625 % en 1996 depuis l'augmentation du taux contractuel minimum, à 6,25 % en 1997, à 6,875 % en 1998. Donc, pour un taux de base ARRCO actuel de 6 %, la cotisation globale est en fait de 7,50 % (6 % x 1,25).

Une précision importante, il va sans dire que **les cotisations supplémentaires provoquées par les taux d'appel ne génèrent pas de points de retraite** qui, eux, sont calculés sur les taux de base. Le nombre de points de retraite reste calculé en divisant le montant des cotisations correspondant au taux contractuel (6 % depuis 1999) par le salaire de référence.
Lorsque l'employeur adhère à un régime facultatif, le taux d'appel pour les cotisations supplémentaires est identique à celui du régime obligatoire (ARRCO comme AGIRC).

La circulaire AGIRC-ARRCO 2013-5-DC du 29 mars 2013, l'article 1 de l'Accord national interprofessionnel du 13 mars 2013 sur les retraites complémentaires avait prévu que :
• au 1er janvier 2014, les taux contractuels obligatoires de cotisation du régime ARRCO soient portés de 6 % à 6,10 % sur la tranche 1, et de 16 % à 16,10 % sur la tranche 2 ;
• au 1er janvier 2014, le taux contractuel obligatoire de cotisation du régime AGIRC soit porté de 16,24 % à 16,34 % sur les tranches B et C ;
• au 1er janvier 2015, que ces taux soient respectivement portés à 6,20 %, 16,20 % et 16,44 %.

Tableau récapitulatif des cotisations ARRCO 2013

Salariés	Assiette	Taux minimum contractuel	Taux d'appel	Taux minimum salarié	Taux minimum patronal	Taux total salarié + employeur
Non-cadres	Tranche 1	6 %	125 %	3 %	4,50 %	7,50 %
Non-cadres	Tranche 2	16 %	125 %	8 %	12 %	20 %
Cadres	Tranche A	6 %	125 %	3 %	4,50 %	7,50 %

Tableau récapitulatif des cotisations ARRCO 2014

Salariés	Assiette	Taux minimum contractuel	Taux d'appel	Taux minimum salarié	Taux minimum patronal	Taux total salarié + employeur
Non-cadres	Tranche 1	6,10 %	125 %	3,05 %	4,58 %	7,63 %
Non-cadres	Tranche 2	16,10 %	125 %	8,05 %	12,08 %	20,13 %
Cadres	Tranche A	6,10 %	125 %	3,05 %	4,58 %	7,63 %

Tableau récapitulatif des cotisations ARRCO 2015

Salariés	Assiette	Taux minimum contractuel	Taux d'appel	Taux minimum salarié	Taux minimum patronal	Taux total salarié + employeur
Non-cadres	Tranche 1	6,20 %	125 %	3,10 %	4,65 %	7,75 %
Non-cadres	Tranche 2	16,20 %	125 %	8,10 %	12,15 %	20,25 %
Cadres	Tranche A	6,20 %	125 %	3,10 %	4,65 %	7,75 %

AGIRC

À l'AGIRC, jusqu'en 1996, la répartition du taux entre employeur et cadre était la suivante : la cotisation contractuelle minimale de 8 % était répartie en 6 % pour l'employeur et 2 % pour le cadre, la partie dépassant 8 % étant répartie pour moitié entre l'employeur et le cadre.

En 1997, le **taux minimum** fut porté à 14 %, en 1998 à 15 %, et **depuis 1999 à 16 %** (10 % à la charge de l'employeur, 6 % à celle du cadre). Le **taux d'appel** était depuis le 1er janvier 1990 de 117 %.

Depuis l'accord du 9 février 1994, ce taux fut porté à 121 % à compter du 1er janvier 1994 puis **à 125 % depuis le 1er janvier 1995**. Donc, pour un taux de base AGIRC de 16 %, la cotisation globale est de **20 %** (16 x 1,25), répartis en 7,50 % pour le salarié et 12,50 % pour l'employeur.

Comme prévu par l'accord du 12 novembre 2003, **le taux minimum est relevé à compter du 1er janvier 2006 de 0,20 % pour la part salariale (7,70 %) et de 0,10 % pour la part patronale (12,60 %)**.

La même circulaire AGIRC-ARRCO 2013-5-DC du 29 mars 2013 avait également prévu une augmentation des taux de cotisation AGIRC :

- au 1er janvier 2014, le taux de 16,24 % est passé à 16,34 % (appelé à 20,43 %) ;
- **depuis le 1er janvier 2015, il passe à 16,44 % (appelé à 20,55 %).**

Tableau récapitulatif des cotisations AGIRC 2013

Salariés	Assiette	Taux minimum contractuel	Taux d'appel	Taux minimum salarié	Taux minimum patronal	Taux total salarié + employeur
Cadres	Tranche B	16,24 %	125 %	7,70 %	12,60 %	20,30 %
Cadres	Tranche C	16,24 %	125 %	7,70 %	12,60 %	20,30 %

Tableau récapitulatif des cotisations AGIRC 2014

Salariés	Assiette	Taux minimum contractuel	Taux d'appel	Taux minimum salarié	Taux minimum patronal	Taux total salarié + employeur
Cadres	Tranche B	16,34 %	125 %	7,75 %	12,68 %	20,43 %
Cadres	Tranche C	16,34 %	125 %	7,75 %	12,68 %	20,43 %

Tableau récapitulatif des cotisations AGIRC 2015

Salariés	Assiette	Taux minimum contractuel	Taux d'appel	Taux minimum salarié	Taux minimum patronal	Taux total salarié + employeur
Cadres	Tranche B	16,44 %	125 %	7,80 %	12,75 %	20,55 %
Cadres	Tranche C	16,44 %	125 %	7,80 %	12,75 %	20,55 %

La Garantie minimale de points (GMP)

Depuis le 1er janvier 1989, l'AGIRC a institué un régime obligatoire permettant aux cadres ayant un salaire inférieur ou à peine supérieur au plafond de la Sécurité sociale d'acquérir néanmoins des points de retraite en fonction du taux de cotisation en tranche B choisi par l'entreprise, sur la base de 72 points pour un taux de 8 % (ce qui donne 108 points pour 12 %, 126 points pour 14 %, 144 points pour 16 %).

Avant le 1er janvier 1997, l'AGIRC déterminait en début de chaque année un salaire de référence qui servait au calcul mensuel de la cotisation. Les points garantis étaient acquis en contrepartie d'une cotisation calculée en fonction du salaire de référence de l'année en cours, selon la formule :

Cotisations = nombre de points garantis x salaire de référence x taux d'appel des cotisations

Depuis le 1er janvier 1997, l'AGIRC donne un plafond annuel (16 695 francs pour 1997, 17 325 francs pour 1998, 18 518 francs pour 1999, 19 793 francs pour 2000, 20 092,50 francs pour 2001, 3 113 euros pour 2002, 3 165 euros pour 2003, 3 240 euros pour 2004, 3 320 euros pour 2005, 3 324 euros pour 2006, 3 360 euros pour 2007, 3 601 euros pour 2008, 3 665 euros pour 2009, 3 713 euros pour 2010, 3 794,65 euros pour 2011, 3 880 euros pour 2012, 3 916,85 euros pour 2013, 3 891,96 pour 2014) qui, divisé par 12, nous donnera le montant mensuel (soit 1 391,25 francs pour 1997, 1 443,75 francs pour 1998, 1 543,17 francs pour 1999, 1 649,42 francs pour 2000, 1 674,38 francs pour 2001, 259,42 euros pour 2002, 263,75 euros pour 2003, 270 euros pour 2004, 276,67 euros pour 2005, 277 euros pour 2006, 280 euros pour 2007, 300 euros pour 2008, 305,42 euros pour 2009, 309,41 euros pour 2010, 316,22 euros pour 2011, 323,33 euros pour 2012, 326,40 euros pour 2013 et 322,82 pour 2014), le nombre de points garantis n'étant plus de 144 mais de 120 (pour un taux de 16,24 %).

Autrement dit : pour l'année 2014, le salaire annuel sous lequel jouait la GMP s'élevait à 41 421,84 euros (ou 3 451,82 euros par mois).

Pour 2015, exceptionnellement, le salaire charnière et la GMP restent au niveau de 2014, soit une GMP mensuelle à 322,82 euros et le salaire charnière à 3 492,82 euros (3 170 euros + 322,82 euros).

En cas de doute sur ces montants, les entreprises ont de toute façon toujours jusqu'au 31 décembre 2015 pour régulariser le montant de la GMP.

La Contribution exceptionnelle temporaire (CET)

Une CET est applicable aux rémunérations perçues à compter du 1er janvier 1997 par les cadres relevant du régime AGIRC. La **CET, non génératrice de droits et non soumise au pourcentage d'appel des cotisations, est prélevée sur les rémunérations du premier centime à la limite supérieure de la tranche C, soit huit fois le plafond de la Sécurité sociale**. Elle est répartie entre employeur et cadre de la même façon que la cotisation sur la tranche B. En 1997, cette cotisation était de 0,07 %, à raison de 0,045 % pour l'employeur et de 0,025 % pour le salarié, pour un taux de 14 % (respectivement 0,044 % et 0,026 % pour les taux de 15 % et 16 %). La **CET** était portée à 0,14 % au 1er janvier 1998, à 0,21 % au 1er janvier 1999, à 0,28 % au 1er janvier 2000 et est à **0,35 % depuis le 1er janvier 2001 (0,13 % de part salariale et 0,22 % de part patronale)**.

L'Association pour la gestion du fonds de financement (AGFF)

Depuis le 1er avril 2001, une nouvelle structure (l'AGFF) gère le financement des retraites complémentaires, se substituant ainsi à l'ASF. Pour les cadres, les cotisations seront assises sur les tranches A et B (donc pas sur la tranche C). Pour les non-cadres, elles seront sur les tranches 1 et 2. Voici deux précisions utiles :

- ces cotisations seront appelées pour les salariés de plus de 65 ans (ce qui n'était pas le cas pour l'ASF) ;
- la GMP ne s'applique pas.

Tableau récapitulatif de la cotisation AGFF

Salariés	Assiette	Taux salarié	Taux employeur	Taux total	Organismes de recouvrement
Tous	Tranche A	0,80 %	1,20 %	2 %	ARRCO
Non-cadres	Tranche 2	0,90 %	1,30 %	2,20 %	ARRCO
Cadres	Tranche B	0,90 %	1,30 %	2,20 %	AGIRC

L'Association pour l'emploi des cadres (APEC)

En plus de ces cotisations retraite, il ne faut pas oublier la cotisation APEC. Créée en 1966, gérée paritairement par le CNPF (Conseil national du patronat français) à l'époque, aujourd'hui par le MEDEF et les syndicats, cette association est chargée d'études et d'actions pour le reclassement des cadres. Les taux sont inchangés depuis sa création ! À savoir **0,024 % pour le salarié et 0,036 % pour l'employeur.**
Jusqu'au 31 décembre 2010, ces taux étaient applicables uniquement sur la **tranche B**, mais il y avait en plus **un forfait annuel**, partagé entre le salarié et l'employeur de la même façon que la cotisation (à savoir 60 % pour l'employeur, 40 % pour le salarié) calculé en fonction du plafond annuel moyen de la Sécurité sociale (très exactement 0,060 % de sa valeur), et **payé pour tout cadre présent à l'effectif au 31 mars de chaque année.**

Depuis le 1er janvier 2011, le forfait annuel est supprimé et remplacé par la base de cotisations élargie à la tranche A (comme pour la cotisation chômage).

Tableau récapitulatif des cotisations APEC

Salariés	Assiette	Taux salarié	Taux patronal	Taux total
Cadres	Tranche A + B	0,024 %	0,036 %	0,060 %

4. La prévoyance

Pour l'instant, la prévoyance ne présente un caractère **obligatoire que pour les cadres** au titre de **l'assurance décès**. La convention collective des cadres du 14 mars 1947 impose en effet aux employeurs de financer un capital décès. La cotisation minimale s'élève à **1,50 %** du salaire dans la limite de la **tranche A**.
Aujourd'hui, dans la plupart des entreprises, une ou plusieurs cotisations prévoyance sont prévues, aussi bien pour les cadres que pour les non-cadres et assises aussi bien sur la tranche A que sur la tranche B, voire même sur la tranche C et à des taux aussi divers que variés. C'est pourquoi, conformément à l'introduction de ce livre, il nous est impossible d'en parler plus.

Attention toutefois, car les choses sont en train de changer. En effet, l'avant-projet de loi relatif à la sécurisation de l'emploi a prévu à la fois la généralisation de la couverture complémentaire santé pour les salariés et l'amélioration de la portabilité pour les demandeurs d'emploi (sur ce dernier point, *voir* partie X, chapitre 5). Toutes les entreprises du secteur privé, tous régimes confondus, seront concernées.
Depuis le 1er janvier 2013, il y a une obligation pour les branches non couvertes de lancer une négociation, suite à laquelle les entreprises devront se conformer au plus tard au 1er juin 2016. Si la négociation de branche s'est révélée infructueuse, les entreprises ont dû lancer une négociation à compter du 1er juillet 2014. Si celle-ci n'aboutit pas au **1er janvier 2016, une couverture santé minimale,** telle que définie par décret, **devra être mise en place sur décision unilatérale**.
Concernant la portabilité, les branches et les entreprises devront mettre en place un système à compter du 1er juin 2014 pour la couverture santé, et du 1er juin 2015 pour la prévoyance, la durée des garanties passant de 9 à 12 mois.

Attention : l'article 4 de la loi de finances 2013 rend intégralement imposable la part patronale des cotisations finançant les frais de santé. Les autres contributions (cotisations salariales et patronales de prévoyance et cotisations salariales des frais de santé) restent exonérées d'impôt sur le revenu dans la limite de 5 % du plafond annuel de la Sécurité sociale plus 2 % de la rémunération annuelle brute, mais sans que le total ainsi obtenu puisse excéder 2 % de 8 fois le PASS (6 086,40 euros en 2015).

Les cotisations patronales finançant des contrats de frais de santé intégralement imposables sont celles qui correspondent à des garanties de remboursement ou d'indemnisation de frais occasionnés par une maladie, une maternité ou un accident. Certains contrats de frais de santé prévoyant le versement d'un capital décès (ou garanties obsèques), il est important que les organismes de prévoyance établissent une distinction dans leur appel de cotisations de façon à ce que les entreprises puissent déterminer la part imposable.

Cette nouvelle imposition s'applique également aux cotisations versées dans le cadre de la portabilité dans les mêmes conditions.

En ce qui concerne les autres contributions de prévoyance, elles restent non imposables tant qu'elles ne dépassent pas 5 % du plafond annuel de la Sécurité sociale (1 902 euros en 2015) et 2 % de la rémunération brute annuelle du salarié, dans la limite de 8 fois le PASS, soit 6 086,40 euros en 2015.

5. Les charges fiscales sur les salaires

Pour les employeurs, il n'y a aucune obligation de faire figurer ces taxes sur les bulletins. Néanmoins, ils sont nombreux à le faire soit de manière globale, soit de manière détaillée. Ces charges fiscales sont toutes exclusivement à la charge de l'entreprise, et leurs assiettes sont assises sur le brut. Les voici, sous forme de tableau.

Taxes	Effectif	Assiette	Taux patronal
(1) Effort à la construction	≥ 20	Brut	0,45 %
(2) Apprentissage		Brut	0,68 %
(3) Formation professionnelle continue	≥ 10	Brut	1,00 %
	< 10	Brut	0,55 %
(4) Transport	> 9	Brut	Variable

Participation à l'effort construction

Le taux de 0,45 % est plus connu sous le terme du « 1 % logement » (qui n'est donc plus égal à 1 %). Il sert au **prêt patronal pour l'acquisition ou la réfection d'un logement** alloué aux salariés qui en font la demande.

Taxe d'apprentissage

Sont exonérés de la taxe d'apprentissage les entreprises employant un ou plusieurs apprentis si la base d'imposition à la taxe n'excède pas six fois le SMIC annuel, les établissements d'enseignement et les professions libérales. Le taux de 0,68 % (nouveau en 2014) résulte de la fusion du taux réel de 0,50 % et de la taxe additionnelle (anciennement de 0,18 %, *voir* plus loin dans cette partie du livre). Le taux de 0,50 % se décompose en deux parties :

• 9 % réservé au Fonds national interconsulaire de compensation (FNIC) ;

• 91 % décomposés en deux parties :

- un quota obligatoire de 20 %, soit dépensé par l'employeur, soit versé au Trésor (les dépenses déductibles sont la fraction de salaire versé aux apprentis, 11 % du SMIC par mois et par apprenti, et les subventions versées aux CFA),
- le solde (71 %), soit dépensé par l'employeur (50 % du salaire versé aux apprentis pour les heures passées en CFA dans la

limite de 900 heures/an plus les frais de chambre de commerce plus les dépenses consenties en faveur des premières formations technologiques), soit versé au Trésor.

La taxe additionnelle
Une contribution additionnelle intitulée « contribution au développement de l'apprentissage » est instituée par la loi de finances 2005 afin de *« renforcer l'autonomie des régions »*. Cette contribution est égale à 0,06 % des rémunérations versées en 2004, 0,12 % pour celles de 2005 et de **0,18 % pour celles versées depuis 2006.**
En 2014, la taxe d'apprentissage et la taxe additionnelle ont été fusionnées en une seule taxe d'apprentissage de 0,68 % (et 0,44 % en Alsace-Moselle).

Participation à la formation professionnelle continue

Les conditions de financement de la formation professionnelle pour les entreprises de 10 salariés et plus sont modifiées depuis le 1er janvier 2015. Il n'y a plus qu'un seul **taux de 1 %** remplaçant l'ancien 1,05 % des entreprises entre 10 et 19 salariés et l'ancien 1,60 % des entreprises de 20 salariés et plus.
Les 0,55 % et 1 % sont répartis de la manière suivante :

Dispositif	< 10 salariés	10 à 49 salariés	50 à 299 salariés	300 salariés et +
CIF	-	0,15%	0,20%	0,20%
Professionnalisation	0,15%	0,30%	0,30%	0,40%
Plan	0,40%	0,20%	0,10%	-
CPF	-	0,20%	0,20%	0,20%
FPSPP	-	0,15%	0,20%	0,20%
Total	**0,55%**	**1,00%**	**1,00%**	**1,00%**

Remarque 1 : le Fonds paritaire de sécurisation des parcours professionnels (FPSPP) remplace l'ancien Fonds unique de péréquation (FUP) depuis le 1er janvier 2015. Le FPSPP a pour but d'assurer la qualification ou la requalification des salariés ou demandeurs d'emploi par des actions adaptées aux bénéficiaires et à leurs projets professionnels.

Remarque 2 : la diminution du taux s'explique en partie par la suppression du DIF.

Taxe transport

La taxe transport, également appelée « versement transport » (à ne pas confondre avec l'indemnité de transport allouée aux salariés comme vu précédemment), est une contribution due par les employeurs privés ou publics, quelle que soit la nature de leur activité ou leur forme juridique, qui emploient plus de neuf salariés dans une zone où est instituée cette taxe. Le montant de la taxe sert au financement des transports publics (investissement et fonctionnement) et à leurs dépenses d'exploitation.
D'abord instituée en région parisienne, la taxe transport a été progressivement étendue aux communes de plus de 300 000 habitants en 1973, 100 000 habitants en 1974, 30 000 habitants en 1982, 20 000 habitants en 1992 et enfin 10 000 habitants en 1999 (loi Chevènement). Le taux de la taxe transport varie en fonction de la ville dans laquelle est située l'entreprise. Selon le Code général des collectivités territoriales, le taux minimum est de **0,55 %** pour les communes de 10 000 habitants et monte jusqu'à **2,85 %** (au 1er sepembre 2015) pour Paris.

Taxe sur les salaires

Enfin, il existe une autre taxe qui ne concerne pas tous les employeurs : **la taxe sur les salaires, destinée à remplacer la TVA** pour ceux qui n'y sont pas soumis (associations gérées selon la loi de 1901). Cette taxe, bien qu'étant fondée sur les salaires, ne profite en rien aux salariés, contrairement aux précédentes. Attention, une nouvelle tranche a été ajoutée le 1er janvier 2013.

Assiette/an	Assiette/mois	Taux patronal
De 0,01 à 7 705 euros	De 0,01 à 642,08 euros	4,25 %
De 7 705,01 à 15 385 euros	De 642,09 à 1 282,08 euros	8,30 %
De 15 385,01 à 151 965 euros	De 1 282,09 à 12 663,75 euros	13,60 %
Au-delà de 151 965 euros	Au-delà de 12 663,75 euros	20 %

Taxe sur les cotisations des employeurs au financement des prestations de prévoyance

Au 1er janvier 1996, il a été institué à la charge des employeurs et au profit du Fonds de solidarité vieillesse une taxe de 6 % sur une assiette constituée des contributions de l'employeur et de celles des organismes de représentation collective du personnel versées au bénéfice des salariés pour le financement de prestations de prévoyance. **Depuis le 1er janvier 1998, cette taxe est passée à 8 %.** Début 2012, elle fut regroupée avec le forfait social (taxe sur les montants de l'intéressement, participation et autres avantages). Au 1er août 2012, le taux du forfait social étant passé à 20 %, elle redevint « simple » taxe sur la prévoyance (et toujours à 8 %).
Cette taxe, curieusement, est à déclarer à l'URSSAF avec les autres cotisations, sous l'appellation « Forfait social à 8 % ».

Contribution sociale généralisée (CSG)

En **1991**, Michel Rocard, alors Premier ministre, souhaite que la France passe enfin au **prélèvement à la source**, en remplacement de notre impôt sur le revenu. Mais comment s'y prendre ? Si l'un (PS) remplace l'autre (IR) du jour au lendemain, se pose automatiquement la question : qui paie les impôts de l'année en cours ? Puisque je vous rappelle que vous payez cette année des impôts sur ce que vous avez gagné l'année dernière.
Comme il était hors de question que les Français payent deux impôts la même année et que l'État ne souhaitait pas renoncer aux impôts de l'année précédente, il fut donc décidé que la **mise en place serait progressive et qu'on aurait un effet « biseau »** (la CSG était programmée pour monter en niveau de prélèvement au fil des années tandis que simultanément les impôts sur le revenu devaient baisser). L'enfer étant pavé de bonnes intentions, nous avons aujourd'hui les deux : la CSG et toujours les mêmes impôts sur le revenu !

Les articles 127 à 135 de la loi de finances pour **1991** (n° 90-1168 du 29 décembre 1990), parus au *Journal officiel* du 30 décembre 1990, instituent donc une contribution sociale généralisée, affectée à la Caisse nationale des allocations familiales au taux de 1,1 %, sur tous les revenus (trois catégories de revenus : les revenus d'activité et de remplacement, les revenus du patrimoine, les produits de placement).

La circulaire du ministre des Affaires sociales et de la Sécurité sociale, M. Claude Évin, datée du 16 janvier 1991 et publiée au *JO* du 17 janvier, précisait l'interprétation de la loi en ce qui concerne la contribution sur les revenus d'activité et de remplacement, à l'exception des revenus agricoles qui ont fait l'objet d'une circulaire du ministère de l'Agriculture. Parallèlement à l'institution de cette CSG, il avait été décidé de supprimer le prélèvement de 0,4 % sur le revenu imposable, mais le prélèvement social exceptionnel de 1 % sur les revenus du capital fut finalement reconduit.

Puis, au 1er juillet **1993**, le taux de la Contribution sociale généralisée fut porté de 1,1 % à 2,4 % par le Premier ministre Édouard Balladur, mais l'augmentation de ce taux devait être déductible fiscalement dans une certaine limite : 3 000 francs pour une personne seule, 6 000 francs pour un couple (ramené à 1 500 francs et à 3 000 francs pour l'année 1993). En fait, il n'en fut rien (loi de finances du 17 décembre 1993), et donc elle resta et reste encore à ce jour **non déductible** !

Enfin, au 1er janvier **1997**, le Premier ministre Alain Juppé instaure une nouvelle CSG de 1 %, mais cette fois-ci vraiment **déductible**. Nouvelle CSG qui, à l'instigation du Premier ministre Lionel Jospin, passa au 1er janvier **1998 à 5,10 %** en compensation de la baisse de la cotisation Sécurité sociale maladie.

Champ d'application

Les personnes assujetties sont déterminées suivant les règles fiscales. Pour l'assiette de la CSG et la détermination des catégories de revenus, ce sont les règles en vigueur pour les cotisations du régime général de la Sécurité sociale qui s'appliquent, sauf exceptions mentionnées par la circulaire.

Contribuables assujettis

Sont assujetties à la CSG toutes les personnes réputées domiciliées en France pour l'application de l'impôt sur le revenu. La domiciliation s'apprécie au moment de la perception du revenu susceptible d'être assujetti à la CSG. Il appartient aux personnes non domiciliées fiscalement en France et qui pourraient faire l'objet d'un précompte sur l'un de leur revenu d'apporter la preuve de leur non-domiciliation fiscale en France à l'organisme ou l'entreprise chargés

du précompte. Ces derniers devront demander cette preuve dans les meilleurs délais.
Par rapport au champ d'application des cotisations de Sécurité sociale, il faut noter les différences suivantes :
• les personnes résidant en France et travaillant à l'étranger sont assujetties à la CSG ;
• les personnes résidant à l'étranger et exerçant une activité accessoire en France (sportive ou artistique notamment) ne sont pas assujetties sur la rémunération qu'elles perçoivent à cette occasion ;
• les personnes détachées de France au sens de la Sécurité sociale (C. Séc. soc., art. L.761-1 et L.761-2) et non domiciliées fiscalement en France ne sont pas assujetties à la CSG.

Revenus assujettis

Il s'agit des revenus d'activité et de remplacement versés à compter du 1er février 1991, quelle que soit la période au titre de laquelle ils sont versés. Les exonérations sont expressément fixées par l'article 128 de la loi de finances. **Sont assujettis tous les revenus assimilables aux « traitements, indemnités, émoluments, salaires, allocations, pensions ».**

Les salaires

Entrent dans le champ « salaire » non seulement les sommes considérées comme telles par la législation fiscale, mais aussi :
• les sommes allouées au titre de l'intéressement et de la participation ;
• les déductions supplémentaires pour frais professionnels accordées à certaines professions.

L'assiette de la CSG pour les revenus salariaux est la même que celle retenue pour les cotisations dues au régime général, mais il était appliqué systématiquement une déduction de 5 % au titre des frais professionnels jusqu'au 31 décembre 2004. **Au 1er janvier 2005, la déduction n'est plus que de 3 %.**

À NOTER

Les assiettes forfaitaires définies en matière de cotisations s'appliquent à la CSG, mais l'abattement au titre des frais professionnels n'est alors pas appliqué.

Sont incluses toutes les primes et indemnités diverses, quelle que soit leur dénomination, ainsi que les avantages en nature et en espèces, quel que soit leur mode de versement, y compris par un tiers. Sont aussi intégrés les primes des fonctionnaires et le supplément familial de traitement. Les indemnités journalières complémentaires sont assujetties en tant qu'élément de la rémunération du salarié, comme en matière de cotisations. Les règles relatives à l'évaluation des avantages en nature et à l'exonération des frais professionnels s'appliquent à la CSG.
Les sommes allouées au titre de l'intéressement et de la participation (au moment de leur attribution), et l'abondement versé par l'entreprise soit au titre du plan d'épargne d'entreprise, soit dans le cadre de la loi du 27 décembre 1973 relative à la souscription ou à l'acquisition d'actions, attribués à partir du 1er février 1991, quel que soit l'exercice de référence, doivent être soumis à la CSG (l'abattement de 5 % jusqu'au 31 décembre 2004 ou 3 % au 1er janvier 2005 leur étant applicable).

La contribution est recouvrée comme les cotisations du régime général. Les URSSAF sont chargées de l'intégralité du recouvrement de la CSG sur les salaires, à l'exception des revenus agricoles (ainsi que les CNAF des marins de commerce et de la pêche maritime et de la caisse de compensation des VRP, pour leurs ressortissants).

Tous les **revenus de remplacement** (pensions de retraite et d'invalidité, allocations de chômage et de préretraite) entrent dans le champ de la CSG, **sous réserve d'exonérations**.
Sont exonérées les pensions ou allocations perçues par les personnes exemptées du versement de l'impôt sur le revenu.
Ne sont pas soumis les avantages non contributifs de vieillesse ou invalidité attribués sous condition de ressources (AVTS, allocation supplémentaire du FNS, etc.).
Par ailleurs, sont exonérées de la CSG les allocations de chômage ou de préretraite lorsque l'application du prélèvement réduirait le montant net ou le montant cumulé de la rémunération d'activité et de l'allocation, à une somme inférieure au SMIC brut.

La CSG de 1991 n'est pas une charge déductible pour le calcul de l'impôt sur le revenu. Pour la détermination du revenu imposable, il faut donc retenir les éléments du salaire, en déduisant les cotisations mais pas la CSG. En revanche, il n'y a pas lieu d'inclure dans l'assiette du revenu imposable la partie de la CSG portant sur les éléments de revenus non imposables (revenus tirés de l'intéressement ou de la participation, par exemple). **La CSG de 1997 est en revanche une charge déductible** du calcul de l'impôt sur le revenu.

Au 1er janvier 2011, l'abattement des 3 % sur l'assiette de la CSG et de la CRDS devient plafonné. En effet, l'article 20 de la loi de financement de la Sécurité sociale pour 2011 limite à **quatre fois le plafond de la Sécurité sociale**, le montant de la rémunération auquel l'abattement pour frais professionnels sera applicable. Depuis le 1er janvier 2011, la fraction des rémunérations dépassant cette limite est par conséquent intégralement soumise à la CSG et à la CRDS. Selon les documents annexés au projet de loi, ce plafonnement de l'abattement de 3 % vise également l'épargne salariale. Sur la base du plafond de la Sécurité sociale de 2012, l'abattement cesse de s'appliquer au-delà d'une rémunération annuelle de 152 160 euros (quatre fois le plafond annuel). Selon le gouvernement, environ 1 % des salariés sont concernés par ces nouvelles mesures.
Au 1er janvier 2012, l'abattement est réduit à 1,75 %. De plus l'abattement est supprimé pour tous les autres montants hors salaire : plus d'abattement sur les cotisations patronales de prévoyance, de mutuelle ou de retraite supplémentaire.

En résumé, en ce début d'année 2015, il y a deux CSG sur votre bulletin de paie : une déductible des impôts (5,10 %) et une non déductible des impôts (2,40 %) assises toutes les deux sur 98,25 % du brut des cotisations (dans la limite de 4 fois le plafond de la Sécurité sociale) et sur 100 % du montant des cotisations patronales de mutuelle, prévoyance et retraite supplémentaire (pour ceux qui en bénéficient).

Contribution au remboursement de la dette sociale (CRDS)

La loi n° 95-1348 du 30 décembre 1995 a institué la **Contribution au remboursement de la dette sociale sur tous les revenus des personnes physiques versés du 1er février 1996 au 31 janvier 2009**, affectée à une caisse d'amortissement de la dette sociale dont la mission est de gérer et d'amortir la dette constatée au 31 décembre 1995 au titre des déficits cumulés à cette date et du déficit prévisionnel de l'exercice 1996 par le régime général de la Sécurité sociale.

Les **revenus assujettis** sont ceux déjà soumis à la CSG :
- le montant brut des traitements et salaires ;
- les sommes allouées au titre de la participation et de l'intéressement ;

ainsi que :
- les contributions patronales aux régimes de prévoyance complémentaire et de retraite supplémentaire ;
- les indemnités de licenciement ou de mise à la retraite, pour la fraction qui excède le montant légal ou conventionnel ;
- les allocations contributives de chômage, de retraite ou d'invalidité des contribuables exonérés d'impôt sur le revenu ;
- les indemnités journalières de maladie, de maternité et d'accident de travail ;
- les allocations de logement.

Sont également soumis à la CRDS les revenus du patrimoine soumis à la CSG.

S'agissant des produits de placement, outre ceux déjà soumis à la CSG, l'ordonnance assujettit à la CRDS les revenus de l'épargne exonérés d'impôt sur le revenu, à l'exception du livret A et des livrets assimilés.

Les salariés contribuaient à la CRDS sur la base de 95 % de leur rémunération brute jusqu'au 31 décembre 2004. Au 1er janvier 2005, c'était sur la base de 97 %. Depuis le 1er janvier 2012, c'est **sur la même base que la CSG (98,25 % du brut limité à 4 plafonds annuels de la Sécurité sociale plus 100 % des montants patronaux de prévoyance, mutuelles et retraite supplémentaire)**.

Le 31 janvier 2009 est passé depuis longtemps, mais nous avons toujours la CRDS car il a été décidé de prolonger son prélèvement *sine die*.

Enfin, rappelons que **la CRDS n'est pas déductible** de l'impôt sur le revenu.

Tableau des assiettes de cotisations et des taux minimums obligatoires

Pour tous les salariés (cadres et non-cadres)		
Salaire brut	**Taux salarial**	**Taux patronal**
Assurance mal. mat. inv. décès	0,75	12,8
Assurance vieillesse déplafonnée	0,30	1,80
Allocations familiales ≤ 1,6 Smic	-	3,45
Allocations familiales < 1,6 Smic	-	5,25
Contribution Solidarité Autonomie	-	0,30
Accident du travail	-	variable
Taxe transport (eff. > 9)	-	variable
Fonds national d'aide au logement (eff. ≥ 20)	-	0,50
Effort construction (eff. ≥ 20)	-	0,45
Taxe d'apprentissage	-	0,68
Formation continue (eff. ≥ 10)	-	1,00
Formation continue (eff. < 10)	-	0,55
Tranche A	**Taux salarial**	**Taux patronal**
Assurance vieillesse	6,80	8,50
Fonds national d'aide au logement (eff < 20)	-	0,10
Tranche A + B	**Taux salarial**	**Taux patronal**
Régime d'assurance chômage	2,40	4,00
Association pour la garantie des salaires	-	0,30

+ pour les salariés non-cadres		
Tranche 1	**Taux salarial**	**Taux patronal**
Retraite complémentaire (ARRCO)	3,10	4,65
Association pour la gestion du fonds de financement	0,80	1,20
Tranche 2	**Taux salarial**	**Taux patronal**
Retraite complémentaire (ARRCO)	8,10	12,15
Association pour la gestion du fonds de financement	0,90	1,30
+ pour les salariés cadres		
Tranche A	**Taux salarial**	**Taux patronal**
Retraite complémentaire (ARRCO)	3,10	4,65
Association pour la gestion du fonds de financement	0,80	1,20
Prévoyance des cadres	-	1,50
Tranche B	**Taux salarial**	**Taux patronal**
Retraite complémentaire (AGIRC)	7,80	12,75
Association pour la gestion du fonds de financement	0,90	1,30
Tranche A + B	**Taux salarial**	**Taux patronal**
Association pour l'emploi des cadres	0,024	0,036
Tranche C	**Taux salarial**	**Taux patronal**
Retraite complémentaire (AGIRC)	7,80	12,75
Tranche A + B + C	**Taux salarial**	**Taux patronal**
Contribution exceptionnelle temporaire	0,13	0,22

6. Les cotisations spéciales

Cotisations des apprentis

Les apprentis sont **exonérés de cotisations salariales pour toute la partie des cotisations minimales obligatoires**. Ils ne cotisent donc pas à l'URSSAF (maladie, veuvage, vieillesse), ni au Pôle Emploi, ni à la retraite complémentaire si celle-ci est appelée au taux minimum obligatoire (6,20 % x taux d'appel). Si la retraite complémentaire est appelée à un taux supérieur au taux minimum, l'apprenti cotisera sur la différence entre ces deux taux. Enfin, les apprentis sont également exonérés de la Contribution sociale généralisée et de la Contribution au remboursement de la dette sociale (loi n° 90-1168 du 29 décembre 1990, art. 128 et ord. n° 96-50 du 24 janvier 1996).
Quant aux **cotisations patronales**, elles se calculent **sur une assiette forfaitaire** calculée sur la base de 151,67 fois le SMIC connu au 1er janvier de l'année (et donc pas sur le dernier SMIC connu et plus sur 169 fois le SMIC comme cela fut le cas jusqu'au 31 décembre 2011) x le pourcentage d'application en fonction de son âge et de son ancienneté diminué de 11 points.
Il y a exonération des charges de Sécurité sociale, à l'exception du FNAL (*voir* tableau ci-après).

Tableau des cotisations des apprentis en fonction du salaire

Assiette des cotisations (base 151,67h)		Charges mensuelles patronales en 2015 (en €)						
		FNAL	UNEDIC		Contribution Solidarité Autonomie	Retraite complé-mentaire	AGFF	Total des charges
en %	en €		RAC	AGS				
		0,50	4,00	0,30	0,30	4,65	1,20	10,95
14	204,00	1,00	8,00	1,00	1,00	9,45	2,45	22,90
26	379,00	2,00	15,00	1,00	1,00	17,65	4,55	41,20
29	423,00	2,00	17,00	1,00	1,00	19,70	5,05	45,75
30	437,00	2,00	17,00	1,00	1,00	20,30	5,25	46,55
38	554,00	3,00	22,00	2,00	2,00	25,80	6,65	61,45
41	598,00	3,00	24,00	2,00	2,00	27,80	7,20	66,00
42	612,00	3,00	24,00	2,00	2,00	28,45	7,30	66,75
45	656,00	3,00	26,00	2,00	2,00	30,50	7,85	71,35
50	729,00	4,00	29,00	2,00	2,00	33,85	8,75	79,60
53	773,00	4,00	31,00	2,00	2,00	35,90	9,30	84,20
54	787,00	4,00	31,00	2,00	2,00	36,55	9,40	84,95
57	831,00	4,00	33,00	2,00	2,00	38,65	9,95	89,60
65	947,00	5,00	38,00	3,00	3,00	44,00	11,40	104,40
67	977,00	5,00	39,00	3,00	3,00	45,45	11,70	107,15
69	1 006,00	5,00	40,00	3,00	3,00	46,75	12,05	109,80
82	1 195,00	6,00	48,00	4,00	4,00	55,55	14,30	131,85

Cotisations des stagiaires

Il faut avant tout préciser ce que l'on entend par stagiaire. Il ne s'agit pas de jeunes qui viennent travailler pendant leurs vacances scolaires ou universitaires. On peut classer les stagiaires en plusieurs catégories.

1. Les stagiaires non rémunérés

Il s'agit de stagiaires qui, en échange d'une formation professionnelle ou d'un enseignement, fournissent un travail.

• Cotisations salariales : exonérées, puisque pas de rémunération.

• Cotisations patronales : dues sur la valeur de la formation professionnelle (25 % du SMIC en vigueur au 1er janvier).

Si le stagiaire est affecté à un poste de travail déterminé et qu'il fournit une production, qu'il doit respecter un horaire, on considère qu'il y a un contrat de travail et les cotisations sont dues sur la base minimum du SMIC.

2. Les stagiaires rémunérés sous forme d'avantages en nature

En plus de leur formation professionnelle, les stagiaires perçoivent des avantages en nature en contrepartie du travail fourni.

• Cotisations salariales : exonérées.

• Cotisations patronales : dues sur la valeur de la formation professionnelle (25 % du SMIC) majorée de la valeur du ou des avantages en nature.

3. Les stagiaires rémunérés en espèces

• Si la rémunération est supérieure à la valeur de la formation professionnelle : cotisations salariales et patronales dues sur la somme réellement perçue augmentée de la valeur des éventuels avantages en nature.

• Si la rémunération est inférieure à la valeur de la formation professionnelle : les cotisations salariales sont exonérées et les cotisations patronales sont dues sur la valeur de la formation professionnelle (25 % du SMIC) majorée de la valeur du ou des avantages en nature.

Si les sommes perçues n'ont pas le caractère de rémunération et sont simplement destinées à compenser les frais de voyage, de nourriture et d'hébergement occasionnés par le stage : aucune cotisation n'est due.

4. Les élèves ou étudiants effectuant des stages

Un stage correspond à une période temporaire de mise en situation en milieu professionnel au cours de laquelle l'étudiant acquiert des compétences professionnelles qui mettent en œuvre les acquis de sa formation en vue de l'obtention d'un diplôme ou d'une certification. Le stagiaire se voit confier une ou des missions conformes au projet pédagogique défini par son établissement d'enseignement et approuvées par l'organisme d'accueil.

Un stage dans un même organisme d'accueil de plus de 2 mois consécutifs, ou non consécutifs au cours de la même année scolaire ou universitaire, doit être obligatoirement rémunéré chaque mois, dès le premier jour du stage.

Cette obligation s'applique aux entreprises, aux administrations publiques, aux associations ou tout autre organisme d'accueil.

A contrario, la gratification est facultative pour l'employeur si le stage dure moins de 2 mois.

Il ne s'agit pas d'un salaire.

Gratification minimale

La base de calcul de la gratification mensuelle des stagiaires est modifiée pour les conventions conclues depuis le 1er décembre 2014.

Avant cette date, le montant minimal versé au stagiaire était fixé à 12,5 % du plafond horaire de la Sécurité sociale (soit en 2014, 23 euros x 0,125 = 2,875 euros) multiplié par 151,67 heures, soit 436,05 euros pour un temps complet correspondant à 35 heures hebdomadaires. Pour 2015, si la convention a bien été signée avant le 1er décembre 2014, le calcul reste identique avec un plafond horaire de la Sécurité sociale à **24 euros**, soit **455,01 euros** pour un temps complet.

Si la convention a été signée après le 1er décembre 2014, il faut prendre **13,75 %** de ce même plafond. Soit au mois de décembre 2014 : 23 euros x 0,1375 = 3,1625 euros mais multipliés non plus par 151,67 heures mais par **154 heures** (22 jours x 7 heures), ce qui donnait **487,03 euros** jusqu'au 31 décembre 2014 et donne **508,20 euros** depuis le 1er janvier 2015.

Enfin, pour les conventions qui seront signées à partir du 1er septembre 2015, l'indemnité minimale due aux stagiaires sera calculée en prenant le plafond horaire de la Sécurité sociale x **15 %** x **154 heures** pour un temps complet (soit **554,40 euros** jusqu'au 31 décembre 2015).

Si la gratification est bien égale au pourcentage en vigueur du plafond horaire de la Sécurité sociale (12,5 % ou 13,75 % ou 15 % selon la date de signature de la convention) x nombre d'heures travaillées, les cotisations salariales et patronales sont exonérées **(à la condition expresse que l'établissement d'enseignement assure la couverture accident du travail du stagiaire** sinon les cotisations patronales sont dues sur la base de la valeur de la formation professionnelle, soit 25 % du SMIC).
Si la gratification est supérieure au pourcentage en vigueur du plafond horaire de la Sécurité sociale x nombre d'heures travaillées, les cotisations salariales et patronales sont exonérées jusqu'au pourcentage en vigueur du Plafond horaire de la Sécurité sociale (PHSS), et sont dues au-delà.

Les autres types de stages obligatoires verront leurs gratifications supérieures au pourcentage en vigueur du PHSS soumises aux cotisations salariales et patronales sur les sommes réellement versées.

Je profite de cet espace consacré aux stagiaires en entreprises pour leur rappeler que s'ils ne sont pas des salariés au sens propre, ils ont tout de même certains droits :
• ils ont accès aux activités sociales et culturelles proposées par le comité d'entreprise ;
• lorsqu'ils existent pour les salariés, les stagiaires doivent avoir accès au restaurant d'entreprise ou aux titres-restaurant dans les mêmes conditions que les salariés (exonération de cotisations sociales à condition de respecter les deux maxima vus précédemment) ;
• en cas de grossesse, de paternité ou d'adoption, ils bénéficient des congés et autorisations d'absence de durées équivalentes à celles prévues pour les salariés ;
• pour les stages supérieurs à 2 mois (ou 308 heures), leurs conventions de stage doivent prévoir la possibilité de congés et d'autorisation d'absence ;
• l'entreprise doit également rembourser une part des frais de transport engagés pour effectuer le stage dans les mêmes conditions que pour le salarié ;
• les remboursements de frais ne sont pas inclus dans la gratification mensuelle ; ils doivent y être ajoutés.

Cotisations des salariés âgés de plus de 65 ans

Alors que les salariés âgés de 65 ans et plus **bénéficiaient d'une exonération des cotisations ASSEDIC (parts salariales et patronales)**, la convention de l'assurance chômage du 14 mai 2014 a supprimé cette exonération à partir des rémunérations versées depuis le 1er juillet 2014. Autrement dit, il n'y a plus de particularités en matière de cotisations pour les salariés âgés de 65 ans et plus.

Cotisations excédentaires (cadres)

Cotisations de retraite supplémentaire

Les contributions patronales au financement de régimes de retraite supplémentaire sont exclues de l'assiette des cotisations de Sécurité sociale pour une fraction n'excédant pas la plus élevée des deux valeurs suivantes :

• 5 % du plafond annuel de la Sécurité sociale, soit 1 902 euros en 2015 ;

• 5 % de la rémunération annuelle brute soumise à cotisations de la Sécurité sociale, cette rémunération étant prise en compte dans la limite de cinq fois le montant du plafond annuel de la Sécurité sociale (190 200 euros en 2015).

L'excédent est réintégré dans l'assiette des cotisations de la Sécurité sociale et des cotisations dont le régime est aligné sur celui des cotisations de la Sécurité sociale : contribution solidarité autonomie, versement de transport, cotisations du RAC, cotisations dues aux caisses ARRCO et AGIRC.

Exemple n° 1
Pour une rémunération de 50 000 euros en 2015, le montant maximum de contributions patronales de retraite supplémentaire exonéré s'élèvera à 2 500 euros, soit 5 % de la rémunération, cette somme étant plus élevée que 5 % du plafond annuel de la Sécurité sociale (1 902 euros).

Exemple n° 2
Pour une rémunération de 200 000 euros en 2015, le montant maximum de contributions patronales de retraite supplémentaire exonéré s'élèvera à 9 510 euros, soit 5 % de cinq plafonds annuels de la Sécurité sociale (190 200 euros x 5 %), et non à 5 % de la rémunération car celle-ci dépasse les cinq plafonds annuels de la Sécurité sociale.

Cotisations de prévoyance complémentaire

Les contributions patronales au financement de régimes de prévoyance complémentaire sont exclues de l'assiette des cotisations de Sécurité sociale :

- pour une fraction n'excédant pas la somme de 6 % du plafond annuel de la Sécurité sociale (2 282,40 euros en 2015) plus 1,50 % de la rémunération annuelle brute soumise à cotisations de la Sécurité sociale ;
- sans que le total ainsi obtenu puisse excéder 12 % du plafond annuel de la Sécurité sociale (4 564,80 euros en 2015).

L'excédent est réintégré dans l'assiette des cotisations de la Sécurité sociale et des cotisations dont le régime est aligné sur celui des cotisations de la Sécurité sociale : contribution solidarité autonomie, versement de transport, cotisations du RAC, cotisations dues aux caisses ARRCO et AGIRC...

Exemple n° 1

Pour une rémunération de 70 000 euros en 2015, le montant maximum de contributions patronales de prévoyance exonéré s'élèvera à 3 332,40 euros, soit 2 282,40 euros (6 % du plafond annuel de la Sécurité sociale) plus 1 050 euros (70 000 euros x 1,50 %), cette somme ne dépassant pas le plafond d'exonération de 4 564,80 euros (12 % du plafond annuel de la Sécurité sociale).

Exemple n° 2

Pour une rémunération de 180 000 euros en 2015, le montant maximum de contributions patronales de prévoyance exonéré s'élèvera à 4 564,40 euros, soit 12 % du plafond annuel de la Sécurité sociale car la somme de 6 % du plafond annuel de la Sécurité sociale et de 1,50 % de la rémunération dépasse 4 564,40 euros (2 282,40 euros + 2 700 euros [180 000 euros x 1,50 %] = 4 982,40 euros).

Tableau récapitulatif sur les cotisations

	Charges sociales sur salaires		Taux (en %)			Assiette mensuelle	
	Année 2016	**Précisions**	**Salarié**	**Employeur**	**Total**	**Tranche**	**(en euros)**
Sécurité sociale	Maladie, maternité, invalidité, décès	Tous départements sauf	0,75	12,80	13,55	Brut	
		Alsace-Moselle	*2,25*	*12,80*	*15,05*	*Brut*	
	Contribution Solidarité Autonomie		0	0,30	0,30	Brut	
	Accidents du travail		0	variable	variable	Brut	
	Allocations familiales	Rém. annuelle > 1,6 SMiC	0	5,25	5,25	Brut	
		Rém. annuelle ≤ 1,6 SMiC	0	3,45	3,45	Brut	
	Vieillesse	plafonnée	6,85	8,50	15,35	A	De 0 à 3 170 €
		déplafonnée	0,30	1,80	2,10	Brut	
	Fonds national d'aide au logement	Effectif < 20 salariés	0	0,10	0,10	A	De 0 à 3 170 €
		Effectif ≥ 20 salariés	0	0,50	0,50	Brut	
Chômage	Régime assurance chômage		2,40	4,00	6,40	A+B	De 0 à 12 680 €
	Association garantie des salaires		0	0,30	0,30	A+B	De 0 à 12 680 €
	Association pour l'emploi des cadres		0,024	0,036	0,06	A+B	De 0 à 12 680 €
Retraites complémentaires	**Régime des non-cadres**						
	ARRCO	minimum	3,10	4,65	7,75	1	De 0 à 3 170 €
		Toutes les entreprises	8,10	12,15	20,25	2	De 3 170 à 9 387 €
	Association gestion fonds financement		0,80	1,20	2,00	1	De 0 à 3 170 €
			0,90	1,30	2,20	2	De 3 170 à 9 387 €
	Régime des cadres						
	ARRCO	minimum	3,10	6,65	9,75	A	De 0 à 3 170 €
	Association gestion fonds financement		0,80	1,20	2,00	A	De 0 à 3 170 €
	AGIRC		7,80	12,75	20,55	B	De 3 170 à 12 680 €
	Association gestion fonds financement		0,90	1,30	2,20	B	De 3 170 à 12 680 €
	AGIRC		7,80	12,75	20,55	C	De 12 680 à 25 360 €
	Contribution exceptionnelle temporaire		0,13	0,22	0,35	A+B+C	De 0 à 25 360 €
	Prévoyance des **cadres** (obligatoire)	minimum	0	1,50	1,50	A	De 0 à 3 170 €
Taxes Diverses	Forfait social/Cotis. patr. de prévoyance	Eff. de 10 salariés et plus	0	8,00	8,00	Mt des cotis. patr. de Prévoyance	
	Taxe d'apprentissage	Tous départements sauf	0	0,68	0,68	Brut	
		Alsace-Moselle	*0*	*0,44*	*0,44*	*Brut*	
	Participation à la construction	Eff. de 20 salariés et plus	0	0,45	0,45	Brut	
	Participation à la formation	Effectif < 10 salariés	0	0,55	0,55	Brut	
		Effectif ≥ 10 salariés	0	1,00	1,00	Brut	
		Supplément si CDD	0	1,00	1,00	Salaire CDD	
	Contr. au financ. des org. syndicales		0	0,016	0,016	Brut	
	Versement transport	Eff. > 9 salariés	0	variable	variable	Brut	
						Assiette annuelle	
	Taxe sur les salaires pour les employeurs non assujettis à la TVA		0	4,25	4,25	De 0 à 7 705 €	
			0	8,50	8,50	De 7 705 à 15 385 €	
			0	13,60	13,60	De 15 385 à 151 965 €	
			0	20,00	20,00	Au-delà de 151 965 €	
	Contribution sociale généralisée	Déductible	5,10	0	5,10	(Brut x 98,25% dans la limite de 12 680 € et x 100% au-delà de 12 680 €) + montants des cotisations patronales prévoyance et mutuelle	
	Contribution sociale généralisée	Non déductible	2,40	0	2,40		
	Contrib. au remb. de la dette sociale	Non déductible	0,50	0	0,50		

Total des charges sociales				
	Total / **A**	22,060%	46,586%	68,646%
	Total / **B**	20,164%	46,092%	66,256%
	Total / **C**	16,840%	40,456%	57,296%

Correction du questionnaire de la page 365

N°	Affirmations	Vrai	Faux
1	Faux, presque tous, les apprentis en sont exonérés (*voir* p. 408).		X
2	Faux, ce n'est pas une obligation comme pour les plafonds.		X
3	Vrai, l'Alsace, la Moselle et les expatriés ont un taux différent (*voir* p. 370).	X	
4	Faux, elle permettait de recevoir sous conditions l'allocation veuvage (*voir* p. 370).		X
5	Vrai, l'une se calcule sur la tranche A et l'autre sur le brut (*voir* p. 371).	X	
6	Faux, 41,5 ans pour la génération 1956 (*voir* p. 373).		X
7	Faux, toutes les entreprises cotisent au FNAL (*voir* p. 375).		X
8	Faux, Association pour l'emploi dans l'industrie et le commerce (*voir* p. 378).		X
9	Faux, en 1956 (*voir* p. 378).		X
10	Faux, sur les tranches A et B comme les non-cadres (*voir* p. 380).		X
11	Vrai, c'est l'ex-FNGS (*voir* p. 380).	X	
12	Vrai, il correspond au taux d'appel (*voir* p. 388).	X	
13	Vrai, son plancher = tranche A + 1 centime et son plafond = 3 plafonds A (*voir* p. 390).	X	
14	Vrai, elle a été créée en 1966 (*voir* p. 394).	X	
15	Faux, car depuis le 1er janvier 2011 les cadres cotisent en plus en tranche A (*voir* p. 394).		X
16	Vrai (*voir* p. 399).	X	
17	Faux, seules les entreprises non assujetties à la TVA la payent (*voir* p. 399).		X
18	Vrai, aussi bizarre que cela puisse paraître (*voir* p. 400).	X	
19	Vrai, pour la partie la plus ancienne ; Faux, pour la « nouvelle » (*voir* p. 404).	X	X
20	Vrai, elle se trouve sur le bulletin après le net fiscal (*voir* p. 405).	X	

LA RÉDUCTION DES CHARGES PATRONALES

PARTIE VII

Maintenant qu'on sait sur quelles bases et à quels taux les cotisations, contributions et taxes sont calculées, il nous reste à voir les différents dispositifs d'exonérations, de réductions ou encore d'allègements des charges patronales.

« Mais pourquoi y a-t-il des réductions de charges ? » vous demandez-vous. Comme vous l'avez constaté sur le tableau des cotisations, les employeurs paient au moins 46,586 % de charges patronales directes. Si on ajoute une mutuelle par-ci et une prévoyance par-là, les charges atteignent facilement 50 %. Autrement dit, pour qu'un salarié ait 1 500 euros nets dans sa poche, il faut un brut de 2 000 et ça coûte 3 000 euros à l'entreprise. À peu d'euros près, le double du net à payer ! Pour les gouvernements successifs depuis le début des années quatre-vingt-dix, le poids des charges est un frein à l'embauche. Donc, pour que les entreprises engagent de nouveaux salariés, plusieurs systèmes de réduction de charges patronales ont été créés selon les différentes visions politiques. À part les dispositifs « Balladur », « Juppé I » ou « Juppé II », ces lois successives ont instauré des aides financières en faveur des entreprises qui négocient une réduction du temps de travail par voie d'accord collectif.

Il y eut donc, par ordre de date de sortie de loi :

- la loi « Bérégovoy » **(aide au temps partiel)** du 29 décembre 1992, qui **n'est plus d'actualité** ;
- la loi « Balladur » **(réduction des cotisations d'allocations familiales)**, qui est toujours **d'actualité dans certains secteurs d'activité** ;
- la loi « Juppé I » **(réduction des charges patronales, première mouture)**, qui **n'est plus d'actualité** ;
- la loi « **Juppé II** » (mixage des lois « Balladur » et « Juppé I »), qui **n'est plus d'actualité** ;
- la loi « **de Robien** » du 11 juin 1996 (allégement des cotisations sociales pour les entreprises réduisant volontairement leur horaire), qui **n'est plus d'actualité** ;
- la loi « **Aubry I** » du 13 juin 1998 (allégement forfaitaire des cotisations sociales pour les entreprises qui anticipent la réduction de la durée du travail à 35 heures, accord conclu avant le 1er janvier 2000 pour les entreprises de plus de vingt salariés, avant le 1er janvier 2002 pour les petites entreprises), qui **n'est plus d'actualité** ;
- la loi « **Aubry II** » du 19 janvier 2000 (allégement des cotisations sociales pour les entreprises qui réduisent ou ont déjà réduit leur temps de travail), qui **n'est plus d'actualité** ;

• la loi « **Fillon** » du 17 janvier 2003 (nouvelle réduction unique des cotisations sociales pour toutes les entreprises sans condition de durée du temps de travail, **applicable depuis le 1er juillet 2003**), **qui est toujours d'actualité**.

Donc, à l'heure actuelle (et sauf exceptions), il ne subsiste plus que la réduction Fillon.

1. La réduction Fillon

Avant d'entrer concrètement dans la technique de cet allègement, vous devez savoir qu'il y a eu plusieurs formules de calcul : d'abord la formule « classique » en 2003 – mois par mois on vérifiait si le salarié pouvait bénéficier de la réduction –, puis il a fallu tenir compte des heures supplémentaires (ou complémentaires), puis on a supprimé cet avantage, et enfin la réduction a été annualisée.
Pour faire simple, aujourd'hui ne bénéficient de cette réduction que les salariés qui gagnent moins de 1,6 fois le SMIC annuel. Pourquoi 1,6 SMIC ? Parce que cette somme correspond plus ou moins au **salaire brut médian** en France (environ 27 000 euros annuels) et que le Premier ministre de l'époque souhaitait en faire bénéficier un salarié sur deux. Donc si le salarié perçoit plus que 1,6 SMIC, il n'y a pas de réduction des charges. Si, en revanche, il est payé au SMIC, la réduction est d'environ 370 euros par mois. Entre ces deux extrêmes, la formule que je vais détailler ci-après vous permettra de calculer le montant exact de la réduction.

Enfin, sachez que cette réduction Fillon coûte plus de 20 milliards d'euros chaque année à la Sécurité sociale. À l'heure où le gouffre du déficit s'agrandit d'année en année, certains voudraient voir cette réduction supprimée, notamment parce qu'elle a un effet pervers pour le salarié dont la rémunération est en dessous de 1,6 SMIC et qui souhaiterait être augmenté (et passer au-dessus de 1,6 SMIC) : son augmentation a toutes les chances d'être refusée car l'entreprise perdrait alors le bénéfice de la réduction. Cependant, si cette réduction était supprimée, combien d'emplois seraient également supprimés, les entreprises ne pouvant plus payer les charges ? Puisque personne n'a la réponse à cette question, la réduction demeure, et il est temps d'en aborder la technique.

Champ d'application de la réduction

Employeurs concernés

Sont concernés par le dispositif :
• les employeurs obligatoirement assujettis à l'assurance chômage en vertu de l'article L.351-4 du Code du travail, soit les entreprises industrielles, commerciales, artisanales et agricoles, les entreprises du secteur des services, les professions libérales, les offices publics

et ministériels, les sociétés civiles, les syndicats professionnels, les associations et les organismes de Sécurité sociale (sauf ceux dotés du statut d'établissement public) ;

- les employeurs de salariés visés par l'article L.351-12 du Code du travail dont l'emploi ouvre droit à l'allocation chômage (directement versée par l'employeur ou, par délégation, par les organismes d'assurance chômage), soit les établissements publics industriels et commerciaux relevant des collectivités territoriales, les sociétés d'économie mixte dans lesquelles ces mêmes collectivités ont une participation majoritaire (au moins 30 % du capital social) et les entreprises nationales ;
- les employeurs de concierges et d'employés d'immeuble ;
- les employeurs relevant des régimes spéciaux des marins, des mines et des clercs et employés de notaires ;
- les employeurs de salariés agricoles ;
- la Poste.

Ne bénéficient pas de la réduction :

- l'État, les collectivités territoriales et leurs établissements publics administratifs, scientifiques ou culturels, pour leurs agents titulaires ou non titulaires et pour leurs seuls salariés affiliés aux régimes spéciaux correspondants : la SNCF, la RATP, EDF, GDF, la Banque de France, le Théâtre national de l'Opéra, la Comédie française, la Seita ;
- les chambres de commerce et d'industrie, de métiers et d'agriculture, pour leurs salariés statutaires ou non ;
- les particuliers employeurs.

Salariés visés

La réduction s'applique aux salariés titulaires d'un contrat de travail à temps plein ou à temps partiel, à durée déterminée ou indéterminée. Sont ainsi exclus du bénéfice du dispositif, en l'absence de contrat de travail, les dirigeants de société, même s'ils sont rattachés au régime général de la Sécurité sociale des salariés (C. Séc. soc., art. L.241-13, II mod. par loi n° 2003-47, 17 janvier 2003, art. 9).

Cotisations concernées

Jusqu'au 31 décembre 2014, la réduction portait sur les seules cotisations patronales versées au titre :

- des assurances sociales, c'est-à-dire la couverture des « risques », que constituent la maladie, la maternité, la vieillesse, l'invalidité et le décès ;

• des accidents du travail et des maladies professionnelles, à l'exclusion des cotisations supplémentaires imposées à l'employeur en vertu de l'article L.242-7 du Code de la Sécurité sociale pour tenir compte des risques exceptionnels présentés par l'exploitation ;
• des allocations familiales.

Toutes les autres cotisations et les contributions de toute nature (FNAL, versement transport, retraite complémentaire, assurance chômage) restaient dues par l'employeur.

Depuis la loi de financement rectificative de la Sécurité sociale du 8 août 2014, et mise en application depuis le 1er janvier 2015, la réduction porte également sur le FNAL, la contribution solidarité autonomie et la cotisation accident du travail dans la limite de 1 %.

Calcul de la réduction : principes généraux

Éléments de la formule de calcul

Le montant de la réduction est calculé pour chaque salarié. Il peut être cumulé, le cas échéant, avec d'autres mesures d'exonération, dans la limite du montant des cotisations patronales de Sécurité sociale dues pour l'emploi du salarié.

Le montant de la réduction est obtenu en multipliant la rémunération annuelle brute du salarié par un coefficient déterminé par une formule de calcul. Celle-ci intègre la rémunération annuelle brute (heures supplémentaires ou complémentaires incluses) et le nombre annuel d'heures travaillées (1 820 + les HS ou HC) x SMIC horaire.

Le coefficient est décroissant en fonction de la rémunération.

La formule de calcul du coefficient est la suivante :

$$\text{Coefficient} = \left(\frac{T}{0{,}6}\right) \times \left[\left(1{,}6 \times \frac{\text{Nombre annuel d'heures travaillées x SMIC horaire}}{\text{Rémunération annuelle brute}}\right) - 1\right]$$

Jusqu'au 31 décembre 2014, « T » avait la valeur de 0,281 pour les entreprises dont l'effectif est inférieur ou égal à dix-neuf salariés et « T » avait la valeur de 0,26 pour les entreprises de 20 salariés et plus. Ces taux n'avaient pas changé depuis le début de la mise en application de l'allègement Fillon.

Depuis le 1er janvier 2015, « T » est égal au taux « réel » des cotisations patronales dues à l'URSSAF, à savoir :

- **12,80 %** (assurance maladie) ;
- **10,30 %** (assurance vieillesse plafonnée et déplafonnée) ;
- **3,45 %** (allocations familiales) ;
- **0,10 % ou 0,50 %** (FNAL en fonction de la taille de l'entreprise) ;
- **0,30 %** (contribution solidarité autonomie) ;
- **1,00 %** (accident du travail).

Soit un total de 27,95 % pour les entreprises de moins de 20 salariés ou 28,35 % pour celles de 20 salariés et plus.

Quant au coefficient, il est arrondi à quatre décimales, au dix millième le plus proche. Si le résultat obtenu est supérieur à 0,2835 (ou 0,2795 pour les entreprises de moins de 20 salariés), il est pris en compte pour une valeur égale à 0,2835 (ou 0,2795). S'il est égal ou inférieur à zéro, la rémunération brute annuelle n'ouvre pas droit à réduction. Le montant annuel de réduction obtenu est arrondi au centime d'euro le plus proche.

La référence au SMIC

Le montant mensuel du SMIC à prendre en compte est le SMIC calculé sur la base de la durée légale du travail, soit 1 820 fois le SMIC horaire (151,67 x 12). Ce montant est corrigé dans différentes situations (temps partiel, absence non rémunérée ou partiellement rémunérée…).

Pour déterminer le SMIC mensuel à prendre en compte, il faut donc, dans tous les cas, commencer par établir le SMIC base 1 820 heures. Ensuite, selon la situation du salarié, on utilisera ce montant entier ou proratisé.

- En 2013, le SMIC annuel était de :
9,43 euros x 1 820 heures = 17 162,60 euros

- En 2014, le SMIC annuel était de :
9,53 euros x 1 820 heures = 17 344,60 euros

- En 2015, le SMIC annuel devrait être de :
9,61 euros x 1 820 heures = 17 490,20 euros

Situations dans lesquelles le SMIC annuel est égal au SMIC base 1 820 heures

- Si la rémunération mensuelle est fixée sur la base de la durée légale (35 heures hebdomadaires).

• Si la rémunération mensuelle est fixée sur la base d'une durée annuelle de travail de 1 607 heures (sous réserve que le mois travaillé soit complet).
• Si la durée du travail est organisée sous forme de cycle, on tient compte de la durée hebdomadaire rapportée à la durée du cycle.
• Si un salarié relève d'une convention individuelle de forfait en jours prévoyant 218 jours de travail, le SMIC mensuel pour le calcul du coefficient est aussi égal au SMIC base 1 820 heures, sauf mois incomplet.
Ainsi, le SMIC base 1 820 heures ne doit pas être majoré si des heures sont rémunérées au-delà de 35 heures ou de 1 607 heures ou de 218 jours.

Situations dans lesquelles le SMIC base 1 820 heures est proratisé
• *Contrat de travail à temps partiel*
SMIC mensuel à prendre en compte :
SMIC 1 820 x durée contractuelle/durée légale

• *Durée collective du travail inférieure à la durée légale*
SMIC mensuel à prendre en compte :
SMIC 1 820 x durée collective/durée légale

• *Embauche ou départ en cours d'année*
SMIC mensuel à prendre en compte :
SMIC 1 820 x nombre d'heures payées/1 820

• *Absence non rémunérée*
SMIC mensuel à prendre en compte :
SMIC 1 820 x nombre d'heures payées/1 820

• *Absence partiellement rémunérée*
SMIC mensuel à prendre en compte :
SMIC 1 820 x rém. brute annuelle/rém. brute théorique

La rémunération brute annuelle
La rémunération à prendre en compte est **la rémunération annuelle brute soumise à cotisations de Sécurité sociale et versée au salarié au cours de l'année civile considérée.**
Selon les règles de l'article L.242-1 du Code de la Sécurité sociale, **la rémunération annuelle brute est l'ensemble des éléments de rémunération**, en espèces ou en nature, attribués en contrepartie ou à l'occasion du travail, quelle que soit sa dénomination (salaire,

prime, gratification, indemnités, notamment de congés payés ou en cas de maladie...).
En cas d'abattement supplémentaire pour frais professionnels, c'est la rémunération après abattement qui est retenue pour le calcul de la réduction. Mais **les sommes représentant les frais professionnels** au sens de l'arrêté du 20 décembre 2002, c'est-à-dire les sommes versées aux salariés pour couvrir des charges de caractère spécial inhérentes à la fonction à l'emploi, **ne sont pas prises en compte dans la rémunération**.
Les allocations versées aux salariés poursuivant une activité à temps plein dans le cadre de conventions d'allocations temporaires dégressives ou à temps partiel dans le cadre de conventions de préretraite progressive, d'aide au passage à temps partiel, ou en cas d'activité partielle, **ne sont pas prises en compte** dans le calcul de la réduction.
Depuis le 1er janvier 2012, les heures supplémentaires et complémentaires sont réintroduites dans le brut servant au diviseur de la formule, et le mode de calcul du SMIC annuel tient maintenant compte du nombre d'heures supplémentaires et complémentaires réellement effectuées. Le but de la manœuvre est bien sûr de diminuer le montant de l'allègement en cas d'heures supplémentaires majorées (la modification est en revanche neutre pour les heures complémentaires rémunérées au taux normal).

Salariés relevant du bâtiment, travaux publics (BTP)
Comme nous venons de le voir plus haut, la réduction Fillon se calcule sur la base d'une formule mathématique appliquée sur la rémunération brute annuelle de chaque employé.
Or, dans le BTP, cette rémunération ne comprend pas les indemnités de congés payés (ICP), versées par les caisses de congés dans la grande majorité des cas. Pour corriger ce problème et mettre les entreprises du BTP dans une situation identique à celle des autres branches professionnelles, il y avait jusqu'au 31 décembre 2014 une majoration de 10 % du montant de la réduction Fillon calculé sur la base de la rémunération brute annuelle, hors ICP.
Pour les rémunérations versées à compter du 1er janvier 2015, cette majoration est annulée. Désormais, la spécificité des entreprises du BTP est prise en compte par l'application en leur faveur d'une formule de calcul spéciale pour cette réduction Fillon qui est maintenant égale à la rémunération annuelle brute soumise à cotisations du salarié multipliée par un coefficient. Ce coefficient est obtenu grâce à la formule mathématique suivante :

C = (T /0,6) x [(1,6 x SMIC annuel / rémunération annuelle brute) -1] x 100/90.

Avec un plafond égal à C = T x 100/90. Le résultat obtenu doit être arrondi à quatre décimales, comme pour les autres entreprises.

Règles de cumul avec d'autres allégements de cotisations patronales

Jusqu'en août 2012, la réduction Fillon était **cumulable avec la déduction forfaitaire des cotisations patronales sur les heures supplémentaires** et assimilées. Ce cumul s'effectuait dans la limite des cotisations patronales dues à l'URSSAF sur la rémunération du mois considéré ; lorsque cette limite était dépassée, c'est le montant de la déduction forfaitaire qui était réduit et non celui de la réduction Fillon.
Aujourd'hui elle reste **cumulable avec une aide à l'emploi**, lorsque le cumul de cette aide et d'une exonération de cotisations n'est pas expressément interdit. Elle peut donc s'appliquer pour un contrat jeune en entreprise, un contrat initiative-emploi et un contrat insertion-revenu minimum d'activité.
En revanche, la réduction Fillon n'est **pas cumulable avec une autre exonération totale ou partielle de cotisations patronales**, à l'exception de la réduction des cotisations patronales de Sécurité sociale sur l'avantage en nature nourriture dans le secteur des hôtels, cafés, restaurants.
Elle n'est **pas cumulable** non plus avec **l'application de cotisations forfaitaires ou d'assiettes forfaitaires de cotisations ou de taux spécifiques de cotisations** (exemple : les intermittents du spectacle), à l'exception de ceux propres aux VRP multicartes, aux journalistes et aux professions médicales à employeurs multiples.

Formalités administratives

La procédure d'application de la réduction est **déclarative**. Le contrôle de son calcul est effectué *a posteriori*. L'employeur doit tenir à disposition des organismes de recouvrement des cotisations les éléments nécessaires à leur mission de contrôle.

L'employeur établit chaque année un justificatif du calcul de la réduction qu'il conserve aux fins du contrôle. Ce document est rempli par établissement et par année civile. Il indique :

• le **nombre de salariés** ouvrant droit à la réduction Fillon ainsi que le nombre de salariés ouvrant droit à la nouvelle réduction des cotisations salariales sur les heures supplémentaires ou complémentaires, et le nombre de salariés ouvrant doit à la déduction des cotisations patronales sur les heures supplémentaires ;
• le **montant total des exonérations** appliquées au titre de chacun de ces dispositifs ;
• **pour chaque salarié concerné** : son identité, la rémunération mensuelle brute versée, le montant de chaque réduction ou déduction appliquée, le montant du coefficient de la réduction Fillon et, le cas échéant, le nombre d'heures complémentaires ou supplémentaires ou assimilées ouvrant droit aux nouvelles réductions de cotisations et la rémunération afférente à ces heures.

2. Le Crédit d'impôt compétitivité emploi (CICE)

Cette deuxième réduction des charges ne passe pas sur le bulletin de paie et à dire vrai ne concerne le service paie qu'à travers la déclaration des cotisations URSSAF (puisqu'il y a une ligne sur cette déclaration – CTP 400 – qu'il faut renseigner tous les mois).
Le CICE bénéficie aux entreprises au titre des rémunérations qu'elles versent à leurs salariés.

- Les entreprises doivent être soumises à l'impôt sur les bénéfices selon le régime du bénéfice réel normal ou simplifié.
- La notion de salariés s'entend au sens large (privé ou public, apprentis, contrats aidés). Sont exclus du dispositif les dirigeants et les stagiaires.
- Les rémunérations dont le montant n'excède pas 2,5 SMIC sur l'année ouvrent droit au CICE. Pour la vérification de ce 2,5 SMIC (3 643,79 euros en 2015), l'Administration transpose la logique de l'allègement Fillon pour les cas particuliers liés aux temps partiels, aux absences, aux heures complémentaires et supplémentaires, aux horaires à temps plein différents de la durée légale, aux entrées et sorties en cours de mois et pour les salariés dont la rémunération bénéficie d'assiettes forfaitaires ou spécifiques de cotisations, la rémunération à prendre en compte est la rémunération brute réelle (et non pas l'assiette forfaitaire – apprentis – ou forfaitaire – formateurs occasionnels).

Le taux du CICE était de 4 % au titre des rémunérations versées en 2013. Il est de 6 % pour les rémunérations versées en 2014. En 2015, le taux reste à 6 % en métropole, mais passe à 7,5 % dans les départements d'outre-mer (et devrait passer à 9 % en 2016).

Le montant des rémunérations à déclarer sur la ligne spécifique de la déclaration de cotisations CTP 400 correspond au montant cumulé de la masse salariale éligible au CICE et non pas le montant de chaque mois (comme toutes les autres lignes). Le taux indiqué sur la déclaration est de 0 %, c'est normal ! Le CICE ne doit pas affecter le montant des charges des entreprises.

Enfin, le montant du CICE dont peut bénéficier l'entreprise est déterminé sur une déclaration spéciale (n° 2079-CICE) et est mentionné sur les tableaux 2058-B ou 2033-D de la liasse fiscale.

3. Reconstitution du salaire brut à partir du net

Puisque nous venons de voir toutes les cotisations, nous savons donc déterminer le net fiscal et le net à payer de nos salariés (le net à payer étant le net fiscal moins la CSG et la CRDS, toutes deux non déductibles des impôts).
Parfois, lors de l'embauche, un salarié souhaite recevoir « x » euros en net à payer – d'une part parce que les salariés ne s'intéressent qu'à ce montant, et d'autre part parce qu'il veut concrétiser son changement d'entreprise. Voici donc la formule qui vous permettra de passer du net au brut. Une précision toutefois : on ne peut utiliser ici que les taux communs à toutes les entreprises, c'est-à-dire sans tenir compte des éventuelles mutuelles et autres prévoyances que vous pourriez avoir dans votre entreprise, qu'il faudra prendre en considération.

NOTE

Par convention et pour simplifier la formule, nous écrirons que :
- *le taux/brut = t0*
- *le taux/tranche A = t1*
- *le taux/tranche B = t2*

Démonstration de la formule

Nous savons maintenant que :

Salaire brut = tranche A + tranche B (+ tranche C (+ tranche D))

Salaire net = salaire net fiscal – CSG – CRDS

CSG + CRDS = (salaire brut – 1,75 %) x 2,90 %
CSG + CRDS = salaire brut x 98,25 % x 2,90 %
CSG + CRDS = salaire brut x 0,0284925
CSG + CRDS = (tr. A + tr. B) x 0,0284925

SNF = salaire brut – cotisations

Cotisations = (brut x t0) + (tr. A x t1) + (tr. B x t2)

SNF = tr. A + tr. B – ((tr. A + tr .B) x t0) – (tr. A x t1) – (tr. B x t2)

Après cette décomposition de tous les paramètres :

Salaire net =
tr. A (1 – t0 – t1 – 0,0284925) + tr. B (1 – t0 – t2 – 0,0284925)

Puisque nous connaissons t0, t1, t2, tr. A, ainsi que le salaire net (à partir duquel nous partons pour reconstituer le salaire brut), il suffit d'extraire la tr. B, soit :

$$\text{tr. B} = \frac{\text{salaire net} - \text{tr. A}\,(0{,}9715075 - t0 - t1)}{0{,}9715075 - t0 - t2}$$

Donc, nous pouvons à présent écrire :

Salaire brut = tr. A + tr. B

En remplaçant « tr. B » par sa formule. Ainsi, on peut reconstituer le salaire brut d'un salarié à partir de son net.

Si le salaire a une tranche C (tr. C), il suffit d'incorporer aux données ci-dessus les éléments suivants :
- **le taux/tranche C = t3**
- **tr. B = 3 x tr. A**

À noter : il n'est pas tenu compte de la modification du net fiscal depuis la loi du 30 décembre 2013 qui intègre le montant des cotisations patronales de prévoyance, car comme il faut enlever ce même montant au net à payer, cela ne change pas le raisonnement.

4. Organismes collectant les charges sociales et fiscales

Maintenant que vous savez tout (ou presque) des cotisations, voyons maintenant à quels organismes il faut les verser.

À l'URSSAF :
- assurance maladie, maternité, invalidité, décès ;
- assurance vieillesse ;
- allocations familiales ;
- accident du travail ;
- Fonds national d'aide au logement ;
- Contribution solidarité autonomie ;
- taxe sur la prévoyance ;
- taxe transport (pour les entreprises concernées) ;
- Contribution sociale généralisée ;
- Contribution au remboursement de la dette sociale.

Et depuis le 1er janvier 2011, les deux cotisations de Pôle Emploi :
- assurance chômage ;
- Association à la garantie des salaires.

À l'ARRCO :
- retraite sur la tranche 1 des non-cadres ;
- retraite sur la tranche A des cadres ;
- retraite sur la tranche 2 des non-cadres ;
- Association pour la gestion du fonds de financement sur la tranche 1 des non-cadres ;
- Association pour la gestion du fonds de financement sur la tranche 2 des non-cadres.

À l'AGIRC :
- retraite sur la tranche B des cadres ;
- retraite sur la tranche C des cadres ;
- Association pour la gestion du fonds de financement sur la tranche A des cadres ;
- Association pour la gestion du fonds de financement sur la tranche B des cadres ;
- Contribution exceptionnelle temporaire sur les tranches A, B et C des cadres ;
- Association pour l'emploi des cadres sur les tranches A et B.

Aux organismes de prévoyance et/ou mutuelle : les cotisations que ces organismes appellent.

À l'organisme Comité interprofessionnel du logement dont l'entreprise dépend : la participation à l'effort de construction.

Au centre des impôts dont l'entreprise dépend :
- la taxe sur les salaires (pour les entreprises concernées) ;
- la taxe d'apprentissage (pour les entreprises concernées) ;
- la participation à la formation professionnelle continue (pour les entreprises concernées).

Dates de ces versements

La date d'exigibilité des cotisations URSSAF dépend de deux facteurs : l'effectif de l'entreprise au 31 décembre de l'année précédente et la date de versement des salaires.

Entreprises de 9 salariés et moins (art. R.243-6 II 1° du Code de la Sécurité sociale) :
- si l'entreprise verse les salaires avant le dernier jour du mois, elle doit effectuer ses déclarations et paiement avant le 15 du premier mois du trimestre suivant, soit le 15 avril, le 15 juillet, le 15 octobre, le 15 janvier ;
- si l'entreprise verse les salaires après le dernier jour du mois, elle doit effectuer ses déclarations et paiement le dernier jour du premier mois du trimestre suivant ;
- les entreprises de 9 salariés et moins peuvent également choisir la déclaration et le paiement mensuels après avoir obtenu avant le 31 janvier l'accord de l'URSSAF. L'option s'applique au 1er avril suivant, reste valable pour 12 mois et est reconductible tacitement (art. R.243-6-1 du Code de la Sécurité sociale).

Entreprises de 10 à 49 salariés (art. R.243-6 II 2° du Code de la Sécurité sociale) :
- date de versement des salaires avant le dernier jour du mois, date d'exigibilité le 15 du mois suivant ;
- date de versement des salaires entre le 1er et le 10 du mois suivant, date d'exigibilité le 15 du mois suivant ;
- date de versement des salaires entre le 11 et le 20 du mois suivant, date d'exigibilité le 15 du mois suivant le mois de versement des salaires.

Entreprises de 50 salariés et plus :

- date de versement des salaires avant le dernier jour du mois, date d'exigibilité le 5 du mois suivant ;
- date de versement des salaires entre le 1er et le 10 du mois suivant, date d'exigibilité le 15 du mois suivant ;
- date de versement des salaires entre le 11 et le 20 du mois suivant, date d'exigibilité le 25 du mois suivant

En ce qui concerne les déclarations aux caisses de retraite (ARRCO et AGIRC), jusqu'au 31 décembre 2013, l'appel des cotisations était trimestriel (le 15 du mois suivant la fin de trimestre). Depuis le 1er janvier 2014, cet appel est mensuel et suit les mêmes règles que l'URSSAF.
L'appel des cotisations de mutuelle et de prévoyance reste pour l'instant trimestriel.
Quant au CIL et aux impôts, le montant est à verser une fois par an (31 janvier pour le CIL, acomptes trimestriels pour la taxe sur les salaires avec régularisation en fin d'année, 1er mars de l'année suivante pour la taxe d'apprentissage – bordereau de versement n° 2485-SD – et le 1er mai pour la formation professionnelle continue – bordereau de versement n° 2483)

Formalités concrètes

Bien évidemment la déclaration des cotisations relève de la responsabilité exclusive de l'employeur.
Pendant très longtemps, il fallait envoyer une feuille papier (pré-imprimée) à l'URSSAF, puis une autre différente aux ASSEDIC, d'autres encore aux caisses de retraite, prévoyances… le tout écrit à la main. Aujourd'hui, ces déclarations sont regroupées sous le vocable de DUCS (Déclaration unifiée des cotisations sociales) et la plupart des bons logiciels de paie les ont remplies pour vous informatiquement. Il n'y a plus qu'à bien vérifier que le logiciel a été bien programmé. Ensuite, il faut renseigner les champs prévus à cet effet dans l'interface de Net-Entreprise qui est l'outil Internet de déclarations des cotisations. Cette page-écran se présente comme suit :

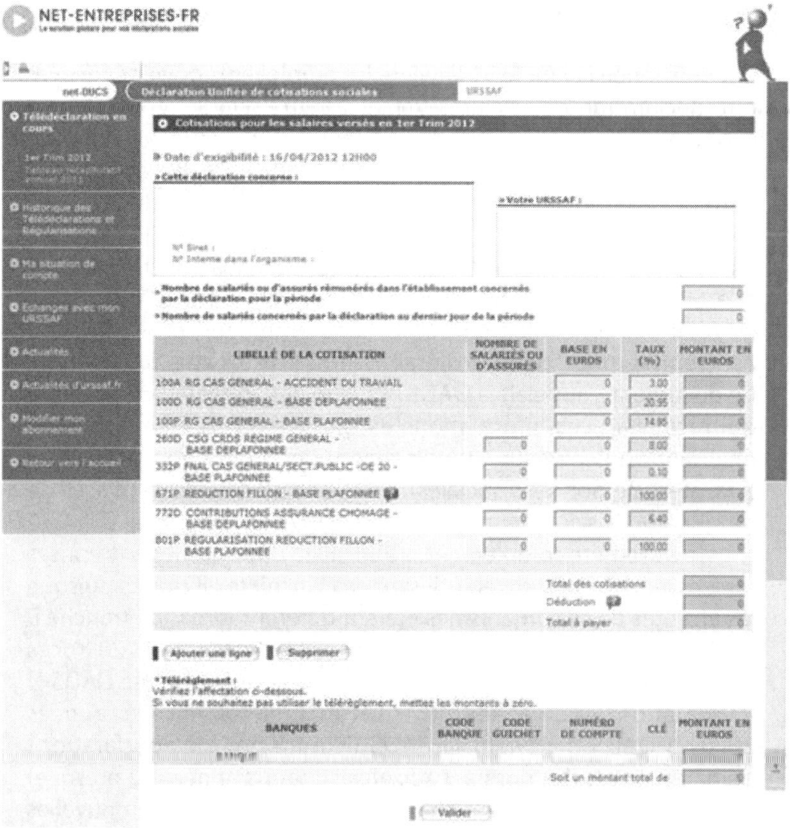

Source : http://www.net-entreprises.fr/html/ducs-urssaf.htm

Depuis le 1er janvier 2015, les employeurs qui ont acquitté au moins 100 000 euros de cotisations et de contributions à l'URSSAF au titre de l'année 2014 sont tenus d'effectuer la déclaration des cotisations par voie dématérialisée. Ce seuil sera abaissé à 50 000 euros en 1er janvier 2016.

De plus, le prélèvement du montant des cotisations est pratiquement devenu incontournable. En effet, depuis le 1er janvier 2013, les entreprises, tous établissements confondus, qui ont acquitté plus de 50 000 euros de cotisations, contributions et taxes auprès de l'URSSAF au titre de l'année 2012, ou qui ont pour obligation de verser mensuellement leurs cotisations, contributions et taxes auprès de l'URSSAF doivent effectuer leurs déclarations sociales et le paiement, par voie dématérialisée, sous peine de majoration (1 % du montant du chèque).

5. La Déclaration annuelle des salaires

Chaque année (avant le 31 janvier), les employeurs doivent envoyer une déclaration des salaires versés à leurs salariés pour l'année écoulée. Jusqu'à la moitié des années 1980, c'était une grande feuille (format A3) pré-imprimée en 5 exemplaires (avec carbone entre les exemplaires) qu'il fallait remplir en détaillant toutes les coordonnées du salarié, le brut perçu, les bases A et B, les avantages en nature, les frais professionnels, etc. Un exemplaire était destiné à la Sécurité sociale, un pour l'ASSEDIC, un pour les impôts, un pour l'INSEE et il fallait garder le cinquième dans les archives de l'entreprise pour preuve d'établissement de cette déclaration. Ce document s'appelait la DADS1 bis. Fin des années 1980, la CRAM qui recueillait ces informations est passée à l'ère numérique en finalisant un fichier sur support magnétique qui s'appelait le TDS (Transfert de données sociales). Trois ans plus tard, les caisses de retraite établissaient leur propre fichier TDS en l'appelant TDS-CRC (caisse de retraite complémentaire). Il fallait donc que les entreprises fassent leur déclaration en utilisant ces 2 fichiers différents puisque les attentes de ces organismes étaient différentes (pas de tranche B ou C, ni sommes isolées pour l'URSSAF). Début des années 2000, ces deux fichiers ont été regroupés en un seul sous le vocable DADS-U (Déclaration automatisée des salaires unifiée). Fin des années 2000, la DADS-U devient la N4DS (Norme pour les déclarations dématérialisées des données sociales). Chaque année (ou presque) le dessin d'enregistrement change pour rajouter soit de nouvelles cotisations (ou contributions), soit de nouvelles options de contrat de travail (exonération de ceci ou de cela).

La loi de simplification de mars 2012 introduit une nouvelle façon de procéder : ce sera pour toutes les entreprises en 2016 la DSN (Déclaration sociale nominative). Cette simplification consiste à regrouper les déclarations mensuelles des cotisations (DUCS) et la déclaration annuelle des salaires (N4DS) au sein d'une transmission unique et dématérialisée. Il ne devrait plus y avoir redondance d'informations. La DSN remplace aussi la Déclaration de mouvements de main d'œuvre dès le premier mois de sa mise en place. Après trois mois de DSN, ce sera au tour de l'attestation de salaire pour le versement des indemnités journalières. Enfin après un an, les attestations d'employeur destinées à Pôle Emploi seront remplacées par la DSN.

Avant cette date fatidique du 1er janvier 2016, il y a une obligation intermédiaire en avril 2015 pour certaines entreprises et associations. Pour permettre aux employeurs de se préparer dès maintenant à la DSN, le décret n° 2014-1082 du 24 septembre 2014 détermine les seuils annuels de cotisations et contributions sociales au-delà desquels les employeurs sont tenus d'effectuer la DSN à partir de la paie d'avril 2015.

Sont concernés par ce passage anticipé à la DSN :

• les employeurs qui ont acquitté auprès de l'URSSAF et/ou de la MSA plus de 2 millions d'euros de cotisations et contributions sociales au titre de l'année 2013 ;

• ainsi que les employeurs ayant acquitté plus d'un million d'euros de cotisations sociales auprès de l'URSSAF et/ou de la MSA au titre de l'année 2013 et qui ont recours à un tiers déclarant dont la somme totale des cotisations et contributions sociales dues pour l'ensemble de ses clients est égale ou supérieure à 10 millions d'euros au titre de l'année 2013.

À noter : la notion de tiers déclarant désigne une personne juridique physique ou morale qui assure, à titre professionnel, les déclarations sociales pour le compte de plusieurs entreprises clientes. Il s'agit par exemple de cabinets d'expertise comptable, d'associations, centres de gestion agréés, de prestataires de services sur le domaine de la paie, etc. Par contre, un groupe constitué de plusieurs sociétés est considéré comme un « déclarant direct » même s'il effectue de manière centralisée les déclarations pour lesdites sociétés.

Ces employeurs disposent de 6 mois, à compter de la publication du décret, pour mettre en place la DSN et se familiariser au dispositif. Une période de transition est prévue afin que les entreprises aient le choix d'émettre des DSN en mode phase 1 (attestation de salaire pour le paiement des indemnités journalières en cas d'arrêt maladie, de congés maternité, paternité ; attestation destinée à Pôle Emploi en cas de fin de contrat de travail ; déclaration et enquête de mouvements de main d'œuvre ; formulaires de radiation auprès des mutuelles, sociétés d'assurances, institutions de prévoyance) ou en mode phase 2 (Déclaration unifiée des cotisations sociales ; bordereau récapitulatif des cotisations et contributions sociales ; tableau récapitulatif annuel URSSAF ; déclaration des effectifs auprès des organismes du recouvrement compétents pour le régime général de la Sécurité sociale ; relevé mensuel des contrats de travail temporaires).

Ainsi, les entreprises, soumises ou non à l'obligation intermédiaire et qui déclarent mensuellement, peuvent entrer uniquement en phase 1 du dispositif jusqu'à la paie d'août 2015 (échéance au 5 ou 15 septembre). Celles qui déclarent trimestriellement auront jusqu'à la paie de juin (échéance 15 juillet) pour utiliser cette option. Au-delà de ces dates, seule la phase 2 sera possible. En cas de manquement à cette obligation, des pénalités seront applicables (pénalités non définies à l'heure où ce livre est imprimé).

MALADIE, MATERNITÉ, PATERNITÉ, ACCIDENTS

PARTIE VIII

Maladie, maternité, paternité, accidents

Avant de commencer les deux parties suivantes qui portent sur la maladie, la maternité, la paternité et les accidents et les créances, nous vous demandons de remplir ce petit questionnaire. Cela vous permettra d'évaluer vos connaissances préalables et vos acquis. Sur chaque ligne, veuillez mettre une croix soit dans la colonne « Vrai », soit dans la colonne « Faux », soit dans les deux.

N°	Affirmations	Vrai	Faux
1	L'assurance maladie comporte deux sortes de prestations.		
2	Le ticket modérateur correspond à la responsabilité de l'assuré.		
3	Le montant du forfait journalier hospitalier est de 18 euros.		
4	L'indemnité journalière de maladie est due pour tous les jours ouvrables.		
5	Le montant de l'IJSS maladie est égal à 50 % du gain journalier du salarié.		
6	Le gain journalier du salarié est déterminé par son salaire annuel/360.		
7	Le salarié ayant trois enfants à charge a une IJSS maladie majorée de 10 %.		
8	L'IJSS maladie n'est ni cotisable ni imposable.		
9	Il n'y a que trente maladies dites « de longue durée ».		
10	Un homme peut percevoir l'indemnité maternité à la place de sa femme.		
11	L'indemnisation pour maternité peut aller jusqu'à 46 semaines.		
12	L'IJSS maternité est égale à 84 % du gain journalier de la salariée.		
13	L'IJSS accident est égale à 80 % du gain journalier du salarié.		
14	La subrogation permet à l'employeur d'obtenir les IJ à la place du salarié.		
15	La garantie conventionnelle permet au salarié de maintenir son salaire net.		
16	Un acompte peut être refusé par un employeur.		
17	Une avance est un acompte d'un montant supérieur à 1 524,49 euros (10 000 francs).		

N°	Affirmations	Vrai	Faux
18	Un employeur peut refuser de pratiquer une saisie-arrêt.		
19	Au titre des saisies-arrêts, on ne peut pas saisir plus de la moitié du salaire net.		
20	Les créances envers l'ex-conjoint sont prioritaires par rapport à celles envers l'État.		

Suspension du contrat de travail

Selon une jurisprudence constante, **la maladie, la maternité et l'accident de travail ne rompent pas le contrat de travail mais en suspendent seulement l'exécution**. Ce principe est repris dans la plupart des conventions et accords collectifs. Mais **cette suspension** du contrat de travail **est subordonnée à certaines conditions** :

1. Le salarié doit informer dans les plus brefs délais (généralement **sous 48 heures**), soit oralement, soit par écrit, **son employeur** des motifs et de la durée probable de son absence.

> **ATTENTION**
>
> *L'obligation d'information joue aussi en cas de prolongation de la maladie. Si le salarié n'informe pas son employeur, il commet une faute qui peut constituer une cause réelle et sérieuse de licenciement.*

2. Le salarié doit justifier de son absence en adressant à l'employeur **un certificat médical**.

3. Le salarié a une obligation de repos (autrement dit : **interdiction formelle de travailler**).

4. Le salarié est tenu par une obligation de loyauté envers son employeur.

Le salaire étant la contrepartie d'un travail fourni, toute absence est donc *a priori* susceptible de générer une réduction de salaire. Mais le législateur et les partenaires sociaux ont mis en place des systèmes qui visent à assurer le maintien de tout ou partie de la rémunération lorsque le salarié est absent pour cause de maladie, de maternité ou d'accident, qu'il soit survenu sur le lieu du travail ou durant le trajet compris entre le domicile et le lieu du travail.

L'objet des parties suivantes sera d'expliquer les règles d'indemnisation actuellement utilisées :

- historiquement d'abord par les organismes sociaux (Sécurité sociale, 1947) ;
- puis par les employeurs (loi de la mensualisation, 1978) ;
- enfin par les prévoyances (obligatoires pour tous les salariés, 2015 ?).

1. L'indemnisation par la Sécurité sociale

L'assurance maladie comporte **deux sortes de prestations** :
• des prestations **en nature**, sous forme de remboursement de soins, tant pour l'assuré que pour les personnes dont il a la charge (ayants droit) ;
• des prestations **en espèces**, indemnités journalières destinées à remplacer le salaire pour les salariés que la maladie, la maternité ou l'accident a contraints à cesser provisoirement leur travail.

Bien que les prestations en nature ne concernent qu'indirectement le bulletin de paie, nous allons résumer ce qu'il nous paraît indispensable de savoir à leur sujet.

Les prestations en nature

Depuis le décret n° 93-687 du 27 mars 1993, modifiant les articles R.313-1 à R.313-9 du Code de la Sécurité sociale, le droit aux prestations en nature est ouvert :
• pendant un an à l'assuré qui justifie, au titre d'un mois civil ou de 30 jours consécutifs, de cotisations égales à celles dues sur 60 heures de SMIC, ou, pour 3 mois, sur 120 heures de SMIC en vigueur au premier jour de la période de référence ;
• pendant 2 ans, si l'intéressé justifie au titre de l'année civile précédente d'un montant de cotisations égal à celui dû pour un salaire égal à 2 030 fois la valeur du SMIC au 1er janvier de l'année de référence.

Le libre choix du praticien

Seuls peuvent être pris en charge par les caisses de la Sécurité sociale les actes exécutés par des **praticiens en règle vis-à-vis des dispositions législatives, réglementaires et disciplinaires** concernant l'exercice de leur profession. En dehors de cette restriction, seules des considérations économiques sont susceptibles de restreindre de fait le libre choix de la part de l'assuré (variations du taux de remboursement selon que le praticien est conventionné ou pas).

Quant aux **médecins du travail**, ils peuvent donner des soins aux assurés sociaux (mais seulement à titre gratuit), prescrire des ordon-

nances qui donneront lieu à remboursement dans les conditions normales, mais ils ne peuvent pas ordonner un arrêt de travail (ceci étant réservé aux médecins exerçant en clientèle – lettre min. 8 mars 1955 : BJ/FNOSS n° 12/1955).
Pour certains actes (soins délivrés dans l'urgence et vaccinations), le médecin du travail doit pouvoir accéder au carnet de santé. Il doit obtenir l'accord du salarié et respecter les règles de confidentialité (comm. min. Trav. 26 décembre 1996).

Même si aujourd'hui, l'assuré social a choisi un médecin référent (ou traitant), rien ne l'empêche d'en changer s'il en avertit sa caisse primaire d'assurance maladie.

Le carnet de santé

Tout bénéficiaire de l'assurance maladie âgé de plus de 16 ans doit recevoir un carnet de santé qu'il est tenu, sauf cas de force majeure, de présenter à chaque médecin appelé à lui donner des soins (C. Séc. soc., art. L.162-1-1 et L.162-3). Aucune sanction n'étant prévue en cas de non-respect de cette obligation, le carnet de santé est peu utilisé.

La carte de santé « électronique »

Les organismes d'assurance maladie délivrent une carte électronique individuelle « inter-régimes », dite « **carte Vitale** », à tout bénéficiaire de l'assurance maladie. Elle atteste de son affiliation et de ses droits à l'assurance maladie. Elle doit être mise à jour en cas de changement de situation (grossesse, naissance, attribution ou prolongation d'une exonération du ticket modérateur).
Cette carte Vitale doit être délivrée à chaque ayant droit autonome c'est-à-dire à toute personne âgée de plus de 16 ans (C. Séc. soc., art. L.161-31 et R.161-33-1 à R.161-33-9).

La carte Vitale ne contient pas de dossier médical. Elle n'est pas non plus une carte de paiement. En revanche, son utilisation peut permettre la dispense d'avance des frais de certaines dépenses médicales. Par exemple, pour les médicaments prescrits délivrés en pharmacie, l'assuré ne paie que la partie non prise en charge par la Sécurité sociale.

Les informations contenues dans la puce de la carte Vitale sont les suivantes :
- numéro de Sécurité sociale de l'assuré ;
- régime d'assurance maladie ;
- caisse et centre de rattachement ;
- nom et prénom du titulaire de la carte ;
- nom et prénom des bénéficiaires ;
- éventuellement exonération ou modulation du ticket modérateur, droit à la CMU complémentaire.

L'avance des frais par l'assuré

Le paiement immédiat et direct des actes par l'assuré est la règle. Toutefois, un certain nombre de procédures ont été adoptées afin d'éviter cette avance des frais, notamment :
- **le tiers payant**, qui consiste en règlement direct des prestations par l'Administration, sans intervention de l'assuré (sauf la participation restant éventuellement à sa charge) et qui s'applique pour les accidents du travail, les maladies professionnelles et l'hospitalisation dans les établissements publics ou privés ;
- **la dispense dite « titre médecin »**, qui est une sorte de chèque non endossable délivré sur demande par la caisse pour les soins importants dont le coefficient est égal ou supérieur à 50 pour la chirurgie, 70 pour la radiologie et 350 pour la biologie.

La justification des frais

La feuille de soins

L'informatisation de l'assurance maladie a été prévue par l'ordonnance n° 96-345 du 24 avril 1996. La mise en place de cette informatisation, qui se traduit par la télétransmission des feuilles de soins, a été progressive. Elle a nécessité l'intégration dans le Code de la Sécurité sociale de **plusieurs dispositions nouvelles**. Elles sont relatives :
- **aux documents ouvrant droit aux prestations d'assurance maladie**, dont l'objet est de permettre la mise en place des feuilles de soins et des ordonnances électroniques ;
- **aux cartes électroniques de santé** : la carte de professionnel de santé, « CPS », et la carte individuelle d'assurance maladie de l'assuré, dite « Vitale » (C. Séc. soc., art. R.161-33-1 et s. ; C. Séc. soc., art. R.161-39 et s. ; C. Séc. soc., art. R.161-52 et s.).

La **télétransmission des feuilles de soins** se fait grâce à la carte Vitale. L'assuré remet cette carte au médecin ou autre professionnel de santé (chirurgien-dentiste, pharmacien...) qui l'insère dans son lecteur de carte. Il crée ainsi une feuille de soins électronique (FSE) et la transmet par réseau informatique à la caisse d'assurance maladie de l'assuré.

La constatation des soins et l'ouverture du droit au remboursement par les organismes d'assurance maladie sont subordonnées à la production d'une **feuille de soins** (couramment appelée « feuille de maladie »), document électronique ou sur support papier constatant les actes effectués et les prestations servies, et de l'ordonnance du prescripteur, s'il y a lieu (C. Séc. soc., art. R. 161-39).
Les informations que doivent contenir les feuilles de soins électroniques ont été précisées par arrêtés. Un droit d'accès et de rectification des données contenues dans ces documents est reconnu aux assurés.

Ordonnance et vignette
L'assuré est remboursé par la caisse par le biais d'une ordonnance sur laquelle le prescripteur doit porter un certain nombre de mentions fixées par décret. Si le pharmacien réalise une feuille de soins électronique, l'assuré doit conserver l'original de l'ordonnance. Le double est transmis directement par le pharmacien à l'assurance maladie (C. Séc. soc., art. R.161-45).
Le pharmacien peut délivrer une quantité de médicaments correspondant à une durée de traitement supérieure à 4 semaines ou à 30 jours selon le conditionnement (c. santé publique, art. R.5148 bis). La Cour de cassation a précisé que les dispositions impératives de cet article, édictées dans l'intérêt des malades et de la santé publique, doivent être observées par les praticiens comme par l'assuré. En conséquence, **une assurée ne peut obtenir le remboursement de médicaments délivrés pour une durée supérieure à un mois**, peu important qu'elle soit soumise à un traitement perpétuel et qu'il doive se rendre à l'étranger (Cass. soc., 23 janvier 1997, n° 95-10.974, CPAM d'Ille-et-Vilaine c/Sylvaine Gautier).
Tout pharmacien, et d'une manière générale toute personne physique ou morale, délivrant des produits donnant lieu à remboursement par les caisses de Sécurité sociale doit mentionner sur la feuille de maladie (ou, le cas échéant, la feuille de soins dentaires) et sur les ordonnances médicales correspondantes le montant effectivement payé pour chacun des produits ou articles

délivrés, en mentionnant, le cas échéant, le montant et le taux de la réduction accordée ; à défaut, aucun remboursement n'est effectué (C. Séc. soc., art. L.162-16 et L.162-17).
Le pharmacien peut délivrer par substitution à la spécialité prescrite une spécialité du même groupe générique sauf refus exprès du médecin porté sur la prescription ou si la substitution est d'un coût plus élevé pour l'assurance maladie (c. santé publique, art. L.5125-23).
La vignette qui accompagne les spécialités pharmaceutiques **permet le contrôle de l'utilisation des médicaments prescrits** ; elle doit être collée par l'assuré sur la feuille de soins revêtant une forme écrite en cas de paiement direct. Lorsque l'assuré bénéficie d'une dispense d'avance de frais totale ou partielle, il doit remettre la vignette au pharmacien dès la délivrance du produit pour être annexée aux états adressés à l'organisme compétent. Toutefois, la vignette du médicament n'a pas à être collée ni remise au pharmacien dès lors que son image électronique est communiquée à l'organisme d'assurance maladie. Elle est alors estampillée par le pharmacien (C. Séc. soc., art. R.161-51).
L'apposition des vignettes est indispensable. Hors le cas de perte ou de destruction résultant d'un cas fortuit ou de force majeure, elle ne peut être remplacée ni par une attestation écrite du pharmacien confirmant qu'il a bien fourni les spécialités prescrites, ni par une copie certifiée conforme de son ordonnancier.

Les bases du remboursement

Des nomenclatures recensent en France tous les soins qui peuvent être dispensés par des médecins, chirurgiens-dentistes, sages-femmes, etc. À chacun de ces soins, la nomenclature affecte une désignation particulière ou « codification ». Ainsi, la valeur de remboursement sera fixée pour un acte « codifié » et donc abstrait, ce qui permettra de sauvegarder le secret professionnel.
Les remboursements effectués par les caisses sont calculés selon des tarifs de responsabilité qui ne correspondent pas obligatoirement aux frais réels supportés par l'assuré et peuvent dans certains cas leur être notablement inférieurs.
L'assuré n'est pas remboursé à 100 % des tarifs de responsabilité ; il garde à sa charge un certain pourcentage, communément appelé « **ticket modérateur** ». Sa participation est fixée par décret, proportionnellement aux tarifs de responsabilité, et elle peut varier selon les catégories de prestations.

Prestations en nature taux de remboursement sur les tarifs de la SS		Ticket modérateur
Médecins	70%	30%
Auxiliaires médicaux	00%	40%
Dentistes	70%	30%
Radios	70%	30%
Frais pharmaceutiques :		
- médicaments irremplacables	100%	-
- autres médicaments courants	65%	35%
- médicaments dits «de confort»	35%	65%
Analyses de laboratoire	60%	40%
Hospitalisation	80 ou 100%	20% ou pas
Accouchement et soins de maternité	100%	-
Transports	65 ou 100%	35% ou pas
Cure thermale		
- forfait médical	70%	30%
- forfait établissement	65%	35%
Dépenses liées à un acc. trav. ou mal. prof.	100%	-
Dépenses liées au 30 maladies graves	100%	-
Traitements longs et coûteux de + de 6 mois	100%	-
Lunettes, appareils auditifs, prothèses	65%	35%

Les organismes pratiquant une assurance complémentaire de risque maladie (mutuelles) peuvent rembourser tous les frais restant à la charge des assurés.
La participation de l'assuré peut être aussi limitée voire supprimée, soit en raison de la nature de l'affectation et de son traitement, soit en considération de sa situation personnelle.

Le forfait journalier hospitalier

Un forfait journalier est supporté par les personnes admises dans les établissements hospitaliers ou médico-sociaux. Selon les articles L.174-4, R.174-2, R.174-3, D.325-3 et D.325-4 du Code de la Sécurité sociale, sont dispensés du paiement de ce forfait :
• les femmes pendant les 4 derniers mois de la grossesse, pour l'accouchement et pendant 12 jours après l'accouchement ainsi que le nouveau-né s'il est hospitalisé dans les 30 jours après sa naissance ;

• les enfants et adolescents handicapés âgés de moins de 20 ans hébergés dans des établissements d'éducation spéciale ou professionnelle ;
• les victimes d'accidents du travail et de maladies professionnelles ;
• les bénéficiaires de l'article L.115 du Code des pensions militaires d'invalidité et des victimes de guerre (invalide de guerre avec un taux supérieur à 85 %) ;
• les personnes dépendant du régime local d'Alsace-Lorraine ;
• les bénéficiaires de la couverture maladie universelle (CMU) et de l'aide médicale de l'État.

Il peut également être pris en charge par l'aide sociale, l'assurance complémentaire ou les mutuelles. Il n'a pas d'incidence sur le service des indemnités journalières, qui reste assuré. Son montant est fixé par arrêté ministériel pris après avis d'une commission technique.

Montant du forfait journalier hospitalier : 18 euros depuis le 1er janvier 2010.

Les prestations en espèces

Elles sont plus connues sous le nom d'indemnités journalières de Sécurité sociale, et nous en parlerons sous l'abréviation « IJSS ». Les règles d'indemnisation étant différentes selon qu'il s'agit de la maladie, de la maternité, de la paternité ou de l'accident, nous allons détailler chacune de ces règles successivement.

L'indemnisation de la maladie

Les indemnités journalières de maladie sont accordées à l'assuré qui se trouve dans l'incapacité physique de continuer ou de reprendre le travail, incapacité constatée par le médecin traitant. Le Code de la Sécurité sociale réserve le bénéfice de l'indemnité journalière à l'assuré social (par opposition aux ayants droit) en raison de la nature même de l'indemnité journalière : **revenu de remplacement du salaire perdu du fait de la maladie**.

Délai de carence
Tous les assurés sociaux bénéficient de l'indemnité journalière de maladie à compter du quatrième jour qui suit le point de départ de l'incapacité de travail (C. Séc. soc., art. L.323-1 et R.323-1). Dans le

calcul de ce délai de carence, on ne doit pas comprendre la journée au cours de laquelle l'assuré a interrompu son travail (même si ce fait s'est produit en début de travail) lorsque cette journée a donné lieu au paiement d'un salaire total ou partiel.

Le délai de carence est donc de trois jours.

L'indemnité journalière de maladie est due pour tous les jours ouvrables ou non (C. Séc. soc., art. L.323-1) : ce sont donc des **jours calendaires**.

Le point de départ de l'arrêt maladie ne peut être ni antérieur ni postérieur à l'examen médical subi par l'assuré social. Le délai de carence commencera le lendemain de la journée pendant laquelle l'assuré a cessé son travail, si cette journée a été partiellement ou totalement rémunérée.

En cas d'arrêts de travail successifs, le délai de carence doit être appliqué à chacun de ces arrêts. Deux hypothèses sont exceptées :
- lorsque **la reprise du travail** entre deux périodes d'arrêt pour maladie **n'a pas dépassé 48 heures** et que le contrôle médical estime que l'assuré se trouvait, en fait, en état d'incapacité, le délai de carence ne sera pas appliqué au deuxième arrêt de travail ;
- lorsque l'assuré est reconnu atteint d'une **maladie longue durée** provoquant des arrêts successifs, le délai de carence ne sera appliqué qu'au premier de ces arrêts.

Enfin, s'il s'agit de **prolongations**, il n'y a pas de nouveau délai de carence.

Le délai de carence étant une période pendant laquelle l'assurance maladie ne verse pas d'indemnisation, s'il ne possède pas de convention collective qui maintient le salaire en cas de maladie, le salarié ne percevra pas d'IJSS. En revanche, s'il a une convention collective qui prévoit un tel maintien, la charge du salaire sera entièrement à la charge de l'entreprise.

Durée de l'indemnisation
L'indemnité journalière de maladie est servie de telle sorte que, pour une période quelconque de 3 années consécutives, l'assuré social perçoive **au maximum**, pour une ou plusieurs maladies, **360 indemnités journalières.** À chaque arrêt, le « compteur » de l'assuré sera examiné sur la période de 3 ans qui précède l'arrêt maladie (de date à date).

Si l'assuré n'a pas « usé » son « crédit » de 360 indemnités, il pourra bénéficier des indemnités journalières pour l'arrêt en cours. Si, en revanche, le « crédit » est consommé, il ne pourra pas toucher d'indemnités journalières. Toutefois, comme la période de 3 ans est une période « glissante », dès que le chiffre de 360 n'est plus atteint, l'assuré bénéficie à nouveau des IJ.

Dès que l'arrêt de travail atteint 6 mois, une procédure spéciale est engagée par la Sécurité sociale : il s'agit d'une visite médicale contradictoire entre le médecin traitant et le médecin-conseil de la CPAM concernée.

- Si l'affection prolongée dont souffre l'assurée fait partie des trente maladies de longue durée, celui-ci bénéficiera des indemnités journalières pendant une période de 3 ans, y compris les 6 premiers mois déjà indemnisés.
- Si l'affection ne fait pas partie des trente maladies, chaque cas sera examiné afin de déterminer les droits de l'assuré pour l'ouverture d'une éventuelle nouvelle période de 3 ans. Si, au bout de 3 années consécutives d'arrêt, l'assuré n'a pas repris son travail, et s'il remplit les conditions nécessaires pour en bénéficier, il passera en invalidité. Dans ce cas, les IJ sont remplacées par une pension dont le montant dépend de la catégorie d'invalidité dans laquelle est classé l'assuré.

La maladie de longue durée

Définition

À l'origine, la définition des affections « *comportant un traitement prolongé et une thérapeutique particulièrement coûteuse* » a accompagné l'énumération des cas d'exonération du ticket modérateur. La liste résultant de l'article D.322-1 du Code de la Sécurité sociale comporte actuellement 30 maladies.

LISTE DES 30 MALADIES DE LONGUE DURÉE

- *Accident vasculaire cérébral invalidant*
- *Aplasie médullaire*
- *Artériopathie chronique et évolutive avec manifestations cliniques ischémiques*
- *Bilharziose compliquée*
- *Cardiopathie congénitale mal tolérée, insuffisance cardiaque grave et valvulopathie grave*
- *Cirrhose du foie décompensée*

- *Déficit immunitaire primitif grave nécessitant un traitement prolongé et déficit immunitaire acquis grave (Syndrome immuno-déficitaire acquis)*
- *Diabète insulino-dépendant ou non insulino-dépendant ne pouvant pas être équilibré par le seul régime*
- *Forme grave d'une affection neuro-musculaire (dont myopathie)*
- *Hémoglobinopathie homozygote*
- *Hémophilie*
- *Hypertension artérielle sévère*
- *Infarctus du myocarde datant de moins de 6 mois*
- *Insuffisance respiratoire chronique grave*
- *Lèpre*
- *Maladie de Parkinson*
- *Maladies métaboliques héréditaires nécessitant un traitement prolongé spécialisé*
- *Mucoviscidose*
- *Néphropathie chronique grave et syndrome néphrotique pur primitif*
- *Paraplégie*
- *Périartérite noueuse, lupus érythémateux aigu disséminé, sclérodermie généralisée évolutive*
- *Polyarthrite rhumatoïde évolutive grave*
- *Psychose, trouble grave de la personnalité, arriération mentale*
- *Rectocolite hémorragique et maladie de Crohn évolutives*
- *Sclérose en plaque invalidante*
- *Scoliose structurale évolutive (dont l'angle est égal ou supérieure à 25 degrés) jusqu'à maturation rachidienne*
- *Spondylarthrite ankylosante grave*
- *Suites de transplantation d'organe*
- *Tuberculose active*
- *Tumeur maligne, affection maligne du tissu lymphatique ou hématopoïétique*

Source : Code de la Sécurité sociale, art. D.322-1.

La participation de l'assuré est supprimée quand le malade est reconnu atteint d'une maladie inscrite sur cette liste mais uniquement pour les frais relatifs au traitement de cette maladie. Dans les faits, cette notion restrictive tend à faire place à un régime particulier concernant les maladies de traitements longs et coûteux et entraînant une incapacité de travail de longue durée.

Elle correspond dès lors à :
• une forme évolutive ou invalidante d'une affection grave caractérisée mais « hors liste », qualifiée communément de « la 31e maladie » ;
• une association de plusieurs affections caractérisées entraînant un état pathologique invalidant, qualifié de « 32e maladie ».

En cas d'affection de longue durée et en cas d'interruption de travail ou de soins continus supérieurs à 6 mois, la caisse primaire doit faire procéder à un examen spécial de bénéficiaire, conjointement par le médecin traitant et le médecin-conseil des assurances sociales en vue de déterminer le traitement que l'intéressé doit suivre si les soins sont dispensés sans interruption.

Le montant minimum de l'IJ au-delà du sixième mois est fixé à 1/365 du montant minimum de la pension d'invalidité. Lorsque l'assuré a 3 enfants au moins à sa charge, ce minimum est porté aux 4/3 du montant ci-dessus. Mais, en aucun cas, il ne peut dépasser le salaire moyen journalier résultant des cotisations versées pour le compte de l'assuré au cours du trimestre civil précédant l'arrêt de travail. L'IJ peut être servie pendant une période de 3 ans, calculée de date à date pour chaque affection. Le délai s'entend de la période totale d'indemnisation y compris les 6 premiers mois d'arrêt de travail indemnisés au titre de la maladie (les IJ « longue maladie » ne sont donc dues que 2 ans et demi). En cas de reprise du travail, il est ouvert un nouveau délai de 3 ans, si cette reprise a été d'au moins 1 an.

Montant de l'indemnité journalière de maladie

L'indemnité journalière de maladie est égale à la moitié du gain journalier de base dans la limite de 1,8 fois le SMIC mensuel.

Depuis le 1er janvier 2015, le SMIC à prendre en compte est celui du mois qui précède l'arrêt maladie pour la comparaison avec les 3 bruts qui précèdent l'arrêt (et non plus le SMIC à comparer mois par mois).

Depuis le 1er janvier 2015, pour déterminer le montant de l'indemnité journalière, il n'y a plus que trois possibilités de calcul au lieu de cinq précédemment (les modalités prévues en cas de paiement journalier ou par trimestre ont disparu). En fonction de la périodicité de la paie, l'IJ correspondra donc aux montants suivants :

• 1/91,25 du montant des 3 dernières paies des mois civils antérieurs à la date de l'interruption de travail lorsque le salaire est réglé mensuellement ou dans des cas autres que ceux mentionnés ci-après ;
• 1/84 du montant des 6 ou 12 dernières paies des mois civils antérieurs à la date de l'interruption de travail lorsque le salaire est réglé toutes les 2 semaines ou chaque semaine ;
• 1/365 du montant du salaire des 12 mois civils antérieurs à la date de l'interruption de travail lorsque le travail n'est pas continu ou présente un caractère saisonnier.

Dans le cas le plus fréquent de paie mensuelle, nous pouvons donc écrire la formule suivante :

$$\textbf{Indemnité journalière} = \frac{\textbf{Salaire brut de référence}}{\textbf{91,25 jours}} \times 50\,\%$$

Comme nous l'avons vu plus haut, le salaire à prendre en compte est limité, ce qui a pour conséquence le plafonnement des IJ qui seront au maximum égales à 1/730 de 1,8 fois le SMIC mensuel pour les 6 premiers mois, et égales à 1/700 de 1,8 fois le SMIC mensuel à compter du septième mois. S'il y a changement de limite dans les 3 mois qui précèdent l'arrêt, l'IJ sera calculée en prenant les trois limites réelles en vigueur sur cette période.

Pour toute l'année 2015, l'IJ maximum est donc de 43,13 euros.

Pour un salarié qui a **au moins trois enfants à charge**, l'indemnité journalière est **majorée à compter du trente et unième jour d'arrêt**, pour atteindre les **deux tiers du salaire de référence** (soit 1/547,50 de 1,8 fois le SMIC mensuel).

Pour toute l'année 2015, l'IJ maximum est donc de 57,50 euros.

Lorsque l'incapacité se prolonge au-delà de 3 mois, l'IJ peut être revalorisée en cas d'augmentation des salaires. L'indemnité journalière de maladie **n'est pas cotisable mais**, par contre, **est imposable** et devra être ajoutée aux salaires par le salarié au moment de sa déclaration d'impôts.

L'indemnité journalière est servie **nette de CRDS** (depuis le 1er février 1996) au taux de **0,50 %, et de CSG** au taux de **6,20 %** (depuis le 1er janvier 1998), précomptée par la Sécurité sociale (soit **6,70 %** au total).

À NOTER

Dans la formule de l'indemnité journalière de maladie, il y a eu ces dernières années des changements importants :
- *depuis la création de cette formule, le diviseur était 90, soit 3 mois, puisque je vous rappelle que pour simplifier, le nombre de jours calendaires moyen est de 30 (30 jours par mois x 3 mois = 90). Puis, dans un souci d'économie, il a été décidé de revenir à 365 jours par an et que par conséquent, 3 mois représentant le quart de 365, le diviseur serait donc à partir du 1er décembre 2010 : 91,25 (décret n° 2010-1305 du 29 octobre 2010) ;*
- *quant au salaire brut de référence, depuis les années soixante-dix il était égal aux bruts des 3 mois précédant l'arrêt de travail, limité par le plafond de la Sécurité sociale. Cette limite a été abaissée à 1,8 fois le SMIC mensuel le 1er janvier 2012 (décret du 26 décembre 2011). Compte tenu du déficit de notre caisse, le gouvernement Fillon pensait de prime abord augmenter les jours de carence, passant ainsi de 3 à 5 jours. Les partenaires sociaux ont préféré plutôt tabler sur une baisse du montant maximum, les salariés payés moins de 1,8 SMIC mensuel (environ 2 600 euros bruts) n'étant ainsi pas concernés. C'est donc cette dernière solution qui a été choisie, mais l'augmentation du nombre de jours de carence reste une épée de Damoclès car elle avait déjà été envisagée en novembre 1995 par le gouvernement Juppé. Dans quelques années, cette solution sera sans doute réenvisagée par de prochains gouvernements.*

Exemple concret du calcul de l'indemnité journalière de maladie

- Supposons qu'un salarié soit en arrêt maladie du 14 au 27 mai 2015 et que ses bruts des 3 derniers mois soient :

Mois 01 : 2 000 euros (1,8 SMIC mensuel : 2 623,58 euros)
Mois 02 : 2 000 euros (1,8 SMIC mensuel : 2 623,58 euros)
Mois 03 : 3 500 euros (1,8 SMIC mensuel : 2 623,58 euros)
Total : 7 500 euros (7 870,74 euros)

- **Le salaire de référence** sera :

(2 000 + 2 000 + 2 623,58) = **6 623,58 euros**

En effet, quand on écrit « *l'indemnité journalière de maladie est égale à la moitié du gain journalier de base dans la limite de 1,8 fois le SMIC mensuel* », il est sous-entendu qu'il faut apprécier cette limite mois par mois. Il ne faut pas commettre l'erreur de croire que le salaire de référence est 7 500 euros par rapport à une limite cumulée de (2 623,58 x 3) 7 870,74 euros.

• 6 623,58 euros est ensuite divisé par 91,25 pour donner un taux d'IJ à 100 % soit : 72,58 euros.
• **Le taux journalier** pour les 30 premiers jours est obligatoirement 50 % (pour les jours suivants, le taux peut passer à 66,66 % si l'assuré a au moins trois enfants à charge) soit : 72,58 x 50 % = 36,29 euros.
• Du 14 au 27 mai 2015, il y a très précisément 14 jours calendaires. À ces 14 jours, il faut enlever le délai de carence de 3 jours. Donc seuls **11 jours seront indemnisés.**
Ces 11 jours par le taux de 36,29 euros donneront un montant total des IJ brutes de : 399,19 euros.
Le salarié percevra donc chez lui :
399,19 – 6,7 % (de CSG/CRDS) = **372,44 euros.**

Attestation de salaire
Afin de calculer le montant des indemnités journalières dues aux salariés, l'employeur doit remplir une attestation de salaire et la transmettre à la caisse primaire de l'assurance maladie (CPAM) dont il relève. Si cette attestation de salaire est aujourd'hui majoritairement remplie *via* le site www.net-entreprises.fr, l'imprimé « Cerfa n° 11135*02 » était rempli manuellement pour chaque arrêt maladie par le service paie (et l'est encore pour les petites entreprises d'une dizaine de salariés).

Reprise du travail
Lorsque l'arrêt de travail a duré au moins **30 jours**, le salarié doit accepter de subir une visite médicale à son retour dans l'entreprise (examen pratiqué par le médecin du travail). Avant le 1er juillet 2012, c'était lorsque l'arrêt de travail avait duré au moins 21 jours (C. trav., art. R.4624-22).

L'indemnisation de la maternité

Seule la femme assurée à titre personnel, du fait de son activité salariée, peut bénéficier, à l'occasion de sa grossesse, des prestations en espèces de l'assurance maternité, celles-ci étant destinées à inciter la femme à interrompre son activité pendant plusieurs semaines avant et après l'accouchement, dans l'intérêt de sa santé et de celle de son enfant, en compensant la perte de salaire ainsi subie. L'indemnité journalière de maternité n'est donc accordée que si l'assurée cesse tout travail, salarié mais aussi non salarié, pendant la période d'indemnisation.

Cette indemnité est versée à toute femme qui a un enfant ou qui en adopte un (les indemnités sont versées même si l'enfant est mort-né). Mais, pour pouvoir bénéficier des indemnités, il faut satisfaire à un certain nombre de conditions :

- être immatriculée depuis au moins 10 mois à la date présumée de l'accouchement ou de la date d'arrivée de l'enfant au foyer en cas d'adoption ;
- être salariée depuis au moins 200 heures à la date de la conception en cas de maternité ou à la date de l'arrivée de l'enfant au foyer ;
- ou être passée directement de la situation d'ayant droit d'assurée (fille à la charge de ses parents) à celle de salariée ;
- la femme nouvellement salariée qui avait la qualité d'ayant droit par son mari ne pourra pas bénéficier des indemnités journalières si elle ne remplit pas les conditions ci-dessus ;
- en cas de statut de travailleur saisonnier et ne remplissant pas les conditions ci-dessus, il faut justifier de 800 heures de travail accomplies sur les 12 derniers mois précédant la grossesse ou le début du repos prénatal ou l'arrivée de l'enfant au foyer.

L'indemnité journalière de repos maternité est versée par la caisse d'assurance maladie et n'est pas cumulable avec les IJ maladie (les prestations en espèces de l'assurance maternité sont alors servies en priorité sur celles de l'assurance maladie).

Absence de délai de carence

Contrairement à la maladie, dans le cadre du congé maternité ou d'adoption, il n'y a pas de délai de carence : **l'indemnité est versée à compter du premier jour qui suit le point de départ de la maternité, mais pour pouvoir en bénéficier, l'assurée doit cesser toute activité pendant au moins 8 semaines** (2 semaines avant l'accouchement et 6 semaines après), durée pendant laquelle le Code du travail interdit à tout employeur de faire travailler une femme en couches (C. trav., art. L.1225-29).

Durée de l'indemnisation

Avant de voir le tableau ci-après, quelques commentaires :

- la durée globale de l'indemnisation n'est pas diminuée si l'accouchement a lieu avant la date présumée ;
- si l'accouchement a lieu après la date prévue, la durée de l'indemnisation sera augmentée d'autant ;

• l'intéressée a la possibilité d'allonger la durée du congé prénatal de 2 semaines, sans prolonger pour autant la durée globale du congé, c'est-à-dire que ces 2 semaines seront prises sur le congé postnatal ;
• l'état pathologique résultant de l'accouchement n'est pas indemnisé au titre de la maternité mais à celui de la maladie ;
• pour les durées exprimées en semaines, la Sécurité sociale considère chaque semaine comme équivalente à 7 jours et le congé postnatal englobe toujours le jour de l'accouchement ;
• si la mère décède au moment ou des suites de l'accouchement, l'indemnité journalière de repos postnatal peut être accordée au père sous réserve qu'il cesse tout travail salarié pendant la période d'indemnisation (C. Séc. soc., art. L.331-6) ;
• si l'enfant est hospitalisé jusqu'à l'expiration de la sixième semaine suivant l'accouchement, la salariée peut demander le report à la date de la fin d'hospitalisation de l'enfant de tout ou partie de la période d'indemnisation à laquelle elle peut encore prétendre (C. Séc. soc., art. L.331-5) ;
• si l'enfant décède pendant le congé de maternité, la mère conserve tout de même ses droits.

La durée de l'indemnisation est variable. Elle **dépend à la fois de la composition de la famille, du rang de l'enfant et du nombre de naissances** (en cas de naissances multiples).

Depuis le 1er janvier 1995		**Durée (en semaines entourant la naissance)**		
Type de grossesse	**Nombre d'enfants précédents**	**Avant**	**Après**	**Total**
Simple	1	6	10	**16**
	Au moins 2, ou si l'assurée a déjà eu au moins 2 enfants nés viables.	8	18	**26**
Gémellaire	#	12	22	**34**
Triplés ou +	#	24	22	**46**

En cas d'adoption, seul le congé postnatal est accordé. Cela donne le tableau suivant (loi n° 94-629 du 25 juillet 1994 relative à la famille), applicable depuis le 1er janvier 1995.

Type d'adoption	Situation	Durée (en semaines)
Simple	L'assurée a moins de 2 enfants.	**10**
	L'assurée a déjà au moins 2 enfants.	**18**
Multiple	#	**22**

À noter : en cas de premier enfant, la salariée enceinte peut, avec l'avis favorable du médecin ou de la sage-femme qui suit sa grossesse, reporter une partie de son congé prénatal (3 semaines maximum) après son accouchement. Son congé postnatal sera alors augmenté d'autant. À noter cependant que seules les 3 premières semaines du congé prénatal peuvent être reportées. De plus, en cas d'arrêt de travail prescrit à la salariée enceinte pendant la période qui fait l'objet d'un report, le report est annulé et le congé prénatal commence au premier jour de l'arrêt de travail.

Si l'assurée sociale a déjà eu deux enfants, **pour une naissance simple**, la salariée enceinte peut :

• soit, avec l'avis favorable du médecin ou de la sage-femme qui suit sa grossesse, reporter une partie de son congé prénatal (3 semaines maximum) après son accouchement. Son congé postnatal sera alors augmenté d'autant. À noter cependant que seules les 3 premières semaines du congé prénatal peuvent être reportées. De plus, en cas d'arrêt de travail prescrit à la salariée enceinte pendant la période qui fait l'objet d'un report, le report est annulé et le congé prénatal commence au premier jour de l'arrêt de travail ;

• soit anticiper son congé prénatal (2 semaines maximum). Son congé postnatal sera alors réduit d'autant.

Si ce sont **des jumeaux** que l'assurée sociale attend, elle peut :

• soit, avec l'avis favorable du médecin ou de la sage-femme qui suit sa grossesse, reporter une partie de son congé prénatal (3 semaines maximum) après son accouchement. Son congé postnatal sera alors augmenté d'autant. À noter cependant que seules les 3 premières semaines du congé prénatal peuvent être reportées. De plus, en cas d'arrêt de travail prescrit à la salariée enceinte pendant la période qui fait l'objet d'un report, le report est annulé et le congé prénatal commence au premier jour de l'arrêt de travail ;

• soit anticiper son congé prénatal (4 semaines maximum). Son congé postnatal sera alors réduit d'autant.
Enfin, si ce sont **des triplés** que l'assurée sociale attend, elle peut, avec l'avis favorable du médecin ou de la sage-femme qui suit sa grossesse, reporter une partie de son congé prénatal (3 semaines maximum) après son accouchement. Son congé postnatal sera alors augmenté d'autant. À noter cependant que seules les 3 premières semaines du congé prénatal peuvent être reportées. De plus, en cas d'arrêt de travail prescrit à la salariée enceinte pendant la période qui fait l'objet d'un report, le report est annulé et le congé prénatal commence au premier jour de l'arrêt de travail.

Montant de l'indemnisation
Jusqu'au 31 décembre 1995, l'indemnité était égale à 84 % du salaire journalier de base (déterminé comme celui des indemnités journalières maladie) en se limitant au salaire plafonné.
Depuis le 1er janvier 1996, l'indemnité journalière est égale au **gain journalier de base calculé dans la limite du plafond de la Sécurité sociale et diminué, à due concurrence, du montant de la CSG et de la part salariale des cotisations sociales d'origine légale et conventionnelle.**

Jusqu'au 30 juin 2013, le taux des cotisations sociales salariales et de la CSG était déterminé forfaitairement par la direction de la Sécurité sociale pour calculer le montant maximum de l'IJ maternité à verser (21,59 % du 1er janvier 1996 au 30 juin 2002, 21,33 % depuis le 1er juillet 2008 en Alsace-Moselle et 19,79 % du 1er janvier 1996 au 30 juin 2002, 19,68 % depuis le 1er juillet 2002 dans les autres départements). Ce qui donnait une valeur maximale du 1er janvier 2013 au 30 juin 2013 des IJ en Alsace-Moselle de 79,82 euros, et de 81,49 euros dans les autres départements.
Depuis le 1er juillet 2013, il n'y a plus qu'un taux unique de 21 % pour tous les départements. Ce qui donne un montant maximum des IJ de maternité pour 2015 de 82,33 euros.
En cas d'augmentation générale des salaires, l'IJ maternité peut, elle aussi, être revalorisée, et comme pour l'IJ maladie, il existe un **montant minimum** calculé lui aussi sur la base de la pension d'invalidité, soit **9,26 euros** par jour depuis le 1er janvier 2015.
L'indemnité journalière de maternité n'est **pas cotisable, mais imposable depuis le 1er janvier 1996** et servie **nette de cotisations CSG/CRDS** au taux global de **6,70 %** (depuis le 1er janvier 1998).

L'indemnisation de la paternité

La loi de financement de la Sécurité sociale pour 2002 a introduit le congé de paternité.
Celui-ci est ouvert à tout salarié (homme) à l'occasion de la naissance de son enfant. **Ce congé est accordé pour les naissances ayant lieu après le 1er janvier 2002.**
Pour la naissance d'un enfant unique, **11 jours calendaires** maximum sont accordés. La durée est portée à 18 jours pour les naissances multiples. Ce congé doit être pris dans un délai de 4 mois à compter de la date de naissance. Le congé de paternité est **cumulable** avec le congé de 3 jours accordé pour la naissance d'un enfant (C. trav., art. L.1225-35).
Le salarié doit avertir l'employeur de son intention de bénéficier du congé de paternité au moins un mois avant la prise effective de celui-ci. **L'employeur ne peut le refuser.**

L'indemnisation est assurée principalement par la Sécurité sociale. Afin qu'elle soit servie, l'employeur doit, bien sûr, envoyer à la CPAM le bordereau « Cerfa n° 11135*02 » après avoir mis une croix devant la coche Paternité. **Suivant la même procédure vue précédemment en maternité, il faut donner le net (limité au plafond de la Sécurité sociale) des 3 mois précédant l'arrêt.**

L'indemnisation des accidents du travail et de trajet

Définition de l'accident du travail
L'accident de travail est l'accident survenu du fait ou à l'occasion du travail, quels qu'en soient la cause ou le lieu, à toute personne travaillant à quelque titre que ce soit pour un ou plusieurs employeurs.

Définition de l'accident du trajet
L'accident de trajet est l'accident subi par un salarié pendant les trajets aller et retour entre :
• **le lieu de travail et sa résidence** ou tout autre lieu où le travailleur se rend de façon habituelle pour des motifs d'ordre familial ;
• **le lieu de travail et l'endroit où le salarié prend habituellement ses repas.**

Déclaration
Le salarié victime d'un accident de travail doit, **dans les 24 heures suivant l'accident** en informer son employeur (C. Séc. soc., art. L.441-2

et R.441-2). L'employeur doit déclarer sur un imprimé Cerfa (délivré par la Sécurité sociale) tout accident dont il a eu connaissance, par lettre recommandée avec accusé de réception **dans les 48 heures** (non inclus les dimanches et jours fériés) à la CPAM dont relève la victime. À noter que les accidents bénins ne sont pas tenus d'être déclarés, sous réserve de tenir un registre ouvert à cet effet.
Afin que le salarié ne fasse pas l'avance des frais médicaux et de traitement, l'employeur doit lui délivrer immédiatement, après la déclaration de l'accident, une feuille d'accident (fournie aussi par la Sécurité sociale), composée de trois volets. Le premier volet sera adressé par le salarié en fin de traitement à la CPAM. Le second volet sera remis par le salarié au médecin pour le décompte de ses honoraires. Le troisième volet sera remis au pharmacien qui facturera ainsi les produits délivrés.
L'employeur est aussi tenu d'envoyer à la CPAM une attestation indiquant la période de travail, le nombre de journées auxquelles s'appliquent la ou les paies, leur montant et la date. De son côté, le médecin choisi par le salarié établit un certificat médical indiquant l'état de l'accidenté, les conséquences médicales de l'accident et la durée probable de l'incapacité de travail. Il adresse directement un exemplaire à la CPAM et en remet un à la victime.

Délai de carence

Dans le cadre des accidents de travail, **il n'y a pas de délai de carence**. La journée où se produit l'accident **est intégralement à la charge de l'employeur** quel que soit le mode de paiement du salaire et ceci même en cas d'accident de trajet survenant avant le début de la journée de travail.

Durée de l'indemnisation

L'indemnisation est versée pendant toute la période d'incapacité de travail qui précède soit la guérison complète, soit la consolidation de la blessure ou le décès. Dans le cas où la durée de l'incapacité est inférieure à 15 jours, l'indemnité journalière n'est pas due pour les jours non ouvrables qui suivent immédiatement la cessation du travail due à l'accident (dimanche ou jour férié). Toutefois, cette exception n'est pas valable pour le 1er mai dont le chômage ne doit pas être une cause de perte de salaire.

Montant des indemnités journalières

Depuis le 28 mai 1993, **l'indemnité journalière d'accidents du travail est égale à 60 % du salaire journalier de référence pendant les 28 premiers jours d'arrêt de travail. À compter du**

vingt-neuvième jour, l'indemnité est portée à 80 % du même salaire de base.
Le salaire journalier servant de base au calcul de cette indemnité est égal au 1/30 du montant des paies afférentes au mois antérieur (salaire réglé journellement ou à intervalles réguliers, au début ou à la fin d'un travail).
Depuis l'arrêté du 3 août 1993, le salaire servant de référence est déterminé par le salaire brut de la période de référence. Pour le salaire de référence, il faut prendre en compte :
- le salaire proprement dit ;
- les primes afférentes à la période à considérer ;
- les avantages en nature ;
- les pourboires ;
- les primes de productivité individuelle versées au cours de la période de référence ;
- les primes de déplacement constituant un supplément de rémunération ;
- les primes de vie chère, de précarité, de scolarité ;
- les prestations familiales extra-légales ;
- le douzième des primes versées annuellement (ou le sixième des primes semestrielles).

Nous pouvons donc écrire la formule suivante :

$$\textbf{L'IJAT} = \frac{\textbf{Salaire brut de référence}}{\textbf{30,42}} \textbf{ x 60 \% (ou 80 \%)}$$

Le montant des IJAT est lui aussi limité à un **montant maximum.**

Indemnités journalières	28 premiers jours	à partir du 29e jour
Arrêt de travail ayant débuté :		
- entre le 01/01/2014 et le 31/12/2014	187,89 €	250,52 €
- entre le 01/01/2015 et le 31/12/2015	**190,35 €**	**253,80 €**

Depuis le décret n° 93-938 du 16 juillet 1993, applicable à partir du 25 juillet 1993, la **limite maximale** de la rémunération annuelle retenue pour le calcul de l'indemnité journalière est abaissée de 1 % à **0,834 % du plafond mensuel x 12** des cotisations de Sécurité sociale (38 040 euros au 1er janvier 2015).
De plus, l'indemnité journalière calculée à partir du salaire journalier ne peut pas dépasser le montant du gain journalier net perçu par la victime. Pour le calculer le salaire journalier de référence était diminué de la part salariale des cotisations obligatoires d'origine légale ou conventionnelle et de la CSG. Pour les arrêts ayant débuté depuis le 1er janvier 2015, le gain journalier net est déterminé par application d'un taux forfaitaire de cotisations et contributions à 21 % (comme pour les IJSS maternité). Par conséquent, les IJSS brutes accident ne pourront plus dépasser 79 % du salaire journalier brut de référence.
Comme pour les indemnités journalières de maladie et de maternité, les indemnités journalières d'accident du travail peuvent être revalorisées au bout de 3 mois d'arrêt si les salaires ont subi une augmentation par accord collectif ou par arrêté dans le cas d'un salaire au niveau du SMIC.
Les indemnités journalières d'accident du travail ne sont **pas cotisables, mais sont devenues imposables à 50 % depuis le 1er janvier 2010.**

Attestation de salaire

Comme pour l'attestation maladie et maternité, une attestation de salaire pour accident du travail et maladie professionnelle est à renseigner par l'employeur, soit sur le site www.net-entreprises, soit en version papier (n° Cerfa : 11137*02) pour les petites entreprises.

Tableau récapitulatif sur les IJSS

	IJ maladie	IJ maternité	IJ accident
Salaire de base	les 3 dernières paies brutes dans la limite de 1,8 SMIC mensuel	les 3 dernières paies brutes dans la limite du plafond de la SS	le dernier salaire brut non plafonné
Salaire journalier de référence	le salaire de base divisé par 91,25 jours	le salaire de base divisé par 91,25 jours	le salaire de base divisé par 30,42 jours
Montant	50% du salaire journalier de référence	79% du salaire journalier de référence	60% du salaire journalier pendant 28 jours 80% du salaire journalier à partir du 29e jour
Maximum	1,8 SMIC mensuel x 3 / 91,25 **43,13 €**	Plafond mensuel SS 21% x 3 / 91,25 **82,33 €**	60% de 0,834% du plafond annuel SS **190,35 €** (28 jours) **253,80 €** (après 28 jours)
Majoration	si au moins 3 enfants à charge : 2/3 du gain de base à partir du 31e jour	NON	NON
Date du versement	à partir du 4e jour d'arrêt maladie	à partir du 1er jour d'arrêt prénatal ou pour grossesse pathologique	à partir du lendemain de l'accident de travail
Revalorisation	possible au-delà du 3e mois	possible au-delà du 3e mois	possible au-delà du 3e mois
Durée	- 360 jours maxi (sur 3 ans pour la maladie ordinaire) - 3 ans pour les affections de longue durée	- 6 semaines mini (congé prénatal) - 10 semaines mini (congé postnatal)	3 ans (après incapacité)
Imposition	**OUI** (sauf longue maladie)	**OUI**	**OUI à 50%**
Régime social	**aucune cotisation**, sauf **CSG et CRDS** prélevées par la CPAM au **taux global de 6,7%** sans l'abattement de 1,75%	**aucune cotisation**, sauf **CSG et CRDS** prélevées par la CPAM au **taux global de 6,7%** sans l'abattement de 1,75%	**aucune cotisation**, sauf **CSG et CRDS** prélevées par la CPAM au **taux global de 6,7%** sans l'abattement de 1,75%

2. L'indemnisation par l'employeur

Le salarié ne pouvant effectuer aucun travail, aucun salaire n'est en principe dû par l'employeur. Cependant, le salarié malade ou victime d'un accident bénéficie le plus souvent du maintien d'une partie ou de la totalité de sa rémunération en application soit de l'accord de mensualisation, soit de la convention collective ou de l'accord d'entreprise applicable.

La loi de mensualisation

Pour tous les salariés ayant au moins un an d'ancienneté, le minimum d'indemnisation en cas de maladie, accident du travail ou accident de trajet est assuré par la loi de mensualisation. Cette loi date de 1977 et prévoit le maintien du salaire brut dans certaines conditions : c'est-à-dire qu'elle garantit un pourcentage du salaire brut proportionnellement à la longueur de la maladie.
Ce maintien du salaire brut par l'employeur commence dès le premier jour en cas d'accident du travail ou de la maladie professionnelle, et à partir du huitième jour dans tous les autres cas. Ce qui signifie que les salariés ne sont pas indemnisés pendant les 3 premiers jours correspondant au délai de carence de la Sécurité sociale et que du quatrième au septième inclus, ils ne perçoivent que les IJSS.

Ancienneté (en années)	Indemnisation par période de 12 mois			
	Point de départ		Durée	
	Accident du travail	Maladie, acc. du trajet	90%	66,67%
de 1 à 6	dès le 1er jour	à partir du 8e jour	30 jours	30 jours
de 6 à 11	dès le 1er jour	à partir du 8e jour	40 jours	40 jours
de 11 à 16	dès le 1er jour	à partir du 8e jour	50 jours	50 jours
de 16 à 21	dès le 1er jour	à partir du 8e jour	60 jours	60 jours
de 21 à 26	dès le 1er jour	à partir du 8e jour	70 jours	70 jours
de 26 à 31	dès le 1er jour	à partir du 8e jour	80 jours	80 jours
au-delà de 31	dès le 1er jour	à partir du 8e jour	90 jours	90 jours

Application

Comment déterminer le salaire brut du salarié ? **Quelles sont les incidences de l'absence du salarié sur les primes** qui lui sont versées en plus de son salaire de base ?

Prime d'assiduité

La Cour de cassation juge que l'employeur est en droit (sauf clause expresse en sens contraire) de réduire, voire même de supprimer une prime d'assiduité à la suite de l'absence d'un salarié, dans la mesure où celle-ci « *tend à encourager et à récompenser la présence régulière des salariés sans être attribuée en contrepartie d'un travail déterminé* ».

En revanche, dès lors qu'une prime d'activité, « *distincte de la prime d'assiduité, est attribuée pour rémunérer l'activité professionnelle des salariés et qu'elle leur est régulièrement versée depuis plusieurs années* », les juges du fond peuvent estimer à bon droit « *qu'elle est un élément de rémunération et qu'elle doit en conséquence être incluse dans l'assiette de calcul de l'indemnisation du salarié absent* ».

Prime d'ancienneté

De nombreux accords de mensualisation et conventions collectives ont adopté une solution favorable au salarié malade, assimilant à un temps de présence pour la détermination de l'ancienneté les périodes pendant lesquelles le contrat a été suspendu. **Quant à la prime d'ancienneté, la Cour de cassation juge qu'« *elle est due pour l'indemnisation des absences pour maladie* ».**

Prime annuelle

Le salarié absent pour maladie durant l'année peut-il bénéficier de l'intégralité de la prime annuelle du type « treizième mois » ?

Le salarié ne peut, selon la Cour de cassation (29 avril 1980), prétendre à la totalité d'une gratification « *instituée pour rémunérer une activité et non prise en principe en compte pour le calcul des indemnités maladie, sauf clause expresse de l'accord applicable* ».

Primes liées aux conditions d'exécution du travail

Le salarié peut-il bénéficier de primes liées aux conditions d'exécution de son travail (primes d'insalubrité, de risque, de pénibilité, etc.) ?

La Cour de cassation a répondu négativement (29 octobre 1980) à propos d'une prime d'incommodité d'horaire. Elle considère en effet que « *si cette majoration est un élément de rémunération, son attribution est subordonnée à des conditions particulières puisqu'elle tend à indemniser une gêne au cours des heures de travail réellement effectuées* » et qu'en conséquence « *le salarié ne saurait y prétendre si cette condition n'est pas remplie* ».

Toutefois, à propos d'une autre prime d'incommodité liée à l'organisation du travail dite « prime d'équipes successives de jour », accordée au personnel réparti en deux équipes successives, la Cour de cassation a estimé (29 mai 1986) qu'elle était due à un salarié malade comme aux autres salariés, car il n'était pas contesté qu'elle constituait « *un élément de rémunération lié à l'organisation du travail par l'entreprise, qui aurait été perçue par l'intéressé s'il avait continué à travailler* ».

Donc, en cas d'absence au travail du fait de la maladie, la règle qui semble se dégager est que le salarié recevra la rémunération qu'il aurait perçue s'il avait continué à travailler.

RAPPEL

Un salarié n'a pas droit à des titres-restaurant pour les périodes au cours desquelles il a été absent.

Bien entendu, ce maintien de salaire brut assuré par l'employeur se fait sous déduction des indemnités journalières de Sécurité sociale.

Le bulletin de salaire se présentera de la manière suivante :

Salaire brut
– Absence maladie
+ Paiement maladie diminué du délai de carence x 90 %

= Brut de cotisations
– Cotisations salariales

= Net à payer

Le mois suivant, nous verrons apparaître l'incidence des indemnités journalières :

Salaire brut
– Indemnités journalières de Sécurité sociale

= Brut de cotisations
– Cotisations salariales

= Net à payer

La subrogation

La subrogation de l'employeur dans les droits de l'assuré lui permet de toucher directement les indemnités journalières si le salaire est maintenu au moins partiellement. Il faut distinguer deux cas.

- **Si le salaire est maintenu en totalité**, la subrogation de l'employeur est de plein droit dans la mesure où celui-ci indique bien la période pendant laquelle le salaire sera maintenu et remplit bien la zone d'intitulé du compte où devront être versées les prestations.
- **Si le salaire est maintenu partiellement** et que ce maintien de salaire est au moins égal aux indemnités journalières, à condition que l'assuré en donne l'autorisation par sa signature sur l'attestation de salaire, l'employeur peut aussi percevoir directement les indemnités journalières.

Pour les arrêts ayant débuté depuis le 1er janvier 2015, la subrogation est de plein droit lorsque l'employeur maintient totalement ou partiellement sous déduction des IJSS à la condition que le salaire maintenu soit au moins égal au montant des IJSS. La subrogation n'est donc plus subordonnée à l'accord du salarié.

Dans tous les autres cas, la subrogation ne peut se faire et l'employeur déduira le montant des IJ dès que le salarié aura repris son travail.

Voyons maintenant les différences entre un employeur non subrogé et un employeur subrogé.

Employeur non subrogé	Employeur subrogé
Principe • Si l'entreprise ne verse pas d'indemnisation complémentaire, elle paie le salaire amputé de la retenue pour arrêt maladie. • Si l'entreprise verse une indemnisation complémentaire, elle paie le salaire amputé de la retenue pour arrêt maladie et y ajoute l'indemnisation complémentaire mise à sa charge (par la loi ou la convention). Dans les deux cas, le salarié perçoit directement de la Sécurité sociale, les indemnités journalières qui lui sont dues.	**Principe** L'entreprise verse le salaire au niveau convenu, en y intégrant le montant des indemnités journalières qu'elle « avance » ainsi au salarié. L'entreprise s'adressera ensuite à la Sécurité sociale pour percevoir ce montant à la place du salarié.
Conséquences Rapidité et facilitation d'indemnisation moindres pour le salarié.	**Conséquences** • Pour le salarié : absence compensée immédiatement ; pas de démarches, est assimilable à un avantage social. • Pour l'entreprise : avance de trésorerie ; démarches à sa charge ; vérification des encaissements.
Écriture du bulletin • Si l'entreprise ne verse pas d'indemnisation complémentaire, aucune écriture (en dehors de la retenue pour absence). • Si l'entreprise verse une indemnisation complémentaire, elle pratique la retenue correspondante, et soit : - estime le montant des IJSS lors de la paie couvrant l'arrêt de travail, pour calculer ce qu'elle versera en complément ; - attend que le salarié lui apporte le décompte reçu de la Sécurité sociale pour lui payer le complément sur le mois en cours.	**Écriture du bulletin** • Ou bien l'entreprise estime le montant des IJSS pour calculer ce qu'elle doit verser en complément de la paie couvrant l'arrêt de travail en pratiquant la retenue correspondante. • Ou bien, en différé sur le bulletin de paie qui suit le paiement des IJSS qu'elle reçoit directement de la Sécurité sociale, l'entreprise inscrit la retenue pour arrêt de travail et l'indemnisation correspondante à verser.

La contre-visite médicale

La contre-visite médicale est un droit reconnu à l'employeur par la législation française : un droit de regard mentionné dans les conventions collectives et l'article 7 de la loi du 19 janvier 1978, loi dite de mensualisation.

La loi prévoit que l'absence justifiée par l'incapacité résultant de maladie ou d'accident doit être constatée par certificat médical et contre-visite s'il y a lieu. L'employeur peut faire pratiquer la contre-visite chaque fois que celle-ci est prévue. Pour cela, il est en droit de communiquer au médecin contrôleur l'adresse du salarié qui doit faire l'objet de la contre-visite, sans pour autant porter atteinte à l'intimité de la vie privée du salarié. **Il n'a pas à prévenir le salarié de la contre-visite.**

La contre-visite médicale est la simple contrepartie de l'obligation qu'a l'employeur de garantir le salaire. Puisqu'il indemnise le salarié absent, la contre-visite médicale permet à l'employeur de constater si l'arrêt est toujours médicalement justifié ou s'il ne l'est plus au moment où le médecin effectue le contrôle. En d'autres termes, s'il doit poursuivre ou suspendre son obligation de paiement.

Lorsqu'un accord prévoit expressément une contre-visite comme condition du versement des indemnités complémentaires de maladie (comme le fait la loi sur la mensualisation), **le salarié ne peut refuser de s'y soumettre** sans commettre un manquement à son obligation, le privant ainsi du bénéfice des indemnités. Il en sera de même s'il est absent de son domicile et qu'il n'a pu s'y soumettre (lorsque l'arrêt maladie ne comporte aucune indication sur les heures d'autorisation de sortie, celle-ci est présumée ne pas avoir été accordée !).

La contre-visite doit être effectuée par un docteur en médecine, inscrit au conseil de l'ordre. L'obligation du secret professionnel du médecin-contrôleur assure confidentialité et neutralité au salarié, rigueur et compétence à l'employeur. Le médecin-contrôleur exerce en toute indépendance vis-à-vis de ses confrères, mais il ne peut modifier le traitement ordonné. Suite au constat justifiant ou non l'arrêt de travail au jour du contrôle, il fournit à l'entreprise ses conclusions sans indiquer les raisons médicales qui les motivent.

Il ne peut y avoir effet de rétroactivité lorsque l'arrêt médical n'est plus justifié au jour de la contre-visite. Cela ne remet donc pas en cause l'acte médical initial du médecin traitant. La contre-visite ayant lieu *a posteriori*, le médecin-contrôleur constate à un moment donné de l'arrêt qu'il n'y a plus incapacité de travail et que l'arrêt n'est plus justifié pour raison médicale. Si le médecin-contrôleur ne peut signifier au salarié l'ordre de reprendre son travail, il est tenu de l'informer de ses conclusions. Le salarié a trois possibilités :

• il reprend son travail dès le lendemain du contrôle : la contre-visite prouve son efficacité et limite donc l'absentéisme ;

• Il ne reprend pas son travail : il peut en effet continuer à suivre l'estimation initiale établie par son médecin traitant. L'entreprise est alors en droit de suspendre les indemnités complémentaires à dater du jour même ou du lendemain de la contre-visite ;

• il se fait prescrire un nouvel arrêt ou une prolongation : l'entreprise peut demander une nouvelle contre-visite. À défaut, elle accepte ce nouvel arrêt et l'indemnisation doit être rétablie à la date de départ du nouvel acte.

3. Les allocations complémentaires aux IJSS

Définition

On appelle « allocations complémentaires aux IJSS » les allocations versées par les prévoyances en plus des indemnités légales en cas de maladie, accident, maternité, afin de garantir aux intéressés leur salaire pendant une période donnée, dont la durée varie en fonction de l'ancienneté dans l'entreprise.

Application

Lorsque le financement du système est réalisé au moyen de cotisations salariales et patronales, les allocations complémentaires sont prises en compte dans l'assiette de cotisation au prorata de la seule participation patronale.
Il y a trois possibilités :
- adhésion obligatoire du salarié au régime de l'entreprise ;
- adhésion volontaire et individuelle à une société mutualiste ;
- inscription résultant d'un acte volontaire et individuel à un contrat d'assurance.

Voyons maintenant sur quel montant portent les cotisations.

- **Adhésion obligatoire du salarié avec participation de l'employeur :** la fraction des allocations complémentaires servies, déterminée au prorata des cotisations supportées par l'employeur, est intégrée dans l'assiette des cotisations (Sécurité sociale, Pôle Emploi, retraites complémentaires, taxes diverses, mais pas dans celle des prévoyances, bien sûr !).
- **Adhésion obligatoire du salarié sans participation de l'employeur :** aucune cotisation.
- **Adhésion facultative du salarié sans participation de l'employeur :** aucune cotisation.
- **Adhésion facultative du salarié avec participation de l'employeur :** les allocations complémentaires ne sont pas intégrées dans l'assiette des cotisations, la liberté d'adhésion laissée au salarié ne permettant pas de soutenir que l'avantage servi l'est pour le compte de l'employeur qui n'a pris dans ce cas aucun engagement pour maintenir le salaire. Cependant, dans cette hypothèse, la participa-

tion patronale au régime d'assurance constitue un avantage lié au contrat de travail et doit être intégrée dans l'assiette des cotisations.

Les indemnités journalières complémentaires aux indemnités de Sécurité sociale versées par l'employeur ou par l'entremise d'un tiers sont assujetties à la CSG et à la CRDS dans leur totalité si elles sont financées intégralement par l'employeur ou au prorata de la participation de l'employeur si elles sont financées conjointement par l'employeur et le salarié. L'abattement de 1,75 % pour frais professionnels doit donc être appliqué. Lorsqu'elles sont versées au titre de périodes postérieures à la rupture du contrat de travail, elles sont assujetties en tant que revenu de remplacement et précomptées, sans application de l'abattement de 1,75 %, par les organismes débiteurs.

Ne sont assujettis ni à la CSG, ni à la CRDS :
- les avantages versés en contrepartie de contrats souscrits dans le cadre de la gestion privée des individus, dans le cadre d'adhésions individuelles ou facultatives, et dont la cotisation est entièrement à la charge de l'adhérent ;
- **la part des indemnités journalières complémentaires des indemnités de la Sécurité sociale au prorata de la participation du salarié** (*voir* ci-dessus) (lettre-Circ. ACOSS n° 91-29, 5 avril 1991, § 4 ; lettre-Circ. ACOSS n° 97-7, 17 janvier 1997).

Exemple de passation des IJ complémentaires sur un bulletin de paie avec une répartition de la cotisation prévoyance 60 % (employeur) / 40% (salarié) :

Salaire	2000
IJ complémentaires	**1000**
Brut	3000

Base des cotisations SS	2600
Base des cotisations retraite	2600
Base des cotisations prévoyance	2000
Bases des CSG/CRDS	2554,50 (98,25 % de 2600)

+ Montant des cotisations patronales de prévoyance et mutuelle

À NOTER

Le net fiscal est bien de 3 000 (le brut) diminué des cotisations (assises sur la base de 2 600 ou 2 000) et de la CSG déductible.

4. La garantie conventionnelle

La situation actuelle

La situation telle qu'un salarié absent et bénéficiant du versement d'indemnités journalières de Sécurité sociale, puisse percevoir un revenu supérieur à celui qu'il aurait touché s'il avait travaillé normalement est quelque peu choquante, on en conviendra. Cette situation s'explique par le fait que les IJSS sont exonérées de cotisations sociales. Le salarié qui les perçoit se voit donc attribuer un montant net. Or, ce montant net vient en déduction d'une base brute soumise à des cotisations. Les conséquences au niveau de la paie ne sont pas sans effet.

Exemple

Considérons deux salariés ayant le même salaire de base d'un montant de 2 100 euros (en supposant que ce salaire est constant depuis plus de 3 mois pour le calcul des IJSS que nous serons amené à faire).

- Le premier de ces deux salariés n'a pas été absent.
- Le second a été malade durant 10 jours et pendant son absence, son employeur lui a maintenu intégralement sa rémunération. En parallèle, ce salarié percevra de la part de la Sécurité sociale une indemnisation de 7 jours (10 – 3 jours de carence) calculée comme suit :

$$\frac{2100 + 2100 + 2100}{90} \times 50\ \% = 35 \text{ euros/jours} \times 7 \text{ jours} = 245 \text{ euros}$$

Pour simplifier le calcul, j'ai volontairement divisé par 90 et non par 91,25. De même, j'ai mis un taux global de cotisations à 20 %, sans CSG ni CRDS.

Si l'employeur opère les retenues maladies en trentième, les bulletins de paie de ces deux salariés se présenteront de la manière suivante.

	Salarié présent			Salarié absent		
Libellé de la rubrique	**Base**	**Taux**	**Montant**	**Base**	**Taux**	**Montant**
Salaire			2 100			2 100
Absence maladie				10	70	- 700
Paiement maladie				10	70	+ 700
IJSS				7	35	- 245
Total brut			= 2 100			= 1 855
Cotisations	2 100	20 %	- 420	1 855	20 %	- 371
Net à payer			= 1 680			= 1 484
IJSS						+ 245
Ce salarié perçoit			**1 680**			**1 729**

Le revenu du salarié malade est donc supérieur à celui du salarié qui travaille !
Le salarié malade a bénéficié d'un revenu supérieur de 49 euros à celui qu'il aurait perçu s'il avait travaillé normalement. Ces 49 euros sont en fait le montant des cotisations qu'il n'a pas payées sur la base de 245 euros versée par la Sécurité sociale (245 euros x 20 % = 49 euros).

Question : un employeur peut-il unilatéralement revenir sur cette situation anormale ?
Votre convention prévoit sans aucun doute (métallurgie : art. 30, 5e alinéa), que « *les garanties conventionnelles accordées aux salariés en termes de maintien de salaire ne doivent pas conduire à leur verser, compte tenu des sommes perçues de toute provenance à l'occasion de la maladie ou de l'accident, un montant supérieur à la rémunération nette qu'ils auraient touchée s'ils avaient travaillé normalement* ».
La loi de mensualisation posait le même principe au regard des indemnités complémentaires servies en l'absence de clauses conventionnelles plus favorables.
Enfin, la jurisprudence a eu l'occasion de se prononcer lors de litiges entre salariés et employeurs, lorsque ceux-ci avaient mis en place des systèmes visant à remettre en cause cette situation. Les juges ont eu à se prononcer afin de déterminer si cette situation constituait une sorte d'avantage acquis sur lequel l'employeur n'aurait pu revenir

sans ouvrir de nouvelles négociations : ils ont estimé (Cassation du 8 décembre 1983) qu'un mode de calcul conduisant à ce qu'un salarié absent pour maladie (et par extension pour accident) soit financièrement favorisé par rapport à un salarié présent constituait une erreur. Or l'erreur n'est pas génératrice de droit… C'est donc à juste titre qu'un employeur peut modifier la façon dont il détermine le calcul des indemnités reçues de la Sécurité sociale par un salarié.

La technique

La modification va consister à transformer en indemnités brutes les indemnités nettes versées par la Sécurité sociale. Cette transformation se fait par l'adoption d'un coefficient multiplicateur qui variera selon le niveau de rémunération du salarié et selon les taux de cotisation auxquels il est astreint.

Dans l'exemple précédent, pour passer d'une rémunération nette (1 680 euros) à une rémunération brute (2 100 euros), il suffit d'appliquer un coefficient égal à (2 100/1 680) = 1,25.

Si on applique ce coefficient aux IJSS perçues par le salarié, on obtient un montant (245 x 1,25) = 306,25 euros, soit une majoration (306,25 – 245) = 61,25 euros.

Si on reprend les bulletins de paie de nos deux salariés, avec cette nouvelle technique nous aurons :

	Salarié présent			Salarié absent		
Libellé de la rubrique	**Base**	**Taux**	**Montant**	**Base**	**Taux**	**Montant**
Salaire			2 100			2 100
Absence maladie				10	70	- 700
Paiement maladie				10	70	+ 700
IJSS				7	35	- 245
Régul. sur le net						- 61,25
Total brut			= 2 100			= 1 793,75
Cotisations	2 100	20 %	- 420	1 793,75	20 %	- 358,75
Net à payer			= 1 680			= 1 435
IJSS						+ 245
Ce salarié perçoit			**1 680**			**1 680**

On constate ainsi, que la rémunération du salarié absent est bien identique à celle du salarié présent. Au-delà de son caractère plus juste (au sens de justice sociale), l'adoption d'une telle démarche n'est pas sans effet pour l'entreprise en termes de coûts salariaux. On peut vérifier que dans cette exemple, la base de cotisation a été diminuée de **61,25 euros** (**première économie** pour l'entreprise). En plus, sur cette base, l'employeur n'aura plus à payer de charges tant sociales que fiscales (61,25 x 50 %) = **30,63 euros** (**deuxième économie** pour l'entreprise).
Économie totale (61,25 + 30,63) = 91,88 euros.

Ces chiffres sont assez significatifs pour inciter à la mise en place d'un tel système qui contribue à ne plus rendre attractifs des arrêts de travail qui coûtent cher à la Sécurité sociale, par conséquent, à faire baisser l'absentéisme, et en conclusion, à faire faire des économies à l'entreprise.

Les formules

Par convention, nous écrirons :
• t1 = taux de cotisations salariales applicable à la fraction de salaire **inférieure** au plafond (cotisations salariales assises sur le brut et sur la tranche A, CSG et CRDS incluses).
Par rapport à la formule de reconstitution du brut à partir du net : t1 = t0 + t1

• t2 = taux de cotisations salariales applicable à la fraction de salaire **supérieure** au plafond (cotisations salariales assises sur le brut et sur la tranche B, CSG et CRDS incluses).
Par rapport à la formule de reconstitution du brut à partir du net : t2 = t0 + t2

Trois formules sont nécessaires aux trois cas possibles.
• Le salaire brut est **inférieur ou égal au plafond** de la Sécurité sociale :

$$\text{La régul. sur net} = \text{IJSS brutes} \times \frac{t1 - 0{,}067}{1 - t1}$$

• Le salaire brut est **supérieur au plafond** de la Sécurité sociale. Deux cas :

- le salaire est **supérieur au plafond majoré des IJSS multipliées par le rapport 1/1 – t1** :

$$\text{La régul. sur net} = \text{IJSS brutes} \times \frac{t2 - 0{,}067}{1 - t2}$$

- le salaire est **inférieur au plafond majoré des IJSS multipliées par le rapport 1/1 – t1** :

$$\text{La régul. sur net} = \frac{\text{IJSS brutes} \times (t1 - 0{,}067) - \text{tr. B} \times (t1 - t2)}{1 - t1}$$

Dans ces formules, la garantie du net se fait strictement au centime près. Il est à noter que certaines entreprises appliquent la garantie du net en faisant supporter le poids de la CSG/CRDS au salarié. Ce n'est donc plus tout à fait le net habituel, mais cette méthode est acceptée par les tribunaux.

5. Le temps partiel thérapeutique

Le temps partiel thérapeutique, notion mal connue des entreprises alors qu'il concerne pourtant chaque année quelques dizaines de milliers de salariés, constitue une forme particulière de reprise du travail après un congé pour maladie ou accident.
Le temps partiel thérapeutique correspond à **un aménagement de la reprise du travail du salarié destiné à favoriser sa guérison**. Il peut être une solution pour les personnes ayant besoin de soins réguliers et fréquents, ou fatiguées par la maladie, en ce qu'il permet une reprise progressive du travail ou le maintien à un poste, en accord avec le service de médecine du travail et la Sécurité sociale. Le médecin du travail peut diagnostiquer une aptitude « partielle », ou « sous réserve », ce qui signifie que le salarié peut être apte à reprendre le travail moyennant quelques aménagements de poste, le plus souvent de façon temporaire.

Conditions de recours au temps partiel thérapeutique

Les seuls textes légaux prévoyant la reprise du travail à temps partiel sont l'article L.323-3 du Code de la Sécurité sociale et l'article R.323-3 du même Code. Ils ne concernent que les modalités du maintien des indemnités journalières accordées au salarié. En effet, leur libellé est le suivant :
« En cas de reprise du travail, l'indemnité journalière peut être maintenue en tout ou partie pendant une durée fixée par la caisse, mais ne pouvant excéder une durée déterminée :
• soit si la reprise du travail et si le travail effectué sont reconnus comme étant de nature à favoriser l'amélioration de l'état de santé de l'assuré ;
• soit si l'assuré doit faire l'objet d'une rééducation ou d'une réadaptation professionnelle pour recouvrer un emploi compatible avec son état de santé.
Sauf cas exceptionnel que la caisse appréciera, le montant de l'indemnité maintenu ne peut porter le gain total de l'assuré à un chiffre excédant le salaire normal des travailleurs de la même catégorie professionnelle. »

Qui peut prononcer le temps partiel thérapeutique ?

Clarifions les rôles et la répartition des compétences entre les différents médecins. Très schématiquement, le médecin traitant propose, le médecin du travail valide et le médecin conseil de la Sécurité sociale contrôle.
Plus juridiquement, le médecin traitant est celui qui, en amont, peut ordonner ou proposer la reprise du travail à temps partiel. Cette ordonnance doit être confirmée par le médecin du travail qui pourra prescrire des aménagements temporaires du poste de travail ou une mutation à un autre poste. Le Code du travail (art. R.241-48 et s.) prévoit qu'un salarié qui a été absent au moins 30 jours pour maladie, accident de travail, maladie professionnelle ou maternité passe une visite médicale de reprise. Cette visite doit également avoir lieu lorsque les absences du salarié sont plus courtes mais répétées. L'examen de reprise qui doit avoir lieu au plus tard dans un délai de 8 jours après le retour du salarié dans l'entreprise, a pour objet d'apprécier l'aptitude du salarié à reprendre son ancien emploi ou la nécessité d'adaptation des conditions de travail. À l'issue de cette visite médicale de reprise le médecin du travail consigne par écrit ses observations sur une fiche d'aptitude. Il n'est absolument pas lié par l'avis du médecin traitant suggérant une reprise du travail à temps partiel. Il se range, la plupart du temps, à l'avis du médecin traitant, mais il peut, tout aussi bien, estimer que le salarié est tout à fait apte à reprendre le travail sans aucun aménagement particulier, fût-il temporaire. Dans ce cas, le salarié dispose, s'il le désire, d'un recours auprès de l'inspecteur du travail.

Le salarié en temps partiel thérapeutique est-il malade ou actif ?

En d'autres termes, son contrat est-il toujours suspendu ou ne l'est-il plus ? Comme il s'agit de reprendre un emploi, une activité professionnelle, la suspension du contrat est interrompue. Le travail recommence, c'est un « reclassement avant l'heure ». **Le salarié est donc bien « actif »** !
Il s'agit bien d'une cessation de l'incapacité temporaire de travail, même si la capacité antérieure n'est pas totalement revenue. Le salarié peut réintégrer l'entreprise et un emploi, dès lors que sa réinsertion dans le milieu professionnel et la nature du travail effectué participent à sa complète guérison. La Cour de cassation (26 octobre 1999, n° 97-41.314) a précisé qu'à la suite d'un arrêt

pour accident du travail, la visite de reprise à l'issue de laquelle le médecin du travail conclut à l'aptitude du salarié à reprendre le travail selon certains aménagements, dans le cadre d'un temps partiel thérapeutique, marque la fin de la période de suspension du contrat de travail.

Différence entre un salarié en inaptitude, en invalidité ou en incapacité

L'inaptitude

C'est l'incompatibilité entre l'état de santé du salarié et la charge physique ou mentale dont est assorti son emploi. Elle est prononcée par le médecin du travail. Elle peut être partielle ou totale, temporaire ou permanente. En tout état de cause, la relation de travail ne peut plus s'exprimer normalement. L'employeur est obligé de reclasser le salarié sur un poste adapté à son état, ou de le licencier dans le délai d'un mois suivant l'avis du médecin du travail.

L'invalidité

L'invalidité du salarié est constatée par le médecin conseil de la caisse primaire d'assurance maladie, lorsqu'elle réduit au moins des deux tiers la capacité de travail ou de gain de l'intéressé. Les invalides sont classés en trois catégories :

- première catégorie : invalide capable d'exercer une activité rémunérée réduite ;
- deuxième catégorie : invalide absolument incapable d'exercer une activité quelconque ;
- troisième catégorie : invalide qui, étant absolument incapable d'exercer une profession quelconque, est en outre dans l'obligation d'avoir recours à l'assistance d'une tierce personne pour effectuer les actes ordinaires de la vie.

L'incapacité

Temporaire ou permanente, elle résulte d'un accident du travail ou d'une maladie professionnelle et se traduit par la compensation de la perte de gain, après décision de la caisse primaire d'assurance maladie.

	Inaptitude	Invalidité	Incapacité
Domaine	**Droit du travail** La relation de travail ne peut plus s'exprimer normalement	**Droit de la Sécurité sociale** La relation de travail = objet d'indemnisation	**Droit de la Sécurité sociale** Origine = risque professionnel
Médecin concerné	Le médecin du travail	Le médecin conseil de la CPAM	Le médecin conseil de la CPAM
Définition	Incompatibilité entre l'état de santé du salarié et sa charge de travail peut être partielle ou totale, temporaire ou permanente	Réduction d'au moins des 2/3 de la capacité de travail du salarié 3 catégories d'invalidité selon l'état du salarié	Résulte d'un accident du travail ou d'une maladie professionnelle peut être partielle ou totale, temporaire ou permanente
Modalités d'indem-nisation	Par l'employeur et par la Sécurité sociale, sous forme d'indemnités journalières Peut déboucher sur un état d'invalidité, et dans ce cas, donner lieu à une rente	Rente versée par la caisse compétente d'assurance maladie	En cas d'incapacité permanente < 10% : Indemnité forfaitaire en capital versée par la SS Dans le cas contraire, rente calculée d'après le salaire antérieur

Le salarié en temps partiel thérapeutique est à classer avant tout **dans la première** de ces trois notions, puisqu'il s'agira dans son cas d'une inaptitude temporaire et partielle à exercer son travail, qui pourra déboucher éventuellement sur un état d'invalidité, si cette inaptitude se révèle en définitive permanente.

Incidences du temps partiel thérapeutique pour le salarié

Le salarié a-t-il le choix entre un arrêt total de travail et une reprise proposée à des fins thérapeutiques, sa situation et son salaire se trouvant forcément affectés par cet aménagement ?
À partir du moment où l'employeur répond positivement aux prescriptions du médecin du travail, le salarié est lié également par la proposition du médecin. Cependant, son refus, s'il y a refus, pourra être abusif ou pas.

Généralement, il n'y a pas de refus abusif lorsque l'emploi proposé ne correspond pas aux prescriptions du médecin du travail. Le refus se soldera par un licenciement prononcé par l'employeur, qui versera des indemnités dont le montant sera conditionné par la nature abusive ou non du refus du salarié et par l'origine professionnelle ou non de ses difficultés de santé.

Tableau récapitulatif des diverses indemnités dues au salarié, selon les hypothèses

	Refus légitime du salarié		Refus abusif du salarié	
	Accident du travail ou maladie profession-nelle	Maladie	Accident du travail ou maladie profession-nelle	Maladie
Indemnité spéciale de licenciement (art. L.1234-9) (double de l'indemnité légale)	OUI	NON	NON	NON
Indemnité légale (art. L.122-9) ou conventionnelle	NON	OUI	OUI	NON
Indemnité compensatrice de préavis	OUI	NON	NON	NON
Indemnité de congés payés	OUI	OUI	OUI	OUI

En cas de refus du salarié d'accepter une modification substantielle de son contrat de travail, lorsqu'il est embauché sous contrat à durée déterminée, si l'on transpose la jurisprudence de la Cour de cassation rendue à propos de la modification des contrats à durée indéterminée, l'employeur se trouve placé devant l'alternative suivante : soit maintenir le contrat de travail aux conditions antérieures, soit prendre acte de la rupture qui lui est alors imputable, sauf faute grave du salarié ou force majeure (C. trav., art. L.1243-1). Or, la modification du contrat étant ici imposée par le médecin dans un but thérapeutique, l'employeur ne peut donc maintenir le contrat aux conditions antérieures. L'alternative est en réalité la suivante : soit rompre le contrat, ce qui ouvre droit à des dommages et intérêts pour le salarié qui seront calculés sur la base du salaire qu'il aurait perçu jusqu'à la fin de son contrat comme s'il avait continué à travailler, soit demander la résolution judiciaire du contrat en application de l'article 1184 du Code civil, lorsque l'autre partie n'exécute pas ses obligations.

Les horaires

Les nouveaux horaires réduits du salarié seront déterminés par l'entreprise qui tiendra compte ce faisant des éventuelles prescriptions médicales particulières, l'employeur appréciant leur compatibilité avec l'organisation du travail.
Pourra-t-on pour autant considérer que ces horaires réduits entraînent l'application de la réglementation du travail à temps partiel ? Rien ne permet de le dire. En effet, il y a travail à temps partiel lorsqu'il y a initiative en ce sens du chef d'entreprise ou demande du salarié (C. trav., art. L.3123-2). En l'occurrence, ici, il n'y a ni l'un ni l'autre. La notion de choix à l'origine du travail à temps partiel est absente. La maladie est tout sauf un choix et le temps partiel thérapeutique ordonné au salarié, s'il se présente en pratique comme une situation de travail à temps partiel, n'a rien à voir avec une organisation du temps de travail librement choisie ou acceptée par les parties. Ce raisonnement ne s'applique que pour la période de temps partiel ordonnée par le médecin. Au-delà de cette période, si le salarié reste à temps partiel dans l'entreprise, les règles légales relatives au temps partiel retrouveront leur pleine application.

Le travail effectif

Le temps partiel thérapeutique sera considéré comme du travail effectif en tous domaines (ancienneté et autres droits salariaux), puisque le salarié est présent dans l'entreprise. Dès la reprise de son travail, le salarié retrouve tous ses droits légaux et conventionnels. Pour le calcul de la durée des congés payés par exemple, le temps partiel thérapeutique sera considéré comme du travail effectif, étant précisé par ailleurs que leur prise n'interrompra pas la prescription médicale. Le montant de l'indemnité de congés servie par l'employeur sera par ailleurs calculé conformément aux règles légales, de même que la durée du congé.

La rémunération du salarié

Le salaire est temporairement réduit pendant la durée du temps partiel, le salarié percevant par ailleurs les indemnités journalières de la Sécurité sociale qui compléteront le salaire à hauteur du net perçu habituellement. À l'employeur d'apprécier et d'évaluer le salaire en fonction du temps de travail ou du travail fourni s'il s'agit d'un aménagement des tâches de travail. Sauf dispositions conventionnelles plus favorables, **il n'y a pas lieu d'appliquer les garanties de salaire concernant la maladie et encore moins d'appliquer une quelconque régularisation sur le net !**

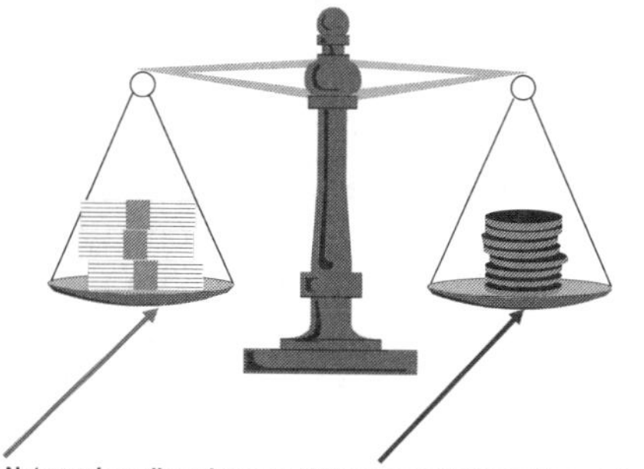

Net versé par l'employeur + Net versé par la Sécurité sociale
= Salaire net habituel

L'intéressement

Les salariés en temps partiel thérapeutique ne peuvent être exclus du bénéfice de l'accord d'intéressement. Comme pour l'ensemble du personnel de l'entreprise (C. trav., art. L.3314-5), le montant de leurs primes sera fonction des critères de répartition adoptés par l'accord (répartition uniforme, proportionnelle au salaire et/ou à la durée de présence dans l'entreprise au cours de l'exercice).

La représentation du personnel

Quel régime appliquer au crédit d'heures dont dispose un salarié titulaire d'un mandat représentatif et qui se voit prononcer un temps partiel thérapeutique ?
Pour les salariés à temps partiel, la règle est simple. L'article L.3123-25 du Code du travail précise que le temps de travail mensuel d'un salarié à temps partiel ne peut être réduit de plus d'un tiers

par l'utilisation du crédit d'heures auquel il peut prétendre pour l'exercice des mandats détenus par lui au sein d'une entreprise. Le solde éventuel de ce crédit d'heures payées peut être utilisé en dehors des heures de travail de l'intéressé.
La question est maintenant de savoir dans quelle mesure cette règle pourrait être appliquée au représentant du personnel en temps partiel thérapeutique. Rien ne permet de le dire. En effet, si on rappelle le postulat de départ, le temps partiel thérapeutique n'est pas considéré comme du temps partiel car il ne résulte pas d'un choix de l'employeur ni du salarié ; la logique juridique voudrait que cette règle de l'article L.3123-25 n'ait pas à s'appliquer.
Or il semble que la logique du bon sens pourrait ici venir supplanter la logique juridique (d'ailleurs, cela pourrait se faire d'autant mieux que rien n'est prévu en la matière), et il serait cohérent d'admettre qu'on puisse appliquer cette règle à notre cas particulier, à condition, toutefois que le salarié n'effectue pas ses heures de délégation en dehors de ses heures de travail, ce qui serait contraire au but thérapeutique du mi-temps. Cette règle pourrait être transposée au temps partiel thérapeutique tant que le nombre d'heures mensuel effectué par le salarié lui permet d'utiliser toutes ces heures de délégation à l'intérieur de son temps de travail et sans augmenter celui-ci de plus d'un tiers.
Cette règle s'appliquera par exemple au salarié disposant de 20 heures de délégation par mois et qui doit effectuer au moins 60 heures de travail dans le mois. Elle ne pourra cependant plus s'appliquer dans l'hypothèse où le salarié doit effectuer ses 20 heures alors qu'il ne travaille que 50 heures par mois, dans la mesure où cela amputerait alors de plus d'un tiers son temps de travail.

L'interdiction d'exercer un autre emploi

L'arrêt de travail pour maladie ou accident suppose par principe que le salarié se trouve dans l'incapacité de travailler et doit rester à son domicile pour prendre du repos. Le salarié est tenu de ne pas adopter un comportement qui viendrait contredire la réalité de la maladie alléguée. Cette règle s'applique-t-elle également au salarié en temps partiel thérapeutique pour la partie non travaillée de son mi-temps ?
La reprise du travail est prononcée à temps partiel à des fins thérapeutiques, il ne s'agit plus du tout d'une suspension du contrat, même si le salarié peut continuer à percevoir des indemnités journalières de la Sécurité sociale pour compenser en partie sa perte de salaire. En toute logique, il paraît juste de dire que la prise d'un

second travail pendant le temps partiel thérapeutique constituerait une faute qui justifierait la privation des indemnités journalières ainsi que le licenciement de l'intéressé.

L'indemnisation du salarié par la Sécurité sociale

En cas de reprise du travail, l'indemnité journalière peut être maintenue en tout ou en partie, pendant une période fixée par la caisse ne pouvant pas excéder d'un an le délai maximum de 3 ans, soit si la reprise du travail et le travail effectué sont reconnus comme étant de nature à favoriser l'amélioration de l'état de santé de l'assuré, soit si l'assuré doit faire l'objet d'une rééducation ou d'une réadaptation professionnelle pour recouvrer un emploi compatible avec son état de santé.

Sauf cas exceptionnel que la caisse appréciera, le **montant de l'indemnité journalière maintenue ne peut porter le gain total de l'assuré à un chiffre excédant le salaire normal des travailleurs de la même catégorie professionnelle** (C. Séc. soc., art. L.323-3 et R.323-3). Aux termes mêmes de l'article L.323-3 du Code de la Sécurité sociale, le maintien en tout ou en partie de l'indemnité journalière est laissé à l'appréciation de la caisse primaire d'assurance maladie, laquelle a la possibilité soit d'interrompre le service de l'indemnité, soit d'en diminuer le montant.
L'assuré doit, après avoir arrêté son travail à temps complet, reprendre effectivement un travail pour que l'indemnisation soit maintenue. Pour répondre à cette logique de maintien de l'indemnité journalière, l'arrêt de travail à temps complet précédant la reprise du travail à temps partiel thérapeutique doit avoir été indemnisé par la caisse.

L'assuré qui viendrait à démissionner ou à être licencié pendant une période de travail à temps partiel thérapeutique ne peut plus continuer à bénéficier du maintien de l'indemnité journalière.
Pendant les congés payés du salarié, la condition de « reprise du travail » n'est plus remplie. Toutefois, les indemnités journalières peuvent être maintenues pendant la période couverte par le salaire des congés payés, en considérant que ces derniers sont assimilés à du travail salarié.
En cas de congés payés au cours d'une période de maintien des indemnités journalières, les positions retenues par les caisses sont les suivantes :

• soit maintenir les indemnités journalières pendant la période de congés annuels ;
• soit suspendre l'indemnisation pendant la période de congés annuels pour la reprendre ensuite si le travail à temps partiel est toujours prescrit et justifié.
Les caisses primaires disposent en matière de maintien de l'indemnité journalière d'un large pouvoir d'appréciation.

Calcul de l'indemnité journalière

Lorsque la caisse a décidé de maintenir l'indemnisation journalière en cas de reprise du travail en temps partiel thérapeutique, elle ne procède pas à un nouveau calcul de l'indemnité journalière. En règle générale, l'assuré est indemnisé de sa perte journalière de salaire dans la limite du montant de l'indemnité qui lui était servie lors de son arrêt de travail à temps complet précédant la reprise du travail. En pratique, l'employeur doit indiquer le salaire brut non limité au plafond (après abattement, le cas échéant, des frais professionnels) et pour la même période le salaire brut que l'assuré aurait perçu s'il avait travaillé à temps complet. À l'appui de ces trois éléments (salaire brut partiel, salaire brut rétabli, période), le montant de la perte journalière est comparé à celui de l'indemnité journalière servie antérieurement. Deux situations peuvent alors se présenter :
• le montant de la perte journalière de salaire est **inférieur** à celui de l'indemnité journalière versée pendant l'arrêt à temps complet. Dans ce cas, c'est le montant de la perte de salaire qui est servi pendant la période considérée ;
• le montant de la perte journalière de salaire est **supérieur** à celui de l'indemnité journalière versée pendant l'arrêt à temps complet. Dans ce cas, c'est le montant de cette indemnité journalière qui est servi pendant la période considérée.

Le fait que l'assuré à temps partiel thérapeutique perçoive un salaire supérieur au plafond ne s'oppose pas au maintien de l'indemnité journalière. C'est en effet la perte réelle de salaire résultant de la réduction d'activité, pour raisons de santé, qui permet de déterminer le montant de l'indemnité à servir, dans la mesure où la décision de maintien a été prise par la caisse.
Pour certaines catégories professionnelles, notamment les VRP rémunérés à la commission, il n'est pas possible d'obtenir le salaire de même catégorie professionnelle, il faut alors se référer au SMIC. Toutefois, l'article L.323-3 du Code de la Sécurité sociale prévoit que : *« Sauf cas exceptionnel que la caisse appréciera, le montant*

de l'indemnité journalière maintenue ne peut porter le gain total de l'assuré à un chiffre excédant le salaire mensuel des travailleurs de la même catégorie professionnelle. » Dans cet esprit, rien ne s'oppose à maintenir le montant de l'indemnité journalière versée pendant l'arrêt de travail à temps complet dès l'instant où le montant cumulé des indemnités journalières maintenues et du salaire à temps partiel ne dépasse pas le salaire dont bénéficiait l'intéressé avant son arrêt de travail.

Incidences du temps partiel thérapeutique pour l'employeur

Après son arrêt de travail, lorsque le salarié est déclaré inapte à reprendre l'emploi qu'il occupait avant la suspension de son contrat, il doit obligatoirement être reclassé dans l'entreprise. Cette règle, d'abord appliquée aux salariés victimes d'accidents du travail ou de maladies professionnelles, a été également transposée aux salariés dont l'origine de la maladie n'est pas professionnelle. À quelques variantes près, la règle est rigoureusement la même (C. trav., art. L.1226-11).
L'obligation de reclassement telle qu'elle figure dans le Code du travail est la suivante : « *Lorsque, à l'issue des périodes de suspension du contrat de travail consécutives à une maladie ou un accident, le salarié est déclaré par le médecin du travail inapte à reprendre l'emploi qu'il occupait précédemment, l'employeur est tenu de lui proposer un autre emploi approprié à ses capacités, compte tenu des conclusions écrites du médecin du travail et des indications qu'il formule sur l'aptitude du salarié à exercer l'une des tâches existantes dans l'entreprise et aussi comparable que possible à l'emploi précédemment occupé, au besoin par la mise en œuvre de mesures telles que mutations, transformations de postes ou aménagement du temps de travail* » (C. trav., art. L.1226-10).

L'objectif commun relatif à la prévention de l'emploi qui constitue aujourd'hui le caractère dominant de cette réglementation est donc indifférent à l'origine de l'affection, professionnelle ou pas, qui en est la cause, l'employeur étant obligé, dans tous les cas, de reclasser le salarié déclaré inapte par le médecin du travail.
Les textes ne prévoient pas si cette inaptitude, pour ouvrir droit au reclassement, doit être temporaire ou définitive. S'agissant de salariés victimes d'un accident du travail, la Cour de cassation a déjà admis que l'obligation de reclassement devait jouer dans tous les

cas, « *peu important que l'inaptitude du salarié eut été temporaire ou définitive* ». La question restait posée pour l'inaptitude du salarié consécutive à une maladie ou à un accident de droit commun ; la Cour de cassation y a répondu, dans un arrêt où pour la première fois les juges prévoient que l'obligation de reclassement découlant de l'article L.1226-10 du Code du travail doit jouer sans « *qu'il y ait lieu de distinguer en la matière selon que l'inaptitude est temporaire ou définitive* ».

À l'issue de la période de temps partiel thérapeutique

Au terme d'une période d'incapacité temporaire partielle, l'employeur est à nouveau tenu d'une obligation de reclassement. Il doit solliciter les conclusions écrites du médecin du travail, et s'il ne peut pas proposer un nouvel emploi, il est tenu de faire connaître par écrit les motifs qui s'opposent au reclassement. L'employeur est obligé de reclasser le salarié dans l'entreprise à l'issue d'un délai d'un mois. En cas d'impossibilité de procéder à ce reclassement, l'employeur est tenu soit de licencier le salarié, soit de lui verser la rémunération correspondant à son emploi antérieur (C. trav., art. L.1226-11 et L.1226-12).
Lorsque l'inaptitude est consécutive à un accident du travail ou à une maladie professionnelle, l'employeur est tenu d'indiquer par écrit les motifs qui s'opposent au reclassement. Si elle n'est pas d'origine professionnelle, il convient de faire application de l'article L.4624-1 du Code du travail aux termes duquel l'employeur est tenu de prendre en considération les propositions du médecin du travail et, en cas de refus, de faire connaître les motifs qui s'opposent à ce qu'il y soit donné suite.
En cas de licenciement justifié par une impossibilité de reclassement, la procédure prévue aux articles L.1232-2 et suivants du Code du travail devra être observée. Le salarié victime d'un accident du travail ou d'une maladie professionnelle aura alors droit à une indemnité plus favorable que celle prévue pour le salarié dont l'origine de l'inaptitude réside dans une affection non professionnelle. En effet, le premier pourra prétendre à l'indemnité compensatrice de préavis et à l'indemnité spéciale de licenciement mentionnées à l'article L.1226-14, sauf dispositions conventionnelles plus favorables, alors que le second aura seulement droit à l'indemnité légale de licenciement, ou, si elle est plus favorable et si la convention collective ne l'exclut pas, à l'indemnité conventionnelle, l'indemnité

compensatrice de préavis n'étant pas due si l'intéressé n'est pas en mesure d'exécuter le préavis.
Le salarié en temps partiel thérapeutique licencié abusivement par l'employeur aura droit aux dommages et intérêts prévus légalement et conventionnellement, mais son indemnisation sera plus importante si l'origine de son affection est professionnelle. L'indemnité de rupture abusive, pour un licenciement fondé sur une inaptitude physique n'ayant pas une origine professionnelle, est déterminée en fonction des articles L.1235-2 à L.1235-5 du Code du travail. Elle sera donc moins lourde que l'indemnité spéciale de licenciement et l'indemnité minimale de 12 mois de salaire dues en cas de méconnaissance du droit au reclassement de la victime d'un accident du travail.

Les modalités du remplacement du salarié en temps partiel thérapeutique

L'employeur qui a reclassé le salarié en temps partiel thérapeutique sur un poste correspondant autant que possible aux observations formulées par le médecin du travail peut avoir néanmoins besoin de remplacer ce salarié sur la partie du mi-temps qu'il n'effectue pas (en cas de poste de travail inchangé, ou sur le poste qu'il est temporairement inapte à tenir) en cas d'affectation temporaire sur un autre poste de travail de l'entreprise.
La présence physique du salarié dans l'entreprise n'empêche pas l'employeur de pouvoir procéder à son remplacement, puisqu'il y a un poste vacant ou partiellement vacant dans l'entreprise, poste jusque-là occupé de façon stable par un salarié déterminé. Plusieurs cas sont à envisager.

Le remplacement d'un salarié en CDI par un autre salarié de l'entreprise, lui-même en CDI

Le cas visé ici est celui où l'employeur s'arrange en interne avec ses salariés pour pallier l'indisponibilité partielle temporaire de l'intéressé. Le salarié « remplaçant » va donc se voir proposer une modification de son contrat de travail correspondant au changement de poste. Y aura-t-il ou non modification substantielle de son contrat ? Tout dépendra en réalité du poste lui-même, poste entendu au sens de « fonction ». Si celle-ci ne change pas (par exemple, une standardiste qui en remplace une autre), il ne pourra y avoir modification substantielle. En revanche, si la modification porte sur les horaires du salarié (un aménagement des horaires d'une caissière par exemple pour pallier au mieux l'absence de sa collègue), il y aura modification substantielle que la salariée pourra refuser.

Le remplacement d'un salarié en CDI par un salarié titulaire d'un contrat précaire, déjà en poste dans l'entreprise

Là, les choses sont un peu plus complexes parce que lorsqu'un salarié en contrat précaire est en poste dans une entreprise, son contrat doit comporter un motif précis de recours justifiant par là même son statut précaire. Il est là pour une raison précise, sur un poste particulier, pour une certaine durée. Lui enjoindre d'aller travailler sur un autre poste de travail, c'est déjà dénaturer la finalité de sa présence dans l'entreprise et, de toute façon, cela doit entraîner une modification de son contrat puisque le poste change. Ce qui signifie que si le salarié refuse la modification, il se place devant deux alternatives :

- soit la modification est considérée comme substantielle, et l'employeur est obligé de maintenir le contrat aux conditions antérieures, sinon il doit prendre acte de la rupture qui lui est alors imputable (à l'employeur) ;
- soit la modification n'est pas substantielle, et le salarié pourra se voir imputer la rupture à ses torts, c'est-à-dire que l'employeur pourra invoquer la faute grave pour rompre le contrat.

Le remplacement d'un salarié en CDI par un salarié en contrat précaire embauché à cet effet

Le motif du contrat sera alors le remplacement (total ou partiel) de la personne en temps partiel thérapeutique et le contrat sera conclu sans terme précis et ne pourra prendre fin qu'au retour à temps plein du salarié remplacé, le cas échéant sur son poste initial. Cependant, si l'inaptitude partielle de ce dernier devient définitive, l'employeur ne pourra plus le remplacer par un salarié en contrat précaire, puisqu'il ne s'agira plus ici de remplacer temporairement un salarié momentanément à temps partiel. La précarité n'aura alors plus de raison légale d'être utilisée par l'entreprise, qui devra embaucher à durée indéterminée si elle désire encore pourvoir le poste concerné.

LES CRÉANCES

PARTIE IX

BULLETIN DE PAIE

Période du au

Employeur		Salarié	
Raison Sociale :		Nom :	Prénom :
Adresse :		Adresse :	
N° SIRET :	Code NAF :	N° SS :	
URSSAF :	N° de cotisant :	Emploi :	Classif. :
Convention collective :		Date d'ancienneté :	

Libellé des Rubriques	Base	Taux	Montant	Commentaires
Salaire	151,67		3 000,00	juin 2015
Prime d'ancienneté			150,00	Date d'entrée : 1 Mai 2005
Total Brut			3 150,00	Plafond du mois : 3.170 €

Cotisations	Base	Salariales		Patronales	
		Taux	Montant	Taux	Montant
Ass. Mal.Mat.Inv.décès	3 150,00	0,75	-23,63	12,80	403,20
Contribution Solidarité Autonomie	3 150,00			0,30	9,45
Accident du Travail	3 150,00			2,44	76,86
Allocations Familiales	3 150,00			5,25	165,38
Ass. Vieillesse Plafonnée	3 150,00	6,85	-215,78	8,50	267,75
Ass. Vieillesse Déplafonnée	3 150,00	0,30	-9,45	1,80	56,70
F.N.A.L. sur Brut	3 150,00			0,50	15,75
Chômage sur Tr. A + Tr. B	3 150,00	2,40	-75,60	4,00	126,00
A.G.S. sur Tr. A + Tr. B	3 150,00			0,30	9,45
A.R.R.CO sur Tr. 1	3 150,00	3,10	-97,65	4,65	146,48
A.G.F.F. sur Tr. 1	3 150,00	0,80	-25,20	1,20	37,80
A.R.R.CO sur Tr. 2	0,00	8,10	0,00	12,15	0,00
A.G.F.F. sur Tr. 2	0,00	0,90	0,00	1,30	0,00
Prévoyance sur Tr. A	3 150,00	1,00	-31,50	2,00	63,00
Forfait Social Prévoyance	63,00			8,00	5,04
C.S.G. déductible	3 157,88	5,10	-161,05		
Autres charges patronales	3 150,00			4,846	152,65
Total cotisations			-639,88		1 535,51
Net fiscal			2 573,14		
Acompte			-500,00		
Pension alimentaire			-250,00		
Saisie-arrêt			-732,00		
C.S.G. non déductible	3 157,88	2,40	-75,79		
C.R.D.S. non déductible	3 157,88	0,50	-15,79		
Net à payer			936,56		

Règlement par virement sur le compte
Code Banque :
Code Guichet :
N° Compte :

CUMULS depuis le 1er Janvier 2015		
Heures :	Brut S.S.	Net Fiscal :

Pour faire valoir vos droits, ce bulletin de paie doit être conservé sans limitation de durée

1. Les créances de l'employeur

Sous les termes d'« acomptes », d'« avances » ou de « prêts », on retrouve la même notion : à la demande du salarié, l'employeur, pour l'aider financièrement, accepte de lui verser une somme d'argent en dehors des dates normales de paiement du salaire.

L'acompte

L'acompte est le **paiement anticipé** de tout ou partie **du salaire dû pour le travail en cours**.
Le principe de l'acompte suppose que son montant ne dépasse pas la rémunération acquise en contrepartie du travail effectivement accompli à la date où il est demandé.

Avant l'existence des accords de mensualisation, l'Administration tolérait sous certaines conditions le paiement du salaire des ouvriers une seule fois par mois si la rémunération était calculée au rendement, ou si la paie était établie à l'aide de procédés mécanographiques ou électroniques.
La multiplication des accords de mensualisation a entraîné le législateur à reconnaître aux salariés le droit aux acomptes : depuis le 27 juin 1971, les conventions et accords collectifs de mensualisation doivent comporter une clause fixant les conditions dans lesquelles les ouvriers ont droit, éventuellement, à des acomptes en cours de mois. Les bénéficiaires de l'accord interprofessionnel de mensualisation du 10 décembre 1977 qui en font la demande obtiennent obligatoirement un acompte correspondant à la moitié de leur rémunération mensuelle pour une quinzaine. Si le versement de l'acompte est prévu dans les conventions ou accords collectifs ou selon un usage constant, l'employeur ne peut y déroger, mais en dehors de ces hypothèses, il peut refuser de verser un acompte.

Selon la loi de finances, l'acompte devra obligatoirement être versé par chèque ou virement si le salaire net est supérieur à 1 500 euros.
En versant un acompte, l'employeur a simplement payé avec quelques jours d'avance une partie du salaire qu'il devait à son salarié. Il est donc autorisé à **déduire de la première paie suivante la totalité de l'acompte**.

L'avance

L'avance est le **paiement anticipé** d'une **partie du salaire qui sera dû pour un travail qui n'est pas encore effectué**. L'employeur ne peut se rembourser par retenues successives qu'à concurrence d'un dixième de salaire exigible conformément à l'article L.3251-3 du Code du travail.

En cas de départ du salarié, l'employeur ne pourra pas compenser intégralement les avances consenties puisqu'il doit impérativement respecter l'article L.3251-3. Par contre, si le salarié bénéficie d'indemnités ayant le caractère de dommages et intérêts, la compensation se fera totalement sur le montant de celles-ci si nécessaire.

Le prêt

Depuis le 7 décembre 1989, la Cour de cassation a estimé qu'il faut appliquer la même règle que pour les avances (avant cette date, le prêt échappait à l'article L.3251-3).

En fait, **le prêt est très voisin de l'avance**. Il ne s'en différencie que par son **montant nettement plus élevé** ainsi que par le fait qu'il est généralement concrétisé par un **acte écrit bilatéral** et qu'il comporte souvent le **paiement d'intérêts**.
En cas de départ du salarié, s'il n'y a pas d'accord signé par le salarié autorisant l'employeur à récupérer le solde du prêt, il n'y aura compensation totale possible que sur l'indemnité de licenciement.

RAPPEL

Lors du versement d'un acompte, d'une avance ou d'un prêt, aucune cotisation n'est à prélever.

2. Les créances des tiers

ARTICLE L.3252-1 DU CODE DU TRAVAIL

« Toute créance, quelles que soient son importance, son origine ou sa nature, peut donner lieu à une saisie des rémunérations auprès de toute personne salariée ou travaillant, à quelque titre ou en quelque lieu que ce soit, pour un ou plusieurs employeurs, quels que soient le montant et la nature de sa rémunération, la forme et la nature de son contrat. »

ARTICLE L.3252-2 DU CODE DU TRAVAIL

« Sous réserve des dispositions relatives aux pensions alimentaires, les sommes dues à titre de rémunération ne sont saisissables ou cessibles que dans des proportions et selon des seuils de rémunération affectés d'un correctif pour toute personne à charge, déterminés par décret en Conseil d'État. »

Le principe est que les créanciers du salarié ne sont admis à recouvrer leur créance que sur une fraction du salaire net, appelée « fraction disponible », l'autre fraction étant réputée incessible et insaisissable. Il n'en est autrement que pour les pensions alimentaires.

La saisie-arrêt

La saisie-arrêt, ordonnée par un juge, est l'un des moyens donnés à un créancier pour se faire rembourser les sommes que lui doit un salarié. Elle consiste à **faire pratiquer par l'employeur, lors de chaque paie, une retenue sur les sommes disponibles jusqu'à extinction de la dette du salarié**.
Tout créancier muni d'un titre exécutoire constatant une créance liquide et exigible peut faire procéder à la saisie des rémunérations dues par un employeur à son débiteur. Cette saisie est précédée, à peine de nullité, d'une tentative de conciliation devant le juge d'instance. Il appartient au greffier en chef de veiller au bon déroulement des opérations de saisie. L'acte de saisie est notifié à l'employeur qui dispose d'un délai de 15 jours pour fournir au

secrétariat-greffe les renseignements demandés. L'employeur est tenu d'informer le secrétariat-greffe dans les 8 jours de tout événement qui suspend la saisie ou y met fin.
L'employeur adresse tous les mois au secrétariat-greffe une somme égale à la fraction saisissable du salaire. L'éventuelle répartition entre les créanciers sera effectuée par le secrétariat-greffe. Le juge d'instance compétent est celui du lieu où demeure le débiteur.

Le principe de la saisie-arrêt est le suivant : jusqu'à une certaine somme, les salaires ne peuvent être saisis que partiellement. La loi établit le barème applicable en fixant d'une part, les limites de chaque tranche de salaires qui ne peuvent être saisies que partiellement, et d'autre part, le pourcentage disponible dans chacune de ces tranches de salaire. Plus la rémunération augmente, plus la part disponible est importante. Au-delà du plafond de la dernière tranche, les salaires sont entièrement disponibles. **En 2015, les tranches annuelles sont à augmenter de 1 410 euros (et par conséquent, les tranches mensuelles de 117,50 euros) par personne à charge** (par « personne à charge », il faut entendre conjoint ou concubin, ascendant dont les ressources personnelles sont inférieures au montant du RSA et enfant au sens de la législation sur les prestations familiales).
Les seuils des tranches et la majoration pour personne à charge sont révisés annuellement par décret en fonction de l'évolution de l'indice INSEE. Dans tous les cas, il est laissé au salarié saisi une somme égale au montant du RSA **en n'appliquant pas les correctifs pour charges de famille**. Au 1er janvier 2015, le montant du RSA était de 513,88 euros.

Les revenus qui ont le caractère de salaire ou de rémunération et qui sont donc **partiellement insaisissables** sont :
• le salaire de base et les heures supplémentaires ;
• les accessoires et compléments du salaire, avantages en nature, primes ayant le caractère de salaire ;
• les indemnités de préavis et de congés payés ou les indemnités compensatrices ;
• les prestations ayant vocation à remplacer le salaire (allocations de chômage, indemnités journalières de maladie et de maternité, indemnités journalières de l'incapacité temporaire due à un accident de travail).

D'autres sommes perçues par le salarié n'ont pas le caractère de salaire. Elles peuvent donc **faire intégralement l'objet d'une saisie**. Ce sont :

- les indemnités représentatives de frais engagés par le salarié ;
- l'indemnité de licenciement et l'indemnité pour rupture abusive (bien qu'elles aient le caractère de dommages-intérêts) ;
- l'indemnité de clientèle des VRP.

Enfin, certaines sommes ont une destination exclusivement alimentaire et sont donc **totalement protégées**. Il s'agit des :

- allocations ou indemnités pour charge de famille versées par l'employeur ;
- prestations familiales ;
- indemnités en capital et rentes d'accident du travail.

En pratique, la fraction insaisissable est déterminée selon la périodicité de la paie, généralement au mois. Toutefois, si la rémunération comprend des variations dues par exemple à des primes dont la périodicité est différente de celle du salaire, on doit procéder, pour rechercher la quotité disponible, à l'étalement des divers éléments de la rémunération sur un cycle de 12 mois commençant dès réception de la notification à l'employeur de la saisie.

L'avis à tiers détenteur

La procédure d'avis à tiers détenteur est une procédure simplifiée qui permet aux comptables du Trésor de recouvrer directement, auprès de tout tiers débiteur ou dépositaire de deniers appartenant au débiteur, le montant de certaines créances fiscales privilégiées. Cette procédure ne s'applique que pour le recouvrement de certaines créances fiscales dites « privilégiées », dont notamment les contributions directes, taxes assimilées aux contributions directes, les droits de douane, les taxes départementales et communales, les droits d'enregistrement, la taxe sur le chiffre d'affaires.

À la différence de la procédure de saisie des rémunérations, la procédure d'avis à tiers détenteur ne comporte pas de tentative de conciliation. Sans être soumise à aucun formalisme particulier, la procédure d'avis à tiers détenteur est déclenchée par le comptable du Trésor qui transmet directement l'avis par lettre recommandée avec demande d'avis de réception au tiers saisi, c'est-à-dire à l'employeur, et au débiteur. Le motif de la procédure n'a pas à être

mentionné dans l'avis. Il convient de rappeler toutefois que l'avis à tiers détenteur est parfois utilisé à tort par les comptables du Trésor et que le tiers saisi peut exiger du comptable public la justification du caractère privilégié des sommes réclamées.
Si un salarié cumule une (ou plusieurs) saisie-arrêt(s) et un (ou plusieurs) avis à tiers détenteur, jusqu'au 31 décembre 2012 la priorité était donnée à l'avis (aux avis) à tiers détenteur, quel qu'en soit le montant. Depuis le 1er janvier 2013, sont à payer en priorité les plus petites sommes (saisie-arrêt ou avis à tiers détenteur), le plus gros montant étant à payer en dernier.

Schéma des saisies-arrêts

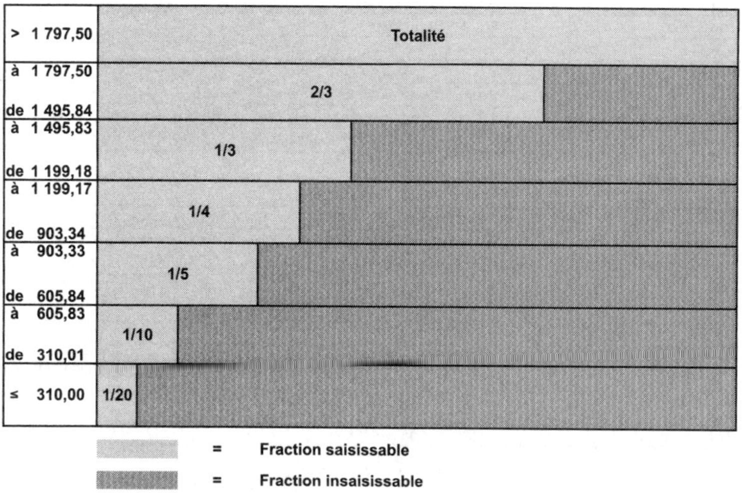

Barème des saisies sur salaires pour l'année 2015

Tranche par an	≤ 3 720,00	de 3 720,01 à 7 270,00	de 7 270,01 à 10 840,00	de 10 840,01 à 14 390,00	de 14 390,01 à 17 950,00	de 17 950,01 à 21 570,00	> 21 570,00
Tranche par mois	≤ 310,00	de 310,01 à 605,83	de 605,84 à 903,33	de 903,34 à 1 199,17	de 1 199,18 à 1 495,83	de 1 495,84 à 1 797,50	> 1 797,50
% de retenue	**1/20**	**1/10**	**1/5**	**1/4**	**1/3**	**2/3**	**Totalité**

Tableau de simplification du calcul de la saisie-arrêt pour l'année 2015

RSA = 513,88 € - Supplément par personne à charge : 117,50

Sans personne a charge

Salaire mensuel net			Fraction saisissable			Fraction insaisissable		
de	513,88 € à	605,83 €	15,50 €	+ 1/10 au-delà de	310,00 €	513,88 € + de	0 à	46,88 €
de	605,84 € à	903,33 €	45,08 €	+ 1/5 au-delà de	605,83 €	513,88 € + de	46,88 € à	284,88 €
de	903,34 € à	1 199,17 €	104,58 €	+ 1/4 au-delà de	903,33 €	513,88 € + de	284,88 € à	506,76 €
de	1 199,18 € à	1 495,83 €	178,54 €	+ 1/3 au-delà de	1 199,17 €	513,88 € + de	506,76 € à	704,54 €
de	1 495,84 € à	1 797,50 €	277,42 €	+ 2/3 au-delà de	1 495,83 €	513,88 € + de	704,54 € à	805,09 €
au delà de		1 797,50 €	478,53 €	+ totalité au-delà de	1 797,50 €	513,88 € +	805,09 €	

Avec 1 personne à charge

Salaire mensuel net			Fraction saisissable			Fraction insaisissable		
de	513,88 € à	723,33 €	21,38 €	+ 1/10 au-delà de	427,50 €	513,88 € + de	0 à	158,50 €
de	723,34 € à	1 020,83 €	50,96 €	+ 1/5 au-delà de	723,34 €	513,88 € + de	158,50 € à	396,51 €
de	1 020,84 € à	1 316,67 €	110,46 €	+ 1/4 au-delà de	1 020,84 €	513,88 € + de	396,51 € à	618,39 €
de	1 316,68 € à	1 613,33 €	184,41 €	+ 1/3 au-delà de	1 316,68 €	513,88 € + de	618,39 € à	816,16 €
de	1 613,34 € à	1 915,00 €	283,30 €	+ 2/3 au-delà de	1 613,34 €	513,88 € + de	816,16 € à	916,72 €
au delà de		1 915,00 €	484,40 €	+ totalité au-delà de	1 915,00 €	513,88 € +	916,72 €	

Avec 2 personnes à charge

Salaire mensuel net			Fraction saisissable			Fraction insaisissable		
de	513,88 € à	840,83 €	27,25 €	+ 1/10 au-delà de	545,00 €	513,88 € + de	0 à	270,13 €
de	840,84 € à	1 138,33 €	56,83 €	+ 1/5 au-delà de	840,84 €	513,88 € + de	270,13 € à	508,13 €
de	1 138,34 € à	1 434,17 €	116,33 €	+ 1/4 au-delà de	1 138,34 €	513,88 € + de	508,13 € à	730,01 €
de	1 434,18 € à	1 730,83 €	190,29 €	+ 1/3 au-delà de	1 434,18 €	513,88 € + de	730,01 € à	927,79 €
de	1 730,84 € à	2 032,50 €	289,17 €	+ 2/3 au-delà de	1 730,84 €	513,88 € + de	927,79 € à	1 028,34 €
au delà de		2 032,50 €	490,28 €	+ totalité au-delà de	2 032,50 €	513,88 € +	1 028,34 €	

Avec 3 personnes à charge

Salaire mensuel net			Fraction saisissable			Fraction insaisissable		
de	513,88 € à	958,33 €	33,13 €	+ 1/10 au-delà de	662,50 €	513,88 € + de	0 à	381,75 €
de	958,34 € à	1 255,83 €	62,71 €	+ 1/5 au-delà de	958,34 €	513,88 € + de	381,75 € à	619,76 €
de	1 255,84 € à	1 551,67 €	122,21 €	+ 1/4 au-delà de	1 255,84 €	513,88 € + de	619,76 € à	841,64 €
de	1 551,68 € à	1 848,33 €	196,16 €	+ 1/3 au-delà de	1 551,68 €	513,88 € + de	841,64 € à	1 039,41 €
de	1 848,34 € à	2 150,00 €	295,05 €	+ 2/3 au-delà de	1 848,34 €	513,88 € + de	1 039,41 € à	1 139,97 €
au delà de		2 150,00 €	496,15 €	+ totalité au-delà de	2 150,00 €	513,88 € +	1 139,97 €	

La pension alimentaire

Lorsque les créanciers qui demandent une saisie du salaire sont des créanciers d'aliments, la règle qui interdit de toucher à une fraction du salaire ne s'applique pas. Les créanciers d'aliments sont en effet des proches parents ou alliés du salarié auxquels la loi assure une situation privilégiée. Pour eux, le mois en cours et les 6 derniers mois impayés des pensions alimentaires peuvent être saisis sur l'intégralité de la rémunération, à l'exception de la fraction insaisissable de celle-ci, égale au montant du RSA.
Ces créances s'imputent d'abord sur la fraction « relativement » insaisissable du salaire et ensuite, s'il y a lieu, sur la fraction saisissable. Seule la fraction « absolument » insaisissable reste intouchée.
Bien entendu, la procédure du paiement direct ne peut être mise en mouvement que si la pension alimentaire n'a pas été payée. En effet, la demande en paiement direct sera recevable dès qu'une échéance d'une pension alimentaire, fixée par une décision judiciaire devenue exécutoire, n'aura pas été payée à son terme. La notification de la demande en paiement direct crée, immédiatement à la charge de l'employeur, une obligation personnelle de verser directement les sommes au bénéficiaire selon les échéances fixées par le jugement. Aucune mise en demeure préalable n'est nécessaire et l'employeur ne peut opposer que le débiteur principal a déjà payé en tout ou partie ou que le créancier a notifié d'autres demandes de paiement direct à d'autres tiers débiteurs. L'employeur ne peut apporter aucune modification à l'étendue de l'obligation qui lui a été notifiée par huissier.
La demande en paiement direct crée, pour celui qui la formule, un droit de propriété sur la pension alimentaire. Ce droit écarte tous les autres créanciers, qu'ils soient privilégiés ou non. S'il y a pluralité de créanciers, c'est le premier créancier qui aura fait une demande qui l'emportera : dans le cas d'un homme divorcé qui a eu plusieurs foyers, c'est la première ex-conjointe à formuler la demande qui bénéficiera du paiement direct.

La cession des rémunérations

La cession des rémunérations est un acte juridique par lequel un salarié débiteur d'une somme d'argent déclare volontairement céder à son créancier, le cessionnaire, une partie de son salaire. Elle est déterminée dans les mêmes conditions et limites que la quotité saisissable de la rémunération.

La cession des rémunérations s'opère par une déclaration du salarié au secrétariat-greffe du tribunal d'instance du lieu où il demeure. Le salarié doit comparaître en personne. Il ne peut pas se faire représenter par mandataire (C. trav., art. R.3252-45). La déclaration de cession est rédigée par le greffier en chef. Le cédant doit fournir à l'appui de sa demande une pièce d'identité et ses bulletins de salaires. Au moment d'établir la déclaration de cession, le greffier doit vérifier si le cédant ne fait pas l'objet d'une saisie des rémunérations ou n'a pas une cession en cours qui porte sur la totalité de la portion cessible. Dans l'affirmative, il ne peut pas recevoir la cession sans que le cessionnaire, ou son mandataire, donne son accord. La déclaration doit être datée et signée par le cédant, le secrétariat-greffe et le cessionnaire s'il est présent. Le cédant doit faire précéder sa signature de la formule suivante : « Lu et approuvé et bon pour cession de la somme de … [en toutes lettres]. »

À la demande du cessionnaire, le secrétariat-greffe notifie la cession à l'employeur (C. trav., art. R.3252-46). Cette notification peut être également effectuée à la demande du cédant au moment où il fait sa déclaration au greffe.

À compter de la notification de la cession, celle-ci est opposable aux tiers et l'employeur verse directement au cessionnaire le montant des sommes cédées, dans la limite de la fraction saisissable.

Correction du questionnaire de la page 441

N°	Affirmations	Vrai	Faux
1	Vrai, des prestations en nature et des prestations en espèces (*voir* p. 444).	X	
2	Vrai, c'est sa définition (*voir* p. 448).	X	
3	Vrai, depuis le 1er janvier 2010, il est de 18 euros (*voir* p. 450).	X	
4	Faux, elle est due pour tous les jours calendaires (*voir* p. 451).		X
5	Vrai, si le salaire est inférieur à 1,8 SMIC mensuel ; Faux, sinon (*voir* p. 454).	X	X
6	Faux, c'est son salaire des 3 derniers mois/91,25 (*voir* p. 455).		X
7	Faux, dans ce cas l'IJ maladie passe d'un taux de 50 % à deux tiers (*voir* p. 455).		X
8	Faux, elle n'est pas cotisable, certes, mais elle est imposable (*voir* p. 455).		X
9	Vrai, même si la Sécurité sociale en a prévu une 31e et une 32e (*voir* p. 452).	X	
10	Vrai, si sa femme décède en couches et s'il arrête de travailler (*voir* p. 458).	X	
11	Vrai, dans le cas d'une naissance de triplés ou plus (*voir* p. 459).	X	
12	Faux, c'est le gain journalier net diminué de 6,7 % (*voir* p. 461).		X
13	Vrai, a partir du 29e jour ; Faux, pour les 28 premiers (*voir* p. 464).	X	X
14	Vrai, c'est sa définition exacte (*voir* p. 470).	X	
15	Vrai, mais il gagne plus sans la garantie conventionnelle (*voir* p. 476).	X	
16	Vrai, pour un non-mensualisé ; Faux, pour un salarié mensualisé (*voir* p. 498).	X	X
17	Faux, aucun rapport (*voir* p. 499).		X
18	Faux, l'employeur est obligé de pratiquer la saisie-arrêt (*voir* p. 500).		X
19	Faux, mais on laisse au moins le RSA personne isolée (*voir* p. 501).		X
20	Vrai, car ce sont des créances alimentaires prioritaires (*voir* p. 505).	X	

LA RUPTURE DU CONTRAT DE TRAVAIL

PARTIE X

La rupture du contrat de travail

Avant de commencer la partie sur la fin du contrat de travail et le solde tout compte, nous vous demandons de remplir ce petit questionnaire. Cela vous permettra d'évaluer vos connaissances préalables et vos acquis.
Sur chaque ligne, veuillez mettre une croix soit dans la colonne « Vrai », soit dans la colonne « Faux », soit dans les deux.

N°	Affirmations	Vrai	Faux
1	Un contrat de stage est une forme de contrat de travail.		
2	Une clause de non-concurrence doit comporter une compensation financière.		
3	L'indemnité de non-concurrence n'est pas soumise aux impôts.		
4	Une clause d'exclusivité est interdite pour les contrats à temps partiel.		
5	La prime de départ volontaire est exonérée de cotisations et d'impôts.		
6	Une transaction peut prévoir une clause pénale en cas de non-respect.		
7	Sans faute grave, on ne peut pas licencier un CDD.		
8	La démission peut être verbale.		
9	En aucun cas, le salarié démissionnaire percevra des allocations chômage.		
10	Un licenciement pour motif personnel doit avoir une cause réelle et sérieuse.		
11	Un salarié a 30 ans pour dénoncer le montant de son indemnité de licenciement.		
12	Un employeur ne peut pas mettre à la retraite un salarié âgé de moins de 70 ans.		
13	L'indemnité de mise à la retraite n'est ni cotisable ni imposable.		
14	Un salarié avec 35 ans d'ancienneté a droit à une indemnité de départ en retraite de 2 mois.		
15	Un salarié ayant 2 ans d'ancienneté a droit à un préavis de 2 mois.		
16	Un salarié ayant 22 ans d'ancienneté a droit à une indemnité légale de licenciement de 6 mois.		
17	La remise d'un reçu pour solde de tout compte est obligatoire.		

N°	Affirmations	Vrai	Faux
18	Un salarié a 5 ans pour dénoncer un reçu pour solde de tout compte.		
19	La remise d'un certificat de travail est obligatoire dans tous les cas de rupture.		
20	L'envoi d'une attestation Pôle Emploi est obligatoire en cas de démission.		

BULLETIN DE PAIE

Période du au

Employeur		Salarié	
Raison Sociale :		Nom :	Prénom :
Adresse :		Adresse :	
N° SIRET :	Code NAF :	N° SS :	
URSSAF :	N° de cotisant :	Emploi :	Classif. :
Convention collective :		Date d'ancienneté :	

Libellé des Rubriques	Base	Taux	Montant	Commentaires
Salaire	151,67		3 000,00	juin 2015
Prime d'ancienneté			150,00	Date d'entrée : 1 Mai 1995
				Plafond du mois : 3.170 €
Total brut			**3 150,00**	**Date de sortie : 30 juin 2015**

Cotisations	Base	Salariales		Patronales	
		Taux	Montant	Taux	Montant
Ass. Mal.Mat.Inv.décès	3 150,00	0,75	-23,63	12,80	403,20
Contribution Solidarité Autonomie	3 150,00			0,30	9,45
Accident du Travail	3 150,00			2,44	76,86
Allocations Familiales	3 150,00			5,25	165,38
Ass. Vieillesse Plafonnée	3 150,00	6,85	-215,78	8,50	267,75
Ass. Vieillesse Déplafonnée	3 150,00	0,30	-9,45	1,80	56,70
F.N.A.L. sur Brut	3 150,00			0,50	15,75
Chômage sur Tr. A + Tr. B	3 150,00	2,40	-75,60	4,00	126,00
A.G.S. sur Tr. A + Tr. B	3 150,00			0,30	9,45
A.R.R.CO sur Tr. 1	3 150,00	3,10	-97,65	4,65	146,48
A.G.F.F. sur Tr. 1	3 150,00	0,80	-25,20	1,20	37,80
A.R.R.CO sur Tr. 2	0,00	8,10	0,00	12,15	0,00
A.G.F.F. sur Tr. 2	0,00	0,90	0,00	1,30	0,00
Prévoyance sur Tr. A	3 150,00	1,00	-31,50	2,00	63,00
Forfait Social Prévoyance	63,00			8,00	5,04
C.S.G. déductible	3 157,88	5,10	-161,05		
Autres charges patronales	3 150,00			4,846	152,65
Total cotisations			-639,86		1 535,51
Net fiscal			2 573,14		
Indemnité de licenciement			5 000,00	Règlement par virement	
Indemnité transactionnelle			10 000,00	Code Banque :	
C.S.G. non déductible	3 157,88	2,40	-75,79	Code Guichet :	
C.R.D.S. non déductible	3 157,88	0,50	-15,79	N° Compte :	
Net à payer			17 418,56		

CUMULS depuis le 1er Janvier 2015		
Heures :	Brut S.S.	Net Fiscal :

Pour faire valoir vos droits, ce bulletin de paie doit être conservé sans limitation de durée

La rupture du contrat de travail

Nous en avons fini avec le bulletin de paie « classique » d'un salarié qui travaille dans une entreprise et qui est toujours présent en fin de mois lors de l'édition de celui-ci.
Nous avons successivement vu le salaire, les primes, les avantages en nature, les différentes absences (et surtout les diverses méthodes pour chiffrer ces absences), les cotisations salariales et patronales, la réduction des charges patronales, les sommes non soumises à cotisations (principalement représentées par les frais professionnels et les IJSS) et nous venons de finir cette présentation du bulletin par les retenues non déductibles du net fiscal que sont les acomptes, avances, prêts et autres saisies-arrêts.
Dans le principe, vous devez donc être capable de comprendre comment a été déterminé votre net à payer (qui est souvent le net virement).
Il nous reste donc à voir le bulletin de paie particulier, celui que vous avez quand vous quittez une entreprise. Il porte un nom particulier : « le solde de tout compte ». Il est censé, comme son nom l'indique, solder tout votre compte avec votre employeur.

Nous l'avons vu au début de ce livre, il existe deux types de contrat : le contrat à durée déterminée et le contrat à durée indéterminée (nous avons écarté depuis longtemps le travail temporaire, et en présence d'un contrat de stage, en cas de non-respect par le stagiaire de ses obligations, ou par l'entreprise des siennes, le stage pourra être rompu mais cette rupture ne s'analysera pas en un licenciement et le litige ne relèvera pas de la compétence de la juridiction prud'homale). Le dernier bulletin de paie du salarié qui quitte l'entreprise dépend donc du type de contrat (CDD ou CDI) et de la façon dont il se termine.

1. La fin de contrat de travail à durée déterminée

La fin d'un CDD est une cause naturelle de départ d'un salarié puisque cette échéance a été prévue au moment de la signature (art. L.1243-5). Cela ne nécessite donc aucune procédure particulière. Néanmoins, et **sauf exceptions, cette fin de contrat génère automatiquement pour le salarié le droit à une indemnité de fin de contrat et à une indemnité compensatrice de congés payés** (sur lesquelles nous reviendrons de façon plus approfondie dans les pages suivantes).

Autre conséquence pour l'employeur : celui-ci devra prendre en compte les sommes perçues afin de les affecter dans un compte spécial lui permettant de calculer **la taxe de 1 %** des sommes brutes affectant les CDD, cette taxe étant **destinée à alimenter les fonds de gestion du congé individuel de formation** dont peuvent bénéficier certains salariés soumis à la précarité de l'emploi. De même, une taxe ayant été instituée par l'accord interprofessionnel du 24 mars 1990, l'employeur devra affecter les sommes attribuées aux CDD à un autre compte permettant de calculer la **taxe de 0,50 %** permettant à ces salariés de bénéficier d'**avantages sociaux complémentaires**.

Selon les articles L.1243-1 à L.1243-4, il existe cinq cas de rupture anticipée du CDD. Certains de ces cas sont communs aux CDD et aux CDI. Le moment opportun, nous ferons la différence. Voici ces cinq cas.

Le commun accord des parties (CDD et CDI)

Les accords individuels (CDD)

L'Administration a précisé que lorsque la cessation anticipée du CDD résulte du commun accord des parties, elle doit en tout état de cause s'appuyer sur un écrit : **simple écrit qui met un terme immédiat au contrat** ou avenant qui en réduit la durée (exception faite pour les salariés « protégés »).
La Cour de cassation conditionne la validité de ce mode de rupture à l'existence d'une **volonté claire et non équivoque** des parties de mettre fin au CDD. La rupture d'un commun accord des parties ne peut donc **pas résulter d'un accord tacite** des parties, de la signature

du reçu pour solde de tout compte ou encore de l'acceptation d'un certificat de travail.

Le salarié peut trouver avantage à une séparation amiable qui s'accompagnera d'une indemnité qu'il n'aurait peut-être pas obtenue en justice et d'un certificat de travail suffisamment élogieux pour ne pas le gêner dans la recherche d'un nouvel emploi.

Les accords individuels (CDI)

En application de l'article L.231-1 du Code du travail, le principe de la liberté contractuelle s'appliquant au contrat de travail, **employeur et salarié sont libres de mettre fin à leurs relations par accord mutuel** et en dehors des règles et des procédures régissant la rupture du contrat de travail par décision unilatérale de l'une ou de l'autre des parties (licenciement ou démission), du moins lorsque la rupture amiable du contrat de travail intervient pour régler un différend de nature personnelle. En outre, et toujours dans le cas d'une rupture amiable pour motif personnel, le salarié ne peut en principe prétendre, sauf si les parties en décident autrement, aux indemnités prévues en cas de licenciement.
La rupture amiable du contrat de travail permet de mettre fin aux relations entre employeur et salarié dans des circonstances où la rupture ne peut être imputée à l'une ou à l'autre des parties. Cet accord a pour but de mettre un terme à des situations conflictuelles latentes face auxquelles les parties hésitent à se positionner, l'employeur craignant de prendre l'initiative d'un licenciement pour lequel il estime par exemple ne pas disposer d'éléments suffisants, le salarié redoutant les conséquences financières d'une démission (perte des indemnités dues en cas de licenciement).
La jurisprudence reconnaît la validité de la rupture d'un commun accord du contrat de travail à durée indéterminée, que cette rupture soit liée à un motif personnel ou à un motif non personnel. Cependant, selon l'article L.1231-4 du Code du travail, les parties ne peuvent renoncer par avance au droit de se prévaloir des règles légales applicables en matière de licenciement. Il semblerait que sur ce fondement, la Cour de cassation ait tendance depuis peu à restreindre le recours à la résiliation amiable des contrats de travail comme mode de rupture aux seuls cas où le caractère réellement consensuel de la rupture est pleinement avéré.
La rupture d'un commun accord du contrat de travail est un mode autonome de rupture du contrat ; elle a pour objet de mettre un terme aux relations contractuelles entre l'employeur et le salarié.

La rupture d'un commun accord a pour seul objet de mettre fin aux relations contractuelles des parties. Elle ne **constitue pas une transaction** destinée à mettre fin, par des concessions réciproques, à toute contestation née ou à naître résultant de la rupture définitive du contrat de travail, et ne peut avoir pour effet, peu important les termes de l'accord, de priver le salarié des droits nés de l'exécution du contrat de travail. La transaction, au contraire, n'est pas un mode de rupture du contrat de travail mais un mode de règlement des suites d'une rupture du contrat de travail (Cour de cassation du 16 mai 2000).

Les accords collectifs (CDI)

La pratique des ruptures négociées pour motif économique a suscité un important contentieux. Depuis l'opération Cricket en août 1977, la Cour de cassation se pose la question de savoir si ce sont des démissions licites ou des licenciements déguisés. Dans un premier temps, elle les assimilait à des licenciements économiques, puis maintenant, elle dit : « *Un accord librement conclu ne saurait être assimilé à un licenciement collectif irrégulier.* » Les salariés concernés doivent trouver des avantages financiers à de tels accords et aucune fraude à la législation relative au licenciement pour motif économique ne doit être établie.
Ces avantages financiers prennent la forme de primes dites « de départ volontaire » qui sont **exonérées de charges sociales** (salariales et patronales, CSG, CRDS incluses), **si ces départs négociés se font dans le cadre d'un plan social.** Dans le cas contraire, ces primes sont soumises à toutes les cotisations et ont le caractère de salaire.

Cas interdits de rupture négociée

• *Salariés protégés*

Les représentants du personnel (délégués du personnel, membres du comité d'entreprise) bénéficient d'une protection spéciale en cas de licenciement, lequel ne peut intervenir que sur autorisation administrative et après consultation du comité d'entreprise pour certains d'entre eux. Les tribunaux ont précisé que cette protection spéciale ne pouvait être contournée par le biais d'un accord de rupture amiable. C'est la chambre criminelle qui a d'abord décidé que ce mode de rupture autonome ne peut pas concerner le contrat de travail des représentants du personnel. La protection exceptionnelle et exorbitante du droit commun dont bénéficient les salariés protégés exclut la résiliation conventionnelle de leur contrat.

L'employeur qui tente d'échapper à la demande d'autorisation de licenciement à l'inspecteur du travail en négociant une rupture d'un commun accord avec un salarié protégé s'expose à une condamnation pour délit d'entrave. Le salarié protégé peut par ailleurs saisir le juge des référés pour obtenir, sous astreinte, que soit ordonnée la poursuite de son contrat de travail.

• *Salariés inaptes*
La rupture d'un commun accord du contrat de travail d'un salarié déclaré inapte en conséquence d'une maladie (professionnelle ou non) est illégale. En effet, les dispositions des articles L.1226-4 (maladie ou accident d'origine non professionnelle) et L.1226-11 (maladie ou accident professionnel) du Code du travail qui prévoient notamment que si, après une déclaration d'inaptitude prononcée par le médecin du travail à l'issue des périodes de suspension du contrat de travail, le salarié n'est pas reclassé dans l'entreprise à l'issue d'un délai d'un mois, ou s'il n'est pas licencié, l'employeur est tenu de reprendre le paiement du salaire, excluent dans cette hypothèse la possibilité pour les parties de signer une rupture d'un commun accord du contrat de travail qui aurait pour effet d'éluder ces obligations.

• *Salariés victimes d'accident du travail ou de maladie professionnelle*
Au cours des périodes de suspension du contrat de travail, l'employeur ne peut résilier le contrat de travail à durée indéterminée que s'il justifie soit d'une faute grave de l'intéressé, soit de l'impossibilité où il se trouve, pour un motif non lié à l'accident ou à la maladie, de maintenir ledit contrat. Toute résiliation du contrat de travail prononcée en méconnaissance de ces dispositions est nulle (C. trav., art. L.1226-15). Dès lors, au cours des périodes de suspension consécutives à un accident ou à une maladie professionnelle, l'employeur ne peut faire signer au salarié une rupture d'un commun accord du contrat de travail, une telle résiliation du contrat étant frappée de nullité.

• *Salariées enceintes*
Aucun employeur ne peut résilier le contrat de travail d'une salariée lorsqu'elle est en état de grossesse médicalement constaté et pendant l'intégralité des périodes de suspension du contrat de travail auxquelles elle a droit, qu'elle use ou non de ce droit, ainsi que pendant les 4 semaines qui suivent l'expiration de ces périodes. Toutefois, l'employeur peut résilier le contrat s'il justifie d'une

faute grave de l'intéressée, non liée à l'état de grossesse, ou de l'impossibilité où il se trouve, pour un motif étranger à la grossesse, à l'accouchement ou à l'adoption de maintenir ledit contrat. Cependant, la résiliation ne pourra prendre effet ou être signifiée pendant la période de suspension du contrat (C. trav., art. L.1225-4). Sauf si elle est justifiée pour des motifs la justifiant, la résiliation du contrat de travail d'une salariée est annulée (C. trav., art. L.1225-5).

Les effets du commun accord (CDD)

La rupture d'un commun accord du CDD a pour seul objet de mettre fin aux relations des parties ; elle ne constitue **pas une transaction** destinée à mettre fin, par des concessions réciproques, à toute contestation née ou à naître résultant de la rupture définitive du contrat de travail et ne peut avoir pour effet, peu important les termes de l'accord, de priver le salarié des droits nés de l'exécution du contrat de travail. La rupture d'un commun accord du contrat de travail constitue en effet un mode autonome de rupture du contrat (elle trouve son fondement, pour les CDD, dans l'article L.1243-1 du Code du travail). Elle a pour objet de mettre un terme aux relations contractuelles entre l'employeur et le salarié.

La transaction, au contraire, n'est pas un mode de rupture du contrat de travail. Elle a pour objet de mettre fin, par des concessions réciproques, à toute contestation née ou à naître résultant de cette rupture (C. civil, art. 2044). Il s'ensuit qu'elle ne peut valablement être conclue qu'une fois la rupture intervenue et définitive.

Les effets du commun accord (CDI)

Ainsi, que le litige résulte de la rupture d'un contrat à durée indéterminée ou à durée déterminée, une transaction ne peut pas être valablement conclue :

• antérieurement à l'accord de rupture ;

• simultanément à l'accord de rupture, ce dernier ne pouvant avoir la double nature d'accord de rupture et de transaction.

Il s'ensuit que la transaction ayant pour objet de mettre fin au litige résultant d'un licenciement ne peut valablement être conclue qu'une fois la rupture intervenue et définitive. Il en résulte qu'un commun accord ne peut valablement constituer une transaction dès lors qu'il a pour double objet de rompre le contrat de travail et de transiger.

Une fois que le commun accord a été légalement conclu, les deux parties peuvent signer une transaction. Puisqu'il n'y a pas d'indemnité compensatrice de préavis ni de licenciement, une **indemnité transactionnelle**, qui doit au moins être égale au montant de ces deux indemnités, sera versée au salarié.

Définition de la transaction

Aux termes de l'article 2044 du Code civil, la transaction est un contrat écrit par lequel les parties terminent une contestation née ou préviennent une contestation à naître.
La transaction doit être conforme aux dispositions des articles 2044 à 2058 du Code civil (*voir* les extraits ci-dessous). Conformément à l'article 2052 du Code civil, elle a entre les parties l'autorité de la chose jugée en dernier ressort.
La transaction permet d'éviter les aléas, les frais et les longueurs d'un procès. Elle présente par ailleurs l'avantage de la confidentialité.

EXTRAITS DU CODE CIVIL

Livre III. Des différentes manières dont on acquiert la propriété
Titre XV. Des transactions

*« **Article 2044.** La transaction est un contrat par lequel les parties terminent une contestation née, ou préviennent une contestation à naître.*
Ce contrat doit être rédigé par écrit.
***Article 2045.** Pour transiger, il faut avoir la capacité de disposer des objets compris dans la transaction.*
Le tuteur ne peut transiger pour le mineur ou le majeur en tutelle que conformément à l'article 467 au titre de la minorité, de la tutelle et de l'émancipation ; et il ne peut transiger avec le mineur devenu majeur, sur le compte de tutelle, que conformément à l'article 472 au même titre.
Les communes et établissements publics ne peuvent transiger qu'avec l'autorisation expresse du roi (du président de la République).
***Article 2046.** On peut transiger sur l'intérêt civil qui résulte d'un délit.*
La transaction n'empêche pas la poursuite du ministère public.
***Article 2047.** On peut ajouter à une transaction la stipulation d'une peine contre celui qui manquera de l'exécuter.*
***Article 2048.** Les transactions se renferment dans leur objet : la renonciation qui y est faite à tous droits, actions et prétentions ne s'entend que de ce qui est relatif au différend qui y a donné lieu.*
***Article 2049.** Les transactions ne règlent que les différends qui s'y trouvent compris, soit que les parties aient manifesté leur intention par des expressions*

spéciales ou générales, soit que l'on reconnaisse cette intention par une suite nécessaire de ce qui est exprimé.
Article 2050. *Si celui qui avait transigé sur un droit qu'il avait de son chef acquiert ensuite un droit semblable du chef d'une autre personne, il n'est point, quant au droit nouvellement acquis, lié par la transaction antérieure.*
Article 2051. *La transaction faite par l'un des intéressés ne lie point les autres intéressés et ne peut être opposée par eux.*
Article 2052. *Les transactions ont, entre les parties, l'autorité de la chose jugée en dernier ressort.*
Elles ne peuvent être attaquées pour cause d'erreur de droit, ni pour cause de lésion.
Article 2053. *Néanmoins une transaction peut être rescindée, lorsqu'il y a erreur dans la personne ou sur l'objet de la contestation.*
Elle peut l'être dans tous les cas où il y a dol ou violence.
Article 2054. *Il y a également lieu à l'action en rescision contre une transaction, lorsqu'elle a été faite en exécution d'un titre nul, à moins que les parties n'aient expressément traité sur la nullité.*
Article 2055. *La transaction faite sur pièces qui depuis ont été reconnues fausses est entièrement nulle.*
Article 2056. *La transaction sur un procès terminé par un jugement passé en force de chose jugée, dont les parties ou l'une d'elles n'avaient point connaissance, est nulle.*
Si le jugement ignoré des parties était susceptible d'appel, la transaction sera valable.
Article 2057. *Lorsque les parties ont transigé généralement sur toutes les affaires qu'elles pouvaient avoir ensemble, les titres qui leur étaient alors inconnus, et qui auraient été postérieurement découverts, ne sont point une cause de rescision, à moins qu'ils n'aient été retenus par le fait de l'une des parties.*
Mais la transaction serait nulle si elle n'avait qu'un objet sur lequel il serait constaté, par des titres nouvellement découverts, que l'une des parties n'avait aucun droit.
Article 2058. *L'erreur de calcul dans une transaction doit être réparée. »*

La faute grave du salarié (CDD et CDI)

Il n'existe pas de définition légale de la faute grave : cette notion est essentiellement jurisprudentielle. **La faute grave** (même involontaire) **consiste en une violation des obligations contractuelles rendant impossible, par sa gravité même, la poursuite des relations contractuelles jusqu'au terme prévu**. La gravité d'une faute n'est pas nécessairement fonction de l'importance du préjudice qui en résulte (elle n'est même pas subordonnée à l'existence d'un préjudice !).

C'est à la partie qui invoque la faute grave pour rompre immédiatement le contrat qu'il revient d'en apporter la preuve (la partie en question est le plus souvent l'employeur !), mais **quelle qu'ait été l'appréciation de l'employeur sur le degré de gravité de la faute commise par le salarié, il revient aux juges du fond de qualifier cette faute**. La liberté d'appréciation dont disposent les juges demeure entière en dépit des dispositions qui, au sein de règlements intérieurs, tendraient à attribuer la qualification de faute grave à certains agissements.
Appréciée *in concreto*, elle peut résulter de l'absence injustifiée, de voies de fait, de violence exercée au temps et lieu de travail, de malversations, de vols, de comportement injurieux à l'égard de l'employeur (menaces de mort), de violation de l'obligation de secret, etc.

Lorsque la rupture est consécutive à une faute grave du salarié, elle constitue une **sanction disciplinaire soumise, à ce titre, à la procédure disciplinaire**.
Dans ce cadre, **l'employeur doit tout d'abord convoquer le salarié à un entretien préalable**. Faute de quoi, celui-ci pourra être condamné à verser au salarié une indemnité pour inobservation de la procédure (indemnité fonction du préjudice subi).

S'agissant d'une procédure disciplinaire de droit commun et non d'une procédure de licenciement, **le salarié ne dispose pas de la faculté de se faire assister par un conseiller extérieur à l'entreprise**.

Il doit ensuite **notifier par écrit la sanction** au salarié. Cette lettre ne pourra pas être expédiée au salarié moins d'un jour franc après celui de l'entretien préalable en application de l'article L.1332-2 du Code du travail relatif à la sanction disciplinaire.

La lettre notifiant **la rupture doit être motivée**. En pratique, elle doit en outre indiquer les griefs retenus contre le salarié. À défaut, la rupture sera considérée comme n'étant pas justifiée, peu important que le salarié ait été informé des griefs formulés contre lui au cours de l'entretien préalable. Il convient d'apporter un soin tout particulier à la rédaction de la lettre notifiant la sanction car **l'employeur se trouve lié par son contenu** et ne pourra pas invoquer ultérieurement de nouveaux griefs pour justifier cette rupture intervenue avant terme.
Enfin, la rupture anticipée doit prendre effet rapidement à compter de la notification de la sanction. La Cour de cassation a sanctionné un employeur pour avoir retardé la date d'effet de la rupture du

contrat de 7 jours après la notification de la sanction, estimant que, de ce fait, la faute grave n'était pas assez caractérisée. Elle a fait application du même principe s'agissant d'un employeur qui avait prévu un préavis de 8 jours dans la lettre de rupture anticipée adressée au salarié. **Il est donc plus prudent pour l'employeur de ne pas différer dans le temps l'effet de la notification de la rupture du contrat.**

Les effets de la faute grave sont de **supprimer l'indemnité compensatrice de préavis**, de **justifier la rupture immédiate du contrat** de travail et de **priver le salarié de l'indemnité de licenciement.** À noter que la faute grave n'est pas privative de l'indemnité compensatrice de congés payés. Ce n'est qu'en cas de faute lourde que cette indemnité n'est pas versée pour la période en cours (l'indemnité compensatrice de congés payés au titre de la période précédente est considérée comme toujours acquise en cas de faute lourde !).

La différence entre la faute grave et la faute lourde n'est pas plus précisée par le Code du travail. Tout au plus, **la jurisprudence,** procédant par approximation, **considère**-t-elle **la faute lourde comme une faute d'une particulière gravité, avec l'intention de nuire à autrui**, sans circonstances atténuantes, ou, si l'on préfère, une faute plus grave que la faute grave ! De toute façon, la faute lourde, ne pouvant se présumer, doit être prouvée par l'employeur et il revient aux tribunaux de trancher.
Par la jurisprudence, nous avons quelques exemples de fautes lourdes : la constitution d'une entreprise ayant le même objet que l'entreprise de son employeur, la participation au débauchage d'un salarié au profit d'une entreprise concurrente, le fait de dénigrer son travail en annonçant aux clients l'intention de s'installer à son compte, l'exercice d'une activité concurrente pendant le préavis, le pointage à plusieurs reprises par un cadre aux lieu et place de sa secrétaire couvrant et encourageant les retards de celle-ci, chaque fait pour lequel son auteur est condamné pénalement, l'appropriation de marchandises ou de matériel pour son propre compte, etc.

La force majeure (CDD et CDI)

La force majeure se définit comme un événement imprévisible, irrésistible, insurmontable, étranger à la personne qui l'invoque et entraînant une impossibilité absolue d'exécuter le contrat.

Elle implique la cessation immédiate du contrat à durée déterminée sans qu'aucune indemnité ne puisse être réclamée par l'une ou l'autre des parties. Pour l'application de cette notion, les juges apprécient au cas par cas la réalité et la gravité des motifs invoqués et si les circonstances rendent impossible la continuation du contrat. Seront principalement constitutifs de force majeure l'incendie, les cataclysmes naturels et le fait du prince. Mais examinons d'abord les trois critères distinctifs.

• *Le caractère imprévisible*
Il est pratiquement toujours reconnu s'il s'agit d'incendie ou de cataclysme, mais attention : l'existence d'un risque n'enlève pas à l'événement son caractère imprévisible (par exemple un incendie dans une fabrique de bois), ou, au contraire, une inondation n'a pas le caractère imprévisible si déjà, à plusieurs reprises, un cours d'eau est sorti de son lit.

• *Le caractère irrésistible (ou inévitable)*
Il peut faire défaut si une faute de l'employeur est relevée, en relation avec l'événement invoqué (manque de protection, panneau électrique défectueux et signalé auparavant, succession de débuts d'incendie en peu de temps).

• *Le caractère insurmontable*
L'employeur doit être dans l'impossibilité totale de fournir du travail. Il y a dans ce caractère d'insurmontabilité une notion de temps. Si l'empêchement est de courte durée les contrats ne sont que suspendus (et les salariés sont alors indemnisés au titre de l'activité partielle).

Le fait du prince
Le fait du prince est généralement une modification de la réglementation en vigueur par une décision administrative. La jurisprudence considère que le fait du prince est assimilé à un cas de force majeure dans la mesure où la décision administrative qui le constitue est d'une part, prise dans le cadre des prérogatives de puissance publique réservées aux organes de l'État, et d'autre part, imprévisible et insurmontable.

Exclusion de la force majeure
La fermeture de l'entreprise pour des motifs d'ordre économique ou technique n'est pas un cas de force majeure, l'évolution de la conjoncture économique faisant partie du risque normal de

l'entreprise dont le chef assume la responsabilité objective. De façon générale, les événements tenant à la personne de l'employeur (y compris son décès, car les licenciements éventuellement causés par ce décès incombent aux héritiers) et les événements tenant à l'activité de l'entreprise tels que la cessation pure et simple d'activité ou le redressement et la liquidation judiciaire ne sont pas des cas de force majeure. Dans la même logique, l'inaptitude physique, d'origine professionnelle ou non, ne constitue pas un cas de force majeure justifiant la rupture immédiate du CDD.

Effets de la force majeure
Les effets de la force majeure, dûment établie par l'employeur, sont de le dispenser de l'observation du délai-congé (et donc de son indemnité compensatrice), de l'indemnité de licenciement (ainsi que des dommages et intérêts pour rupture abusive) puisque la rupture n'est pas de son fait.

La résiliation judiciaire (CDD et CDI)

Le Code civil, dans son article 1184, prévoit qu'une résiliation judiciaire est toujours sous-tendue dans toutes les formes d'un contrat. Mais le recours à la résiliation judiciaire pour rompre un contrat à durée déterminée peut paraître surprenant : en effet, pourquoi saisir le juge, exposer des faits et attendre des mois une sentence alors que l'une et l'autre des parties au contrat peut, par l'effet de la seule volonté, rompre le contrat de travail ?

Son recours dans le domaine des contrats à durée indéterminée a surtout été utilisé **pour mettre fin aux contrats de travail des représentants du personnel**, lorsque l'inspecteur du travail refusait à l'employeur l'autorisation de licencier. Longtemps autorisé (de 1952 jusqu'au 21 juin 1974, affaire Perrier), **il est maintenant prohibé et généralement sanctionné** : les juges civils déclarent la demande irrecevable ; les juges répressifs condamnent pour délit d'entrave l'employeur qui introduit une telle demande (c'est une des rares hypothèses où le fait d'introduire une demande en justice constitue une infraction pénale !).
Son recours, pour les salariés sans mandat, ne présente pas un réel intérêt pour l'employeur si les juges ne prononcent la résiliation judiciaire qu'en cas de faute grave, car dans ce cas, l'employeur peut prononcer lui-même le licenciement sans devoir au salarié les indemnités de préavis et de licenciement. En revanche, s'il n' y a

pas de faute grave, les employeurs peuvent être tentés d'utiliser ce moyen juridique car en obtenant la résiliation du contrat, ils ne seront plus débiteurs des indemnités de préavis, de licenciement – et même de l'indemnité de clientèle si le salarié est VRP – puisque ces obligations sont des conséquences du licenciement qui, par hypothèse, n'est pas prononcé. Dans un arrêt du 9 avril 1987, la Cour de cassation affirme nettement que « *l'action en résiliation judiciaire d'un contrat de travail est recevable dès lors qu'elle est fondée sur l'inexécution par l'une des parties de ses obligations, même si celle-ci ne présente pas le caractère d'une faute grave* ».

La démission pour exécuter un CDI (CDD exclusivement)

Nous venons de voir précédemment les trois cas (plus la résiliation judiciaire) contenus dans les articles L.1243-1 à L.1243-4, qui précisaient dans le premier des articles cités : « *Sauf accord des parties, le contrat à durée déterminée ne peut être rompu avant l'échéance du terme qu'en cas de faute grave ou de force majeure.* » L'article L.1243-2 ajoute : « *Par dérogation aux dispositions du précédent article,* ***le contrat à durée déterminée peut être rompu avant l'échéance du terme à l'initiative du salarié lorsque celui-ci justifie de la conclusion d'un contrat à durée indéterminée.*** *Sauf accord des parties, le salarié est alors tenu de* ***respecter une période de préavis dont la durée est calculée à raison d'un jour par semaine compte tenu de la durée totale du contrat,*** *renouvellement inclus, lorsque celui-ci comporte un terme précis, ou de la durée effectuée lorsque le contrat ne comporte pas un terme précis.* ***Le préavis ne peut excéder deux semaines.*** »
L'article L.1243-3 précise : « ***La rupture anticipée du CDD qui intervient à l'initiative du salarié en dehors des cas prévus ouvre droit pour l'employeur à des dommages et intérêts*** *correspondant au préjudice subi.* » Quant au L.1243-4, il prévoit la même peine dans le cas de l'employeur : « ***La rupture anticipée du CDD qui intervient à l'initiative de l'employeur en dehors des cas de faute grave ou force majeure ouvre droit pour le salarié à des dommages et intérêts*** *d'un montant au moins égal aux rémunérations qu'il aurait perçues jusqu'au terme du contrat sans préjudice de l'indemnité prévue à l'article L.1243-8.* »

2. La fin de contrat à durée indéterminée

Outre ces cinq cas prévus pour les CDD et qui s'appliquent également aux CDI pour les quatre premiers d'entre eux, nous allons examiner tous les autres cas de rupture.

La démission

Chacune des parties liées par un contrat de travail conclu pour une période indéterminée peut à tout moment mettre fin à son engagement (C. trav., art. L.1231-1). **La démission est l'acte unilatéral de volonté par lequel un salarié signifie à son employeur qu'il entend « mettre fin à sa collaboration »**.
Le droit de démission appartenant au salarié est un droit d'ordre public qui ne peut être mis en échec par la convention des parties dans le cadre d'un contrat de travail à durée indéterminée. D'autre part, la démission n'a pas à être acceptée par l'employeur.

À la différence du licenciement, la démission n'est soumise à aucune procédure particulière. Cette absence de formalisme légal explique en partie l'existence de difficultés pour déterminer l'auteur de la rupture. **Il n'y a pas de règle formelle : elle peut être verbale, écrite ou peut même résulter du seul comportement du salarié**. Bien évidemment, la lettre de démission constitue la preuve par excellence et certaines conventions collectives exigent l'envoi d'une telle lettre.
Pour établir l'existence d'une démission, l'employeur doit prouver qu'il y a eu **volonté unilatérale (libre, sérieuse, non équivoque)** du salarié de mettre fin au contrat de travail. Les juges écartent la qualification « démission » chaque fois que la volonté du salarié est équivoque, mais ils jouissent d'une grande liberté d'appréciation et peuvent très bien admettre qu'une absence de 15 jours faisant suite à un abandon de poste traduit une *« volonté dépourvue d'équivoque de démissionner »*.
La jurisprudence requalifie la décision du salarié en licenciement chaque fois que le salarié a été contraint à la démission par le comportement fautif de l'employeur ! Les juges peuvent aussi requalifier une démission en licenciement au motif qu'elle n'était pas sérieuse (la décision prise par le salarié dans un mouvement d'humeur et rapidement rétractée n'est pas une démission sérieuse, c'est l'employeur qui, s'opposant à la reprise du travail, rompt le contrat).

Le régime juridique de la démission

Un salarié peut à tout moment reprendre sa liberté **sans avoir à motiver sa décision** (à condition toutefois que celle-ci ne soit pas « abusive »), mais il doit **respecter un délai-congé**. La durée de ce préavis n'est pas **fixée** par la loi mais **par les conventions collectives ou les usages**. Pendant toute la durée du préavis, le salarié doit exécuter normalement et pleinement les obligations résultant du contrat de travail (à défaut, l'employeur pourra mettre fin au préavis en invoquant la faute grave du salarié).

Quant au droit d'absence pour **recherche d'emploi**, il n'a pas été réglementé par voie législative, il résulte seulement des usages ou des conventions. **L'autorisation d'absence est, en général, fixée à 2 heures par jour**. Cependant, dans certaines régions, ce chiffre est réduit à 1 heure. Par ailleurs, les conventions collectives peuvent prévoir des délais au mois ou à la semaine. Le refus de l'employeur de regrouper les heures peut être considéré comme abusif. **Le paiement des 2 heures pour recherche d'emploi n'est dû que si la convention collective ou l'usage le prévoit**. Ainsi, dès lors que la convention collective prévoit qu'une absence de 2 heures par jour pour recherche d'un nouvel emploi est autorisée au cours de la période de préavis, et cela sans réduction de salaire, sauf en cas de départ volontaire, un salarié démissionnaire ne peut prétendre au paiement de ces heures. Dans le cas contraire, **ces heures sont payées comme temps de travail** et ne doivent donner lieu à aucune réduction de salaire. Mais il appartient au salarié de démontrer, lorsqu'il n'a pas bénéficié des heures pour recherche d'emploi conventionnelles et qu'il réclame des dommages-intérêts, le préjudice que pouvait lui avoir causé le refus de lui accorder ces heures. Lorsque l'employeur est en mesure de prouver que le salarié a trouvé un nouvel emploi ou que celui-ci est dans l'impossibilité de chercher un nouvel emploi, il est en droit de lui refuser de continuer à s'absenter.

Seules les personnes involontairement privées d'emploi (licenciement, fin de contrat à durée déterminée, rupture pour motif économique) peuvent prétendre aux allocations de chômage. Toutefois, vous pouvez être pris en charge par le Pôle Emploi si vous avez été contraint de démissionner pour un motif prévu par l'accord d'application n° 15 du régime d'assurance chômage.
Si vous avez démissionné pour un motif non prévu, il vous faudra attendre 4 mois pour demander un réexamen de votre situation.

Selon vos efforts de reclassement, les allocations peuvent alors vous être attribuées par le Pôle Emploi.

Les onze motifs de « démission légitime » prévus sont les suivants.

Motifs	Explications
Démission pour changement de résidence	Pour suivre votre conjoint ou concubin qui change de résidence pour un motif professionnel :
	- mutation au sein d'une entreprise
	- changement d'employeur,
	- reprise d'emploi après une période de chômage,
	- création ou reprise d'une entreprise ou début d'une activité de travailleur indépendant.
	Pour suivre vos parents ou la personne qui exerce la puissance parentale (quel que soit le motif du changement de résidence) si vous êtes âgé de moins de 18 ans.
	En raison de votre mariage ou de la signature d'un Pacs, sous réserve que le délai entre la démission et le mariage ne soit pas supérieur à deux mois.
Démission d'un contrat aidé	Votre démission est « légitime » si vous quittez un emploi-solidarité, un contrat d'insertion ou un emploi-jeunes pour reprendre un nouvel emploi ou suivre une formation.
	Votre démission est « légitime » si vous quittez un contrat initiative-emploi à durée déterminée, un contrat d'accompagnement, un contrat d'avenir ou un contrat d'insertion-RMA pour reprendre un nouvel emploi (CDI ou CDD d'au moins six mois) ou suivre une formation.
Démission à la suite du non-paiement des salaires	Vous avez cessé votre activité car votre employeur ne vous versait plus votre salaire. Vous devez justifier de cette situation par une ordonnance de référé rendue par le conseil des prud'hommes condamnant votre employeur à vous verser les rémunérations non réglées.
Démission à la suite d'actes délictueux	Victime, à l'occasion de l'exécution de votre contrat de travail, d'un acte susceptible d'être délictueux, notamment violences physiques, harcèlement sexuel, vous avez été amené à démissionner. Un récépissé de dépôt de plainte auprès du procureur de la République devra être joint à votre demande d'allocations.

Motifs	Explications
Démission durant une période d'essai faisant suite à un licenciement ou à un CDD.	Au cours ou à la fin d'une période d'essai effectuée après un licenciement n'ayant pas donné lieu à une inscription comme demandeur d'emploi, vous prenez l'initiative de cesser votre activité. Vous pouvez bénéficier des allocations de chômage. Une condition : la période d'essai ne doit pas excéder 91 jours.
Démission pour reprendre un emploi à durée indéterminée	L'employeur y met fin durant la période d'essai. Vous pouvez bénéficier des allocations si précédemment vous avez travaillé sans interruption durant trois ans ou plus.
Démission dans le cadre d'un contrat dit « de couple ou indivisible »	Votre conjoint a été licencié ou mis à la retraite ou encore a démissionné dans le cadre de l'ARPE (Préretraite / embauche), et le contrat de travail comportait une clause de résiliation automatique du contrat du conjoint.
Démission d'un journaliste faisant jouer la clause de conscience	Vous devez avoir perçu l'indemnité de congédiement.
Démission pour mission humanitaire	Vous démissionnez pour effectuer une ou plusieurs missions de volontariat pour la solidarité internationale d'une durée minimale d'un an. Vous avez droit aux indemnités même si la mission est interrompue avant ce délai, si l'interruption n'est pas de votre fait.
Démission pour création d'entreprise	Vous démissionnez et créez une entreprise en respectant toutes les formalités légales de publicité. Vous avez droit aux indemnités si l'activité cesse pour des raisons indépendantes de votre volonté dans un délai de 36 mois.
Démission suite à un changement de résidence pour violences conjugales	Vous devez avoir porté plainte auprès du Procureur.

Le licenciement

Le licenciement pour motif personnel

C'est la rupture du contrat de travail à durée indéterminée décidée par l'employeur. C'est un licenciement individuel, qui répond au principe du droit de résiliation unilatérale. Il est important de noter qu'il y a des restrictions apportées au droit de licenciement, accusant un contraste avec le régime de la libre démission du salarié :
• une restriction sur le plan formel qui est une **procédure** originale ;
• une restriction sur le fond avec **l'existence d'une cause réelle et sérieuse** (éventuellement appréciée par le juge).

Procédure

• *Convocation et audition du salarié (art. L.1232-1)*
La convocation est obligatoire et doit se faire par lettre recommandée ou lettre remise en main propre contre décharge, indiquant au salarié l'objet, la date, l'heure et le lieu de l'entretien. Cette lettre doit rappeler que le salarié peut se faire assister par une personne de son choix (notons au passage que le motif n'est pas obligatoire !). Au cours de l'entretien, l'employeur est tenu d'indiquer le ou les motifs de la décision envisagée et de recueillir les explications de salarié. Un procès-verbal de fin d'entretien n'est pas obligatoire.

• *Notification du licenciement par lettre recommandée avec accusé de réception*
C'est la date de présentation de cette lettre qui fixe le point de départ du délai-congé et qui permet de déterminer les conséquences de la rupture. L'employeur doit attendre un jour franc après l'entretien pour expédier la lettre. Si le licenciement est prononcé pour motif disciplinaire, l'employeur est tenu d'énoncer le motif précis du licenciement. Sinon, il n'y est pas obligé. Par contre, le salarié a tout intérêt de demander l'énonciation écrite des motifs réels et sérieux de son licenciement car ces motifs fixeront les limites du débat devant le juge. Le salarié a 10 jours pour formuler cette demande par lettre recommandée, à compter de la date à laquelle il quitte son emploi effectivement.

• *Sanctions des irrégularités procédurales*
L'article L.1235-4 prévoit que s'il y a inobservation des règles procédurales d'un licenciement pour cause réelle et sérieuse, le tribunal saisi imposera à l'employeur d'accomplir la procédure et d'accorder au salarié une indemnité qui ne pourra être supérieure

à un mois de salaire. S'il y a absence de cause réelle et sérieuse, le tribunal peut proposer la réintégration du salarié ; en cas de refus de l'une ou l'autre partie, le tribunal octroiera au salarié une indemnité qui ne sera pas inférieure aux salaires des 6 derniers mois. Notons que le juge des référés ne peut imposer la réintégration, même provisoire, du salarié licencié sans respect de la procédure légale.

Exigence d'une cause réelle et sérieuse
Depuis 1973, l'employeur ne peut plus rompre le contrat de travail pour n'importe quel motif. En l'absence de cause réelle et sérieuse, le licenciement devient irrégulier.
Malgré la carence d'une définition légale et jurisprudentielle, il est indispensable de caractériser la cause réelle et sérieuse :
• **cause réelle** :
- caractère **objectif**, indépendant de l'humeur de l'employeur,
- caractère d'**existence**, la cause n'est réelle que si les motifs existent réellement,
- caractère d'**exactitude**, la cause alléguée ne doit pas dissimuler une autre cause inavouable du licenciement ;
• **cause sérieuse** : cause revêtant une certaine gravité, qui rend impossible sans dommage pour l'entreprise, la continuation du travail et qui rend nécessaire le licenciement (en dehors de toute faute, le comportement ou la situation personnelle du salarié peut constituer une gêne).
La charge de la preuve de la cause réelle et sérieuse ne doit pas être confondue avec la charge de la preuve du licenciement. Aucune des parties ne supporte la charge de la preuve, c'est le juge qui doit établir la preuve, les deux parties lui fournissant des éléments.

Sanctions de l'absence de cause réelle et sérieuse
Le salarié qui appartient à une entreprise de moins de onze salariés ou qui a moins de 2 ans d'ancienneté aura droit à une indemnité calculée en fonction du préjudice. Pour les autres, l'employeur encourt trois sanctions : la réintégration (rare), l'indemnité minimum de 6 mois et le remboursement des allocations de chômage.

Contribution Delalande (contribution spéciale ASSEDIC)
Une loi de 1987 relative au chômage de longue durée avait créé une pénalisation financière à l'égard des employeurs qui procèdent au *« licenciement économique sec »* d'un salarié âgé de 50 ans ou plus sans proposition de préretraite. Souvent appelée « contribution Delalande » du nom de l'auteur de l'amendement qui l'avait instaurée, cette pénalité que l'entreprise devait verser à l'UNEDIC

était destinée à compenser le surcoût que ces licenciements imposent à l'UNEDIC.
Depuis la loi n° 2006-1170 du 30 décembre 2006, cette **contribution Delalande a été finalement supprimée le 1er janvier 2008.**

Limites au licenciement
Interdiction de licencier une salariée enceinte pendant :
- la période d'état de grossesse médicalement constaté jusqu'à la date de suspension du contrat ;
- la période de suspension du contrat avant et après l'accouchement que la salariée use ou non de ce droit ;
- 4 semaines suivant l'expiration de la période de suspension.

Le licenciement économique

Depuis le 20 janvier 2002, les entreprises qui se trouvent contraintes de réduire leur effectif doivent tenir compte d'un nouveau contexte juridique. **La loi de modernisation sociale du 17 janvier 2002 a, en effet, réformé en profondeur le droit du licenciement économique.** Enfin, trois décrets signés le 3 mai 2002 sont venus préciser les modalités d'application des nouvelles dispositions relatives à la médiation, au congé de reclassement et à l'indemnité de licenciement. Pour finir, une circulaire datée du 5 mai 2002 contenant un commentaire d'ensemble complète le dispositif.

Définition
La définition légale du licenciement économique repose sur une combinaison de critères qui permettent de la distinguer des autres types de licenciement et de déterminer les conditions de sa légitimité. Tout d'abord, trois conditions cumulatives, rigoureusement délimitées par la jurisprudence, sont exigées pour la légitimité d'un licenciement économique :
- **un contexte économique** particulier qui ne peut résulter que de **l'existence de difficultés économiques, d'une réorganisation de l'entreprise, de mutations technologiques ou d'une cessation d'activité**. Que faut-il entendre par « difficultés économiques » ? Il n'est pas exigé que la situation de l'entreprise soit catastrophique, mais celle-ci doit connaître **des difficultés réelles et sérieuses** ;
- **une suppression ou transformation d'emploi** ou une modification du contrat de travail qui doit nécessairement être liée à ce contexte. La suppression d'emploi alléguée doit être effective. Cette condition, qui s'apprécie au niveau de l'entreprise, dans son ensemble, s'oppose à ce que l'emploi supprimé soit pourvu, peu de temps avant ou

après le licenciement, ou concomitamment à celui-ci, par un nouvel embauché ou par un salarié d'une autre entreprise y compris appartenant au même groupe. Mais, le recrutement d'un nouveau salarié pour occuper un poste de nature ou de qualification différente de celui qui a été supprimé est possible. Quant à la transformation d'un emploi qui peut justifier le licenciement économique, sa réalité s'apprécie à condition que l'adaptation du salarié au nouvel emploi soit impossible. Enfin, le refus par le salarié d'une modification de son contrat de travail consécutive à des difficultés économiques, une mutation technologique ou une réorganisation de l'entreprise nécessaire à la sauvegarde de sa compétitivité peut justifier un licenciement pour motif économique. Mais ce refus n'est pas à lui seul suffisant : l'employeur ne peut procéder au licenciement que s'il a, au préalable, tenté de reclasser l'intéressé ;
• **un effort particulier de la part de l'employeur** qui doit avoir tenté d'éviter malgré tout le licenciement en procédant à une recherche de **reclassement** préalable du salarié concerné (C. trav., art. L.1233-4).

La rupture conventionnelle

La loi portant modernisation du marché du travail du 25 juin 2008 a créé ce nouveau mode de rupture du contrat de travail. La rupture conventionnelle est une procédure qui permet à l'employeur et au salarié de convenir en commun des conditions de la rupture du contrat de travail qui les lie. Elle est exclusive du licenciement ou de la démission ; elle **ne peut être imposée** par l'une ou l'autre des parties.
Cette rupture résulte d'une convention signée par les parties au contrat, c'est-à-dire l'employeur et le salarié ; cette convention est soumise aux dispositions impératives fixées par le Code du travail (*voir* ci-dessous), destinées à garantir la liberté du consentement des parties.

La rupture conventionnelle n'est pas applicable aux ruptures de contrats de travail résultant :
• des accords collectifs de gestion prévisionnelle des emplois et des compétences (GPEC) dans les conditions définies par l'article L. 2242-15 du Code du travail ;
• des plans de sauvegarde de l'emploi dans les conditions définies par l'article L.1233-61 du Code du travail.

Cette convention permet à l'employeur et au salarié de se mettre d'accord sur les conditions de la rupture du contrat de travail à durée indéterminée qui les lie. Ce mode de rupture du contrat de travail est régi par de nouvelles dispositions intégrées dans le Code du travail aux articles L.1237-11 et suivants. **Elle obéit à une procédure spécifique** : entretien(s) entre les deux parties, homologation de la convention… Elle est entourée d'un certain nombre de garanties pour le salarié et lui **ouvre droit**, dans les conditions de droit commun (activité préalable suffisante, recherche active d'emploi…), **au bénéfice de l'allocation d'assurance chômage**.

S'agissant de l'exonération de l'indemnité spécifique de rupture conventionnelle :

• *Lorsque le salarié n'est pas en droit de bénéficier d'une pension de retraite d'un régime obligatoire*

L'indemnité spécifique de rupture conventionnelle qui lui est versée bénéficie du même régime social que l'indemnité de licenciement. Elle est exonérée dans la limite :

- soit deux fois le montant de la rémunération annuelle brute perçue par le salarié au cours de l'année civile précédant la rupture du contrat de travail ou 50 % du montant de l'indemnité si ce seuil est supérieur, dans la limite de six fois le plafond annuel de la Sécurité sociale en vigueur à la date du versement des indemnités,
- soit le montant de l'indemnité de licenciement prévue par la convention collective de branche, par l'accord professionnel ou interprofessionnel ou, à défaut, par la loi.

Ces indemnités sont exonérées de CSG et de CRDS dans la limite du montant de l'indemnité de licenciement prévu par la convention collective de branche, l'accord professionnel ou interprofessionnel ou par la loi.

• *Lorsque le salarié est en droit de bénéficier d'une pension de retraite d'un régime légalement obligatoire*

L'indemnité de rupture conventionnelle est soumise dès le premier euro aux cotisations et contributions sociales (sans abattement pour la CSG/CRDS depuis le 1er janvier 2012).

Attention, l'employeur est redevable depuis le 1er janvier 2013 d'un forfait social de 20 % assis sur le montant de l'indemnité de rupture conventionnelle, sans doute pour mettre un frein à ce mode de rupture de contrat.

La retraite

Avant le 30 juillet 1987, la jurisprudence déduisait que la mise à la retraite décidée par l'employeur était un licenciement et que le départ à la retraite décidée par le salarié était une démission. Les conventions collectives contenaient souvent **une clause de départ à la retraite**. Certaines clauses, dites « souples », fixaient un âge, et l'arrivée du salarié à cet âge n'entraînait pas la rupture automatique du contrat de travail (la mise à la retraite était qualifiée de licenciement mais le salarié percevait seulement l'indemnité de mise à la retraite). D'autres clauses, dites « guillotines », prévoyaient une cessation automatique des relations contractuelles le jour où le salarié atteignait l'âge fixé avec précision (la jurisprudence avait admis la licéité de ces clauses et le salarié n'était plus licencié).
Depuis le 30 juillet 1987, la loi a institué un mode original de rupture du contrat de travail tenant à l'âge du salarié : selon l'auteur, celle-ci est soit **une mise à la retraite**, soit **un départ à la retraite. Les clauses guillotines sont désormais considérées comme non écrites.**

La mise à la retraite

La mise à la retraite résulte d'une **décision de l'employeur**. L'employeur qui souhaite mettre à la retraite un salarié âgé entre 65 et 70 ans doit lui proposer sa mise à la retraite au moins 3 mois avant la date anniversaire de celui-ci.
Si le salarié répond négativement dans le délai d'un mois ou si l'employeur ne respecte pas son obligation d'interroger le salarié, il est impossible de mettre à la retraite le salarié pendant l'année qui suit son anniversaire. L'employeur peut répéter la procédure à chaque anniversaire entre 65 et 70 ans. **Ce n'est qu'à partir de 70 ans qu'il a la possibilité de mettre librement le salarié à la retraite sans son consentement.** Lorsqu'un employeur met à la retraite un salarié sans respecter cette condition, la rupture constitue un licenciement et est donc soumise à toutes les conditions de forme et de fond du licenciement. À noter que subsiste un doute concernant les salariés protégés : une circulaire dit que ce n'est pas un licenciement mais la Cour de cassation pense le contraire.
Le salarié mis à la retraite a droit à une **indemnité de mise à la retraite** fixée par la convention collective ou par le contrat de travail qui ne peut pas être inférieure à l'indemnité légale de licenciement. Cette indemnité est exonérée dans les mêmes limites que l'indemnité de licenciement mais sa limite d'**exonération sociale est de 2 PASS**

(depuis le 1er janvier 2012) et sa limite d'**exonération fiscale de deux fois la rémunération annuelle dans la limite de 5 PASS.**

Le départ à la retraite

Le départ à la retraite est une **décision du salarié** lorsqu'il a atteint l'âge lui donnant droit à une pension vieillesse (dès 62 ans), sans qu'il soit nécessaire qu'il ait cotisé 168 trimestres (pour l'âge et la durée de cotisation, revoir le tableau schématique sur l'assurance vieillesse, partie VI, chapitre 1).

Il faut noter les différences des conditions entre la mise à la retraite et le départ à la retraite. L'indemnité sera différente elle aussi. Elle sera d'un montant plus faible et **sera soumise en intégralité aux cotisations** de Sécurité sociale (depuis le 1er janvier 1992) ainsi qu'aux cotisations Pôle Emploi (depuis le 1er janvier 1994) et aux cotisations retraite complémentaire (depuis le 1er janvier 1996).

Le préavis reste le même. Sauf disposition plus avantageuse dans la convention collective ou le contrat de travail, le salarié, quel que soit son statut (mensualisé ou non), qui part volontairement à la retraite a droit à une indemnité de départ en retraite minimum calculée selon l'ancienneté du salarié dans l'entreprise.

Elle est de :

- ½ mois de salaire entre 10 et 15 ans ;
- 1 mois de salaire entre 15 et 20 ans ;
- 1 ½ mois de salaire entre 20 et 30 ans ;
- 2 mois de salaire au-delà de 30 ans.

ATTENTION

Les indemnités de départ à la retraite versées à compter du 1er janvier 2010, en dehors de tout plan de sauvegarde de l'emploi, deviennent soumises à l'impôt sur le revenu pour leur totalité : l'exonération dont elles bénéficiaient, dans la limite de 3 050 euros a été supprimée par la loi du 30 décembre 2009.

Ce mode de calcul est appliqué quel que soit le statut du salarié, c'est-à-dire qu'il n'y a pas de distinction entre salariés mensualisés ou non.

Le décès

Le décès de l'une ou l'autre des deux parties d'un contrat a pour résultat, bien évidemment, l'extinction du contrat. Dans ce cas, il faut distinguer le décès de l'employeur et celui du salarié.

Le décès de l'employeur

Le décès d'un employeur est considéré comme un licenciement sans préavis. L'indemnité de licenciement ainsi que le paiement du préavis non effectué seront à la charge des héritiers (sauf s'ils refusent la succession). Si l'employeur n'a pas d'héritier, le salarié n'a droit qu'à ses indemnités de congés payés (car elles seules ont été provisionnées) !

Le décès du salarié

Le décès du salarié constitue un cas de force majeure. Ne survenant pas du fait de l'employeur, ce dernier n'a donc pas d'indemnité de rupture à verser, mais il reste redevable des salaires et indemnités acquis à la date du décès. Les salaires acquis et non encore payés au moment du décès sont dus aux héritiers qui constituent la succession.
L'entreprise devra fournir le solde de tout compte et le certificat de travail (l'attestation Pôle Emploi n'étant pas nécessaire).
Si le salarié n'est pas français, c'est le consulat du pays qui se chargera de la succession.

La prise d'acte

La rupture du contrat de travail par le salarié en raison de faits qu'il reproche à son employeur constitue une prise d'acte de la rupture du contrat. Il ne s'agit donc pas d'une démission. Le salarié peut saisir le juge afin qu'il statue sur les conséquences de cette rupture. Ainsi, la prise d'acte produit les effets d'un licenciement sans cause réelle et sérieuse si les faits invoqués par le salarié la justifiaient. Dans le cas contraire, elle produit les effets d'une démission.

La prise d'acte peut être envisagée si le salarié reproche à l'employeur des manquements suffisamment graves pour empêcher la poursuite

du contrat de travail (Cass. soc., 26 mars 2014, n° 12-23.634). Elle peut être justifiée notamment dans les cas suivants :
• discrimination ou harcèlement commis par l'employeur ;
• non-paiement du salaire ;
• modification du contrat sans l'accord du salarié ;
• violences commises à l'encontre du salarié sur le lieu de travail.
Si aucun formalisme n'est imposé, il est néanmoins préférable pour des raisons de preuve en cas de litige de prévenir l'employeur par écrit.

La prise d'acte entraîne la cessation immédiate du contrat de travail. Le salarié n'est pas tenu d'effectuer un préavis. L'employeur doit remettre sans tarder au salarié un certificat de travail et une attestation Pôle Emploi.

Il revient au juge de décider si la prise d'acte est justifiée ou non.
Si les faits invoqués justifient la prise d'acte, celle-ci produit les effets d'un **licenciement sans cause réelle et sérieuse** (ou d'un licenciement nul s'il s'agit d'un salarié protégé). Dans ce cas, l'employeur doit verser au salarié les indemnités suivantes :
• indemnité de licenciement (légale ou conventionnelle) ;
• indemnités compensatrices de congés payés et de préavis ;
• indemnité pour licenciement sans cause réelle et sérieuse (ou pour licenciement nul, le cas échéant) ;
• indemnité liée à la perte de chance d'utiliser les droits acquis au titre du droit individuel à la formation (DIF).
Si la prise d'acte n'est pas justifiée, elle produit les effets d'une démission. Dans ce cas, le salarié doit verser à l'employeur une indemnité compensatrice de préavis. Il verse également la somme prévue en cas de clause de dédit-formation.

Le salarié ne peut pas bénéficier d'indemnités chômage dès la fin du contrat de travail. Les indemnités seront versées au salarié à l'issue de la procédure judiciaire, si le juge décide que la prise d'acte est justifiée.

3. Les indemnités au moment de la rupture

Le préavis (ou délai-congé)

Dans les cas de la démission et du licenciement, le salarié et l'employeur ne se séparent pas dès réception de la lettre (de démission ou de notification du licenciement). L'un et l'autre doivent respecter un **certain délai de prévenance**, dit « délai-congé » ou encore « préavis », avant de se séparer définitivement. Le préavis doit permettre au salarié licencié de rechercher un nouvel emploi et ceci explique que le Code du travail lui ait reconnu un caractère d'ordre public : le salarié ne peut pas par avance, dans le contrat de travail par exemple, renoncer au bénéfice du préavis, mais ceci n'interdit pas la « dispense de préavis » qui intervient *a posteriori*, une fois le licenciement prononcé, par accord entre l'employeur et le salarié. Enfin, **le respect du préavis** peut toujours, et sauf cas extrêmes, **être remplacé par le versement d'une indemnité compensatrice** (C. trav., art. L.1234-5).

Quelques **exceptions** toutefois : aux termes de la loi, le préavis n'a pas à être respecté pour un licenciement **pendant la période d'essai** (C. trav., art. L.1231-1), ou lorsque le licenciement est prononcé pour **faute grave du salarié** (C. trav., art. L.1234-1). La faute grave (et par conséquent la faute lourde) révèle en effet de la part de son auteur une incapacité ou une incurie de nature à interdire le maintien du salarié au poste qu'il occupe, même pour la durée limitée du préavis. Enfin, le bénéfice du préavis est supprimé lorsque l'exécution de ce dernier est rendue impossible par **la force majeure**, c'est-à-dire la destruction totale des locaux de travail par une catastrophe.

La loi détermine une **durée minimum de préavis pour les salariés licenciés après 6 mois** d'ancienneté chez le même employeur. Cette durée minimum peut être allongée par le contrat de travail, la convention collective, les usages. Ceux-ci peuvent également prévoir une condition d'ancienneté plus favorable (C. trav., art. L.1234-1). En revanche, toute clause d'un contrat individuel fixant un délai-congé inférieur à celui qui résulte de la loi, de la convention collective ou des usages est nulle de plein droit (C. trav., art. L.1234-2).

Le Code du travail a fixé les durées minimales du préavis en cas de licenciement en fonction de l'ancienneté du salarié dans l'entreprise :
• si le salarié a moins de 6 mois : selon la convention collective ou les usages ;
• si le salarié a entre 6 mois et 2 ans : 1 mois ;
• si le salarié a 2 ans et plus : 2 mois.

Pour apprécier la durée de l'ancienneté du salarié, il convient de remonter à partir de la date à laquelle le congédiement est notifié par présentation de la lettre recommandée.

À la suite de la généralisation de dispositions en ce sens dans les conventions collectives, **l'usage** s'est répandu d'accorder **aux cadres un préavis de 3 mois.** L'existence de cet usage est considérée comme établie par la Cour de cassation (Cass. soc., 19 février 1991, URCGPME c/Bin).

Si la loi a prévu une durée minimale pour le licenciement, il n'en est pas de même en cas de démission du salarié. **La durée du préavis dû par le salarié démissionnaire est celle prévue par la convention ou l'accord collectif ou, à défaut, par l'usage pratiqué dans la localité et la profession** (C. trav., art. L.1234-1).
Cependant, la loi fixe un préavis pour certaines catégories :
• pour les **VRP**, le préavis est égal à 1 mois pendant la première année d'application du contrat de travail. Il est de 2 mois durant la deuxième année et de 3 mois au-delà (C. trav., art. L.7313-9) ;
• pour les **journalistes**, le préavis est égal à 1 mois dès lors que le contrat a reçu exécution pendant une durée égale ou inférieure à 3 ans ; il est de 2 mois à partir de 3 ans d'ancienneté (C. trav., art. L.7112-2). La convention collective nationale des journalistes ne prévoit, quant à elle, qu'un mois de préavis, quelle que soit l'ancienneté du journaliste. Étant de ce fait plus favorable, elle doit s'appliquer de préférence au Code du travail pour la démission des journalistes ayant une ancienneté supérieure à 3 ans.

Quelques **exceptions** toutefois :
• **pendant la période d'essai**, le salarié peut démissionner sans avoir à respecter un préavis (C. trav., art. L.1231-1). Mais, le Code du travail n'interdit pas de prévoir par contrat un préavis de démission pendant la période d'essai dans la mesure où il est équilibré par un préavis de licenciement de durée au moins égale ;

• **les femmes en état de grossesse apparente** peuvent quitter le travail sans préavis et sans avoir de ce fait à payer une indemnité de rupture (C. trav., art. L.1225-34) ;
• à l'expiration du **congé de maternité ou d'adoption**, les salariés peuvent, en observant certaines formalités, rompre le contrat de travail en se réservant une priorité de réembauchage, ceci sans être tenus de respecter le délai de préavis ni de payer de ce fait une indemnité de rupture (C. trav., art. L.1225-66). Néanmoins, si aucun délai de préavis n'est opposable au salarié, un délai d'information de son employeur doit être respecté. Le salarié doit informer son employeur au moins 15 jours avant la fin du congé de maternité, ou pour le père avant la fin d'un délai de 2 mois après la naissance ou l'adoption ;
• le salarié qui désire rompre son contrat de travail à l'issue de son congé pour **création d'entreprise** doit en informer son employeur au moins 3 mois avant la fin de son congé. Ce délai se substitue à la durée de préavis, même si celle-ci est plus longue ;
• le **journaliste** n'est pas tenu de respecter le préavis de démission en cas de changement notable dans le caractère ou l'orientation du journal ou périodique si ce changement crée, pour lui, une situation de nature à porter atteinte à son honneur, à sa réputation ou, d'une manière générale, à ses intérêts moraux (C. trav., art. L.7112-5).

En principe, le **point de départ du préavis se situe au jour de la notification de la démission.** Si la démission est donnée verbalement ou par lettre remise contre décharge, le préavis commence à courir dès ce moment. Si elle est notifiée par lettre recommandée, le préavis commence à courir à la date de première présentation de cette lettre. Le salarié peut toutefois, dans sa lettre de démission, différer le point de départ de son préavis et le fixer à une date postérieure à la notification de la lettre. Par exception, la rupture du contrat de travail à la suite d'une démission notifiée pendant le congé annuel ne fait courir le délai-congé qu'à la date où le congé prend fin. Sauf stipulation contraire, le préavis se calcule de date à date, le nombre de jours dans le mois n'ayant aucune influence.
Le contrat de travail pendant le préavis **doit continuer à s'exécuter normalement.** Le salarié doit rester à la disposition de son employeur et accomplir normalement son contrat de travail. L'employeur doit fournir du travail au salarié et ne doit pas modifier les conditions de rémunération.
Seule une faute grave rendant impossible la poursuite du contrat de travail justifie le licenciement, en cours de préavis, d'un salarié démissionnaire.

Le préavis représente, en principe, un **délai préfix** qui court de date à date et ne supporte ni suspension ni interruption, sauf accord contraire des parties. De ce fait, il ne se trouve pas prolongé d'une durée équivalente aux absences du salarié. Il existe deux exceptions à ce principe : la suspension du contrat pour cause d'accident ou de maladie professionnelle, ou la suspension du préavis pour prise de congés payés, dont la durée ne peut s'imputer sur le préavis. La période des congés payés ne peut pas être confondue avec celle du préavis. Le salarié peut prendre ses congés pendant le préavis, soit parce que les dates auront été fixées antérieurement à la notification de la démission, soit parce qu'il en a demandé l'autorisation à son employeur. Dans ce cas, le préavis est suspendu pendant la période des congés et doit être prolongé de la durée de l'absence à l'issue du congé. Toutefois, à la demande du salarié, l'employeur peut accepter de le dispenser d'effectuer le préavis restant à courir sans indemnité compensatrice de préavis.

Le salarié qui a donné sa démission **peut demander à son employeur de ne pas effectuer son préavis**. Celui-ci peut refuser, s'il n'est pas contraint d'accepter par les dispositions de la convention collective. L'inobservation du délai-congé n'a pas pour effet, dans ce cas, d'avancer la date à laquelle le contrat prend fin (C. trav., art. L.1234-4). Le salarié démissionnaire qui, pour des convenances personnelles, demande et obtient de ne pas être tenu d'exécuter le délai-congé dû par lui, ne peut se prévaloir des dispositions de l'article L.1234-5 du Code du travail relatives au maintien des avantages liés à l'exécution du contrat de travail en cas de dispense d'exécution du préavis par l'employeur.
En revanche, si **l'employeur**, par décision unilatérale, **dispense de travail pendant le préavis un salarié** qui avait cependant clairement exprimé son intention d'exécuter ses obligations jusqu'à leur terme, **il doit à ce salarié la rémunération et tous les avantages échus pendant cette période**. La dispense de préavis ne doit entraîner pour le salarié aucune diminution des avantages qu'il aurait perçus s'il avait continué de travailler, en tenant compte de l'accord salarial signé au cours de la dispense. Si le salarié dispose d'un véhicule de fonction, il peut le conserver pendant la durée du préavis. **Le salarié dispensé par son employeur d'exécuter son préavis a la possibilité d'entrer au service d'une autre entreprise**, fût-elle concurrente. **Il n'est plus tenu non plus de son obligation de loyauté envers son employeur**. Aucune faute ne peut plus être reprochée au salarié dispensé d'exécuter son préavis, que celle-ci

soit antérieure ou postérieure à la notification de la rupture, et l'indemnité compensatrice lui est définitivement acquise.

Un préavis non effectué payé est assimilé à du travail effectif. Le salarié continue donc d'acquérir des droits à congés payés.

L'indemnité de précarité d'emploi (CDD seulement)

À l'issue de son contrat à durée déterminée, le salarié a droit à une indemnité ***« destinée à compenser la précarité de son contrat »*** appelée « indemnité de précarité d'emploi » ou encore « indemnité de fin de contrat ».

Toutefois, cette indemnité n'a pas à être versée en cas :
• de rupture anticipée due à l'initiative du salarié, à sa faute grave ou à un cas de force majeure ;
• de refus du salarié d'être embauché sous CDI ;
• de rupture pendant la période d'essai.

Par ailleurs, ne donnent pas droit à cette indemnité les CDD conclus :
• pour pourvoir des emplois de caractère saisonnier ;
• dans les secteurs où il est d'usage de ne pas recourir au CDI pour les emplois temporaires ;
• dans le cadre des dispositions législatives ou réglementaires destinées à favoriser l'embauche ;
• avec l'obligation pour l'employeur d'apporter au salarié un complément de formation ;
• avec des jeunes pendant leurs vacances scolaires ou universitaires.

Pour tous les contrats conclus (ou renouvelés) depuis le 20 janvier 2002, cette indemnité doit être égale à 10 % de la rémunération totale brute (au lieu de 6 % sous le régime antérieur, mais attention, un taux limité à 6 % peut s'appliquer si une convention ou un accord collectif de branche étendu applicable à l'entreprise ou une convention ou un accord d'entreprise ou d'établissement le prévoit, dès lors que des contreparties telles qu'un accès privilégié à la formation professionnelle des salariés en CDD – actions de développement des compétences, bilan de compétences à suivre en dehors du temps de travail...– sont prévues ; une proposition individuelle d'accès à la formation doit avoir été effectivement faite au salarié, par l'employeur. Enfin, un taux plus élevé peut être imposé par la convention ou l'accord collectif applicable à l'entreprise).

Le taux de l'indemnité s'applique à la totalité de la rémunération brute y compris les majorations, indemnités et primes diverses, telles que primes de vacances, primes de fin d'année, primes de treizième mois perçues par le salarié titulaire d'un CDD (circ. DRT n° 92-14, 29 août 1992).

Elle est donc soumise à toutes les règles concernant les salaires. En particulier, **elle doit être incluse dans l'assiette de calcul de l'indemnité compensatrice de congés payés**. En revanche, l'indemnité de fin de contrat ne doit pas être prise en compte lorsqu'il s'agit de vérifier que la rémunération des salariés sous contrat à durée déterminée est la même, pour le même emploi, que celle des salariés sous contrat à durée indéterminée. Elle est aussi soumise à l'impôt sur le revenu, aux cotisations de Sécurité sociale, à la CSG et à la CRDS (C. Séc. soc., art. L.242-1).

L'indemnité de fin de contrat doit être versée « à l'issue » du contrat en même temps que le dernier salaire et doit figurer sur le bulletin de salaire correspondant (C. trav., art. L.1243-8). Dans le cas où un nouveau CDD a pu être légalement conclu à l'issue d'un premier contrat, l'indemnité de fin de contrat est due pour chaque CDD. Cette indemnité doit alors être versée à la fin de chaque CDD. Si deux CDD successifs précèdent une embauche par contrat à durée indéterminée, seule l'indemnité de fin de contrat se rapportant au premier CDD doit être versée. En revanche, l'indemnité doit à notre avis être versée si un contrat à durée indéterminée est conclu quelques jours après le terme du CDD.

La question qui se pose souvent est : qu'en est-il si le CDD est renouvelé ? Il y a deux cas de figure :
- soit le CDD ne prévoit pas de clause de renouvellement automatique et s'il y a renouvellement, une indemnité de fin de contrat est due à l'issue du CDD et éventuellement une deuxième indemnité sera due (pour la partie concernée) à l'issue du renouvellement ;
- soit le CDD prévoit une clause de renouvellement automatique, et dans ce cas l'indemnité de fin de contrat sera versée à l'issue du renouvellement. Attention : la rupture par le salarié pendant la période de ce renouvellement entraîne la suppression de la totalité de l'indemnité de fin de contrat et pas seulement de la part correspondant à la période de renouvellement inachevée.

Si le salarié est embauché en contrat à durée indéterminée à l'issue de son contrat à durée déterminée ou par requalification de ce dernier, il perd le bénéfice de l'indemnité de fin de contrat mais conserve l'ancienneté qu'il avait acquise au terme de ce contrat. Lorsque, à l'issue d'un CDD, la relation contractuelle se poursuit par un CDI, la durée du CDD est déduite de la période d'essai éventuellement prévue dans le nouveau contrat (C. trav., art. L.1243-11).

L'indemnité compensatrice de congés payés

L'indemnité compensatrice de congés payés, comme son nom l'indique, est **destinée à rémunérer** à titre de compensation **un congé qui n'a pas été effectivement pris.** Elle peut se décomposer en deux indemnités, correspondant à deux périodes distinctes : la période correspondant à l'année écoulée et celle correspondant à la période en cours d'acquisition. Elle est due dans tous les cas de rupture du contrat de travail (CDD et CDI), exceptée la période en cours d'acquisition en cas de rupture pour faute lourde.

RAPPELS

• *Selon l'article R.3141-1, l'année de référence va du 1er juin d'une année au 31 mai de l'année suivante.*
• *Selon l'article L.3141-4, sont assimilées à 1 mois de travail les périodes équivalentes à 4 semaines, et depuis le 1er juin 2012, il faut faire un prorata en fonction du nombre de jours travaillés.*
• *Selon l'article L.3141-3, la durée des congés payés est déterminée à raison de 2,5 jours ouvrables (ou 2,08 jours ouvrés) par mois de travail, sans que la durée totale du congé puisse excéder 30 jours ouvrables (ou 25 jours ouvrés).*
• *Selon l'article L.3141-22, l'indemnité de congés payés est égale au 1/10 de la rémunération perçue par le salarié au cours de la période de référence sans pouvoir être inférieure au montant de la rémunération qui aurait été perçue pendant la période de congé par le salarié s'il avait continué à travailler.*

Selon ce que nous avons déjà vu au chapitre 3 de la partie IV (« L'indemnité compensatrice de congés payés », *voir* p. 277), il faut faire deux calculs pour son montant : **un premier est calculé avec la règle du dixième et un second est calculé avec la règle du maintien de salaire.** Le montant de l'indemnité compensatrice sera celui qui sera le plus favorable pour le salarié.

Les indemnités de licenciement

L'indemnité légale de licenciement

L'indemnité légale de licenciement est le minimum que peut toucher un salarié en cas de licenciement. Elle est due s'il n'y a pas de convention collective ou dans le cas où l'application de la convention collective en vigueur est moins favorable pour le salarié. Pour pouvoir en bénéficier, **il faut avoir une ancienneté minimum de 12 mois** en continu (24 mois avant le 1er mai 2008) et bien sûr ne pas être licencié à la suite d'une faute grave (l'ancienneté est appréciée compte tenu du préavis même si celui-ci n'est pas exécuté). Mais elle n'est pas due au terme d'un CDD, ni à la fin d'un contrat d'apprentissage, ni dans certains cas de force majeure (incarcération de longue durée, destruction totale de l'entreprise à la suite d'un incendie), ni en cas d'inaptitude du salarié, à condition qu'elle ne soit pas consécutive à un accident du travail ou à une maladie professionnelle.

Le montant de l'indemnité légale de licenciement (motif personnel ou économique)
L'indemnité est calculée sur la base du salaire brut perçu juste avant la rupture du contrat de travail. En prenant le calcul le plus avantageux pour le salarié, on se basera :
• **soit sur la moyenne des 3 derniers mois qui précèdent le départ du salarié**. Dans ce cas, toute prime ou gratification de caractère annuel ou exceptionnel, versée au salarié pendant cette période, n'est prise en compte que dans la limite d'un montant calculé à due proportion ;
• **soit sur la moyenne des douze derniers bruts (salaires et primes ou indemnités soumises diverses) qui précèdent la notification au salarié.**

Si le salarié est mensualisé, le montant de l'indemnité légale de licenciement est de **1/5 de mois par année** de présence. **Au-delà de 10 ans, l'indemnité est majorée de 2/15** par année d'ancienneté.
Important : les mois de présence sont à prendre en centièmes d'années.

Exemple
Pour 16 ans et 3 mois d'ancienneté, l'indemnité sera de : 16,25/5 + 12,50/15, soit un total de 4,08 mois de salaire.

La valeur du « mois » est :
• soit le douzième du brut des 12 mois qui précèdent la notification de licenciement ;
• soit, s'il est plus favorable au salarié, le tiers du brut des trois derniers mois qui précèdent la sortie réelle du salarié de l'entreprise. Dans ce cas, toute prime ou gratification de caractère annuel ou exceptionnel qui aura été versée pendant cette période sera prise au *prorata temporis*.

Si le salaire s'est trouvé réduit pendant cette période de référence en cas de maladie non indemnisée, l'indemnité de licenciement devra être calculée à partir du salaire mensuel « habituel » (normalement travaillé). En cas d'inaptitude, ce sera le brut des derniers mois de travail effectif. Solution identique en cas de temps partiel thérapeutique ou d'activité partielle (ex-chômage partiel).

L'indemnité compensatrice de congés payés n'est pas prise en compte dans ce « mois » contrairement à l'indemnité de congés payés rémunérant les périodes de congés prises pendant la période de référence.

Dans le cas des salariés non mensualisés (travailleurs à domicile, intérimaires, saisonniers et intermittents), il faut dissocier les salariés payés à l'heure et les salariés payés au mois :
• salariés payés au mois : 1/5 de mois par année entière de présence.
• salariés payés à l'heure : 40 heures par année d'ancienneté.

L'indemnité ayant le caractère de dommages et intérêts est totalement exonérée de cotisations et d'impôts.

L'indemnité conventionnelle de licenciement

Cette indemnité prévue dans la convention collective n'est accordée au salarié que si **son montant est supérieur** à celui de l'indemnité légale. Pour des raisons évidentes, il n'est pas possible de développer ici tous les cas envisagés par les différentes conventions collectives. En général, les modalités sont différentes selon la catégorie professionnelle à laquelle appartient le salarié. Lorsque la convention collective ne précise pas la base de calcul, il y a lieu de prendre comme référence le salaire défini pour l'indemnité légale, et le calcul se fait par tranches d'ancienneté qui soit se cumulent, soit se calculent successivement.

L'indemnité conventionnelle de licenciement n'est ni cotisable, ni imposable.

L'indemnité contractuelle de licenciement

Il s'agit d'une indemnité de licenciement faisant l'objet **d'une clause spécifique du contrat de travail du salarié.** Cette clause négociée au moment de la signature du contrat de travail, a pour but essentiel d'accorder au salarié des droits plus importants que ce que lui garantit la loi ou la convention collective en vigueur. Dans les faits, elle permet au salarié de bénéficier d'une stabilité certaine de son emploi puisque le montant de l'indemnité a un caractère dissuasif. Cette pratique existe surtout pour des emplois de cadres de haut niveau qui se sont fait débaucher de leur précédent emploi. Il s'agit en quelque sorte d'une clause pénale qui serait appliquée en cas de non-respect des engagements de l'employeur.

L'indemnité contractuelle, dans la mesure où elle a bien le caractère de dommages et intérêts, échappe aux cotisations et à l'impôt sur le revenu.

Cependant, il faut tenir compte du fait que l'article 3 de la loi de finances pour 2000 a inséré un article 80 *duodecies* nouveau dans le Code général des impôts. **L'article 80-I §1 *duodecies* nouveau pose en principe que toute indemnité versée à l'occasion de la rupture du contrat de travail constitue une rémunération imposable.** Toutefois, l'article atténue le dispositif puisque seront **exonérées d'impôt sur le revenu** :

- **la fraction des indemnités de licenciement ou de mise à la retraite n'excédant pas le montant prévu par la convention collective, l'accord professionnel ou interprofessionnel ou, à défaut, par la loi** ;
- **les indemnités de licenciement ou de départ volontaire versées dans le cadre d'un plan social** au sens des articles L.1234-9 et L.1233-61 du Code du travail ;
- **les indemnités versées en cas d'inobservation de la procédure de licenciement ou en cas d'absence de cause réelle et sérieuse de licenciement** (C. trav., art. L.1235-2).

En tout état de cause, la fraction des indemnités de licenciement exonérée **ne pourra être inférieure** :

- **ni à 50 % du montant total des indemnités reçues** ;
- **ni à deux fois le montant de la rémunération annuelle brute perçue au cours de l'année civile précédant la rupture du contrat de travail, dans la limite de deux fois le plafond annuel de la Sécurité sociale en vigueur à la date de versement.**

En conséquence, il existe un plancher général d'imposition pour les sommes excédant deux fois le plafond de la Sécurité sociale. Par ailleurs, ce dispositif sous-entend implicitement que les montants exonérés correspondent à des dommages-intérêts versés en réparation du préjudice subi.

4. Les sommes isolées

Quand on aborde le dernier bulletin de paie, s'il y a une chose à laquelle personne ne comprend grand-chose, ce sont bien les sommes isolées. L'expression « les sommes isolées » est un vocable qui regroupe toutes les sommes que perçoit un salarié lors de son départ d'une entreprise en plus de sa rémunération habituelle et qui présentent un caractère exceptionnel. Depuis la création de l'AGIRC, il est de coutume d'affecter ces sommes isolées en tranches B et C afin de faire gagner un maximum de points de retraite, notamment en cas de départ à la retraite. Depuis le 1er janvier 2009, les non-cadres bénéficient également de ce dispositif pour l'ARRCO.

Les sommes isolées sont constituées :
- des indemnités compensatrices des congés payés ;
- des indemnités compensatrices du compte épargne-temps ;
- des indemnités compensatrices des JRTT ;
- des indemnités de précarité emploi (CDD uniquement) ;
- des indemnités de départ à la retraite ;
- des indemnités de non-concurrence ;
- des rémunérations différées (rappels de salaire, primes, commissions...) ;
- des levées de stock-options ;
- des parts soumises des indemnités de rupture habituellement non soumises à cotisations (indemnités de licenciement, mise à la retraite, transaction).

En revanche, ne sont pas considérées comme sommes isolées :
- les prorata treizième mois ;
- les indemnités de préavis ;
- les indemnités de licenciement.

Pour les cadres

La totalité des sommes isolées doit être soumise aux cotisations AGIRC, aux taux en vigueur dans l'entreprise à leur date de versement, c'est-à-dire :
- retraite sur B ;
- AGFF sur B ;
- APEC sur B ;
- CET sur B.

Cependant, il y a deux limites :
• **minimale** : lorsque les sommes isolées sont utilisées pour la régularisation annuelle (cas des salariés dont les salaires cumulés sont inférieurs au plafond de la Sécurité sociale), seule la partie des sommes qui ne donnent pas lieu à régularisation est considérée comme somme isolée ;
• **maximale** : **les sommes isolées sont soumises à cotisations en tranche B dans la limite de sept plafonds annuels de Sécurité sociale de l'année de départ**. Si la rémunération du salarié n'avait pas atteint la tranche C l'année précédente, les sommes isolées sont affectées dans leur totalité à la tranche B. Si, au contraire, elle avait atteint la tranche C, on les soumet aux cotisations sur la tranche B à hauteur de trois plafonds annuels, et aux cotisations sur la tranche C pour la partie allant de trois à sept plafonds annuels.

Pour les non-cadres

La totalité des sommes isolées doit être soumise aux cotisations ARRCO aux taux en vigueur dans l'entreprise à leur date de versement, c'est-à-dire :
• retraite sur 2 ;
• AGFF sur 2.

Si la rémunération normale est inférieure au plafond de la Sécurité sociale, les sommes isolées comblent la tranche 1. Si les sommes isolées sont supérieures à la tranche 1, la fraction excédentaire est soumise à cotisations à hauteur de deux plafonds annuels de la Sécurité sociale. Si la rémunération normale est supérieure ou égale au plafond de la Sécurité sociale, les sommes isolées sont soumises aux cotisations en tranche 2 dans la limite de deux plafonds annuels de la Sécurité sociale.

Peut-être une bonne nouvelle : 2015 devrait être la dernière année pendant laquelle doivent s'appliquer les sommes isolées. En effet, la circulaire AGIRC-ARRCO n° 2014-8-DRJ du 30 juin 2014 a annoncé la suppression du régime des sommes isolées à compter du 1er janvier 2016. Cette disparition entraînant une diminution de leur source de revenus, j'ai bien peur qu'un « nouveau » système (encore plus compliqué) ne fasse son apparition à la même date. Qui vivra, verra !

Tableau récapitulatif des indemnités perçues lors du départ du salarié

	Nature de l'indemnité	Impôt sur le revenu	Cotisations	CSG et CRDS
CDD	Ind. de préavis	Soumise	Soumise	Soumise
	Ind. précarité d'emploi	Soumise	Soumise	Soumise
	Ind. compensatrice congés payés	Soumise	Soumise	Soumise
	Ind. rupture anticipée	Exonérée	Exonérée	Soumise
CDI	Ind. de préavis effectué	Soumise	Soumise	Soumise
	Ind. de préavis non effectué payé	Soumise	Soumise (attention aux 30es de plafond)	Soumise
	Ind. compensatrice congés payés	Soumise	Soumise	Soumise
	Ind. de licenciement légale	Exonérée jusqu'à **6** plafonds SS annuels	Exonérée jusqu'à **2** plafonds SS annuels	Exonérée jusqu'à **2** plafonds SS annuels
	Ind. de licenciement conventionnelle	Exonérée jusqu'à **6** plafonds SS annuels	Exonérée jusqu'à **2** plafonds SS annuels	Exonérée jusqu'à **2** plafonds SS annuels
	Ind. de licenciement contractuelle ou transactionnelle ou celle dont le montant dépasse l'ind. légale ou conventionnelle	Exonérée à hauteur : - soit de la moitié de l'ind. perçue - soit du double de la rém. perçue au cours de l'année précédant la rupture - sauf pour la fraction sup à **6** plaf SS ann.	Exonérée à hauteur : - soit de la moitié de l'ind. perçue - soit du double de la rém. perçue au cours de l'année précédant la rupture - sauf pour la fraction sup. à **2** plaf SS ann.	Exonérée à hauteur : - soit de la moitié de l'ind. perçue - soit du double de la rém. perçue au cours de l'année précédant la rupture - sauf pour la fraction sup à **2** plaf SS ann.
	Ind. de départ volontaire (plan social)	Exonérée	Exonérée	Exonérée sauf pour la fraction supérieure aux minima légaux et conventionnels
	Ind. non concurrence	Soumise	Soumise	Soumise
	Ind. de départ en retraite	Soumise	Soumise	Soumise
	Ind. de mise à la retraite	Exonérée jusqu'à la partie inf. à l'ind. légale ou conv. Soumise au-delà de **5** plaf. SS annuels	Exonérée jusqu'à la partie inf. à l'ind. légale ou conv. Soumise au-delà de **2** plaf. SS annuels	Exonérée jusqu'à la partie inf. à l'ind. légale ou conv. Soumise au-delà de **2** plaf. SS annuels

5. Les documents liés au départ du salarié

J'ai déjà dit que le dernier bulletin de paie remis au salarié s'appelle le « solde de tout compte ». Il est accompagné d'autres documents ; certains sont obligatoires, d'autres facultatifs.

Le solde de tout compte

Le solde de tout compte est le nom donné à la **dernière paie versée au salarié** au moment de la rupture de son contrat de travail. Le salarié qui cesse de faire partie de l'entreprise a droit au versement des sommes qui lui sont dues en vertu de son contrat de travail. C'est donc le moment de faire l'inventaire de tout ce que l'employeur lui doit et de tout ce que le salarié doit. Chaque entreprise doit impérativement préparer un document lui permettant de ne rien omettre dans le calcul du solde de tout compte car lorsque le salarié est parti, il est bien souvent trop tard pour éviter une procédure prud'homale ou pour récupérer de l'argent versé en trop.

Afin de ne rien oublier, voici **une liste non exhaustive des tâches à exécuter pour réaliser correctement un solde tout compte** :
• prendre en compte le motif du départ du salarié et le type de contrat de travail ;
• calculer le montant de la retenue entrée/sortie si le salarié part en cours de mois avec la règle de la Cour de cassation (salaire/heures théoriques travaillées du mois/heures réelles d'absence) ;
• ne pas oublier les éventuelles primes liées au travail, la prime d'ancienneté, les avantages en nature, la prime de transport, les titres-restaurant ;
• calculer les éventuelles heures supplémentaires et solder si nécessaire la contrepartie en repos ;
• vérifier si le salarié a bénéficié d'heures de recherche d'emploi ou s'il a obtenu la possibilité de les cumuler en fin de préavis ;
• préavis : quelle est sa durée ?
- exécuté,
- dispensé et payé,
- dispensé et non payé ;
• si CDD, ajouter l'indemnité de précarité d'emploi lorsqu'elle est due ;

• penser aux gratifications calculées au *prorata temporis* (treizième mois, prime de vacances) ;
• solder les congés payés :
- sur la période de référence précédente,
- sur la période de référence en cours,
- et comparer pour chaque période l'indemnité compensatrice de congés payés calculée au dixième avec le maintien du salaire et accorder pour chaque période le montant le plus avantageux ;
• cumuler les sommes en brut ;
• vérifier l'incidence d'indemnités journalières (Sécurité sociale ou prévoyance) qui influenceraient la paie ;
• vérifier s'il est nécessaire de régulariser les cotisations salariales et patronales ;
• calculer le net fiscal ;
• déduire la CSG et la CRDS pour obtenir le net payé ;
• calculer si nécessaire l'indemnité de licenciement (légale, conventionnelle ou contractuelle) ;
• passer en revue les avances, acomptes et prêts éventuels pour si possible les solder ;
• notifier la fin du contrat aux éventuels émetteurs de saisies-arrêts ;
• ne pas oublier les dernières notes de frais et la récupération d'une éventuelle avance permanente ;
• rédiger le reçu pour solde de tout compte, le certificat de travail, l'attestation Pôle Emploi ;
• établir le chèque ou déclencher le virement.

Le reçu pour solde de tout compte

Le reçu pour solde de tout compte est une quittance donnée sur-le-champ par le salarié lors du règlement ultime de son compte. **Si l'employeur a l'obligation de délivrer un reçu pour solde de tout compte** des sommes versées au salarié à l'expiration de son contrat de travail, **il ne peut pas exiger la signature du salarié d'un tel document**.

Ce reçu n'a **d'effet libératoire que pour l'employeur**. Il ne fait pas obstacle à ce que l'employeur, auquel le délai de dénonciation n'est pas opposable, puisse réclamer au salarié un remboursement, notamment pour une somme trop perçue.

Suivant l'article L.1234-20, le reçu n'a d'effet libératoire au profit de l'employeur que s'il répond à deux conditions :
• le reçu doit satisfaire à des conditions de formes. Pour cela, il doit :
- être **établi en double exemplaire** dont un est remis au salarié, la mention de l'établissement en deux exemplaires doit être portée sur le reçu (art. R.1234-7),
- porter en caractères très apparents le délai de **forclusion de 2 mois** au bout duquel le salarié ne peut plus le dénoncer,
- porter la mention « bon pour solde de tout compte » **écrite de la main du salarié et suivie de sa signature** (art. L.1234-20). La mention « sous réserve de mes droits » n'a aucune valeur libératoire ;
• le salarié n'a pas usé de la faculté de dénonciation qui lui est reconnue par la loi. En effet, le reçu ne produit son plein effet que si le salarié n'a pas usé de son droit de **dénonciation** « dûment motivée » **dans le délai de 6 mois suivant sa signature**.

ATTENTION

Il n'est pas obligatoire pour le salarié de signer un tel document. En effet, un salarié qui ne signe pas le reçu pour solde de tout compte, a 3 ans pour contester son solde de tout compte devant le tribunal prud'homal compétent. Si vous êtes l'employeur, essayez toujours de faire signer le salarié. En revanche, si vous êtes le salarié, ne signez jamais un reçu pour solde de tout compte.

Le certificat de travail

L'article L.1234-19 fait obligation à l'employeur de délivrer à tout salarié, à l'expiration de son contrat de travail, un certificat de travail, quelle que soit la forme du contrat. Ce certificat est à délivrer à la fin du préavis, mais si celui-ci n'est pas exécuté, on peut délivrer sur la demande du salarié une attestation provisoire. Il comporte des mentions obligatoires qui sont :
• le nom et l'adresse de l'employeur ;
• le nom et les prénoms du salarié ;
• la date d'entrée du salarié dans l'entreprise ;
• la date de sortie du salarié de l'entreprise ;
• la nature des emplois **successivement occupés** par le salarié **avec la mention des périodes** pendant lesquels ils ont été tenus ;

• le lieu et la date de délivrance ;
• la signature de l'employeur ou de son représentant qualifié s'il s'agit d'une société.

Toute autre mention est facultative, non seulement on ne peut contraindre l'employeur à la mettre sur le certificat, mais sa responsabilité serait engagée s'il en résultait un préjudice pour le salarié. Enfin, la mention « libre de tout engagement » ne fait pas partie des obligations, contrairement à ce que beaucoup d'employeurs pensent. Elle ne signifie pas que l'ancien employeur ait renoncé, par exemple, à faire jouer une éventuelle clause de non-concurrence qui liait son salarié.

L'attestation Pôle Emploi

Depuis les années quatre-vingt-dix, il fallait impérativement donner au salarié ce document « papier » au moment où cessaient les relations de travail. Depuis quelques années, il faut l'envoyer par Internet. Mais – il y a un gros mais –, l'agence de Pôle Emploi qui va s'occuper du salarié n'a pas accès à ce document (!). Donc même si ce n'est plus obligatoire, nous vous recommandons d'en donner une version « papier » à votre salarié afin que son agence puisse lui calculer rapidement ses droits. Ce document (papier ou écran) est relativement complexe et nécessite que le solde de tout compte soit déjà calculé, car tous les derniers éléments de salaire doivent y figurer.

Il comporte au total neuf cadres avec des zones préétablies que l'employeur doit renseigner :
• cadre 1 : renseignements concernant l'état civil du salarié, sa qualification, sa durée d'emploi, son préavis, le type du contrat de travail ;
• cadre 2 : renseignements concernant les caractéristiques de l'employeur ;
• cadre 3 : renseignements concernant le motif de la rupture du contrat de travail ;
• cadre 4 (facultatif) : à ne remplir que si l'employeur a demandé des allocations d'activité partielle auprès de la DDTE ;
• cadre 5 : renseignements concernant les horaires de travail ;
• cadre 6 : renseignements concernant les institutions de retraite ;
• cadre 7 : les salaires des 12 mois civils précédant le dernier jour travaillé et payé ;

• cadre 8 : les sommes versées le dernier mois (avec notamment le montant de l'indemnité compensatrice de congés payés et le nombre de jours ouvrables correspondants, et les différentes indemnités versées au moment de la rupture) ;
• cadre 9 : les primes ou indemnités de périodicité différentes du salaire mensuel.

Le BIAF

Pour les salariés titulaires d'un contrat à durée déterminée, l'employeur doit leur remettre un Bordereau individuel d'accès à la formation (BIAF). L'employeur peut obtenir ce document à remplir auprès de l'OPCA qui gère les fonds de formation.

Il comporte cinq types de renseignements :
• renseignements concernant les caractéristiques de l'employeur ;
• renseignements concernant l'état civil du salarié ;
• renseignements concernant le contrat à durée déterminée ;
• renseignements concernant les cotisations sociales ;
• renseignements concernant l'organisme paritaire agréé destinataire du BIAF.

Depuis l'arrêté du 2 octobre 1992, **le BIAF,** que les employeurs devaient auparavant remettre à l'issue du contrat, **doit être remis en même temps que le contrat de travail (c'est-à-dire dès le début du contrat et non plus à la fin)**.
Il ne doit pas être remis pour :
• les CDD conclus avec des jeunes au cours de leur cursus scolaire ou universitaire ;
• les contrats d'apprentissage ;
• les contrats d'orientation, de qualification ou d'adaptation ;
• les contrats emploi-solidarité.

La portabilité de la prévoyance

L'ANI du 11 janvier 2008 prévoit qu'en cas de rupture du contrat de travail ouvrant droit à la prise en charge par le régime d'assurance chômage (sauf en cas de faute lourde), le salarié conserve le bénéfice des couvertures complémentaires « santé » et « prévoyance » appliquées par son ancienne entreprise pendant sa période de chômage.

Sont exclues de ce dispositif les branches non concernées par l'ANI : agriculture, économie sociale, professions libérales, VRP, presse, enseignement privé (sauf le hors contrat). Les accords de prévoyance agricoles ne prévoient pas de portabilité.

L'ancien salarié doit avoir une durée de cotisation suffisante pour bénéficier des allocations chômage et avoir des droits ouverts au titre de la couverture complémentaire dans l'entreprise (cela signifie remplir la condition d'ancienneté éventuellement prévue par l'accord de prévoyance).

La durée du maintien de la couverture est égale à la durée du dernier contrat appréciée en « mois entiers », dans une certaine limite. Depuis le 1er juin 2014 pour les frais de santé et le 1er juin 2015 pour la prévoyance, la portabilité est de 12 mois. Si le contrat a duré moins d'un mois, il n'y a pas de maintien, et si le contrat a duré 1,5 mois, le maintien ne pourra avoir lieu que pour un mois car on compte en mois entiers. Attention, au 1er janvier 2016, à défaut d'avoir conclu l'accord prévu par la loi, les entreprises devront appliquer la couverture minimale légale au titre de la complémentaire santé.

Le salarié peut renoncer au maintien des garanties. Cette renonciation définitive porte sur l'ensemble des garanties et doit être notifiée par écrit à l'ancien employeur, dans les 10 jours suivant la date de cessation du contrat.

Correction du questionnaire de la page 511

N°	Affirmations	Vrai	Faux
1	Faux, un contrat de stage n'est pas un contrat de travail (*voir* p. 513).		X
2	Vrai, depuis le 10 juillet 2002 (*voir* p. 56).	X	
3	Faux, malheureusement elle est considérée comme un salaire et donne même droit aux congés payés.		X
4	Vrai, un temps partiel ne peut s'engager à titre exclusif (*voir* p. 56).	X	
5	Vrai, si elle fait partie d'un plan social ; Faux, sinon (*voir* p. 330).	X	X
6	Vrai, une transaction peut prévoir une clause pénale (*voir* p. 520).	X	
7	Vrai, c'est un des cinq cas de rupture anticipée du CDD (*voir* p. 520).	X	
8	Vrai, néanmoins nous vous conseillons de toujours l'écrire (*voir* p. 526).	X	
9	Faux, il y a onze cas de démission « légitime » (*voir* p. 528).		X
10	Vrai, en son absence, depuis 1973, le licenciement est irrégulier (*voir* p. 529).	X	
11	Vrai, s'il l'a perçu avant le 1er mai 2008, mais Faux, depuis cette date la prescription était de 5 ans, elle est passée à 2 ans le 13 juin 2013 (C. trav., art. L. 1471-1).	X	X
12	Vrai, depuis le 20 août 2008 (*voir* p. 534).	X	
13	Vrai, si le montant est sous les maxima légaux ou conventionnels (*voir* p. 535).	X	
14	Vrai, dans ce cas 2 mois de salaire représentent le montant légal (*voir* p. 535).	X	
15	Vrai, moins de 2 ans d'ancienneté : 1 mois, plus de 2 ans d'ancienneté : 2 mois (*voir* p. 540).	X	
16	Vrai, pour un licenciement pour motif personnel et pour motif économique (*voir* p. 546).	X	
17	Faux, il n'a pas de caractère obligatoire (*voir* p. 554).		X
18	Vrai, si le salarié l'a reçu avant le 13 juin 2013 et ne l'a pas signé ; Faux, sinon (2 ans aujourd'hui s'il ne l'a pas signé et seulement 6 mois s'il l'a signé, *voir* p. 555).	X	X

N°	Affirmations	Vrai	Faux
19	Vrai, même en cas de décès ! (*voir* p. 555).	X	
20	Vrai, le Pôle Emploi apprécie si la démission est « légitime » ou pas (*voir* p. 556).	X	

Conclusion

Voilà ! Vous savez presque tout ! Pourquoi « presque » ?

D'abord, sachez que vous n'avez vu que la paie de droit privé et que la paie de droit public est très différente.

Ensuite, selon les conventions collectives, vous pouvez avoir un bulletin de paie très différent si, par exemple, vous travaillez dans :
- le BTP (bâtiment, travaux publics) où il y a des cotisations spéciales (ProBTP), des intempéries, une caisse de congés payés ;
- le spectacle (où le GUSO s'occupe des cotisations) ;
- les transports (législation particulière sur les horaires, heures supplémentaires) ;
- les hôtels, cafés, restaurants (législation spécifique sur les horaires, les avantages en nature) ;
- etc.

Enfin, il y a tous les contrats spéciaux :
- le contrat de professionnalisation (exonération de certaines charges) ;
- les apprentis (exonération de cotisations salariales, de certaines charges) ;
- les dirigeants (exonération de la cotisation Pôle Emploi, retraites « chapeaux ») ;
- etc.

Et les particularités liées aux entreprises, si elles sont implantées en :
- ZRR ;
- ZRU ;
- zones franches ;
- etc.

Sans parler des salariés :
- expatriés ;
- étrangers ;
- handicapés ;
- etc.

Ou des entreprises :
• semi-privées ;
• semi publiques ;
• en EPIC (Établissement public à caractère industriel et commercial) ;
• etc.

Avec, pour chaque cas (sinon ce ne serait pas drôle), son lot de particularités !

Bref, avec ce livre, vous en savez un minimum. Mais le minimum commun à tous les contrats, toutes les entreprises, toutes les conventions ! À vous de compléter ce savoir en vous frottant aux complexités de votre propre entreprise. Comme on devient forgeron en forgeant, ce n'est qu'en réalisant de nombreux bulletins de paie qu'on devient un expert en paie.

J'espère qu'au moins ce livre vous a permis de déchiffrer votre propre bulletin de paie, ce qui n'est déjà pas si mal !

Enfin, si vous souhaitez vous confronter à la réalité des chiffres, n'oubliez pas le cahier d'exercices paru chez le même éditeur et intitulé *Exercices et corrigés sur la paie*.

Remerciements

Un livre tel que celui-ci est bien sûr le résultat de nombreuses rencontres qui, à divers degrés, lui ont permis d'exister.
D'abord, mes remerciements vont à l'auteure de mes jours sans qui... Merci de m'avoir donné le goût d'apprendre et de transmettre, la patience, l'opiniâtreté et un certain caractère.
Ensuite, mes remerciements iront à celui qui m'a mis le pied à l'étrier de la paie : Lionel Dujet qui fut mon supérieur hiérarchique au sein d'ADP-GSI ainsi qu'à ses collègues Georges Benoit et Hubert De Crémiers qui m'ont fait confiance pour leurs sessions de formation informatique. Comment ne pas nommer celui qui m'a permis d'être libéral et qui a eu la patience de m'apprendre le métier de formateur ? Michel Dathée, mille mercis !
Je n'oublie pas les nombreux organismes de formation avec lesquels je travaille régulièrement : l'Enoes (Thierry Carlier, Béatrice Peters), la Cegos (Catherine Robin, Virginie Loye), l'IUT de Lieusaint-Sénart (Michel Barabel).
Chaque stagiaire qui a participé à une de mes formations a aussi apporté, sans le savoir sans doute, sa petite pierre à l'édifice. Ils sont évidemment trop nombreux pour les citer tous mais qu'ils sachent qu'ils ont nourri chacun à leur manière ce livre.
J'ai eu aussi à un moment donné quatre salariées (Isabelle, Marie-Hélène, Martine et Anne-Marie) sous la responsabilité d'une super DRH (Corinne). Avec elles, j'étais passé de la théorie à la pratique. J'ai bien sûr une pensée particulière pour elles.
Ces dernières années, j'ai réalisé quelques audits de paie avec mes amis Michael, Arnaud et Julien. J'ai énormément appris à leur contact. Merci à vous trois.
Mes remerciements vont également à Fanny et Carine de Studyrama qui ont permis à ce livre d'être entre vos mains. Merci mesdames pour vos grandes compétences littéraires.
Je ne peux pas terminer cette liste sans rendre grâce à la compréhension de mes enfants et de ma femme pour ces longues heures d'absence de formation et d'écriture de ce livre.

Ce livre est dédié à la mémoire de mon oncle Paul qui m'a montré la voie de l'écriture.

L'année dernière, la Cegos et ses collaborateurs ont eu la douleur de perdre Valérie Jaunasse avec laquelle j'ai travaillé 10 ans. Ce livre lui est particulièrement dédicacé.

Enfin, suite à la parution de la première édition de ce livre (et de celui des exercices), de nombreuses personnes ont laissé des commentaires sur des sites de ventes sur Internet et adressé des e-mails à l'Enoes. Merci donc à Marc Uzan et ses élèves (Aïcha, Aude, Cédric, Déborah, Étienne, Iléana, Karine, Lawrence, Qin, Sarah, Sigrid, Vanessa), Daniel Jarnet, Laurence Barreto, Didier Phirmis, Anissa Kadem, Stéphanie Caringi, Maimouna Alkassoum, Christelle Champauzas, Hervé N'Silu, Hélène Lenoir, Cyndie Gastineau, CeresAthena, Lareinebala, Stéphanie Vega, Ben Salah, Tatagne, Coursant, Marie-France L., Joffrey, Amienoise, Ludivine Bellmont, Cassy, Delphine Pirene, Visyl77, Nathalène Mallot, Camara, Lamine Tighilt, Isabelle Pons, Bertrand Nilles et Sylviec55200 d'avoir pris le temps d'écrire et d'avoir partagé leurs avis à propos de mes livres.

Notes

Notes

Notes

Collection projet professionnel
Studyrama

Alternance et apprentissage : se former à distance c'est possible !
Choisir de quitter la ville
Comment créer votre entreprise ?
Communication hors média : la créativité contrôlée
Conjoint d'expatrié : votre carrière continue !
Construire son image candidat
Construire son portefeuille de compétences
Créer et gérer une association
Demandeurs d'emploi, créez votre entreprise
Devenir assistante maternelle
Digitalisez votre marque
Discours du manager
Entretien d'embauche et tests de recrutement
Être manager
Être un manager responsable
Exercices et corrigés sur la paie
Faire soi-même son bilan de compétences
Gagner de l'argent sur Internet
Gérer une association
Gérer une entreprise en difficulté
Guide pratique de la formation
La paie ça s'apprend
La lettre de motivation : méthode et modèles
La reprise d'études
Le changement ça s'apprend
Le CV : méthode et modèles
Le grand livre de la candidature gagnante
Le grand livre de la correspondance
Le grand livre de la création d'entreprise
Le grand livre de la gestion des associations
Le grand livre de la lettre de motivation
Le grand livre de la reconversion professionnelle
Le grand livre de l'entretien d'embauche

Le grand livre des tests de recrutement
Le grand livre du CV
Le guide du CV en langues étrangères
Les clés d'une stratégie gagnante
L'entretien d'embauche en anglais
L'officiel des salaires
Manager avec ses émotions
Manager : devenez durable !
Ouvrir ou reprendre un bar-café-brasserie
Ouvrir ou reprendre un hôtel-restaurant
Ouvrir un gîte ou une chambre d'hôte
Ouvrir une boutique bio
Petites entreprises : les clés du succès
Professions paramédicales : s'installer en libéral
Réaliser son projet professionnel
Recherche d'emploi et sophrologie
Reprendre le chemin du travail
Réussir sa candidature en anglais
Se mettre à son compte : l'artisanat
Se mettre à son compte : le bâtiment
S'expatrier vous en rêvez, ils l'ont fait !
Sport et business
Tout savoir sur le droit individuel à la formation
Travailler chez soi
Travailler son marketing personnel
Trouver une idée de création d'entreprise
100 conseils pour s'installer en libéral
100 conseils pour travailler dans les métiers du bien-être
100 conseils pour travailler dans le vin
100 conseils pour travailler dans les affaires criminelles

34/38, rue Camille-Pelletan - 92309 Levallois-Perret cedex
Imprimerie France-Quercy - 46090 Mercuès
Imprimé en France - 2e trimestre 2015 - n° 50465/

Service éditorial : Fanny Bouteiller, Marjorie Champetier, Deborah Lopez, Élodie Sebbah
Conception graphique : Catherine Aubin

Dépôt légal à parution
ISBN 978-2-7590-2857-3